# 个人信息盗窃法律问题研究

何培育 等◎著

Research on Legal Issues of
PERSONAL
INFORMATION THEFT

图书在版编目(CIP)数据

个人信息盗窃法律问题研究/何培育等著.—北京:北京大学出版社,2022.8
ISBN 978-7-301-33294-8

Ⅰ.①个… Ⅱ.①何… Ⅲ.①个人信息—法律保护—研究—中国 Ⅳ.①D923.74

中国版本图书馆 CIP 数据核字(2022)第 157038 号

| | |
|---|---|
| 书　　　名 | 个人信息盗窃法律问题研究 |
| | GEREN XINXI DAOQIE FALÜ WENTI YANJIU |
| 著作责任者 | 何培育　等著 |
| 责 任 编 辑 | 孙维玲 |
| 标 准 书 号 | ISBN 978-7-301-33294-8 |
| 出 版 发 行 | 北京大学出版社 |
| 地　　　址 | 北京市海淀区成府路 205 号　100871 |
| 网　　　址 | http://www.pup.cn　新浪微博:@北京大学出版社 |
| 电 子 信 箱 | sdyy_2005@126.com |
| 电　　　话 | 邮购部 010-62752015　发行部 010-62750672　编辑部 021-62071998 |
| 印 刷 者 | 北京溢漾印刷有限公司 |
| 经 销 者 | 新华书店 |
| | 730 毫米×980 毫米　16 开本　22.25 印张　352 千字 |
| | 2022 年 8 月第 1 版　2022 年 8 月第 1 次印刷 |
| 定　　　价 | 88.00 元 |

未经许可,不得以任何方式复制或抄袭本书之部分或全部内容。
**版权所有,侵权必究**
举报电话: 010-62752024　电子信箱: fd@pup.pku.edu.cn
图书如有印装质量问题,请与出版部联系,电话: 010-62756370

# 序

随着全球社会信息化转型的深入发展和大数据时代的到来,数据的商业价值被充分发掘,同时海量的个人信息极易被不法分子窃取,甚至形成庞大的灰色产业链,进而衍生出大量中下游的犯罪行为。如何保护个人信息安全已是不容忽视的重要课题。2021年8月20日,十三届全国人大常委会第三十次会议表决通过《个人信息保护法》,引发了全社会的广泛关注。《个人信息保护法》的诞生,标志着我国网络数据法律体系在继《网络安全法》《数据安全法》等立法之后具有里程碑意义的专门立法出台,具有划时代的意义。

从世界范围来看,个人信息保护立法可追溯至德国1970年《黑森州数据保护法》。此后,瑞士、法国、挪威、芬兰、冰岛、奥地利、爱尔兰、葡萄牙、比利时等国的个人信息保护法纷纷出台。在太平洋彼岸,美国于1973年发布"公平信息实践准则"报告,确立了处理个人信息的五项原则。随后,美国《公平信用报告法》《电子通信隐私法》《健康保险携带和责任法案》《防止身份盗窃及假冒法》《金融服务现代化法案》《儿童网上隐私保护法》等相继出台。

我国《个人信息保护法》不仅仅是回应世界潮流之举,事实上,它也是我国法律体系自我完善和发展的必然结果。从2018年9月被列入"十三届全国人大常委会立法规划"到正式颁行,不过历时三载,但追根溯源,距2012年《全国人民代表大会常务委员会关于加强网络信息保护的决定》已近10年,距2003年国务院信息化办公室对个人信息立法研究课题进行部署已有18年。在近20

年的进程中,我国个人信息保护规范体系日渐丰茂,《消费者权益保护法(修订)》《刑法修正案(九)》《网络安全法》《电子商务法》《民法总则》《民法典》(人格权编)等均补充了个人信息保护相关条款,对个人信息保护作出了相应规定,及时回应了国家、社会、公民对个人信息保护的关切。然而,这些散落在各个法律中的条款虽在一定程度上回应了公众关切,但也面临着体系性和操作性欠缺、权利救济和监管措施不足的困境,一部统一的个人信息保护法的出台正当其时。

对个人信息盗窃行为进行法律规制,是个人信息保护的重要内容之一。深入研究个人信息盗窃行为及其衍生产业链的运作机制,分析大数据时代个人信息安全危机的表现形式及其具体特征,继而提出适合我国国情的个人信息保护法模式,具有重要的理论意义与现实紧迫性。

这部新作是培育教授等多年坚持学术研究和社会关切的积淀结晶,对个人信息盗窃行为的外延与内涵、技术路径、法律关系以及现有治理措施、协同治理体系等内容进行了系统研究,具有显著的开创性。此书精于论理,成于创新,付梓在即,墨香已来。相信读者能够从书中获得许多收获和启迪,并祝愿培育教授及其团队在个人信息保护法学研究道路上继续探索,勇于攀登,不畏浮云,望眼山巅。

齐爱民

2022 年 5 月 6 日

# 目录

引　言 / 001

第一章　大数据时代的个人信息安全危机 / 007
　　第一节　大数据的形成、特点与发展趋势 / 007
　　第二节　大数据时代的个人信息概述 / 013
　　第三节　大数据时代的个人信息安全危机 / 020

第二章　个人信息权与个人信息盗窃的基本理论探讨 / 036
　　第一节　个人信息权的本体性解读 / 036
　　第二节　个人信息权的权能和权利限制 / 047
　　第三节　个人信息权的救济——侵害个人信息行为的
　　　　　　认定与后果 / 061
　　第四节　个人信息盗窃概述及其法律关系剖析 / 071

第三章　个人信息盗窃案件的类型化分析 / 084
　　第一节　以盗窃主体为标准的类型化分析 / 085
　　第二节　以个人信息盗窃目的为标准的类型化分析 / 104
　　第三节　以被盗窃的个人信息为标准的类型化分析 / 124

第四章　个人信息盗窃灰色产业链的技术路径及运作
　　　　机理 / 143
　　第一节　个人信息盗窃灰色产业链的技术分析 / 143
　　第二节　个人信息盗窃灰色产业链的运行机理 / 159

第三节　大数据利用中的个人信息保护技术手段及其问题剖析 / 174

**第五章　比较法视野下个人信息盗窃法律规制立法考察与启示 / 191**
第一节　比较法视野下个人信息盗窃法律规制立法现状 / 191
第二节　各法域个人信息盗窃法律规制立法之比较 / 239

**第六章　我国个人信息盗窃的法律规制现状与问题剖析 / 247**
第一节　我国个人信息盗窃现有法律渊源梳理 / 247
第二节　当前我国个人信息盗窃法律规制主要问题剖析 / 279

**第七章　我国个人信息盗窃协同治理机制的构建 / 312**
第一节　我国个人信息盗窃协同治理机制的基本框架 / 312
第二节　我国个人信息盗窃协同治理机制的构建路径 / 316

**作者简介及撰写分工 / 351**

# 引 言

随着大数据时代的到来,个人信息不仅关乎公民的基本人格和尊严,更成为商业竞争、社会管理等方面所必需的重要资源,对个人信息大数据的开发利用已经势不可挡。与此同时,个人信息盗窃及其衍生的黑市交易已经形成一条庞大的灰色产业链,个人信息被滥用情况触目惊心。中国互联网协会2016年6月26日发布的《中国网民权益保护调查报告2016》显示,近一年,我国网民因为垃圾信息、诈骗信息、个人信息泄露等遭受的经济损失总计超过900亿元。[1]近年来,随着大数据技术的发展,个人信息盗窃防范和规制形势更加严峻。中国信息通信研究院(以下简称"中国信通院")发布的《2020年上半年网络安全态势情况综述》显示,2020年上半年,我国共发生1.3亿件移动恶意程序事件,致使大量个人信息遭到泄露。2018年4月,习近平总书记在全国网络安全和信息化工作会议上提出"关口前移"以及"依法治网"的重要思想。个人信息盗窃行为正是相关违法犯罪活动的前置关口。因此,我们应当运用法律手段及各种配套措施,通过构建协同治理机制对个人信息盗窃行为进行规制。本书研究内容主要包括七个部分:

---

[1] 参见《〈中国网民权益保护调查报告2016〉:54%的网民认为个人信息泄露严重》,中国互联网协会官网,2016年6月26日,http://www.isc.org.cn/article/33759.html,2021年12月30日访问。

第一,大数据时代的个人信息安全危机。在大数据时代,数据控制者的数据处理能力显著提升,全社会数据整合的趋势愈发显著。大数据与云计算、人工智能结合更为紧密,使得个人信息的利用价值更为凸显,激发了各类主体获取个人信息的需求,导致个人信息盗窃事件发生更为频繁,并可能造成更为严重的危害后果。在大数据时代,危害个人信息安全的行为主要有窃取、非法购买、收受、交换等非法获取公民个人信息的行为,出售、非法提供公民个人信息的行为,以及非法利用公民个人信息的行为。上述行为相互衔接,共同形成个人信息盗窃灰色产业链,持续威胁着公民个人信息安全以及人身、财产安全。

第二,个人信息权与个人信息盗窃的基本理论探讨。关于个人信息的本质,学界曾出现过财产说、隐私说和人格利益说等不同观点,但从《中华人民共和国民法典》(以下简称《民法典》)的有关规定来看,立法者选择将个人信息视为人格利益加以保护。个人信息权的权能包含决定权、更正权、删除权、获取报酬权、被遗忘权与可携带权等。在大数据时代,确立个人信息权的边界有助于调和信息自由与个人信息权之间的冲突,也是我国进一步完善个人信息立法的必由之路。

第三,个人信息盗窃案件的类型化梳理。笔者对 2014 年 1 月 1 日至 2020 年 6 月 18 日期间"中国裁判文书网"发布的与个人信息盗窃有关的裁判文书进行了梳理,共查询到相关裁判文书 9031 份;除刑事管辖和民事审判监督案件外,刑事案件 8028 件,民事案件 882 件;检索的主要关键词包括"侵犯公民个人信息罪""非法获取公民个人信息""非法提供公民个人信息""个人信息保护"等。通过对个人信息盗窃案件的裁判文书进行分析,将案件按照盗窃主体、盗窃目的、盗窃信息的类型进行不同的分类,提炼出不同种类个人信息盗窃案件的突出特征与发展趋势。

第四,个人信息盗窃灰色产业链的技术路径及运作机理。个人信息盗窃灰色产业链是伴随大数据技术等信息时代各种新技术的发展而出现和兴起的。作为一种以信息技术为基础的违法犯罪行为,个人信息盗窃技术与各种网络攻击、网络入侵等技术有着天然联系。一方面,黑客团体为个人信息盗窃灰色产业链提供工具、资源、平台;另一方面,个人信息盗窃灰色产业链为黑客团体提供经济收益和变现渠道,促使黑客行为从单纯的炫耀技术转变为以获取经济利益为目的的商业行为,并刺激着黑客团体不断更新技术。常见的个人信息盗窃技术包括黑客攻击技术、社会工程学攻击技术、高级持续性威胁等。

第五,境外个人信息盗窃法律规制立法比较与启示。20世纪70年代以来,个人信息保护立法活动在全球范围内展开,个人信息盗窃法律规制的序幕也逐渐拉开。本书对美国、德国、英国、欧盟、日本、韩国等国家和我国香港、澳门、台湾地区的个人信息保护和个人信息盗窃规制立法现状进行了研究和比较,对其立法模式选择及优劣、个人信息概念界定、个人信息权能设置、个人信息盗窃规制切入环节、个人信息保护主管机关设置、个人信息盗窃法律责任规定等进行了深入分析。

第六,我国个人信息盗窃的法律规制与存在的问题。近年来,保护个人信息安全的法律制度不断出台,我国基本形成了以宪法为基石,以民法、行政法、刑法、经济法为组成部分的个人信息盗窃法律规制体系,法律层次涉及全国人大及其常委会制定的法律、行政法规、部门规章以及地方性法规与规章。但是,当前我国个人信息盗窃法律规制体系仍然存在法律法规整体系统性有待加强、部分重要条款有待进一步细化、权利义务体系全面性有待提升、法律责任规范完备性有待加强等不足之处,其配套机制也存在个人信息行业自律规范建设有待加强、个人信息保护氛围营造工作有待完善、个人信息保护技术规范体系不够健全等亟待改进之处。

第七,我国个人信息盗窃协同治理机制的构建。个人信息盗窃不仅仅是法律问题,更是社会问题,因此其防治应在社会协同治理理论的宏观视野下展开,才能找到系统化的解决方案。对此,应当构建"双重保障,五方协同"的基本框架:从技术层面和法律层面为个人信息盗窃防治提供双重保障,以信息安全为共同价值目标,促进数据主体、数据控制者、行政机关、司法机关、行业协会之间的共同协作,完善规制个人信息盗窃相关立法、升级个人信息安全保障技术应用、加强个人信息安全领域行政保护、优化个人信息盗窃司法救济程序、健全个人信息安全相关配套机制。

通过从理论和实践上分别对大数据时代个人信息保护、个人信息盗窃规制现状的分析研究,并从法律规范层面及其配套措施存在的问题切入,本书得出以下重要观点:

第一,"个人信息盗窃"概念有广义和狭义之分,而根据现实情况中个人信息盗窃行为的复杂性,采用广义定义对学术研究以及打击个人信息盗窃产业链更具积极意义。狭义的"个人信息盗窃"是指秘密窃取个人信息的行为,而广义的"个人信息盗窃"是指违反信息主体意愿收集个人信息的行为以及收集国家法律法规明文规定禁止收集的个人信息的行为,其中包括行为人针对个人信息的窃取行为和信息控制者的非法收集行为。具体来说,构成个人信息盗窃行为,需要行为人主观上具有过错,其行为方式包括违反信息主体意愿的窃取、购买、收受、交换等,行为对象为以电子或者其他方式记录的能够单独或者与其他信息结合识别特定自然人身份或者反映特定自然人活动情况的各种信息。美国《华盛顿刑法典》第9A.90.100条对"电子数据盗窃罪"的概念就采用了此广义概念进行界定。采用此概念的好处,一是更符合个人信息盗窃灰色产业链的运作机制,有利于个人信息盗窃规制的理论研究,因为狭义的概念仅涵盖整个产业链条的一小部分,仅对该部分进行研究不足以深入探析个人信息盗窃行为的本质;二是更符合个人信息盗窃灰色产业链法律规制的要求,更能为规制个人信息盗窃的立法、司法和执法实践提供参考,因为仅对狭义的个人信息盗窃规制进行分析,不足以为有效打击现实中的个人信息盗窃提供充分的理论支撑。

第二,大数据时代个人信息盗窃案件中呈现的共同趋势为盗窃技术门槛降低、涉案信息数量增大、社会影响更为深远等。在大量案件中,盗窃主体采用的技术手段并不复杂,但通过利用特殊身份便利以及个人信息持有单位的制度漏洞,能较容易地非法获取公民个人信息。在越来越多的案件中,被盗窃的个人信息数量常达到百万级以上,经灰色产业链中的违法犯罪分子不断转手,很可能被下游不法分子用于实施诈骗、盗窃等犯罪活动,严重危害个人信息主体的财产与人身安全。

第三,我国应当进一步完善个人信息保护法律体系、扩大个人信息权权能范围、设立统一的个人信息保护主管部门,以顺应世界个人信息保护和个人信息盗窃规制立法趋势。多数个人信息立法先进的国家和地区,都采用统一的立法模式,制定了专门的个人信息保护法,对个人信息收集、传输、使用的原则进行规定,明确个人信息主体的权利。同时,许多国家和地区都通过扩大个人信息权的范围以更好地规制大数据技术发展带来的个人信息安全危机。比如,德国1990年对其《联邦数据保护法》(BDSG)进行修改时确立了个人信息主体对其信息享有以何种方式被使用的自主决定权,2009年在BDSG中增加了信息主体对消费者贷款信息的知情权;为了与欧盟《通用数据保护条例》(General Data Protection Regulation,GDPR)保持一致,2017年又在BDSG中规定了个人信息的更正权、删除权、反对权、封存权、拒绝自动化处理权等。此外,大多数国家和地区都设立了专门负责个人信息保护工作的政府机构,如英国、德国、韩国以及我国香港、澳门地区等,其中韩国更是在2020年将其个人信息保护主管部门的行政级别上调至中央行政机构的层级。

第四,当前我国个人信息盗窃规制法律体系及其配套机制仍然存在一定问题。在法律体系上,我国个人信息盗窃有关法律条文散见于《民法典》《中华人民共和国网络安全法》(以下简称《网络安全法》)、《中华人民共和国刑法》(以下简称《刑法》)、《中华人民共和国电子商务法》(以下简称《电子商务法》)以及其他众多法律中,不同法律之间在基本概念、价值目标等方面均有所不同,导致在责任认定、规制对象的衔接等问题上存在一些困难。同时,由于个人信息保护专门法的缺位,部分重要条款也由于缺乏细化规则而存在适用上的困难。此外,我国法律中个人信息主体权利范围过窄,比如对被遗忘权、获取报酬权、可携带权等权能均未进行规定。另外,在法律责任上也存在衔接不足的问题,例如,在刑事案件中往往涉及大量被盗窃个人信息,对于如何通知个人信息主体其权利受到侵害并有权请求民法救济的制度尚处于空白。在配套机制上,则存在个人信息行业自律规范建设有待加强、个人信息保护氛围营造工作有待完善、个人信息保护技术规范体系不够健全等问题。

第五,我国应当构建"双重保障,五方协同"的个人信息盗窃协同治理机制。在"双重保障"的层面,一方面需要运用法律对技术的非法应用进行规制,另一方面需要通过技术手段协助法律实现其规制目标。在"五方协同"层面,应当发挥政府在个人信息盗窃防治中的主导作用、司法机关对社会关系的调整功能、行业协会对企业的引导规范作用,积极引导和鼓励信息控制者采取更为严密的个人信息盗窃防范措施、提升个人信息主体防范个人信息盗窃行为意识。构建上述协同治理机制的具体路径为:首先,完善规制个人信息盗窃相关立法,对现行个人信息保护条款进行完善,并加快制定《中华人民共和国个人信息保护法》(以下简称《个人信息保护法》)与《中华人民共和国数据安全法》(以下简称《数据安全法》),健全个人信息侵权法律责任体系。其次,升级个人信息安全保障技术应用,推动信息匿名化技术的升级与迭代,加快开发信息安全新技术。再次,加强个人信息安全领域行政保护,协调监管部门的职权分配,完善监管职权与处罚措施,优化救济途径的衔接机制。此外,需要优化个人信息盗窃司法救济程序,探索个人信息盗窃公益诉讼制度,在个人信息盗窃侵权诉讼中引入举证责任倒置规则。最后,需要健全个人信息安全相关配套机制,提升网络用户信息安全意识,加强行业自律规范建设,明确行业自律组织的法律地位,制定完善的个人信息保护行业自律规则,并完善个人信息保护的国家标准。

随着大数据技术应用场景的不断拓宽,个人信息盗窃防治的问题受到立法者、学界、社会公众的广泛关注。本书对相关各方关注的问题进行了较为深入的研究,具有如下理论和现实意义:

第一,为我国保障国家网络安全,切断网络犯罪利益链条,推动建设网络强国提供理论支撑。本书对个人信息盗窃行为及其衍生产业链的运行机制进行了深入研究,提出了打击个人信息盗窃行为的协同治理机制,有助于从源头切断网络犯罪的利益链条,进一步推动我国网络强国建设工作。

第二,对我国个人信息立法完善,提高对信息化发展的驾驭能力具有应用价值。本书深入分析了大数据时代个人信息安全危机的表现形式及其具体特征,并对国外个人信息立法体系进行了深度解析,能够为我国制定《个人信息保护法》提供学理支撑和实例参考。

第三,探索法律治理协同机制,为提升我国在国际数据治理体系制定中的话语权提供研究成果。习近平总书记在中共中央政治局第二次集体学习时指出:"要加强国际数据治理政策储备和治理规则研究,提出中国方案"。本书在研究我国个人信息盗窃法律规制存在的难题基础上,通过借鉴国外先进经验,并进行本土化应用可行性的分析,提出了构建数据主体、数据控制者、行政机关、司法机关、行业协会之间相互协同的治理机制,能够为我国提出国际数据治理规则的中国方案提供参考。

# 第一章 大数据时代的个人信息安全危机

## 第一节 大数据的形成、特点与发展趋势

互联网使我们进入一个信息爆炸式增长的时代,使我们能够快速获取海量信息,并使得以海量信息数据为基础进行科学研究与企业决策等成为可能。然而,值得警惕的是,大数据时代的到来在为我们带来便利的同时,也可能使以往小范围内危害他人合法权益(包括但不限于公民的个人信息)的行为影响范围扩大、影响程度加深,同时还可能产生一些过去无法想象的新型危害公众合法权益的行为。因此,我们首先需要对大数据的形成过程、特点、未来发展趋势予以回顾,以便为后文探究大数据时代个人信息盗窃相关法律问题及规制路径奠定基础。

### 一、大数据的形成

对于"大数据"这一概念,无论是学界还是实务界目前均未形成明确统一的认识与界定。1980年,美国著名未来学家阿尔温·托夫勒(Alvin Toffler)首次在《第三次浪潮》一书中提出"大数据"这一名词,但受限于当时信息资源并不丰富的时代特点,他仅提出了与大数据有关的概念性理论,且并未引起较大的关注。2001年,美国信息技术研究和分析公司加特纳(Gartner)在其发布的一份

研究报告中使用了"大数据"(Big Data)这一概念。2011年5月,美国麦肯锡环球研究院在其发布的研究报告《大数据:创新、竞争和生产力的下一个前沿》中指出,大数据本质上即为一种在获取、存储、管理、分析方面远超传统数据库软件工具能力范围的大规模的数据集合。2011年5月,英国维克托·迈尔-舍恩伯格(Viktor Mayer-Schönberger)教授等明确肯定了大数据的重要性以及其对社会的深远影响,并认为大数据时代已经到来。[1] 2012年3月29日,美国奥巴马政府对外公布《大数据研究与发展倡议》(Big Data Research and Development Initiative),拉开了大数据时代的序幕,自此,人们普遍认为大数据时代已然到来。[2] 随后,商业机构乃至社会各界开始逐渐意识到大数据的价值并开始对其进行大量的研究。其中,商业机构对大数据给予了极高的关注。商业机构逐渐认识到,个人信息可为企业发展战略制定提供直接且重要的参考,具有很高的应用价值。之后,众多商业机构开始重视大数据分析技术的应用,将海量的个人信息收集并存储于数据库中,用来分析消费者的市场需求和消费水平并绘制用户的现实形象,以推断何种产品或服务更契合消费者的现实需求。

从国家层面看,众多国家把大数据提升到国家战略的高度,美国政府更是把大数据看作"未来的石油"。奥巴马政府于2009年1月签署了《透明与开放政府备忘录》,提出要建立透明、开放、合作的政府,要求各联邦机构尽量公布所有数据,加强政府工作的透明度。这是美国政府将大数据提升到国家层面的第一步,之后几乎每年美国联邦政府都会采取一系列的措施不断深入研究大数据,将大数据作为一项极其重要的资源进行开发利用。2013年年初,英国政府也逐渐开始颁布一系列的政策支持大数据的采集与研究,并为其提供雄厚的资金支持。中国政府对大数据的研究与应用开发也予以了足够重视。2014年3月,"大数据"首次被写入《政府工作报告》,与新一代移动通信、集成电路、新能源等处于同一水平层次,表明大数据对于设立新兴产业创新创业平台、引领未来产业发展的支撑作用。2015年10月,党的十八届五中全会正式提出要实施

---

[1] 参见〔英〕维克托·迈尔-舍恩伯格、肯尼斯·库克耶:《大数据时代:生活、工作与思维的大变革》,盛杨燕、周涛译,浙江人民出版社2013年版,第11页。

[2] 参见龙卫球:《数据新型财产权构建及其体系研究》,载《政法论坛》2017年第4期。

"国家大数据战略",这表明中国已将大数据视作战略资源并上升为国家战略,将运用大数据推动经济发展、完善国家治理和社会治理,将提升政府服务和监管能力视为大数据发展的战略目标。2018年5月,习近平总书记在致中国国际大数据产业博览会的贺信中强调,"中国高度重视大数据发展","全面实施国家大数据战略"。[1] 中国是世界上最大的互联网市场,大数据产业的发展日新月异,为深入了解大数据发展所带来的积极效应与消极效应,需进一步对大数据所具有的典型特征予以归纳与梳理。

### 二、大数据的特征

对于大数据的特征,目前学界主要有"3V""4V"以及"5V"等说法,"3V"即指数据量大(volume)、数据种类多(variety)、数据处理快(velocity),[2]"4V"在"3V"的基础上增加了价值密度低(value)这一特征,[3]"5V"又添加了数据真实性(veracity)这一特征。[4] 大数据为政府政策制定、企业商业决策提供了参考依据,随着时代的发展进步,大数据逐步显露出以下几个特征:第一,国家、企业、个人的数据处理能力显著提升。在未进入大数据时代之前,数据处理者对于数据的处理能力与处理效率均不高,而自进入大数据时代以来,无论是国家、企业还是个人的数据处理能力均有了显著提升,这是时代发展、技术发展的特征所在。第二,政府、企业、社会的数据整合的趋势愈发显著。在我国,政府是公共数据持有量最多的主体,同时以百度、阿里巴巴、腾讯为主的互联网企业收集和持有的用户个人信息量亦持续上升。但是,无论是政府数据还是企业数据抑或是社会数据,均日益呈现数据整合的趋势。第三,大数据技术的应用领域日趋广泛。随着大数据技术的不断升级完善,其应用领域亦不断扩散,大数据在智慧城市建设、医疗保健与公共卫生、体育赛事、安全执法、金融交易等领域

---

[1] 参见《习近平向2018中国国际大数据产业博览会致贺信》,新华网,2018年5月26日,http://www.xinhuanet.com/politics/leaders/2018-05/26/c_1122891772.htm,2020年3月10日访问。

[2] 参见冯姣:《大数据与犯罪侦查:机遇、挑战及应对》,载《兰州学刊》2019年第5期。

[3] 参见王禄生:《论法律大数据"领域理论"的构建》,载《中国法学》2020年第2期。

[4] 参见王国成:《从3V到5V:大数据助推经济行为的深化研究》,载《天津社会科学》2017年第2期。

均具有广阔的应用前景。第四，大数据应用相关领域的创新持续活跃。随着大数据时代的到来，新兴产业形态、新商业模式、新规则制度不断涌现，围绕大数据应用的相关市场不断释放出活力，个体创新性、创造性也被大大地激活。[1]

**三、大数据的发展趋势**

近年来，大数据的应用领域不断扩张，围绕大数据应用的创新活动持续活跃，大数据的发展已是社会发展进步之必然。通过对大数据时代近年来的发展及其现状的考察，笔者认为未来大数据将呈现出如下发展趋势：

**（一）从数据资源化向数据资产化的转变**

数据首先是作为一种资源而使用的，"数据资源化"是指，数据作为一种资源集合体，其巨大的价值被应用到企业发展的各个阶段，以帮助企业获取更大的经济收益。但是，随着大数据应用的不断扩张，以及相关公众对大数据认识的不断加深，数据已经从"资源"变成一种可以计量的"资产"。"数据资产"这一概念是由"信息资源"和"数据资源"概念逐渐演变而来的。[2] 中国信通院在2017年发布了《数据资产管理实践白皮书》，其中将"数据资产"定义为"由企业拥有或者控制的，能够为企业带来未来经济利益的，以一定方式记录的数据资源"。这一概念强调了数据具备的"预期给会计主体带来经济利益"的资产特征。[3] 从"数据资产"的定义可见，随着人们对数据价值认识的不断深化，数据所具有的资产属性日益突出，数据已不仅仅是一种资源、一种工具，而且更多是一种新的资产承载方式。然而，由于数据流动性强、数据价值因使用场景而异、数据交易市场不成熟以及监管措施不到位，数据资产化面临着数据确权难、估值难、变现难、风险高等困境。

---

［1］ 参见汪玉凯：《大数据时代的四大特征》，搜狐网，2017年6月19日，https://www.sohu.com/a/150246989_734486，2020年3月10日访问。

［2］ 参见叶雅珍、刘国华、朱扬勇：《数据资产相关概念综述》，载《计算机科学》2019年第11期。

［3］ 参见中国信通院：《大数据白皮书（2019年）》，http://www.caict.ac.cn/kxyj/qwfb/bps/201912/P020191210402477346089.pdf，第25页，2020年3月11日访问。

## （二）与云计算、人工智能技术深度融合

随着云计算和人工智能技术的发展，大数据作为云计算和人工智能技术的基础资源和资产，其价值将有更大的发挥空间。大数据与云计算、人工智能技术的紧密结合是时代发展的必然趋势，未来大数据与其余两种技术的融合度将会更高。自计算机诞生以来，信息技术潜移默化地影响着人类生活的方方面面。尤其是近十余年来，大数据、人工智能、云计算等技术蓬勃发展，人们的生活方式每隔几年就产生天翻地覆的改变。从大数据的汇聚、分布式技术释放计算能力开始，随着技术的不断延伸发展，大数据、人工智能与云计算技术不断交叉融合，三类技术的互相影响与交融推动着大数据2.0时代向大数据3.0时代的变革，为更多行业、产业发展赋能。[1] 由此可见，与云计算、人工智能技术的深度融合是大数据时代发展的趋势所在，亦是当今社会科技发展的新态势、新方向。

## （三）有待突破科学理论以形成数据科学

所谓"数据科学"是指，对数据本身的特征、规律等进行研究，以及利用数据方法对自然科学和社会科学进行研究的一门科学。[2] 随着社会上各种主体对大数据的研究愈发深入，大数据在技术层面上的价值会日益凸显，而这种价值可能引起科学理论的突破。而随着大数据技术的日益成熟，它不断被应用于自然科学与社会科学的研究中。近年来，有学者开展了大数据领域的多学科交叉及其应用研究。[3] 例如，通过将社会科学与大数据结合，对大数据发展过程中产生的社会问题展开研究。李国杰、程学旗对大数据的研究现状与意义、大数据应用与研究所面临的挑战与问题进行了综述性的研究与讨论，并就大数据的

---

[1] 参见孙元浩：《大数据、人工智能与容器云计算走向深度融合的数据云时代》，载《信息技术与标准化》2019年第5期。

[2] 参见杨旭、汤海京、丁刚毅编著：《数据科学导论（第2版）》，北京理工大学出版社2017年版，第3—4页。

[3] 参见鲁惠林：《大数据及研究综述》，载《现代商贸工业》2016年第16期。

发展战略提出了建议。[1] 孟小峰、慈祥通过对大数据基本概念、基本框架、关键技术等方面的分析,总结出大数据发展可能带来大数据隐私、大数据能耗、大数据管理易用性等问题。[2] 目前,学界除了针对数据收集、传输、存储与处理技术以及其基础设施建设进行研究之外,也有一些学者开始研究各个领域的应用大数据科学理论。同时,随着大数据理论研究的不断深入,未来将很大可能出现理论的创新和突破。同时,当数据与社会相互影响、相互作用达到一定程度时,数据将可能如数学、物理学一样在可预计的未来形成完整的体系,成为独立而又与其他学科相互联系的科学,可以称为"数据科学"。

(四)应用场景持续扩大

大数据技术随着通信基础设施的提升而持续发展,围绕大数据的应用场景也随之不断增加。在技术方面,我们目前仍然处在"数据大爆发"的初期,5G、工业互联网的深入发展将会带来更大的"数据洪流",会给大数据的存储、分析、管理带来更多挑战,但与此同时也会推动大数据技术登上新的台阶。硬件与软件的融合、数据与智能的融合将带动大数据技术向异构多模、超大容量、超低时延等方向拓展。在应用方面,大数据行业应用正在从消费端向生产端延伸,从感知型应用向预测型、决策型应用发展。当前,互联网行业已经全面进入"数据技术时代"。未来几年,随着各地政务大数据平台和大型企业数据中心的建成,将促进政务、民生与实体经济领域的大数据应用再上新的台阶。[3]

(五)数据安全合规要求不断提升

大数据技术给违法和犯罪提供了便利。近年来,大数据安全事件频发。比如,2016年9月雅虎遭黑客攻击10亿用户账户信息泄露事件,2017年5月全

---

[1] 参见李国杰、程学旗:《大数据研究:未来科技及经济社会发展的重大战略领域——大数据的研究现状与科学思考》,载《中国科学院院刊》2012年第6期。

[2] 参见孟小峰、慈祥:《大数据管理:概念、技术与挑战》,载《计算机研究与发展》2013年第1期。

[3] 中国信通院:《大数据白皮书(2019年)》,http://www.caict.ac.cn/kxyj/qwfb/bps/201912/P020191210402477346089.pdf,第41页,2020年3月11日访问。

球范围遭受勒索软件攻击事件,2020年2月员工因个人原因破坏数据库致微盟"宕机"36小时事件[1]等。屡见不鲜的大数据安全事件给公众人身、财产造成了难以估量的损失。为了保障数据安全性,需要国家有关部门更加严格地对相关数据进行法律监管,并不断完善数据安全标准规范体系。近年来,我国陆续发布一系列聚焦数据安全的国家标准,包括《大数据服务安全能力要求》(GB/T 35274-2017)、《大数据安全管理指南》(GB/T 37973-2019)、《数据安全能力成熟度模型》(GB/T 37988-2019)、《数据交易服务安全要求》(GB/T 37932-2019)等,这些标准对于我国数据安全的合规审查起到了重要的指导作用。

## 第二节 大数据时代的个人信息概述

即使没有大数据,个人信息本身也是一直存在的,也必须进行保护。之所以研究大数据时代的个人信息保护,是因为大数据的特点导致个人信息更容易被泄露和侵犯,且往往会带来更为严重的社会问题。

### 一、"个人信息"概念的由来

20世纪60年代,日本就有学者提出"信息社会"的概念,此概念的提出与日本当时经济发展、科技发展、国家建设的社会背景密切相关。"个人信息"的概念发端于1968年联合国国际人权会议提出的"数据保护"(data protection)。1970年,联邦德国黑森州制定《黑森州数据保护法》,该法是全球最早的地区性个人信息保护立法,同时也是全世界范围内第一部直接以"数据保护法"命名的法律。1973年,瑞典颁布了世界上第一部国家级个人信息保护法即瑞典《个人数据法》。[2] 随后,个人信息保护立法活动在全世界范围内展开。比如,美国1974年通过《隐私权法案》,联邦德国于1977年统一规范了《联邦数据保护法》,

---

[1] 参见任晓宁:《微盟"宕机"36小时:员工因个人原因破坏数据库,目前仍未彻底恢复》,新浪财经,2020年2月25日,https://baijiahao.baidu.com/s?id=1659517810980578187&wfr=spider&for=pc,2020年3月11日访问。

[2] 参见齐爱民:《电子商务法原论》,武汉大学出版社2010年版,第168页。

1984年英国颁布《自动化处理个人信息的利用与将其提供于公务规范法》。[1]从个人信息保护相关立法情况看,各国家和地区多采用"个人资料"这一术语,但亦存在"个人信息""个人数据""个人隐私"等多种用法。日韩等国家主要使用"个人信息"概念,以美国为代表的普通法系国家多采用"个人隐私"说法,我国台湾地区采用"个人资料"这一表达,而欧盟使用"个人数据"这一概念。各国家和地区法律对上述法律术语的定义基本相同,但由于各国家和地区语言习惯不同及翻译标准的原因,出现了多种说法。为了讨论问题的方便,本书将采用"个人信息"的说法,并对上述不同说法的差别进行一定辨析。

首先,"个人资料"是"个人信息"的客观表现形式。众多国际组织、国家和地区将"个人资料"与"个人信息"作为一对通用概念。[2]例如,《俄罗斯个人资料法》第3条规定:"个人资料属于直接或间接确定或可以确定之自然人的任何信息。"[3]我国台湾地区"个人资料保护法"规定,"个人资料"是指可以"直接或间接方式识别该个人之数据"。但是,从字面含义来看,"个人资料"为"个人信息"的符号载体,是经过处理前的"个人信息",较之后者缺少主观性。[4]因此,"个人信息"的说法与自然人的人格属性更为贴合,也为我国立法者所采纳。

其次,"个人数据"与"个人信息"存在区别。从网络安全与大数据安全的角度来看,"个人数据"是"个人信息"的一个下位概念。虽然我国《数据安全法》第3条第1款规定:"本法所称数据,是指任何以电子或者其他方式对信息的记录。"但是,在该法颁布以前,在我国有关数据安全和数据权的研究中,"个人数据"多指用以识别个体的电子数据。例如,王春晖认为:"以上国家立法和欧盟

---

[1] 参见吴苌弘:《个人信息的刑法保护研究》,上海社会科学院出版社2014年版,第9—10页。

[2] 参见张才琴、齐爱民、李仪:《大数据时代个人信息开发利用法律制度研究》,法律出版社2015年版,第6页。

[3] 参见张建文:《俄罗斯个人资料法研究》,载《重庆大学学报(社会科学版)》2018年第2期。

[4] 参见陈波、周小莉:《个人资料与个人信息、隐私权的关系分析——基于行政公开的视角》,载《江汉论坛》2011年第4期。

GDPR中所谓的'个人数据',实质上是个人的'网络信息'或'电子信息'。"[1]所以,"个人数据"并不包括以非电子形式存在的"个人信息"。此外,在《民法典》就个人信息保护进行立法研究时,全国人大法工委的报告中指出,数据一般是指信息的电磁记录。[2] 因此,为方便探讨,本书将"个人数据"定义成"个人信息"的下位概念,即以电子形式存在的"个人信息"。

最后,"个人隐私"与"个人信息"是存在交叉关系的不同概念。"个人隐私"包括公民个人生活中一切不愿为一定范围外的人公开或知悉的秘密,且该秘密与他人或社会公共利益一般不存在任何关联。"个人隐私"除了一般的秘密信息外,还包括公民私生活安宁、行为保密、私人空间秘密等不属于信息的内容;而"个人信息"除了"个人隐私"外,还包括其他信息,如电话号码、姓名等,而且这些信息往往可以为企业经营发展、决策分析提供支持。[3] 笔者认为,考虑到"个人信息"在技术与载体上的中立性,以及突显我国立法对个人权利的关注与重视,采用"个人信息"这一称谓更为适宜。[4]

## 二、"个人信息"概念的界定

对于公民"个人信息"的界定,主要存在"识别型""隐私型""关联型"三种观点。其中,"识别型"是将识别作为核心要素界定个人信息,该界定是从个人信息所能实现的功能角度对个人信息进行的定义。比如,德国《联邦数据保护法》即采用"识别型"界定方式。[5] "隐私型"是从信息的内容角度对个人信息进行的界定,具体是将个人信息界定为敏感的、隐秘的、不愿意被他人所知的信息。"关联型"是从个人信息与信息主体的关联性角度对个人信息进行的界定,将包

---

[1] 王春晖:《GDPR个人数据权与〈网络安全法〉个人信息权之比较》,载《中国信息安全》2018第7期。

[2] 参见《民法典立法背景与观点全集》编写组编:《民法典立法背景与观点全集》,法律出版社2020年版,第465页。

[3] 参见贺琼琼主编:《电子商务法》,武汉大学出版社2016年版,第114—115页。

[4] 参见〔英〕戴恩·罗兰德、伊丽莎白·麦克唐纳:《信息技术法》,宋连斌、林一飞、吕国民译,武汉大学出版社2004年版,第315—318页。

[5] 参见德国《联邦数据保护法》第3.1条:"个人数据指关于个人或已识别、能识别的个人(数据主体)客观情况的信息。"

括但不限于公民人格、私生活、社交活动及其他与个人相关联的信息界定为个人信息。此外,针对"个人信息"的概念界定,理论界还存在"概括型"与"概括混合型"两种界定方式。[1] 其中,"概括型"是就个人信息一般特征进行一定的限定与描述,如欧盟1995年《个人数据保护指令》第2条关于个人数据的定义即采用"概括型"界定方式。[2] 而"概括混合型"是在表征个人信息一般特征的基础上,对常见的个人信息类型进行部分列举的一种界定方式,比如我国台湾地区"个人资料保护法"第2条即采用"概括混合型"界定方式。[3]

笔者认为,以往的"隐私型"定义不可避免地缩小了个人信息的范围,因为诸如IP地址、电子邮件地址等信息是否属于隐私问题尚存争议;而"关联型"定义过宽地将有关信息划入公民个人信息范畴,阻碍了对个人信息数据的合理使用。在大数据时代背景下,"识别型"与"概括列举型"相结合的个人信息界定方式是最优选择。其原因在于:第一,从界定范围来看,"识别型"界定方式比"隐私型"和"关联型"定义更为合理。在大数据时代背景下,海量的个人信息被收集和处理,过宽或者过窄限定个人信息的范围都会导致个人信息保护与个人信息合理使用之间天平的失衡,而"识别型"定义对受保护的个人信息的范围划定介于"隐私型"和"关联型"之间,更有利于平衡个人信息保护与信息自由之间的冲突。第二,从界定方式来看,"概括列举型"是比"概括型"更优的选择。在大数据时代技术更新升级迅速,各个应用场景所产生的个人信息类型日趋复杂、繁多,采用"概括列举型"界定方式一方面能够概括个人信息的一般特征,另一方面可以列举出常见的一些个人信息类型以较为准确地反映个人信息的法律保护范围,在避免概念范围过于空洞、模糊的同时提高了司法实践的可操作性,

---

[1] 参见齐爱民:《中国信息立法研究》,武汉大学出版社2009年版,第76—77页。

[2] 参见欧盟1995年《个人数据保护指令》第2条:"个人数据是指关于已识别或可识别的自然人(或称"数据主体",data subject)的任何信息;可识别的自然人是指可以被直接或间接识别的人,特别是通过身份证号码或身体、生理、精神、经济、文化或社会身份之一或若干特定因素而可识别的人。"

[3] 参见我国台湾地区"个人资料保护法"第2条:"个人资料是指自然人之姓名、出生年月日、国民身份证统一编号、护照号码、特征、指纹、婚姻、家庭、教育、职业、病历、医疗、基因、性生活、健康检查、犯罪前科、联络方式、财务情况、社会活动及其他得以直接或间接方式识别该个人之数据。"

避免司法人员判断纠纷标的是否为个人信息时出现争议,同时又不至于无限扩大司法人员解释个人信息范畴的自由裁量权,从而促进司法活动的正常开展。采用"识别型"与"概括混合型"相结合的界定方式是我国当前立法背景、产业背景、技术背景下最为适宜的,也是我国近些年来个人信息相关立法所采用的一种界定方式。比如,《网络安全法》第76条第5项[1]、《电信和互联网用户个人信息保护规定》第4条[2]、《民法典》第1034条[3]均采用上述界定方式。但是,我国2021年11月1日正式实施的《个人信息保护法》第4条第1款对个人信息采取了"概括型＋关联型"的界定方式,[4]规定较为模糊,导致个人信息范围过大,一方面容易引起争议,影响法律适用和执行的效率;另一方面容易导致司法和执法实践中,法院、执法机关将不属于个人信息的客体认定为个人信息,造成利益失衡。此外,该条规定也与我国其他法律中所规定的"个人信息"概念存在冲突,影响我国法律体系的统一性。综上所述,对"个人信息"概念的界定宜采取"概括列举型＋识别型"的方式,即大数据时代的"个人信息"是指以任何方式所记录的,能够单独或者与其他个人相关信息结合以识别信息主体身份的各类信息的总称,包括但不限于自然人的姓名、出生日期、身份证号码等基本信息,网银账号及密码、第三方支付账号及密码等账户密码信息,好友信息、家庭成员信息等社会关系信息,以及网络消费记录、网络评论、网页浏览信息等网络行为

---

[1] 《网络安全法》第76条第5项规定:"个人信息,是指以电子或者其他方式记录的能够单独或者与其他信息结合识别自然人个人身份的各种信息,包括但不限于自然人的姓名、出生日期、身份证件号码、个人生物识别信息、住址、电话号码等。"

[2] 《电信和互联网用户个人信息保护规定》第4条规定:"本规定所称用户个人信息,是指电信业务经营者和互联网信息服务提供者在提供服务的过程中收集的用户姓名、出生日期、身份证件号码、住址、电话号码、账号和密码等能够单独或者与其他信息结合识别用户的信息以及用户使用服务的时间、地点等信息。"

[3] 《民法典》第1034条规定:"自然人的个人信息受法律保护。个人信息是以电子或者其他方式记录的能够单独或者与其他信息结合识别特定自然人的各种信息,包括自然人的姓名、出生日期、身份证件号码、生物识别信息、住址、电话号码、电子邮箱、健康信息、行踪信息等。个人信息中的私密信息,适用有关隐私权的规定;没有规定的,适用有关个人信息保护的规定。"

[4] 《个人信息保护法》第4条第1款规定:"个人信息是以电子或者其他方式记录的与已识别或者可识别的自然人有关的各种信息,不包括匿名化处理后的信息。"

信息,等等。

## 三、个人信息的类型划分

综合考虑大数据时代个人信息的属性和类型特征,大数据时代个人信息可分为以下三类:

(一)用户身份和鉴权信息

用户身份和鉴权信息是指能够单独或与其他信息结合,对用户自然人身份进行识别,或代替用户自然人身份属性的虚拟身份信息,也包括用于验证身份的鉴权相关信息。具体包括用户自然人身份和标识信息、用户虚拟身份和鉴权信息两个子类。(具体描述见表 1-1)

表 1-1 用户身份和鉴权信息子类和范围

| 子类 | 范围(包括但不限于) | 信息举例 |
| --- | --- | --- |
| A1:用户自然人身份和标识信息 | A1-1:用户基本资料 | 姓名、证件类型及号码、年龄、性别、职业、工作单位、地址、宗教信仰、违法犯罪记录、民族、国籍等 |
| | A1-2:身份证明 | 身份证、军官证、护照、驾照、社保卡等证件及影印件 |
| | A1-3:生理标识 | 指纹、声纹、虹膜、脸谱等 |
| A2:用户虚拟身份和鉴权信息 | A2-1:普通服务身份标识和鉴权信息 | 普通服务中电话号码、账号、昵称、IP 地址、邮箱地址、用户个人数字证书以及服务涉及的密码、口令、密码保护答案等 |
| | A2-2:交易类服务身份标识和鉴权信息 | 交易类服务中各类账号和相应的密码、密码保护答案等 |

(二)用户数据和服务内容信息

在大数据时代背景下,用户数据和服务内容信息是有可能被他人收集的具有用户隐私属性的数据和内容信息。具体包括用户服务内容和资料数据、用户社交内容信息两个子类。(具体描述见表 1-2)

表 1-2　用户数据和服务内容信息子类和范围

| 子类 | 范围(包括但不限于) | 信息举例 |
|---|---|---|
| B1:用户服务内容和资料数据 | B1-1:服务内容信息 | 电信网服务内容信息,如通话内容、短信、彩信等<br>互联网服务内容信息,如即时通信内容、互联网传输的涉及个人信息的数据文件、邮件内容、网购订单、物流信息等 |
| | B1-2:用户私有资料数据 | 用户云存储、终端、SD 卡等存储的用户文字、多媒体等资料数据信息 |
| B2:用户社交内容信息 | B2-1:联系人信息 | 通讯录、好友列表、群列表、朋友圈列表、关注对象列表等用户资料数据 |
| | B2-2:私密社交内容 | 对特定用户群体发布的社交信息,如群组内发布内容、设置权限微博内容等 |

（三）用户服务相关信息

在大数据时代背景下,用户服务相关信息是可能被他人收集的服务使用情况及服务相关辅助类信息。具体包括用户服务使用信息、用户设备信息两个子类。（具体描述见表 1-3）

表 1-3　用户服务相关信息子类和范围

| 子类 | 范围(包括但不限于) | 信息举例 |
|---|---|---|
| C1:用户服务使用信息 | C1-1:业务订购、订阅关系 | 业务订购信息、业务注册时间以及修改、注销状况信息等 |
| | C1-2:服务记录和日志 | 服务详单,如语音、短信、彩信等电信业务服务详单,可能包含主叫号码、主叫位置、被叫号码、开始通信时间、时长、流量信息等<br>互联网或移动互联网业务使用情况,如 Cookies 内容、服务访问记录、网址、业务日志、网购记录、停开机时间、入网时间、在网时间等 |
| | C1-3:消费信息和账单 | 积分、预存款、信用等级、信用额度、缴费情况、付费方式等<br>账单:如出账的固定费用、通信费用、数据费用、代收费用、余额等 |
| | C1-4:位置信息 | 用户所在的经纬度、地区代码、小区代码、基站号、行踪轨迹、住宿地点等 |
| C2:用户设备信息 | C2-1:设备信息 | 硬件型号、唯一设备识别码 IMEI、设备 MAC 地址、SIM 卡 IMSI 信息等 |

### 四、个人信息的价值实现

个人信息价值实现的传统方式是通过个人信息主体的自主使用参与社会交往以实现人格自由的发展,或通过公开个人信息并使其流转以获得经济利益及良好社会评价,[1]个人信息的价值主要通过信息主体的行为得以实现。但在大数据时代,个人信息的价值实现方式不再主要依赖个人信息主体,信息处理者也能通过信息收集、处理、利用的流程使个人信息发挥价值。以较为常见的"大数据杀熟"为例:个人信息收集主要为信息处理者收集用户在使用网络服务过程中上传或留下的订单信息、位置信息等个人信息;个人信息处理主要为信息处理者根据收集到的信息,利用数据分析技术分析用户的消费偏好、收入水平等信息;个人信息利用主要是信息处理者在其分析得出的个人信息的基础上,生成用户画像,就同一商品向不同特征消费者推送并收取不同的价格。例如,点同一种外卖,高档住宅区消费者可能要比其他区域消费者支付更多对价。

正因为个人信息的价值可以不再依赖信息主体而实现,个人信息安全危机也可能由此爆发。在大数据时代,信息处理者拥有技术上的优势,可能在未经信息主体同意的情况下以隐秘的方式收集个人信息,也就是实施个人信息盗窃行为。窃取个人信息后,违法犯罪分子就能够通过处理和利用个人信息实现不正当目的,给个人信息主体带来损害,引发人们对个人信息安全的担忧。

## 第三节 大数据时代的个人信息安全危机

在大数据时代背景下,个人信息安全问题尤为突出。下文主要对危害个人信息安全的行为以及个人信息安全危机产生的原因进行深入分析,以便更深层次地探讨大数据时代个人信息相关问题与应对策略。

### 一、危害个人信息安全的行为

个人信息的价值之一在于通过信息处理技术可以带来经济利益,同时也能

---

[1] 参见谢远扬:《信息论视角下个人信息的价值——兼对隐私权保护模式的检讨》,载《清华法学》2015年第3期。

够以数据为载体在个人信息主体以及不同信息控制者之间流转。因此,大量的不法分子为谋求不法利益而非法获取、提供或者违规使用公民个人信息。在大数据时代背景下,信息数据数量呈现爆炸式的增长趋势,个人信息内容更为多元,个人信息主体对个人信息的管控力降低,危害个人信息安全的行为更加多样化,个人信息泄露风险更大,个人信息盗窃损害后果更严重。[1] 这意味着,公民个人信息随时随地可能受到个人信息盗窃等行为的不法侵害,对个人信息主体乃至社会公众造成严重危害。在大数据时代背景下,危害个人信息安全的行为主要包括如下类型:

(一)非法获取公民个人信息

非法获取公民个人信息是指未经个人信息主体明确同意而私自开展的个人信息采集活动。其常见的形式包括非法窃取、非法收买和超范围搜集公民个人信息。下文将对三种非法获取公民个人信息的方式及其行为对象、行为主体、行为手段、行为目的和行为后果等特征进行深入剖析。

1. 窃取个人信息

窃取个人信息是指个人或团伙以非法获利为目的,在未经信息主体明确同意或授权的情况下,通过黑客攻击或社会工程学攻击等技术非法盗取公民个人信息的行为。不法分子为了商业目的、非法交易目的、实行其他非法犯罪行为需要而通过各种方式窃取公民个人信息,在互联网环境下,该行为呈现出窃取主体模糊化、窃取行为隐匿化、窃取手段多样化、利益损失严重化的特征。[2] 在大数据时代背景下,个人信息所涵盖的商业价值得到商业机构的充分挖掘,成为商家实施精准营销的"利器",也吸引众多不法分子对其进行窃取,并通过个人信息盗窃灰色产业链获取利益。比如,2016 年 9 月,雅虎公司向社会公众

---

〔1〕 参见郎胜、朱孝清、梁根林主编:《时代变迁与刑法现代化·下卷》,中国人民公安大学出版社 2017 年版,第 1207 页。

〔2〕 参见何培育、王潇睿、林颖:《论大数据时代个人信息盗窃的技术手段与应对机制》,载《科技管理研究》2018 年第 7 期。

公开披露其于 2014 年因遭受黑客入侵而使 5 亿多用户的账户信息遭到窃取。[1] 又如,2018 年 8 月,上海华住酒店集团信息被窃案进入公众视线,引起社会各界广泛关注:一网民在线销售上海华住酒店集团旗下 5 亿条酒店会员数据,引发广大社会公众的担忧,在历时 12 个昼夜的侦查后,警方打掉了窃取上海华住酒店集团酒店会员数据并以此对该集团实施敲诈行为的职业黑客犯罪团伙,抓捕了三名涉案犯罪嫌疑人。[2]

窃取个人信息行为具有以下特点:第一,在行为对象方面,个人信息窃取针对的客体是随着大数据产业的发展而变化的。在大数据时代之前,个人信息窃取的客体主要为交易服务或其他服务中的鉴权类信息,不法分子并非看重此类信息本身的价值,而是看重通过此类信息可以获得的财产,如游戏账号密码、银行卡账号密码、社交软件账号密码等。而在大数据时代,数据分析技术更为发达,信息本身蕴含的价值得以被充分挖掘,个人信息窃取的主要客体则转变为用户身份标识信息、用户数据和服务内容信息、用户服务相关信息等,如身份证号码、网购订单、物流信息、位置信息、交易记录等。此类信息经过分析处理后,可以获取比鉴权类信息更大的价值。此外,大数据带来的行为对象的变化,还体现在被窃取的个人信息的数量增多。第二,在行为主体方面,既包含国内的个人、单位、群体组织等,也包含国外的个人、单位和群体组织等。相对而言,群体组织和单位等主体的专业化程度更高,组成成员之间有明确的分工,其中单位往往能利用提供服务和进行商业经营的便利对个人信息进行窃取。但是,随着互联网的发展,获取个人信息盗窃技术手段的渠道越来越广泛,加之黑客培训产业兴起,个人主体掌握信息窃取技术的门槛逐渐降低,越来越多的个人主体也参与到个人信息窃取活动中。第三,在行为手段方面,目前个人信息窃取手段包括但不限于利用恶意捆绑、WIFI 钓鱼、路由器入侵、木马病毒等黑客攻

---

[1] See Marc Pelteret & Jacques Ophoff, A Review of Information Privacy and Its Importance to Consumers and Organizations, *Informing Science: the International Journal of an Emerging Transdiscipline*, Vol. 19, No. 1, 2016, pp. 278-300.

[2] 参见辛闻:《公安部公布 10 起"净网 2018"专项行动典型案例》,中国网,2019 年 3 月 7 日,http://news.china.com.cn/txt/2019-03/07/content_74543116.htm,2020 年 3 月 15 日访问。

击技术,各种社会工程学攻击技术,以及通过 IP 地址收集用户的一些使用记录等,同时还包括通过具有跟踪功能的 Cookies 软件测定并跟踪用户在网站上所进行的操作等手段。第四,在行为目的方面,不法分子窃取个人信息的目的包括自身商业目的使用以及非法交易、数据互换等。第五,在行为后果方面,以个人信息窃取为基础,衍生出了信息交易黑市,并且形成了一条庞大的灰色产业链,对个人信息主体造成的危害更大,对社会造成的影响也更为深远。例如,个人信息窃取者通过黑客技术与社会工程学技术结合的方式,通过角色分工建立个人信息的流通机制,甚至建立了个人信息黑市交易平台,并制定了交易流程。更为严重的是,个人信息盗窃灰色产业链的发展呈活跃趋势,一旦被窃取的个人信息进入数据黑市,则有可能最终落入全球犯罪分子手中,成为实施各种犯罪活动的工具,给信息主体、信息持有人造成不可估量的人身、财产损失。

2. 非法购买、收受、交换个人信息

在大数据时代,不法分子除了通过窃取的方式获得公民个人信息之外,还会通过其他非法方式,如购买、收受和交换等方式获取公民个人信息。2017 年 5 月 8 日,最高人民法院、最高人民检察院(以下简称"两高")公布《关于办理侵犯公民个人信息刑事案件适用法律若干问题的解释》,该解释对侵犯公民个人信息犯罪适用法律问题作了规定。其中,第 4 条明确将非法购买、收受、交换个人信息的行为归入非法获取公民个人信息的范畴。[1] 具体来说,此类行为是指通过有经济利益、无经济利益或者自由交换等方式非法获取公民个人信息,与非法窃取公民个人信息这类直接获取公民个人信息的方式不同,此类行为属于间接地非法获取公民个人信息。

在三种间接获取公民个人信息行为中,非法购买是指支付一定数目的金钱获得公民个人信息的方式,是一种较为常见、发案率相对较高、危害较为严重的

---

[1] 参见"两高"《关于办理侵犯公民个人信息刑事案件适用法律若干问题的解释》第 4 条:"违反国家有关规定,通过购买、收受、交换等方式获取公民个人信息,或者在履行职责、提供服务过程中收集公民个人信息的,属于刑法第二百五十三条之一第三款规定的'以其他方法非法获取公民个人信息'。"

个人信息非法获取方式。[1] 比如,在章某某等诈骗、侵犯公民个人信息案(此案是 2017 年最高人民检察院发布的六起侵犯公民个人信息犯罪典型案例之一)中,被告人章某某于 2016 年年初通过互联网非法购买公民个人信息 12555 条,并于 2016 年 3 月至 4 月期间雇用被告人汪某某等利用先前获取的学生家长联系电话等个人信息,冒充学校教务处、教育局工作人员,以为学生发放国家教育补贴款为由,诱骗家长持卡转账以获取非法利益。至被查获时,章某某等人共拨打 4392 通诈骗电话,非法获利 11.62 万元。[2]

非法收受个人信息是指在没有支付相应对价的情况下,无偿接受他人提供的个人信息的行为。在司法实践中,非法收受公民个人信息的行为通常发生在犯罪团伙中,其中负责利用个人信息谋取不正当利益的成员往往也是实施非法收受行为的主体。例如,在刘某某、郑某某侵犯公民个人信息案[3]中,刘某某非法获取公民个人信息后,无偿提供给郑某某,郑某某则将非法收受的公民个人信息用于非法经营,并将非法获利与刘某某瓜分。

非法交换个人信息的行为是指持有他人个人信息的主体相互交换彼此所持有个人信息,尽管双方均是无偿交换自己所持有的个人信息,但双方在获取更多的个人信息后均可能进一步实施出售、非法提供、冒用身份诈骗等非法行为,从而给公民的人身、财产安全造成巨大的损失。例如,在梁某某、冯某侵犯公民个人信息案[4]中,为了扩大生源,冯某购买梁某某出售的学生个人信息之后,与教育培训机构旧同事黄某某互相交换公民个人信息近 2 万条,对有关学生的生活安宁造成了较大损害。

以上三种间接非法获取他人个人信息的行为是当下非法获取公民个人信息行为较为典型的一大类,由此给公民所带来的经济损失乃至人身伤害是难以估算。此类行为的特点为:第一,在行为对象方面,此类行为所针对的个人信

---

[1] 参见皮勇、王肃之:《智慧社会环境下个人信息的刑法保护》,人民出版社 2018 年版,第 156—160 页。

[2] 参见《侵犯公民个人信息犯罪典型案例》,最高人民检察院官网,2018 年 1 月 31 日,http://www.spp.gov.cn/spp/zxjy/qwfb/201801/t20180131_362951.shtml,2020 年 3 月 20 日访问。

[3] 参见江苏省南京市中级人民法院(2020)苏 01 刑终 473 号刑事裁定书。

[4] 参见安徽省合肥市庐阳区人民法院(2017)皖 0103 刑初 604 号刑事判决书。

息主要是电话、姓名、网购信息、物流信息等用户数据和服务内容信息以及用户服务相关信息。第二，在行为主体方面，此类行为的实施者通常是利用个人信息进行违法犯罪活动、利用个人信息经营或者继续将个人信息进行流通以赚取差价或获取更多个人信息的个体、单位或群体组织。此类主体在个人信息盗窃灰色产业链中常处于中游位置。第三，在行为手段方面，此类行为主体通常经过组织内部的专用信息传输渠道或者专门的个人信息交易渠道，非法获取公民个人信息。例如，在前述刘某某、郑某某侵犯公民个人信息案中，犯罪嫌疑人即通过企业微信传递个人信息；在曲某某侵犯公民个人信息案[1]中，曲某某通过个人信息黑色交易渠道，通过与其他违法犯罪主体的 QQ 号交流而获取公民个人信息。第四，在行为目的方面，此类行为主体与实施窃取个人信息行为主体的目的大致相同，均为自身商业目的而使用、非法交易、互换个人信息；不同之处在于，此类行为主体将非法获取的个人信息用于商业目的使用的情况更为常见。第五，在行为后果方面，此类行为常发生在个人信息盗窃灰色产业链的中下游，违法犯罪分子可能直接利用以上述方式获取的个人信息进行违法犯罪活动，给个人信息主体带来更为直接的损害。

3. 利用履行职责或提供服务的便利非法获取个人信息

部分非法获取个人信息的行为发生在行为主体履行职责或者为个人信息主体提供服务的过程中，该行为形式上合法但实质上却违反了有关法律规定。在大数据时代背景下，此类行为主要有两种表现形式：

第一种是超范围收集公民个人信息。主要包括两类行为：(1) 一些公职人员在履职过程中出于单位利益或个人利益而违反国家的相关规定，强行要求或采取欺骗的手段收集单位规定或法定范围之外的个人信息。[2] 由于上述公职人员的职务身份带来的强制力，公民往往不得不提供相关信息，从而可能因后续非法交易、非法泄露、出售等行为而遭受经济损失或精神损害。(2) 一些应用程序、商业机构未经用户同意且未向用户明示申请的情况下超范围收集用户个人信息。2020 年 1 月，国家计算机病毒应急处理中心通过互联网监测发现，包

---

[1] 参见辽宁省大连市西岗区人民法院(2017)辽 0203 刑初 32 号刑事判决书。
[2] 参见皮勇、王肃之：《智慧社会环境下个人信息的刑法保护》，人民出版社 2018 年版，第 160 页。

括《12306 买票》(版本 2.3.11)、《搜狗浏览器》(版本 5.25.9)、《航旅纵横》(版本 5.1.3)等在内的多款移动应用程序存在隐私政策不合规,违反《网络安全法》相关规定,涉嫌超范围采集个人隐私信息的行为。[1] 超范围收集行为本身不会直接给用户造成经济损失,但如果该行为与买卖个人信息等危害个人信息安全的后续行为相结合,则存在危害个人信息安全的可能性。

第二种是网络经营主体强制或欺骗用户签订不正当的用户协议或隐私政策,并在后续的产品或服务供应过程中非法获取用户的个人信息。[2] 网络应用程序、电子商务平台、搜索引擎等网络经营主体往往会制定用户协议与隐私政策,对用户个人信息的披露、采集、使用等内容作出规定,用户如若要购买其产品或享受其服务,首先必须同意其用户协议与隐私政策等格式合同。然而,通常情况下,这些格式合同中的某些格式条款往往有利于网络经营者且存在危害用户个人信息安全的可能。网络经营主体通过后台操作自动获取用户个人信息,利用大数据技术对上述信息进行分析,从而推断出用户的行为偏好、消费模式以定向推送或精准营销。该行为一般不会对个人信息主体的人身、财产利益带来直接损失,但是部分网络经营主体通过上述技术了解到消费者的购买能力、消费意向之后,会就同一商品以不同的价格向不同消费者推送商品列表,也就是通常所说的"大数据杀熟",除了可能违反《反垄断法》的规定,还侵犯了消费者的合法权益。此外,如果网络经营主体直接将收集来的个人信息进行出售、非法交易等,则导致用户面临个人信息泄露、接受垃圾广告、收到骚扰电话等风险。例如,在阮某某、薛某某、宋某某等侵犯公民个人信息案[3]中,被告人就通过开发"借来花""掌上花"等贷款应用程序可移植性配置文件(Application Protability Profile,APP),假借提供贷款服务而欺骗用户填写个人信息,并将用户个人信息出售以谋取不正当利益。

---

[1] 参见张建新:《国家计算机病毒应急处理中心监测发现二十四款违法移动应用》,百度网,2020 年 1 月 13 日,https://baijiahao.baidu.com/s?id=1655580190662303316&wfr=spider&for=pc,2021 年 12 月 30 日访问。

[2] 参见皮勇、王肃之:《智慧社会环境下个人信息的刑法保护》,人民出版社 2018 年版,第 160—162 页。

[3] 参见浙江省绍兴市越城区人民法院(2019)浙 0602 刑初 151 号刑事判决书。

此类非法获取公民个人信息的行为具有以下特点：第一，在行为对象方面，此类非法获取公民个人信息的行为所针对的信息类型不限，用户身份和鉴权信息、用户数据和服务内容信息、用户服务相关信息都可能成为其非法收集的目标。第二，在行为主体方面，包括公职人员和非公职人员。其中，非公职人员通常会成立法人组织，以法人组织为依托提供互联网服务，并借机非法获取个人信息。第三，在行为手段方面，公职人员通常是利用履行职务的便利非法获取政府机关收集的个人信息；非公职人员及其成立的法人组织通常是利用用户对网络服务协议不重视的心理，欺骗用户同意个人信息的过度收集，或者利用用户对网络免费服务的依赖性，强制用户以个人信息换取便利，也可能利用提供网络服务的便利，采取技术措施超协议范围收集用户个人信息。第四，在行为目的方面，不法分子收集个人信息之后，通常以出售、交换等方式提供给其他主体，供其他主体经营活动所需或者实施其他违法行为。部分APP超范围以及非必要地收集个人信息，是为了生成用户画像，从而做到对用户精准推送广告，以此谋取商业利益。第五，在行为后果方面，此类行为虽然通常不会给个人信息主体带来直接的危害，但是若个人信息流入个人信息盗窃灰色产业链的中下游，从而被世界各地的违法犯罪分子非法使用，则会使其人身、财产遭受损害。此外，此类行为会破坏消费者对互联网服务的信任，让消费者不再放心提供个人信息，对大数据产业的发展造成不利影响。

（二）出售、非法提供公民个人信息

大数据技术促进了个人信息盗窃灰色产业链分工的细化，而出售、非法提供公民个人信息是连接灰色产业链上中下游的纽带，通过此类行为，公民个人信息在灰色市场中不断流通，最终落入位于世界各地的违法犯罪分子手中。出售公民个人信息，是指为了牟利而将自身掌握的公民个人信息出卖给他人的行为。非法提供公民个人信息，是指故意违反国家有关规定，将自身掌握的公民个人信息转移、传递至其他主体的行为。[1] 值得注意的是，无论行为主体所掌

---

[1] 参见郎胜主编：《中华人民共和国刑法释义（第六版·根据刑法修正案九最新修订）》，法律出版社2015年版，第423页。

握的公民个人信息来源是否正当,出售、非法提供个人信息都属于危害公民个人信息安全的行为。

此类行为的特点为:第一,在行为对象方面,此类行为对用户身份和鉴权信息、用户数据和服务内容信息、用户服务相关信息等所有类型的公民个人信息均可能产生危害。第二,在行为主体方面,实施此类行为的主体通常为个人信息盗窃产业链的上中游违法犯罪分子。第三,在行为手段方面,不法分子往往通过专门的渠道、交易平台、暗网、联系人等出售和非法提供个人信息。第四,在行为目的方面,行为主体主要是为了通过倒卖个人信息牟利,或者通过提供个人信息而换取其他利益,以及为组织中的其他成员实施其他违法犯罪行为提供相关信息。第五,在行为后果方面,出售、非法提供个人信息等行为造成个人信息在不同的信息持有者之间流转交易,使用户的个人信息安全受到严重的威胁,可能给权利人造成精神、财产上的损失甚至危害个人生命安全。

例如,在郭某某侵犯公民个人信息案中(此案是2017年最高人民检察院发布的六起侵犯公民个人信息犯罪典型案例之一),2015年3月至2016年9月1日期间,被告人郭某某利用其职务便利,非法获取楼盘业主、公司企业法定代表人及股民等的电话、工作单位、家庭住址等多类公民个人信息,后又将利用职务便利获得的个人信息与其他不法分子相互交换,非法获取更多个人信息。郭某某总共获得185203条个人信息,后通过QQ群发布并出售相关个人信息,非法获利人民币4000元。法院认定被告人将其在提供服务过程中获得的公民个人信息出售、提供给他人的行为构成侵犯公民个人信息罪,判处被告人有期徒刑七个月,并处罚金人民币2000元。[1] 又如,2017年3月,涉全国数个省市的特大侵犯公民个人信息案被移送司法机关,在武某某等人非法出售公民个人信息案中,被告人通过QQ群出售公民个人信息共计1.25亿条,涉案金额高达10

---

〔1〕 参见《侵犯公民个人信息犯罪典型案例》,最高人民检察院官网,2018年1月31日,http://www.spp.gov.cn/spp/zxjy/qwfb/201801/t20180131_362951.shtml,2020年3月20日访问。

万余元。[1] 类似案例并不鲜见，不法分子为获取利益而实施个人信息交换或出售、非法提供等行为，通过多次数据互换、交易积累大量个人信息并进行二次售卖以获取巨额利益，对公民的个人信息安全造成极大威胁。再如，快递公司将用户订单信息出售或非法提供给其他公司或个人。此外，一些公务人员违规提供其所掌握的公民个人信息资料、医务人员违反规章制度出卖他人个人信息等也时有发生，使个人信息成为一种交易产品，无形中给公众的人身、财产安全造成巨大的隐患。

（三）非法利用公民个人信息

非法利用公民个人信息的行为是个人信息盗窃灰色产业链运转的核心动力，正是因为有非法利用个人信息的需求，才导致上中游的非法获取和非法提供等转移个人信息的行为屡禁不止。非法利用公民个人信息，是指违反法律规定滥用公民个人信息的行为。非法利用公民个人信息的方式十分多样，给个人信息主体带来的损害最为直接，并对社会秩序造成严重影响。通常而言，非法利用个人信息的行为可以分为两类：第一，在完全没有征得个人信息主体同意的情况下非法利用个人信息。第二，虽然征得个人信息主体的同意，但是却违反与信息主体的约定而使用个人信息。[2] 2019年11月28日，国家互联网信息办公室（以下简称"网信办"）秘书局、工业和信息化部（以下简称"工信部"）办公厅等联合制定了《APP违法违规收集使用个人信息行为认定方法》，落实了《网络安全法》中"未公开收集使用规则""未明示收集使用个人信息的目的、方式和范围""未经用户同意收集使用个人信息"等非法利用个人信息行为认定标准的操作细节。[3] 但是，该认定方法并未对非法利用个人

---

[1] 参见周宽玮、施王雨：《安徽含山警方破获1.25亿条个人信息被售卖案，涉数个省市》，澎湃新闻，2017年3月3日，https://www.thepaper.cn/newsDetail_forward_1631394，2020年3月16日访问。

[2] 参见李川：《个人信息犯罪的规制困境与对策完善——从大数据环境下滥用信息问题切入》，载《中国刑事法杂志》2019年第5期。

[3] 参见工信部2019年10月31日发布的《工业和信息化部关于开展APP侵害用户权益专项整治工作的通知》，中央人民政府官网，2019年11月7日，http://www.gov.cn/fuwu/2019-11/07/content_5449660.htm，2020年3月12日访问。

信息行为的定义和特点进行更为具体的阐释。笔者认为,非法利用个人信息行为的特点为:

第一,在行为对象方面,由于非法利用个人信息行为的方式多种多样、涵盖范围十分广泛,因此,所有类型的个人信息皆可能成为被非法利用的对象。然而,不同的非法利用个人信息行为所针对的个人信息类型往往也存在区别。例如,通过人工智能换脸技术制作违法视频行为,主要针对信息主体的脸谱等生物标识信息进行非法利用;而2016年发生在山东的篡改他人高考志愿案,行为主体陈某某则主要针对其同学的鉴权信息和身份信息进行非法利用。[1] 又如,该案中的不法分子,主要针对徐某某等高考考生的电话号码、高考录取信息等身份信息实施电信诈骗行为。[2]

第二,在行为主体方面,非法利用公民个人信息的主体通常为个人信息盗窃灰色产业链下游的不法分子,是直接利用个人信息进行违法犯罪活动或者谋取不正当商业利益的行为人。

第三,在行为手段方面,通常需要借助其他技术对个人信息进行利用。例如,借助虚拟化技术大量注册虚假电商店铺和用户、借助人工智能技术制作违法视频、借助大数据技术定点推送广告等。

第四,在行为目的方面,非法利用个人信息主体通常以获取不正当利益为主要目的,如利用个人信息实施电信诈骗、"大数据杀熟"、拨打推销电话等。其中,不正当利益还包括除经济利益之外的其他利益,如身份、地位乃至教育机会等。例如,对于利用他人身份证号码、准考证号码、学籍信息等顶替他人进入大学的行为人,主要目的在于非法利用个人信息不正当谋取接受高等教育的机会。[3] 同时,也有部分行为主体是出于恶意而对个人信息主体进行打击报复、侮辱等,如前述篡改高考志愿案以及利用人工智能换脸技术制作不雅视

---

[1] 参见《专家解读单县高考志愿篡改案:为什么陈某会被起诉》,齐鲁网,2016年10月25日,http://news.iqilu.com/shandong/yuanchuang/2016/1025/3129071.shtml,2020年7月23日访问。

[2] 参见山东省高级人民法院(2017)鲁刑终281号刑事裁定书。

[3] 参见熊丙奇:《彻查"冒名顶替上大学"利益链》,新华网,2020年6月15日,http://www.xinhuanet.com/2020-06/15/c_1126114445.htm,2020年7月23日访问。

频等行为。

第五，在行为后果方面，非法利用个人信息的行为一般通过两种途径对个人信息主体造成危害。[1] 一是直接将个人信息主体作为目标而利用该主体个人信息实施不法行为，如实施诈骗、拨打骚扰电话、发送垃圾邮件、制作换脸视频等，对个人信息主体的人身、财产权益造成严重危害。二是为达成其他目的而利用有关信息主体的个人信息，间接地对个人信息主体造成危害。例如，在前述冒名顶替上大学案例中，被冒名顶替者的受教育权便遭受了侵害。此外，在大数据时代，处理个人信息的技术更为发达和便捷，非法利用个人信息的行为还可能给社会稳定和国家安全造成危害。例如，美国政治咨询公司剑桥分析（Cambridge Analytica）就曾被曝光非法利用 Facebook 上巨量用户个人信息，试图参与操纵多国领导人选举等重大政治活动。[2]

## 二、个人信息安全危机产生的原因

上文分析了危害个人信息安全的行为和法律后果，下文将进一步分析大数据时代个人信息安全危机频发的原因，以及相关行为主体实施侵害他人个人信息权的行为的动机，以更加深入地理解大数据时代背景下个人信息安全危机频发的核心问题和关键缘由。

### （一）不法分子对不正当利益的追求

个人信息的价值在大数据时代得到了深入挖掘，而不法分子则看到了其"潜在价值"。在大数据时代，个人信息是非常有价值的资源，蕴含着巨大的商业价值与公共管理价值，不但可以为政府决策提供依据，提高公共管理的效率，还可以作为生产资料，为企业制造商业利润。在公共管理方面，典型的例子便是 2020 年新冠肺炎疫情期间全国各地政府推出的健康码，其基本原理是收集

---

[1] 参见刘仁文：《论非法使用公民个人信息行为的入罪》，载《法学论坛》2019 年第 6 期。

[2] 参见科工力量、柳叶刀：《剑桥分析是如何以"工业规模"操纵各国选民的》，观察者网，2020 年 1 月 14 日，https://www.guancha.cn/kegongliliang/2020_01_14_531489_s.shtml，2020 年 7 月 23 日访问。

公民的位置信息、行程信息、门诊信息等个人信息，利用大数据技术推算出个人信息主体感染病毒的概率，健康码的推行为我国平衡疫情控制与经营生产做出了很大贡献。[1] 在商业价值方面，个人信息的常见用途之一是作为电商企业制作用户画像的基本资料，帮助电商企业实现精准营销，获得更多利润。[2] 然而，个人信息的巨大价值也诱使不法分子不顾法律规定，利用公民个人信息牟取不正当利益。正如前文所述，不法分子利用他人个人信息，既可以实施其他下游违法犯罪活动或者超范围使用个人信息获取经济利益，也可以通过身份顶替、冒用等行为不正当获取受教育机会等非经济利益，还可以利用个人信息实施打击报复行为发泄自身的负面情绪。而利用个人信息的需求，使非法获取、非法提供个人信息等行为变得有利可图，推动这两种行为日益猖獗，导致公民个人信息安全面临严重危机。例如，为满足多家下游公司利用个人信息实现精准化营销等商业目的的需求，柴某某等人专门成立了数据堂（北京）科技股份有限公司，负责购进个人信息，对个人信息进行处理加工后向下游公司分销，在成立的8个月时间内，累计传输公民个人信息达数百亿条。[3] 可以说，不法分子对不正当利益的追求是导致个人信息安全危机产生的根本原因。

## （二）个人信息保护相关立法有待进一步细化和完善

个人信息保护相关立法不完善，将导致国家对个人信息盗窃灰色产业链的治理体系不健全，导致非法获取、非法提供和非法利用个人信息等危害个人信息安全的行为难以得到有效规制，进而导致威胁个人信息安全的行为不断发生。2021年11月1日起实施的《个人信息保护法》为我国个人信息保护提供了一个整体架构，从国家机关、个人信息所有者、个人信息处理者、履职部门等多方主体入手，对个人信息的保护进行了较为全面、系统、详细的规定。但是，该法仍存在可操作性不强、权利义务体系不够全面、法律责任不够明确等问题，有待日后逐步解决。

---

[1] 参见江海洋：《论疫情背景下个人信息保护——以比例原则为视角》，载《中国政法大学学报》2020年第4期。

[2] 参见刘士桢：《用户画像在电商领域中的应用》，载《通讯世界》2017年第21期。

[3] 参见山东省临沂市中级人民法院（2018）鲁13刑终549号刑事判决书。

1. 法律法规的协同性有待加强

当前,我国个人信息保护相关立法协同性的缺失主要体现为具体细则、规则的缺失和协调性的不足。《民法典》规定了个人信息保护的相关原则,《个人信息保护法》将大量细则、标准制定、评估体系的建立等任务授权给监管部门,但具体操作规则等均未明确,这可能导致在实际的立法、司法、执法实践中出现法律之间相互冲突、立法存在空白等问题。这样,针对个人信息的违法犯罪行为就难以得到有效规制,公民个人信息安全受到威胁的问题也难以根治。此外,法律法规协同性的缺失还可能导致不同法律价值之间的冲突无法被有效调和,引发更为严重的后果。例如,在个人信息保护与信息自由存在冲突的情况下,如果法律法规之间的基本价值取向也存在冲突,将可能激化个人信息主体与信息控制者之间的矛盾,甚至转化为社会矛盾。

2. 法律规范的可操作性有待提高

当前,我国的《民法典》《网络安全法》《个人信息保护法》等已经对个人信息的保护进行了较为系统、全面的规定。但是,一些规定的可操作性仍然存疑。例如,《个人信息保护法》规定了"告知—同意"规则,但该规则给企业的落地实施提出了新的难题,特别是那些日常需收集处理大量个人信息的互联网企业以及需与第三方共享大量个人信息的企业,既要有效实施该规则(尤其是需单独同意的情形),又不能因此导致企业成本过高、行业发展受损或给用户带来不佳使用体验等问题。同时,危害个人信息安全的行为会随着技术的进步和时代的发展而不断出现新情况和新问题。因此,高位阶的法律在践行过程中必然会面临过于抽象而难以适用的问题,难以应对实践中的具体问题,也会导致部分危害个人信息安全的行为无法得到有效规制。

3. 权利义务体系全面性有待提升

与美国、欧盟等个人信息保护立法较为先进的国家和地区相比,我国个人信息保护相关立法的另一重要不足,体现在权利义务体系设置的不完善上。例如,被遗忘权已得到欧盟《通用数据保护条例》明文规定,但我国《个人信息保护法》虽确立了信息删除权,被遗忘权的规定仍然处于空白状态。

2015年任某某诉百度案二审判决[1]表明,在权利义务体系不完善的情况下,公民个人信息安全受到的威胁难以被消除,在个人信息受到侵害时难以获得有效救济,而不法分子却能逃避法律的制裁,引发危害个人信息安全的事件不断发生。

4. 法律责任设置合理性有待提高

法律责任是对实行危害公民个人信息行为的不法分子实施制裁的重要武器。法律责任过轻,违法成本过低,对不法分子的威慑力就会大打折扣,进而导致危害个人信息安全的行为屡禁不止。而法律责任不全面将导致部分危害个人信息安全的行为得不到法律制裁,使个人信息安全面临持续威胁。例如,刑法未将非法利用个人信息行为列入侵犯公民个人信息罪的范畴,无法有效打击危害公民个人信息的利益源头,无法真正化解大数据时代下公民个人信息安全危机。

(三) 个人信息控制者管理不当

近些年,政府工作人员、网络服务提供商、电信运营商、网络平台运营商等个人信息控制者,因技术、意识、管理方面对个人信息采取的保护措施存在问题,或对企事业单位内部人员管理失职,致使公民个人信息被非法获取、非法提供给他人、非法利用等案件不胜枚举。比如,在河南开封市公安机关侦破的赵某等人侵犯公民个人信息案中(该案为公安部2020年4月16日公布的十起侵犯公民个人信息违法犯罪典型案件之一),电信运营商、社区干部、物流行业等多个主体内部人员与外部人员串通勾结,层层倒卖导致公民个人信息落入下游信息处理不法分子手中,不法分子利用此类个人信息实施网络诈骗、暴力催债等行为,侵害公民人身财产安全。该案共涉及公民个人信息1亿余条,最终冻结的涉案资金共计1000余万元。[2] 该案是因个人信息控制者对内部员工管理不当导致公民个人信息被非法提供给他人,致使公民遭受电信诈骗、暴力催债

---

[1] 参见北京市第一中级人民法院(2015)一中民终字第09558号民事判决书。
[2] 参见袁猛:《公安部公布十起侵犯公民个人信息违法犯罪典型案件》,公安部官网,2020年4月15日,https://www.mps.gov.cn/n2254098/n4904352/c7140573/content.html,2020年3月25日访问。

从而遭受财产、精神损失的典型案例。除了对内部员工管理不当可能导致公民个人信息安全危机之外，企业采取的防范个人信息泄露的技术措施不当、对存储个人信息的数据库的操作规程设计和执行不当，也可能导致个人信息泄露。例如，在华住集团用户信息泄露案中，就流传有华住集团员工可能不慎将个人信息数据库连接方式上传至 github（一个面向开源及私有软件项目的托管平台）而导致数据泄露的说法。[1]

---

[1] 参见罗亦丹、朱玥怡、陈奕凯等：《华住5亿条用户信息疑泄露 警方已介入调查》，新京报官网，2018年8月29日，http://www.bjnews.com.cn/feature/2018/08/29/501820.html，2020年7月24日访问。

# 第二章　个人信息权与个人信息盗窃的基本理论探讨

遵循通过法权形式保护人格利益的大陆法系传统立法路径，设定作为民事权利的个人信息权，并明文规定其权利边界、权能内容以及侵权归责原则、犯罪认定标准等，既是我国维护个人信息之人格利益的必由路径，也是防止他人盗窃个人信息进而侵害人格利益的规范基础。对于个人信息保护的立法模式，学界出现过财产权说、隐私权说、一般人格权说与独立的个人信息权说等不同学说。从2021年1月1日实施的《民法典》第四编第六章可以看出，立法者采用了最后一种学说，即通过作为独立具体人格权的个人信息权来保护公民个人信息及其中的人格利益。在本章中，笔者将首先介绍个人信息权的概念、主体与客体，在此基础上阐述其权能范围及行使限制、侵权边界及行为后果，并对大数据时代下侵害个人信息权的常见形式——个人信息盗窃行为的法律关系进行梳理。

## 第一节　个人信息权的本体性解读

### 一、个人信息权的概念

按照大陆法系国家的传统，权利尤其是民事权利一般是指主体对于特定客体所享有的自主支配并排除他人干涉而遭受侵害的自由。根据这样的思维逻辑,笔者将个人信息之人格利益所享有的权利表述为自然人对其个人信息所享有的权利。按照我国民法学界对于民事权利(尤其是民事绝对权)的界定方式,将个人信息权的内涵界定为:自然人依法对其个人信息进行控制和支配并排除他人干涉的权利。但是,是否对个人信息予以权利化保护,以及个人信息权与个人隐私权、商业秘密权的权利划分界限问题,是目前学界讨论的热点与难点问题。下文将对如下两个问题进行深度解读与分析,以期为解决上述问题提供些许思路与方向。

(一)个人信息权利化的必要性探究

我国目前针对个人信息保护主要采用个人信息法益保护(直接保护),以及依托其他具体人格权予以保护(间接保护)两种模式。[1] 根据《民法典》第四编第六章有关规定,实现对个人信息的直接保护;根据《最高人民法院关于审理利用信息网络侵害人身权益民事纠纷案件适用法律若干问题的规定》第1条,信息主体可依托其姓名权、名誉权、荣誉权、肖像权、隐私权等具体的人身权益对其个人信息予以间接保护。从2017年吴晓灵、周学东等40多位全国人大代表所提交的《中华人民共和国个人信息保护法(草案)》中多次使用"个人信息权",《最高人民法院2020年度司法解释立项计划》明确将"关于审理个人信息权纠纷案件适用法律若干问题的解释"纳入立项计划,[2] 以及已经实施的《民法典》和《个人信息保护法》中有关个人信息保护内容的体系结构安排可见,我国对个

---

[1] 个人信息法益保护模式是指将公民个人信息作为独立的受保护对象,在法律或司法解释中确立个人信息的独立地位;依托其他具体人身权益予以保护的模式是指,立法中并未设定明确、独立的个人信息权,而是依托其他人身和财产权益来保护公民的个人信息,当他人侵害公民个人信息的行为对信息主体其他权益造成不利后果时,信息主体才可因此要求行为人承担责任。

[2] 参见《最高人民法院办公厅关于印发〈最高人民法院2020年度司法解释立项计划〉的通知》,党和国家政策法规库,2020年3月19日,https://zcfg.cs.com.cn/chl/afb0d3628e8406bfbdfb.html?libraryCurrent=JudicialInterpretation,2020年4月3日访问。

人信息的保护采用的是个人信息权利化保护模式（直接保护模式）。[1] 但是，就个人信息权这一问题，目前学界还存有较大争议。其中，反对个人信息权利化的理由主要包括：我国现行法律法规并未明确使用"个人信息权"这一术语，个人信息不像实体物那样可被个人所占有，[2] 个人信息的权利边界较难确定，[3] 以及个人信息具有公共属性与社会属性等。[4] 笔者认为，在大数据时代下，个人信息是一项重要的资源，以企业为核心的多方主体对个人信息具有广泛需求，此时，对个人信息予以权利化保护，通过明确的法律规定确立个人信息权及其相关内容尤为必要，具体体现在：

第一，个人信息权利化是规制大数据时代信息侵害行为所带来的新挑战的必然要求。在大数据时代背景下，信息主体信息控制力弱、个人信息侵害主体隐匿化、个人信息侵害方式多元化、侵害行为的损害后果严重化、侵害责任难以认定等特征，使得处于弱势地位的信息主体在因个人信息泄露、盗窃而遭受财产、精神损失后，往往无法及时获得法律救济。确立个人信息权，通过明确的法律规定明晰个人信息权的权利范围、侵权边界，民事侵权责任的归责原则与举证责任配置规则，行政违法、刑事犯罪的认定标准，可强化信息主体对其个人信息的控制能力，使其自行决定是否允许信息控制者与处理者的信息收集与处理行为，以防止与限制信息控制者、信息处理者等主体对个人信息的非法收集与处理。同时，完善个人信息权的权利与义务体系之后，信息主体在遭受信息侵害后可依法请求相关义务主体协助，也便于主管部门及时查处侵权主体。此外，信息主体可依据明确的法律规定向侵权者请求与其损失相当的损害赔偿，填补其因信息泄露、盗窃等而遭受的损失。

---

[1] 个人信息权利化保护模式是指设立专门的个人信息权，并明确规定个人信息权的权利内容、侵权责任、违法犯罪认定标准等，为信息主体维护其个人信息权及其相关权益提供更具针对性的法律依据。

[2] 参见吴伟光：《大数据技术下个人数据信息私权保护论批判》，载《政治与法律》2016年第7期。

[3] 参见杨芳：《个人信息自决权理论及其检讨——兼论个人信息保护法之保护客体》，载《比较法研究》2015年第6期。

[4] 参见高富平：《个人信息保护：从个人控制到社会控制》，载《法学研究》2018年第3期。

第二，个人信息权利化有利于调和个人信息保护与信息自由之间的冲突。设定个人信息权有助于明确受法律保护的个人信息的范围、权利内容、权利限制，既能够指引个人信息主体利用法律维护自身合法权益，又能够在各种处理个人信息的行为中划出一条较为清晰、稳定的法律边界，引导个人信息处理者在合法范围内处理个人信息，从而减少因为法律规定不明确而产生的诉讼和冲突，避免影响个人信息处理者必要的个人信息处理行为以及阻碍我国大数据产业的发展。

第三，个人信息权利化有益于提高侵害个人信息类案件的司法审判效率。在侵害个人信息类案件中，以个人信息刑事类犯罪为主，但近年来侵害个人信息的民事、行政案件有所增长。然而，我国目前针对危害个人信息安全行为的责任认定标准等散见于《民法典》《网络安全法》《个人信息保护法》《电子商务法》《刑法》等法律以及其他法规或部门规章中，分散的立法体系使得归责原则、举证责任、认定标准较为模糊，加大了危害个人信息安全案件的司法审判难度，导致审判周期过长。设立个人信息权，通过法律明文规定侵害个人信息行为的责任认定标准、举证责任分配规则等，为审判机关提供明确且统一的审判标准，从而促进我国侵害个人信息类案件司法审判效率的提高。

综上所述，个人信息权利化保护模式是大数据时代下公民个人信息安全保障更有效的模式。为使信息主体在其个人信息被他人泄露、盗窃后及时寻求救济，在采用个人信息权利化保护模式的同时，我国应当制定明确的法律法规对个人信息权及其相关内容予以规定，从而为信息主体维护自己个人信息权及其相关权益，为规制信息控制者、处理者等主体对他人个人信息的非法收集、处理、使用行为，提供明确的法律依据与法律指引。

（二）个人信息权与其他概念的界分

从基本属性而言，个人信息权是人格权的一种。同时，个人信息权保护的并非抽象的人格尊严、自由与安宁，而是具体的人格利益的载体——个人信息，是不同于其他人格权（如个人隐私权、姓名权与名誉权）的独立人格权。此外，个人信息权虽具有财产属性，但其与企业所享有的商业秘密权有一定区别。下文将对个人信息权与个人隐私权、商业秘密权的异同、联系等分别进行阐述剖析。

1. 个人信息权与个人隐私权

（1）个人隐私权的诠释

在法理上，个人信息权与个人隐私权是极容易混淆但又有着显著区别的两项民事权利。"隐私"（privacy）是与特定自然人有关而不为公众知悉的内容。在民法上，个人隐私权是自然人对于隐私利益加以支配并排除他人不法侵害的权利。

（2）个人隐私权与个人信息权的联系

隐私与个人信息分别构成个人隐私权与个人信息权的保护对象，它们都是权利主体的具体人格利益，且表现形式具有一定重合性。譬如，自然人的隐秘信息既属于个人信息又是隐私。个人信息权与隐私权都属于人格权的范畴，具有绝对性、支配性、专属性及不可转让性的特征，都规定在《民法典》第四编第六章中。

（3）个人隐私权与个人信息权的区别

个人隐私权与个人信息权虽然存在联系，但毕竟是存在着如下差异的两项独立的具体人格权，因而不容混淆：第一，从客体而言，个人隐私权的客体隐私既包括秘密性的信息，也包括不为公众知悉的行为与空间，而个人信息权的客体仅限于个人信息。同时，个人隐私权的客体具有隐秘性，而个人信息权的客体既可以是隐秘的，也可以是公开的。第二，从性质与行使方式而言，个人隐私权主要是消极性的防御权，防止他人获取与披露隐私是该项权利的主要行使手段。而个人信息权是积极性的权利，其权能既包括防止他人对于信息加以非法获取与披露，又包括主动获取甚至共享信息。第三，从保护方式而言，由于大数据时代个人信息易于被他人获取，由此防止个人信息被非法获取甚至盗窃成为个人信息权的重要行使方式。与其不同的是，隐私只能被他人探知而难以被获取，因此很少出现隐私"盗窃"规制的命题。

2. 个人信息权与商业秘密权

（1）商业秘密权的诠释

商业秘密权，是指民事主体对于商业秘密享有的自由支配并排除侵害的权利。根据《与贸易有关的知识产权协议》，商业秘密权属于知识产权的范畴，这一点在《民法典》第123条亦有体现。作为新兴的信息权利，商业秘密权与个人信息权既有联系又有区别。对二者进行辨析，有利于立法者构建科学的民事权利体系，进而推动我国信息立法进程。

（2）个人信息权与商业秘密权的相同点

个人信息权与商业秘密权具有如下相同点：其一，就客体而言，个人信息、商业秘密都属于信息的范畴，都具有信息的永续性与流动性等基本特征。这决定了两项权利存在一个共性，即权利主体的信息支配和排除他人盗窃等形式的侵害。其二，就权利的性质而言，由于个人信息主体、权利人都可以自由支配个人信息、商业秘密并排除任何人侵害，因此两项权利均属于支配权。而根据一般法理，支配权依附于客体存在，原则上没有存续时间限制，并可以对抗不特定的他人。据此，只要个人信息、商业秘密存在，其权利一般情况下不会消灭。

（3）个人信息权与商业秘密权的区别

个人信息权和商业秘密权毕竟是保护对象不同因而内容判然有别的两项权利，其差异性体现在：

第一，客体的属性。商业秘密需具备秘密性、保密性、价值性与实用性，而绝大多数个人信息（敏感个人信息除外）仅以能够识别个人信息主体为条件，无须具备商业秘密的以上属性。是故，在司法实践中对个人信息与商业秘密认定的复杂程度存在不同；一般而言，法官只要凭借生活经验与常识即可判定一项信息是否构成个人信息，而认定商业秘密还需要相关领域的专业知识甚至要经过专家鉴定。

第二，基本属性。由于个人信息是人格利益的一种，因而个人信息权是一种具体人格权；商业秘密属于智力成果的范畴，因而是一项知识产权。这一差异导致二者权利行使以及救济方式的截然不同。就权利行使方式而言，由于个人信息权属于人格权，而按照人格权法理，人格利益不能转让，因此自然人不能将其个人信息权让予他人行使。虽然现实中广泛存在自然人（尤其是名人）通过公开其个人信息等方式以换取经济利益的情况，但这只是其获取与转让由个人信息而产生的利益的表现，而不是转让个人信息与个人信息权本身。与此不同，商业秘密权属于财产权范畴，由于财产可以在不同主体之间转让，因此商业秘密权主体可以通过有偿或无偿的方式将商业秘密转予他人。

第三，所涉及的社会领域。由于商业秘密是与生产经营活动有关的技术性与经营性信息,其权利主要在市场竞争与商品交易中行使,因而商业秘密保护法也主要规制以上领域。是故,商业秘密权的行使往往要遵循调整市场竞争与商品交易的法律规范的某些规则(如短期消灭时效、善意取得等),这也从一个侧面说明商业秘密保护法具有很强的技术性。个人信息涉及自然人生活的方方面面,而不仅及于交易领域,因此保护个人信息权的法律规范既具有一定程度的技术性,同时因为与尊严、自由等人格价值有关而具有相当的伦理性。

第四,救济方式。由于对个人信息权的侵害属于对人格利益的侵害,因此对该权利的民事救济主要采用精神损害赔偿的方法,典型的有停止侵害、恢复名誉、消除影响、赔礼道歉以及赔偿相应的精神损害抚慰金等。由于对商业秘密权的侵害属于对财产利益的侵害,因此对该权利的民事救济主要采用财产损害的补救方法,典型的有停止侵害、行为保全、排除妨害、损害赔偿等。

## 二、个人信息权的主体

纵观境外国家及地区个人信息保护相关法律法规,大多数国家及地区将个人信息权的主体限定为自然人,比如,欧盟《通用数据保护条例》(GDPR)第 4.1 条、德国《联邦数据保护法案》第 3.1 条、我国澳门地区《个人资料保护法》第 4.1.2 条,均规定信息主体为自然人,[1]而仅有少数国家及地区将法人纳入信息主体的范畴。[2]我国《个人信息保护法》第 2 条和《民法典》第 1034 条均规定

---

〔1〕 比如,欧盟《通用数据保护条例》(GDPR)第 4.1 条规定:"'个人数据'指的是任何已识别或可识别的自然人('数据主体')相关的信息";德国《联邦数据保护法》(BDSG)第 3.1 条规定:"个人数据,指与一个已识别的或者可识别的自然人(数据主体)的私人或者实际情况有关的任何信息。"我国澳门地区《个人资料保护法》第 4.1.2 条"资料当事人"规定"其数据被处理的自然人"。

〔2〕 比如,挪威 1978 年《个人数据登记法》规定,个人数据是指"可追踪到可识别的个人、组织或机构的数据"。1981 年欧洲系列条约第 108 号《与个人数据自动化处理有关的个人保护公约》第 3 条"适用范围"规定:"本公约也适用于团体、协会、基金会、公司、企业和其他直接或间接由个人组成的机构的信息保护,无论这些机构是否具有法律人格。"1995 年欧盟《个人数据保护指令》虽规定其保护的数据主体为自然人,但其序言中亦指出,该指令不影响其成员国与数据处理相关的保护法人的立法。(即允许但不命令成员国在其立法中涵盖法人的个人数据)。

个人信息权的主体为自然人。[1] 因此,本书将自然人作为信息权的主体,符合全球个人信息权主体相关立法规定的整体趋势。

我国《民法典》第 13 条规定:"自然人从出生时起到死亡时止,具有民事权利能力,依法享有民事权利,承担民事义务。"笔者认为,对于信息主体个人信息权的权利起止时间计算,应当以该条款为原则,兼顾个人信息权所具有的财产权与人格权的权利属性。即规定个人信息权自信息主体出生时享有,信息主体自然死亡或因遭遇其他意外被宣告死亡后,其所享有的个人信息之上的财产性权利(比如获得报酬权等)自动消亡,而个人信息之上的人格性权利(比如被遗忘权等),应当根据侵权行为类型、侵权行为损害后果的危害程度等实际情况作出特别规定。以被遗忘权为例,在信息主体死亡之后,如果网络服务提供商等仍将可能产生误导性、侮辱性的相关信息放置于网页,而该持续性的公布足以对信息主体的继承人等产生较大影响的,法律应当赋予该继承人请求网络服务提供商断开、删除该个人信息的任何链接等方面的请求权。例如,法国《个人数据保护法》第 40 条规定,死者继承人在确定数据处理控制人不知该信息主体已死亡且有关个人信息未更新时,享有要求数据控制人注意死亡事实并更新信息的请求权。[2] 这样的分类设计可在一定程度上避免相关主体对死者个人信息的非法处理、利用而给死者亲人造成精神损害。

### 三、个人信息权的客体及其法律属性

顾名思义,个人信息权的客体是个人信息。个人信息的性质不仅关乎其保护模式的选择,更决定了个人信息盗窃行为规制相关制度的基础设计。对于个人信息的性质,学者们莫衷一是。在汗牛充栋的专著与论文中,这一问题也被长期讨论。

---

[1]《民法典》第 1034 条第 1 款规定:"自然人的个人信息受法律保护。"《个人信息保护法》第 2 条规定:"自然人的个人信息受法律保护,任何组织、个人不得侵害自然人的个人信息权益。"

[2] 参见法国《个人数据保护法》第 40 条:"当事实足以让死者的家人确信数据处理控制人没有更新与死者相关的个人数据时,如能提供其身份证明,该继承人可以要求控制人注意死亡的事实并相应地更新数据。"

## (一) 关于个人信息法律属性的学说观点

### 1. 财产说

该种学说的倡导者认为,个人信息是财产,从而信息主体对于其享有财产权。这种观点认为,在大数据时代背景下,个人信息是一种极为重要的社会资源,具有难以估量的市场价值,企业战略制定、商业决策、经营发展等均离不开海量信息的支撑,在此需求驱动之下,市场上催生出一众以信息收集与出售为主营业务的中间商。随着商业交易行为的发展,个人信息数据市场被细分为个人信息收集整合产业与个人信息交易产业,部分主体在收集大量个人信息后,通过大数据等技术对信息进行整合、匹配,随后将其整合后的信息出售给此类个人信息的需求方,以非法获取经济利益。[1] 在上述信息整合与信息交易的整个过程中,个人信息商品化特征明显,而交易过程中实物资金与个人信息的对价交换,正体现了个人信息的财产权属性,"根据所有权的原理,只要不与法律和公共利益相抵触,所有权人均享有对个人信息的占有、使用、收益、处分权";"个人数据的所有者是该数据的生成体个人,无论他人对主体个人数据的获取方式与知悉程度如何,都不能改变个人数据的所有权归属。"[2] 故此,从个人信息的交易层面而言,个人信息属于一种财产,信息主体对此享有财产权。

### 2. 隐私说

该种学说认为,个人信息本质上承载着主体的隐私利益,由此信息主体对个人信息享有隐私权。相应地,个人信息盗窃行为是对信息主体隐私权的侵害。持这种观点的学者多来自美国,他们主张个人信息是一种隐私利益,个人信息保护立法应采取隐私权保护模式,这一观点为美国1974年《隐私权法案》所采纳。受此影响,我国台湾地区有学者也认为个人信息保护及个人信息盗窃规制的目的在于保护个人隐私。[3] 此外,我国香港地区《个人资料(私隐)条

---

[1] 参见洪玮铭、姜战军:《数据信息、商品化与个人信息财产权保护》,载《改革》2019年第3期。

[2] 参见汤擎:《试论个人数据与相关的法律关系》,载《华东政法学院学报》2000年第5期。

[3] 参见王郁琦:《NII与个人数据保护》,载《信息法务透析》1996年第1期。

例》也规定:"本条例旨在在个人资料方面保障个人的私隐,并就附带事宜及相关事宜订定条文。"这一观点也得到我国大陆地区部分学者的支持。按照相当部分信息法学家的观点,个人信息是消费者等主体隐私利益的重要载体。据此,学者们建议通过立法等强制手段来制约侵害消费者个人隐私的行为,在维护消费者的个人隐私不被他人非法侵害的同时,促进信息流通活动的有序开展。[1]

3. 人格利益说

该种学说认为,个人信息既非财产也非隐私,而是承载着人格自由与尊严的独立的利益。据此,我国应设定独立的具体人格权来保护隐私。从本质上而言,对个人信息的盗窃构成对该项权利的侵害。该学说最早出现于德国,1990年德国《联邦数据保护法》第1条明确规定:"本法旨在保护个人的人格权,使其不因个人资料的处置而遭受侵害。"该法的目的是保护个人人格权在个人信息处理时免受侵害。[2] 我国台湾地区"电脑处理个人资料保护法"也采用了类似观点。该法第1条规定:"为规范电脑处理个人资料,以避免人格权受侵害,并促进个人资料之合理利用,特制定本法。"

4. 其他学说

还有学者认为,个人信息是宪法中基本人权的保护对象。根据这一理论,学者们认为大数据行业的经营者所实施的个人信息侵权行为是对基本人权的侵害。例如,《欧洲议会公约》即规定:"考虑到在自动化处理条件下个人资料跨国流通的不断发展,需要扩大对个人权利和基本自由,特别是隐私权的保护。""由于对个人资料处理中的个人权利和自由,特别是隐私权的保护水平不同,可能阻碍资料在成员国之间传递,并对共同体的经济生活产生不利影响,妨碍竞争和阻止各国政府履行共同体法律规定的职责;保护水平的差异是由于存在大量不同的国内法律、法规和行政规章所造成的。"联合国《关于自动资料档案中

---

[1] 参见〔德〕京特・雅科布斯:《规范・人格体・社会——法哲学前思》,冯军译,法律出版社2001年版,第111页。在我国2013年颁行的《征信业管理条例》第13条、第14条和《民法典》第110条中,立法者设定了消费者隐私权的保护规则。

[2] 转引自肖少启:《个人信息法律保护路径分析》,载《重庆大学学报(社会科学版)》2013年第4期。

个人资料的指南》(International Protection of Personal Information in the United Nations)第 1 条也规定:"不得用非法或者不合理的方法收集、处理个人信息,也不得以与联合国宪章的目的和原则相违背的目的利用个人信息。"[1]

(二) 个人信息应被作为独立的人格利益加以确认与保护

笔者认为,个人信息所体现的是自然人的人格利益,同时有别于隐私利益,我国应设定独立的具体人格权来保护个人信息。因为根据黑格尔对内外世界划分的理论,个人信息识别着个人信息主体并与之须臾不可分离,从而应被划入具有意志与精神属性的内在物范畴。保障个人信息主体对个人信息的控制,就是对其主体资格的尊重以及人身自由的维护。[2] 事实上,这一点已体现于实然法中:在宪法层面,当今世界主要国家和地区将具有古典与自然权利性质的人格尊严和自由权作为保护个人信息的依据,从而确保民众在对其个人信息处理等事务上的自主与自决;在民法等部门法或具体法中,这些国家与地区采用作为民事权利的人格权保护个人信息。例如,欧盟 2018 年颁行的《通用数据保护条例》第 1 条明确规定,该条例旨在"保护自然人的基本权利与自由"。又如,美国对个人信息的保护主要是通过 1974 年《隐私权法案》等人格权法完成的。再如,德国个人数据保护的宪法依据——隐私权与信息自决权系《联邦基本法》第 1 条人性尊严权与第 2 条人格的自由发展权衍生而来。同时,根据大陆法系人格权理论,凡是与人格形成与发展有关的情事都属于人格权客体。

从认识论的角度而言,如何对权利进行定性直接关系到对它的保护方式的选择。由于人们对个人信息的认识不同,对个人信息权也会作出不同的定性。譬如,有的学者在"隐私说"的基础上认为,个人信息权是隐私权。[3] 但是,隐私具有私密性和敏感性,既可能与信息有关,也有不属于信息的部分,因此个人信息权不能和隐私权等同。另外一些学者在"财产说"的基础上进一步认为,个

---

[1] 参见许文义:《个人资料保护法论》,三民书局股份有限公司 2001 年版,第 21—38 页。

[2] See G. W. F Hegel, *Hegel's Philosophy of Right*, Transferred by S. W Dyde Batoche Books Kitchcener, Oxford University Press, 2001, pp. 42-46.

[3] 参见王郁琦:《NII 与个人数据保护》,载《信息法务透析》1996 年第 1 期。

人信息权是财产权的一种。[1] 笔者认为,个人信息权与财产利益有关,但它不是财产权,而是人格权。个人信息权是个人对其信息的控制、处理与利用的决定权,是人格利益。同时,个人信息可以进行交易,的确具有财产利益,因此我国有学者主张个人信息权为财产权。然而,个人信息不是物,其本质并非财产,正如肖像、隐私等人格利益都有财产价值,但并不因为它们有财产价值就成为财产权的客体。综上,笔者主张个人信息权是一种独立且具体的新型人格权。

这一点在实在法中亦有体现。2018年修正的《中华人民共和国宪法》(以下简称《宪法》)关于人格尊严的规定在第38条,该条规定"中华人民共和国公民的人格尊严不受侵犯"。个人信息的收集、处理或利用直接关系到个人信息主体的人格尊严,个人信息所体现的利益是公民人格尊严的一部分,是个人信息主体对其个人信息所享有的利益。按照宪法规范的实施路径,《民法典》在第四编第六章中明确将个人信息作为一项独立的人格利益加以保护。[2] 在国外判例上,德国联邦宪法法院于1983年12月15日作出的人口普查法案判决明确指出,"信息自决权"的法律基础是《联邦基本法》第1条第1项规定的"人性尊严"和第2条第1项规定的"人格自由发展"等基本法律规定。可见,个人信息自决权的保护模式就是保护个人信息的全部利益,赋予个人信息主体对其个人信息收集、存储、处理的决定权。由此,笔者建议,我国应当设定独立的具体人格权——个人信息权来保护信息主体权益并遏制他人盗窃个人信息的侵权行为。

## 第二节　个人信息权的权能和权利限制

个人信息权的权能是指自然人实现其个人信息所享有的人格尊严与自由等利益的法定手段。在大数据时代到来之前,个人信息权的权能主要是主体对

---

〔1〕　参见汤擎:《试论个人数据与相关的法律关系》,载《华东政法学院学报》2000年第5期。

〔2〕　《民法典》第101条规定:"自然人的个人信息受法律保护。任何组织或者个人需要获取他人个人信息的,应当依法取得并确保信息安全,不得非法收集、使用、加工、传输他人个人信息,不得非法买卖、提供或者公开他人个人信息。"

于信息加以自决、访问、更正、封锁与删除等;在大数据背景下,个人信息权的权能还包括主体获取报酬、被遗忘与可携带等。然而,个人信息权的行使可能与信息自由的基本价值相冲突,并且可能与大数据时代高效率处理信息的追求相矛盾。因此,在注重个人信息保护的同时,还应当对个人信息权的限制进行前瞻性考虑。

## 一、传统环境下个人信息权的权能

### (一)信息决定权

信息决定权,是指信息主体有权决定其个人信息是否以及如何被收集、处理与利用,同时对他人以盗窃等方式侵害其个人信息权的行为加以对抗。[1] 信息决定权的法理基础在于人格利益支配以及信息自决。虽然按照《个人信息保护法》第13条第1项规定,处理个人信息需"取得个人的同意",但该规定并未从权能构建的角度完全表达信息决定权的内核,由此该项权能有明确确立之必要。此前,我国2009年《刑法修正案(七)》规定,特殊单位(国家机关、金融、电信、交通、教育、医疗等单位)的工作人员在履职过程中非法向他人提供(包括出售)公民个人信息,以及其他个体以非法方式获取(包括盗窃)公民个人信息,情节严重的,构成犯罪,同时也规定了侵犯公民个人信息的单位犯罪。[2] 上述规定便体现了这一权能。然而,囿于刑法规范的功能,这一条只能作为公诉机关向非法处理个人信息者提起刑事诉讼的公法依据,但不能作为个人信息主体提请私法救济的请求权基础。

根据我国现行立法规定,信息决定权应当包含如下权利内容:第一,信息主体自身有权决定其个人信息是否被收集、处理与使用。其中,"收集"是指获得

---

[1] 参见谢远扬:《个人信息的私法保护》,中国法制出版社2016年版,第91—100页。
[2] 该修正案第7条规定:"国家机关或者金融、电信、交通、教育、医疗等单位的工作人员,违反国家规定,将本单位在履行职责或者提供服务过程中获得的公民个人信息,出售或者非法提供给他人,情节严重的,处三年以下有期徒刑或者拘役,并处或者单处罚金。窃取或者以其他方法非法获取上述信息,情节严重的,依照前款的规定处罚。单位犯前两款罪的,对单位判处罚金,并对其直接负责的主管人员和其他直接责任人员,依照各该款的规定处罚。"

个人信息的控制权的行为,包括通过与个人信息的主体进行交互而采集以及共享、转让、搜集等方式和个人信息主体主动提供等方式。[1]"处理"在广义上是指"个人信息的收集、存储、使用、加工、传输、提供、公开等"[2];在狭义上是指对个人信息的更正、删除、分析、传输等行为,为了对个人信息权利内容以及个人信息盗窃产业链研究的方便,本书采用狭义的概念。"使用"是指对个人信息的具体应用,如将个人信息用于科学研究、生成自然人特征模型等行为。第二,信息主体自身有权决定他人何时、何地以及以何种方式、何种目的实施收集、处理、使用其个人信息的行为。[3] 第三,信息主体在其个人信息被收集、处理与使用时,有权请求信息控制者、信息处理者采取相应的措施,保障其个人信息在收集、处理与使用过程中的隐秘性。[4] 例如,我国《民法典》第 1035 条第 1 款规定,处理个人信息应当"征得该自然人或者其监护人同意",体现出信息主体对其个人信息具有自决、自主控制的权利。同时,我国《征信业管理条例》第 13 条、第 14 条也作出了相应规定。[5] 此外,境外一些国家与地区亦为信息主体设立了信息保密请求权,要求信息控制者、处理者在信息收集、处理与使用过程中遵循保密义务。比如,我国台湾地区 1995 年"电脑处理个人资料保护法"第 17 条规定:"公务机关保有个人数据文件者,应指定专人依相关法令办理安全维护事项,防止保有资料被窃取、窜改、受损或泄露。"个人信息自决权的设立是对个人信息上所承载的独立人格利益实现的有力保障。

---

[1] 参见《信息安全技术——个人信息安全规范》第 3.5 条。
[2] 参见《民法典》第 1035 条第 2 款。
[3] 参见杨芳:《个人信息自决权理论及其检讨——兼论个人信息保护法之保护客体》,载《比较法研究》2015 年第 6 期。
[4] 参见张才琴、齐爱民、李仪:《大数据时代个人信息开发利用法律制度研究》,法律出版社 2015 年版,第 58—59 页。
[5] 国务院 2013 年颁行的《征信业管理条例》第 13 条规定:"采集个人信息应当经信息主体本人同意,未经本人同意不得采集。但是,依照法律、行政法规规定公开的信息除外。企业的董事、监事、高级管理人员与其履行职务相关的信息,不作为个人信息。"第 14 条规定:"禁止征信机构采集个人的宗教信仰、基因、指纹、血型、疾病和病史信息以及法律、行政法规规定禁止采集的其他个人信息。征信机构不得采集个人的收入、存款、有价证券、商业保险、不动产的信息和纳税数额信息。但是,征信机构明确告知信息主体提供该信息可能产生的不利后果,并取得其书面同意的除外。"

## （二）信息查询权

信息查询权是指，信息主体可以查询其被信息控制者、处理者所收集、处理与利用的个人信息，并有权知悉信息控制者、处理者采取的保密与防止盗窃等措施。[1] 根据《个人信息保护法》第 45 条第 1 款，个人有权向个人信息处理者查阅、复制其个人信息，然而该规定过于原则，难以具体操作。一般而言，信息主体可以查询的事项包括：第一，存储、处理与利用的个人信息档案的名称、类别及范围。例如，从 1998 年至 2007 年的个人身体健康状况信息档案，其时间范围就是 1998 年至 2007 年，而内容范围就是个人健康信息。第二，个人信息处理的依据、目的与使用的领域。"领域"主要是指被存储、处理与利用的个人信息将被具体用于什么样的社会领域。和目的相比，领域是客观的，并且同一领域可以有多种目的。例如，卫生部门在疫情防治期间收集个人体温信息属于社会医疗领域，包括公益目的（公众福利）和私益目的（如药品经营机构据此制订相关药品的生产和销售计划）。第三，收集方式。按收集主体分类，个人信息的收集方式可以分为信息主体主动提供和信息管理者收集；按收集手段分类，个人信息的收集方式可以分为人工收集和计算机技术收集。第四，查询主体权利被侵害后或者具有被侵害的高度可能性时的权利救济手段。权利主体可以向信息处理者有关部门、有关行业协会和行政主管部门进行投诉或者通过司法途径申请禁令，请求信息处理者及时采取措施防止其个人信息权受到侵害，以及通过上述途径获得损害赔偿等。

## （三）信息的更正、封锁与删除权

个人信息更正权、封锁权与删除权是信息主体在面对或可能面对个人信息盗窃等非法侵害时享有的一些防御性权能，以保障其个人信息的完整性、私密性、准确性等。[2]

其中，信息更正权是指，"信息主体在发现错误、过时或不完整时，有权请求

---

[1] 参见许文义：《个人资料保护法论》，三民书局股份有限公司 2001 年版，第 121 页。
[2] 参见叶名怡：《论个人信息权的基本范畴》，载《清华法学》2018 年第 5 期。

信息控制者通过更正、更新或补充来保持信息的正确、从新与完整"[1]。根据《个人信息保护法》第 46 条第 1 款："个人发现其个人信息不准确或者不完整的，有权请求个人信息处理者更正、补充。"该规定不仅较为原则，而且因偏重于程序性问题而未对实体性问题（如更正要件、方式）进行规定。由此可知，信息更正权行使的事由主要包括：第一，信息主体发现信息控制者、处理者所掌握的有关自己的信息存在错误。此时，信息主体可请求信息控制者、处理者就错误信息或者与事实不相符的信息予以更正，以保持信息的正确性。第二，信息主体发现信息控制者、处理者处有关自己的个人信息已过时，则可就不能反映最新事实情况的个人信息行使更正权。第三，信息主体发现信息控制者、处理者所掌握的自身信息内容，就特定目的而言不够全面与完整。此时，个人信息的不完整，既可以是信息控制者、处理者最初就某一目的所收集的信息内容不完整，也可以是信息收集后，由于社会发展或技术进步导致信息控制者、处理者所收集的信息需要补充。信息更正权的行使方式包括：第一，请求信息控制者、处理者对存在错误、已过时的信息予以更正；第二，请求信息控制者、处理者对不完整的信息（包括最初遗漏的信息和新产生的个人信息）予以补充。

信息封锁权是指，"在法律明文规定或者当事人间约定事由出现时，通过特定技术手段防止信息被存储、处理与共享"[2]。《个人信息保护法》并未对此作出规定。一般而言，行使信息封锁权是在个人信息的正确性、完整性等发生争议的事由下进行的，对此，我国台湾地区"电脑处理个人资料保护法"第 13 条第 2 项作出了规定。[3] 信息主体行使其信息封锁权，是要求信息控制者采取一定的方式对其个人信息予以封锁，不得继续处理或使用该信息，因此只要能防止信息控制者继续处理和使用个人信息即可认定为"封锁"。

---

[1] 参见齐爱民：《中华人民共和国个人信息保护法（草案）2017 版》，https://www.sohu.com/a/203902011_500652，2020 年 1 月 2 日访问。

[2] 张才琴、齐爱民、李仪：《大数据时代个人信息开发利用法律制度研究》，法律出版社 2015 年版，第 62—63 页。

[3] 我国台湾地区"电脑处理个人资料保护法"第 13 条第 2 款规定：个人资料正确性有争议者，公务机关应依职权或当事人之请求停止电脑处理及利用。但因执行职务所必需并注明其争议或经当事人书面同意者，不在此列。

信息删除权是指,"当出现了特定事由时(如信息存储的合同届满),信息主体可请求信息控制者、处理者删除其个人信息的权利"[1]。《个人信息保护法》第47条对此作了初步规定。信息删除权的行使事由包括:第一,信息控制者、处理者收集个人信息的目的消灭;第二,信息控制者、处理者存储个人信息的期限届满;第三,信息控制者、处理者存在收集行为非法,或者信息主体就信息控制者、处理者收集其信息所作出的同意属于无效或已经被撤销,以及信息控制者在其收集信息目的之外处理和使用信息等非法存储行为时,信息主体得以请求信息控制者、处理者对其个人信息予以删除。

信息的更正、封锁与删除等权能旨在维护主体在信息之上的人格利益不会因为盗窃等原因而受到侵害。在我国现行法中,除《个人信息保护法》外,其他规范也有零星体现。《网络安全法》第42条规定:"网络运营者不得泄露、篡改、毁损其收集的个人信息;未经被收集者同意,不得向他人提供个人信息。但是,经过处理无法识别特定个人且不能复原的除外。网络运营者应当采取技术措施和其他必要措施,确保其收集的个人信息安全,防止信息泄露、毁损、丢失。在发生或者可能发生个人信息泄露、毁损、丢失的情况时,应当立即采取补救措施,按照规定及时告知用户并向有关主管部门报告。"同时,该法第43条规定:"个人发现网络运营者违反法律、行政法规的规定或者双方的约定收集、使用其个人信息的,有权要求网络运营者删除其个人信息;发现网络运营者收集、存储的其个人信息有错误的,有权要求网络运营者予以更正。网络运营者应当采取措施予以删除或者更正。"

## 二、大数据时代背景下个人信息权的特殊权能

### (一)获取报酬权

在以往时代背景下,有关主体(尤其是商业性质的主体)对公民个人信息的利用率极低,因而获得的经济收益不高。而在大数据时代背景下,众多信息控制者、处理者利用大数据技术对海量个人信息进行分析,从而梳理总结出对其

---

[1] 张才琴、齐爱民、李仪:《大数据时代个人信息开发利用法律制度研究》,法律出版社2015年版,第60—64页。

经营发展有益的结论,辅助其制定商业战略或作出商业决策,这种信息可为上述主体带来较大的经济回报。

在大数据时代背景下,个人信息已成为一种重要的社会资源。为了发挥法律制度合理配置稀缺资源的功能,应当通过法律明文规定,当信息控制者、管理者出于商业目的而使用其掌控的个人信息时,信息主体享有请求信息控制者、管理者(主要是经营者)支付相应报酬的权利,[1]从而限制个人信息处理者为商业目的而实施的个人信息免费收集、处理行为。但应当注意的是,报酬的形式不限于金钱和实物,只要能体现物质利益即可(譬如网络经销商向客户提供优先成交机会以及特殊服务)。要求信息控制者与处理者在收集、使用个人信息时支付相应的对价或提供相应的服务作为对信息主体的报酬或回报,在一定程度上可限制信息控制者、管理者对他人个人信息的非法使用与处理行为,使信息主体可就其个人信息获得相应的报酬,以更好地保障其个人信息权及相关权利。但是,《民法典》《个人信息保护法》等皆未对此作出规定。

### (二) 被遗忘权与可携带权

被遗忘权(right to be forgotten)是指,信息主体就网络上存在的与自身相关但具有误导性、不相关性、过时性甚至可能使得信息主体难以自处的个人信息,可请求信息控制者、处理者对此类信息的相关链接、备份文件、复制文件等予以删除。[2]欧盟2018年颁行的《通用数据保护条例》(GDPR)第17.1条对该权能作出了细致化的规定,信息主体有权在其信息"对于实现信息控制者收集、处理的相关目的不再必要""个人信息处理无法律依据,信息主体撤回对信息控制者、处理者个人信息处理行为的同意""信息主体就该条例规定的某些特殊情况下对个人信息处理行为表示反对"等情形发生时,请求信息控制者、处理

---

[1] 参见隋旭东、管延放:《基于大数据的消费者信息安全保护研究》,电子科技大学出版社2017年版,第53页。

[2] See M. J. Kely & D. Satola, The Right to Be Forgotten, *University of Illinois Law Review*, No. 3, 2017, pp. 1-64.

者擦除涉及上述个人信息的链接、备份或复制等。[1] 国内学界普遍认为,前述内容是对被遗忘权的表述。从本质而言,被遗忘权的设立是对删除权加以强化保护的结果。其原因在于:删除权针对的是个人信息本身,而被遗忘权还包括与个人信息有关的链接、备份与复制文件。对于我国是否应该确立被遗忘权问题,学者们众说纷纭,莫衷一是。比较具有代表性的反对意见是,被遗忘权可能导致信息自由流通受到阻碍。[2] 笔者认为,出于平衡信息主体人格权保护与促进信息自由流通的考虑,我国立法可以参照 GDPR 的规定,对于该规则的适用设定如下限制:当信息处理者为了人口普查、恶性传染病防控等公益目的而收集、处理与共享信息时,信息主体不得行使被遗忘权。

可携带权(right to data portability)是指信息主体可"就其被收集、处理的个人信息请求获得相应的副本信息,同时,在技术可实现的情况下,其还可以要求信息控制者将其所掌控的个人信息传输给另一信息控制者"[3]。欧盟 GDPR 第 20.1 条对信息可携带权作出了规定:"在数据主体将其相关个人数据提供给控制者后,有权请求控制者提供经过整理的、普遍使用的和机器可读的相关数据;数据主体有权无障碍地将此类数据从该控制者处传输给另一个控制者。"一般认为,这是对于可携带权的表述。我国《个人信息保护法》第 45 条第 3 款规定:"个人请求将个人信息转移至其指定的个人信息处理者,符合国家网信部门规定条件的,个人信息处理者应当提供转移的途径。"从本质而言,可携带权是对信息决定权强化保护的结果。由于该权利涉及信息控制者、处理者的权益(譬如对于数据库享有的知识产权)保护,因此该权利的确立以及相关规则的适用同样应当受到严格限制。

需要注意的是,我国《个人信息保护法》中并未明确规定被遗忘权和可携带

---

[1] 根据欧盟 GDPR 第 17.1 条,数据主体有权要求控制者擦除关于其个人数据的权利,当具有如下情形之一时,控制者有责任及时擦除个人数据。同时,GDPR 第 17.2 条规定,当控制者已经公开个人数据,并且负有第 1 段所规定的擦除个人数据的责任,控制者应当考虑可行技术与执行成本,采取包括技术措施在内的合理措施告知正在处理个人数据的控制者们,数据主体已经要求他们擦除那些和个人数据相关的链接、备份或复制。

[2] 参见杨立新、韩煦:《被遗忘权的中国本土化及法律适用》,载《法律适用》2015 年第 2 期。

[3] 叶名怡:《论个人信息权的基本范畴》,载《清华法学》2018 年第 5 期。

权。为充分保护个人主体的信息权与大数据时代的人格利益,我国亟须通过法律移植的方式,将两项权利内容与我国国情结合,从而实现境外经验的本土化。

### 三、个人信息权行使的限制

信息自由是指任何个体得以通过各种不为法律所禁止的手段自由搜寻、获取、利用、创建、传播和保存信息。[1] 个人信息权的行使通常会与信息自由的实现产生冲突,因此,调和二者之间的冲突是个人信息立法无法回避的问题。对此,各国个人信息保护的实践提供的参考路径,就是对个人信息权的行使设置一定界限,从而实现个人信息保护与信息自由之间的协调。

(一) 个人信息权权利限制的境外镜鉴

1. 北美洲地区的个案平衡进路

美国、加拿大等北美洲国家属于典型的判例法国家,该地区的法院在裁判中根据案件的具体情况以及社会一般观念和公理尺度作为考量因素,采取个案衡量的进路对个人信息权与信息自由进行协调。在长期的司法实践中,北美洲地区高级别的法院确立了以下几点有影响力的裁判标准,作为进行个案衡量时的考量因素:

(1) 涉案个人信息的性质

通常而言,当涉案个人信息与信息主体的隐私等敏感信息关系较远时,信息主体的个人信息权会受到较大限制,同时会给予信息处理者较大自由。例如,在 Silber v. BCTV 一案中,被告在报道一次劳动纠纷时有拍摄原告打斗场景的行为,法院判定被告不构成侵权。但在 Valiquette v. The Gazette 一案中,法院却判定新闻机构报道一名教师患有艾滋病的行为构成侵权。两次判决结果不同的原因在于,打斗场景与隐私关系较远,而患病信息则与隐私关系较近。[2]

---

[1] 参见张建文:《国家的信息职能与信息立法的基本原则》,载《法学杂志》2017年第11期。

[2] See Silber v. BCTV, 69 BCLR34(SC)(1986); Valiquette v. The Gazette, 8CCLT(2d)302(Que. SC)(1992).

(2) 个人信息主体的身份

当个人信息主体是公众人物时，其个人信息权的行使将受到较大限制。例如，加拿大法院在审理 Hill v. Church of Scientology 一案时，拒绝认定被告收集原告个人信息的行为构成对原告人格权的侵害，因为原告所收集的信息属于教会高层人物的信息，而这些人物是公众人物，对其信息的收集可以满足公众的知情权。[1] 但是，该国法院在 Aubry v. Editions Vice-Versa Inc. 一案中认定，被告对十七岁女原告坐在台阶上的场景进行摄影并刊登照片的行为构成侵权。[2]

(3) 处理个人信息的目的

一般地，出于商业目的而实施的处理行为会受到（较之于基于其他目的而处理）更多的限制。例如，美国联邦法院在 Virginia Pharmacy 一案的判决中言明，收集商业性信息虽然也属于信息自由保护对象，但对它的保护程度应当明显低于其他信息。[3] 又如，前述 Valiquette v. The Gazatte 一案的另一个判决理由是，被告进行报道是基于商业目的。

2. 欧盟通过比例原则限制个人信息权

出于维护共同利益需要，欧盟各国在个人信息立法的价值取向、框架设计以及基本制度构建等方面达成了高度的一致。根据欧盟的要求，各成员国应当在个人信息法中引入对信息自由的保护，并按照比例原则的要求排除或者限制个人信息主体的权利。譬如，欧盟数据保护委员会下属工作组在 1999 年 5 月 3 日通过的立法工作文件《关于公共部门信息和私人数据保护的第 3/99 号意见》中明确要求，各成员国应当在符合比例原则所包含的必要、适当以及目的与手段之间合乎比例等要件的前提下，基于实现信息自由之目的而排除或者限制主体权利（to exempt or restrict subjects' rights pursuant to the principle of

---

[1] See Hill v. Church of Scientology, 126 DLR 129(1995).

[2] See Aubry v. Editions Vice-Versa Inc., 78 CPR(3d)289, 306(1998).

[3] 参见黄铭杰：《美国法上的言论自由与商业广告》，载《台湾大学法学论丛》1998 年第 2 期。

proportionality)。这一点已在欧盟主要成员国的个人信息保护法规中有所体现。[1] 事实上,相当部分遵循此进路的欧盟国家都对实现信息自由有所偏重。譬如,欧盟1995年《个人数据保护指令》第9条即为满足新闻报道以及文学、艺术创作和科研等方面的需要,"排除适用"保护个人信息主体权利的规定(原文为"exempt",对应的汉语是"排除"而不是"限制")。

3. 对个案平衡与比例原则进路的反思

笔者认为,受制于立法与司法体制因素,个案衡量在我国实施起来必将面临重重障碍。一方面,个案衡量是通过判例的创制与适用来完成的,虽然此前国内稀疏地响起过将判例法作为法律渊源的声音,但由于我国对成文法的路径依赖以及法官素质等现实阻隔,这一声音遭到学界普遍反对。[2] 另一方面,英美法系国家的法官往往需要在裁判中将信息自由直接作为限制人格利益的依据,这意味着在司法程序中引入宪法规范。就宪法规范是否能够直接适用于民事诉讼等司法程序(国内学界称其为"宪法司法化")这一在我国曾引起热议的话题,学者与实务界人士受阻于宪法解释权障碍以及出于防止公权力过度干预私领域的考虑,也普遍倾向于否定说。[3] 由此,个案衡量进路很难在我国得到实施与推行。

同样,比例原则也很难被用以协调信息自由与人格利益在一些领域(尤其是民事生活)里的冲突。萌发于亚里士多德"正义"法哲学思想的比例原则真正肇端于19世纪的德国,该国行政法学始祖麦耶在其《德国行政法学》一书中将它的内容概括为"行政权力……对人民的侵权必须符合目的性,并采取最小侵害之方法"[4]。于是,有的学者对它作了"行政法中的'帝王条款'"的最高定

---

〔1〕 参见德国《联邦数据保护法》第41节、英国《数据保护法》第32条、法国《个人数据保护法》第67条以及瑞典《个人数据法》第7条等。

〔2〕 参见刘作翔、徐景和:《案例指导制度的理论基础》,载《法学研究》2006年第3期;徐国栋:《民法基本原则解释——成文法局限性之克服》,中国政法大学出版社1992年版,第150页。

〔3〕 关于宪法规范是否得以在我国司法中直接适用的正反观点及其依据,详见蔡定剑:《中国宪法实施的私法化之路》,载《中国社会科学》2004年第2期。

〔4〕 王名扬、冯俊波:《论比例原则》,载《时代法学》2005年第4期。

位。[1] 后来,虽然它的效力扩展到所有公法领域,但始终无法及于强调主体地位平等以及意思自治的民事领域。如果比例原则被强行地用以调和这一领域中信息自由与个人信息权的冲突,则势必破坏我国多年来公法与私法之间泾渭分明的关系。

此外,比例原则进路的实施在我国也同样存在立法与司法体制上的阻碍。类似于北美,欧盟及其成员国也是在诉讼中直接引入宪法中保护信息自由的规范,再根据比例原则完成对个人信息权的制衡。[2] 在我国尚未完成宪法司法化论证的背景下,该进路与个案衡量面临着同样的障碍,即保护信息自由的宪法规范无法被直接适用于民事诉讼等司法程序中以实际制约个人信息权的行使。同时,这一进路试图为法官应对各种情势提供周延而整齐划一的衡量标准,即适当、必要以及合比例,因此难免失之于模糊与抽象。譬如,在如何判断被实现的信息自由与所牺牲的个人信息主体的人格利益孰重孰轻上,就很难有一个客观而精确的尺度。如此,裁判者即陷于主观判断的漩涡。虽然一些学者看到了这一弊病,并对如何具体适用它进行过探索,但大多仅停留于释义的层面上,对如何在司法实践中细化其标准从而使操作客观化却鲜有也难有建树。[3] 考虑到我国法官素质以及司法环境,该原则势必成为空泛的具文以及恣意裁判之坦途,从而导致相对于在欧陆而言南橘北枳的效果。

(二)我国个人信息权权利限制路径分析

1. 设立个人信息权以明确权利边界

为平衡保护人格利益与信息自由,应通过立法设立个人信息权制度,从而使个人信息主体明确其个人信息权的权利边界范围,更好地保护其个人信息权及其他相关权利。这不仅是按照自然法学思维进行价值与利益思辨而得出的结论,更是在本国法制背景下回应现实社会问题之必须。

---

[1] 参见杨临宏:《行政法中的比例原则研究》,载《法制与社会发展》2001 年第 6 期。

[2] See Goodwin v. United Kingdom, 22 Eur. Ct. H. R. 123(1996).

[3] 参见姜昕:《比例原则释义学结构构建及反思》,载《法律科学(西北政法大学学报)》2008 年第 5 期。

正如洛克所言,法律消弭自由之间纷争最有效的手段在于划定它们的边界。[1] 按照大陆法系国家(包括我国)的传统思维,对自由标界最常用的方式是以法定手段使保护它的民事权利的诸要素——主体、客体与内容等变得明确与具体。既然信息自由权未被确立于民法规范之中,我们应当着重构造个人信息权制度。王利明教授、龙卫球教授和刘保玉教授等学者均认为,现行法律对个人信息保护的规定过于笼统,尚未将个人信息上所体现的人格利益上升为一种明确、具体的权利。[2] 考虑到个人信息作为一种独立的人格利益在今后日渐凸显的重要地位,同时考虑到我国多年来对人格权立法保护模式的路径依赖,立法者应当将个人信息上升为一种独立的具体人格权——个人信息权的客体,在民法规范中设置对该权利的保护规则,将它的要素清晰地展示出来。按照保护强度不同,特定利益的保护方式包括权利保护和法益保护。在前一方式下,主体既能通过消极方式排除他人对利益的侵害,也能通过控制、利用、收益、处分等途径支配利益;在后一方式下,主体仅能排除侵害。虽然我国《民法典》《个人信息保护法》细化了个人信息保护,但两部法律的规定都仅限于对信息的消极保护,主体很难对信息加以积极支配与利用。由此,我国仍有必要通过法律修改强化主体利益保护。

如此,裁判者方能根据个人信息权的界标,去认定与制止个人信息处理者对个人信息主体人格利益的侵害,以及后者以行使权利为名不当干涉信息自由的行为。同时,这是一种通过法权模式对个人信息主体人格利益加以保护的进路,使得个人信息权独立于其他具体人格权的性质在立法中得到承认与体现,有利于实现我国人格权概念、理论与制度体系的有序与和谐,这对于《民法典》《个人信息保护法》等的完善以及司法裁判途径的优化更具有现实意义。

2. 在个人信息权立法中规定一般条款

在现有体制下,单靠设立个人信息权保护规则尚不足以消弭其中的冲突,因而对权利的限制也势所必然。对此,梁慧星教授即主张,立法者应当通过民法基本原则等一般条款引入宪法权利(包括信息自由),以此作为限制与排除民

---

[1] 参见张文显主编:《法理学》,高等教育出版社2005年版,第405页。
[2] 参见杨立新:《个人信息:法益抑或民事权利——对〈民法总则〉第111条规定的"个人信息"之解读》,载《法学论坛》2018年第1期。

事权利行使的依据。[1] 因此,立法者在设立个人信息权保护规则的同时,亦需要设置限制其行使的一般条款,如"为保护信息自由,个人信息权的行使受限制",同时授权裁判者根据此条款衡量个人信息主体的人格利益与信息自由的利益,在实现后者的必要限度内限制或排除个人信息权。此外,还应当对一般条款适用的具体标准进行设计:

第一,信息收集与传输者所代表的利益。信息自由既可以实现信息处理者的经济利益,也可以满足其参与社会事务管理以及实现自我价值(如从事文学艺术创作以及科研活动)的需求。按照庞德的观点,被法律所保护之利益可以进行层次划分与位阶排序,具有可共享性与受益主体广泛性等特征的公共利益较之于私益应适当受到偏重保护。[2] 据此,当主体出于公益目的(如为使公众知情而收集与披露个人信息)时,得以对个人信息权形成更大程度的限制甚至排除其行使;而为实现商事目的而收集与利用个人信息时,需满足的条件应当更加严格。

第二,被处理个人信息的类型。应当根据个人信息的类型对信息主体的权利进行不同的限制。而个人信息的类型划分有不同的标准:(1) 以个人信息的敏感程度为标准,可以划分为敏感信息和琐碎信息。由于前者更为接近隐私,因此应当受到更多保护,而后者应当为信息自由作出更多让步。(2) 根据个人信息的客观程度,可以划分为评论性信息和陈述性信息。前者包含对个人信息主体品行、操守等特征的价值判断,后者则主要为个人信息主体客观状态的陈述(职业、联系方式等)。其中,个人信息主体请求行使对前者的删除、更正等权利时,往往涉及复杂且有关价值判断的举证和论证,会阻碍信息传播和信息自由的实现,且权利人还可以通过提出侵害名誉权之诉获保护,因此,在规则设计中应当对个人信息主体就前者行使权利予以更大的限制。(3) 根据个人信息是否公开,还可将其划分为已公开个人信息与未公开个人信息。前者在被收集

---

[1] See Ronald Dworkin, *Taking Rights Seriously*, Harvard University Press, 1978, p.194. 另参见梁慧星:《民法总论》,法律出版社1996年版,第286—287页。

[2] 参见〔美〕罗斯科·庞德:《通过法律的社会控制》,沈宗灵译,商务印书馆1984年版,第37页;梁上上:《利益的层次结构与利益衡量的展开——兼评加藤一郎的利益衡量论》,载《法学研究》2002年第1期。

之前已通过合法途径公之于众,而后者则不然。诚如我国台湾地区"电脑处理个人资料保护法"第 18 条所阐述的,他人收集与利用事前已公开的个人信息无害个人信息主体人格利益。因此,为促进个人信息有效利用以满足信息处理者与公众的利益,已公开个人信息被处理与利用之前无须经过个人信息主体同意。

## 第三节　个人信息权的救济——侵害个人信息行为的认定与后果

根据民法绝对权保护的原理,绝对权的权能既包括积极的,也包括消极的。后者主要是权利面临个人信息盗窃等行为的侵害时,信息主体通过特定方式寻求救济。在侵权法视野中,这是如何认定侵害个人信息的行为并对行为人追究责任的问题。本部分将首先界定侵害个人信息行为的内涵,再分析其构成要件及后果。探讨侵害个人信息行为的认定与后果,对权利主体在面对个人信息盗窃等行为时寻求救济具有重要意义。

### 一、侵害个人信息行为的概念和分类

(一) 侵害个人信息行为的概念

按照民法学的传统理论,侵权行为是指行为人(如大数据背景下的个人信息共享者)没有合法依据和约定而实施的侵害他人(如信息主体)的合法权益并应承担不利后果的行为。在信息时代,个人信息盗窃是最为典型的侵权行为样态之一。由此,探讨个人信息权的侵权要件及责任承担方式,对于我国制约信息盗窃行为进而维护信息安全具有指导作用。

(二) 侵害个人信息行为的分类

以侵害个人信息行为的部门法相关规定为分类标准,在民事领域,侵害个人信息的行为方式包括非法收集、存储、使用、加工、传输、提供、公开、买卖、泄

露、篡改等;[1]在行政领域,侵害个人信息的行为包括非法收集、存储、使用、传播、泄露、篡改、毁损、出售、提供、窃取或以其他方法非法获取公民个人信息等;[2]在刑事领域,侵害个人信息的行为包括非法出售、提供、窃取或以其他方法非法获取,其中,根据"两高"《关于办理侵犯公民个人信息刑事案件适用法律若干问题的解释》的相关规定,"提供公民个人信息"包括直接向特定人提供,以及通过信息网络或其他途径发布、将未经同意但合法收集的信息提供给他人,但提供经过处理而无法识别特定主体身份且不能复原的信息除外,"以其他方法非法获取"包括购买、收受、交换,以及履职或提供服务过程中的信息收集行为。[3] 以部门法关于侵害个人信息行为的相关规定为划分标准的意义在于,一方面为信息主体在遭受他人非法侵害自身个人信息的行为后,及时向主管机关寻求法律救济提供了较为明确的法律依据;另一方面在信息控制者、信息处理者或不法分子实施违法犯罪行为之前以明确的法律条文规定予以威慑。

以侵权人的身份为标准,侵害个人信息行为可分为公权力机关侵害个人信息行为与私营机构侵害个人信息行为。例如,德国《联邦数据保护法》和我国台湾地区"个人资料保护法"都对上述两类侵害行为分别予以明确规定。这种分类的意义在于,行为人的身份不同,是国家机关还是非国家机关,决定了其对侵害个人信息行为的责任承担(包括构成要件、归责原则、免责事由、救济方式和赔偿数额)的不同。

以责任承担方式为标准,个人信息侵权行为可以分为需要承担损害赔偿责任的侵权行为和需要承担排除、停止妨害责任的侵权行为。这种分类的意义在于,可使人格权请求权与侵权损害赔偿请求权相互分离。

---

[1] 参见《最高人民法院关于审理利用信息网络侵害人身权益民事纠纷案件适用法律若干问题的规定》(非法利用)、《民法典》第111条、第1035条、第1038条、第1039条(非法处理—收集、存储、使用、加工、传输、提供、公开,买卖,泄露,篡改)。

[2] 参见《征信业管理条例》第20条、第22条(非法提供、泄露)、《电信和互联网用户个人信息保护规定》第10条、第18条(非法收集、使用、泄露、篡改、毁损、出售、提供)、《网络安全法》第41条、第42条、第44条(非法收集、使用、泄露、篡改、毁损、提供、出售、窃取或以其他方法非法获取)、《儿童个人信息网络保护规定》(非法收集、存储、使用、转移、披露)。

[3] 参见《刑法》第253条之一第1款(非法出售、提供、窃取或以其他方法非法获取),"两高"《关于办理侵犯公民个人信息刑事案件适用法律若干问题的解释》第3条、第4条。

## 二、个人信息侵权行为的构成要件

我国《民法典》第七编"侵权责任"及我国通行民法理论一般认为,侵权责任的构成有四个要件,包括致害行为、过错、损害事实以及致害行为和损害事实之间的因果关系。但笔者认为,上述侵权责任的构成要件仅适用于产生侵权损害赔偿责任的行为。对于侵害人格权而需要承担停止、排除妨害责任的行为,不以行为人存在过错为构成要件。个人信息权是一种独立人格权,侵害个人信息权并需要承担停止、排除妨害责任的行为的构成要件应当为:第一,权利人的个人信息权受到妨害或者有受到妨害的可能性;第二,加害人造成妨害或妨害可能性的行为违反了法律规定;第三,加害人的违法行为与妨害事实之间存在因果关系。[1]

因此,在认定个人信息侵权行为,判断加害人是否应当承担排除、停止妨害的责任时,应当采用妨害事实、违法行为、因果关系的三要件说。上述结论也可从我国《民法典》第1035条至第1039条、《个人信息保护法》第46条和第47条规定中得出。[2] 而在认定承担损害赔偿责任的个人信息侵权行为的构成要件时,则需要对违法行为、过错、损害事实以及致害行为和损害事实之间的因果关系进行认定。例如,欧盟1995年《个人数据保护指令》第23条规定,任何人因非法处理操作和任何违反根据本指令通过的国内法的行为而受到损害,有权向管理者要求损害赔偿。因此,对于需要承担损害赔偿责任的侵权行为,其构成要件应当采用四要件说,具体如下:

第一,个人信息致害行为。个人信息致害行为是指行为人实施的侵害信息主体个人信息权的行为。个人信息致害行为一般发生在个人信息的收集、处理和利用等环节中,包括作为和不作为两种。作为的侵权行为是指积极实施的违法行为,如非法收集、处理和利用他人个人信息;不作为的侵权行为,是指以不作为方式表现出来的侵害个人信息的行为,如信息管理者违反安全原则,未提

---

[1] 参见杨立新、袁雪石:《论人格权请求权》,载《法学研究》2003年第6期。
[2] 《民法典》第1035条至第1039条、《个人信息保护法》第46条和第47条规定了个人信息处理者的义务,从这些法律条文的规定中可以看出,只要个人信息处理者的行为违反了法律规定,就需要承担相应责任,而无论个人信息处理者是否具有过错。

供安全可靠的保存措施和建立相关制度等。前述问题在一些案例中已得到体现。[1]

第二,过错。大数据背景下,个人信息盗窃等侵权行为具有隐秘性,为了减轻作为原告的权利人的举证责任负担,笔者建议对于盗窃者的过错采用过错推定原则,即在诉讼中,盗窃者应当证明自己对于个人信息被盗取的后果不存在过错,否则应推定其有过错。例如,欧盟《个人数据保护指令》第23条规定:如果管理者能够证明他不对产生损害的事件负责,可以全部或部分免除他的责任。根据具体形态,过错可分为故意与过失。前者是行为人明知其行为可能导致个人信息权被侵害而希望或放纵该结果的发生,最典型的就是盗窃信息;后者则是行为人应当预见损害结果的发生而未能预见,或者虽然预见而未能避免,如因管理不当而导致信息遭受他人盗窃。

第三,损害事实。违法行为是引起损害的主要原因,从广义上说,损害指民事主体的合法权益的任何不利状态,包括财产损失和精神损害,财产损失如个人信息被盗窃后造成的经济利益损失,精神损害如个人信息被篡改或披露后给信息主体所造成的精神痛苦。其中,财产损失又包括直接损失和间接损失,前者如个人信息被盗取导致主体有商业价值的个人信用信息丢失,后者如个人信用信息丢失所致的主体参与信贷活动受阻的损失。

第四,因果关系。在大数据背景下,盗窃行为与损害结果之间应存在因果关系。损害结果既包括如信息被盗窃、篡改,又包括信息之上的财产利益与人身利益贬损。而侵权行为构成要件中的因果关系渗透着法律的价值判断,有着明确的目的性,通常以一个普通人的理性判断为标准。譬如,个人信息被盗窃将会导致主体的精神利益受侵害,这是普通人的理性判断,因而盗窃与侵害之间是存在因果关系的。又如,部分人可能因为信息被泄露而成为网红,进而产生收益,但这并非普通人所认知的常理,因而泄露与收益之间不存在法律上的因果关系。

值得注意的是,只有当一个行为同时满足承担损害赔偿责任的四个侵权要件时,行为人才承担侵权损害赔偿责任。

---

[1] 参见深圳市南山区人民法院(2006)深南法刑初字第56号刑事判决书。

## 三、个人信息侵权的法律责任

行为人以盗窃个人信息等途径侵害主体权利导致主体人格权受损的,除了可能因违反民事法律规定依法应承担民事侵权责任之外,还可能因违反行政法律规定、刑事法律规定而应承担行政责任、刑事责任。

### (一)个人信息侵权的民事责任

**1. 承担民事责任的形式**

根据损害赔偿请求权与人格权请求权的不同,可以将承担民事责任的形式划分为赔偿损害以及排除、停止妨害。[1]

第一,赔偿损害。当行为人对个人信息权主体造成损害时,应承担赔偿损害的民事责任。例如,我国《个人信息保护法》第69条第1款规定:"处理个人信息侵害个人信息权益造成损害,个人信息处理者不能证明自己没有过错的,应当承担损害赔偿等侵权责任。"又如,我国台湾地区"电脑处理个人资料保护法"第28条规定:"非公务机关违反本法规定,致当事人权益受损害者,应负损害赔偿责任。但能证明其无故意或过失者,不在此限。"再如,我国内地《民法典》针对侵害人身权益造成财产损失或精神损害的行为规定了损害赔偿的责任。[2] 因此,行为人侵害个人信息权造成财产损失或精神损害的,应当承担赔偿损害的责任。

在个人信息侵权损害赔偿数额上,财产损失以实际损失计算。而对于每一项侵害的赔偿总额,多数国家和地区建立了法定赔偿额制度。根据我国《个人信息保护法》第69条第2款,侵害个人信息的"损害赔偿责任按照个人因此受到的损失或者个人信息处理者因此获得的利益确定;个人因此受到的损失和个

---

[1] 参见王利明:《论人格权请求权与侵权损害赔偿请求权的分离》,载《中国法学》2019年第1期。

[2] 参见《民法典》第1182条规定,"侵害他人人身权益造成财产损失的,按照被侵权人因此受到的损失或者侵权人因此获得的利益赔偿";第1183条第1款规定:"侵害自然人人身权益造成严重精神损害的,被侵权人有权请求精神损害赔偿。另外,《民法典》第四编"人格权"的第六章为"隐私权和个人信息保护"。因此,个人信息有关权利属于人格权的一种,也是一种人身权益。

人信息处理者因此获得的利益难以确定的,根据实际情况确定赔偿数额"。我国台湾地区"个人资料保护法"第 27 条规定,"被害人虽非财产上之损害,亦得请求赔偿相当之金额;其名誉被侵害者,并得请求为恢复名誉之适当处分";"前二项损害赔偿总额,以每人每一件新台币二万元以上十万元以下计算。但能证明其所受之损害额高于该金额者,不在此限";"基于同一原因事实应对当事人负损害赔偿责任者,其合计总额以新台币二千万元为限"。需要注意的是:其一,该法确立了每人每件侵权赔偿的总额,包括财产损失和精神损害,每人每一件新台币二万元以上十万元以下计算;其二,对于同一原因事实设立了总额,其合计总额以新台币二千万元为限;其三,这个规定同时适用于非国家机关。

第二,排除、停止妨害个人信息的行为。当行为人对个人信息权主体造成妨害时,应当承担停止侵害、排除妨害、消除危险、赔礼道歉等责任,从而恢复个人信息权主体权利状态的圆满性。加害人承担损害赔偿责任主要是一种事后救济,而设置上述用以恢复个人信息权权利状态圆满的责任形式的目的,是加强对个人信息权权利主体遭受侵权的事先预防以及事中的控制。[1] 将上述责任形式与承担损害赔偿的责任形式分离,是大陆法系国家加强人格权保护的普遍做法。[2] 个人信息权属于人格权的一种,也应当得到相应待遇。根据我国《民法典》第 995 条、第 1037 条和第 1038 条的规定,行为人恢复个人信息权权利状态圆满的具体措施包括,根据权利人的请求采取更正、删除不当信息,以及

---

〔1〕 参见刁胜先:《个人信息网络侵权责任形式的分类与构成要件》,载《重庆邮电大学学报(社会科学版)》2014 年第 2 期。

〔2〕 参见王利明:《论人格权请求权与侵权损害赔偿请求权的分离》,载《中国法学》2019 年第 1 期。例如,瑞士《民法典》第 28a 条第 1 款规定了三类针对人格权的防御性诉讼,包括妨害预防诉讼、妨害排除诉讼以及确认侵害行为存在的诉讼;瑞士《债法典》第 41 条和第 49 条又规定了对人格权遭受侵害所遭受的损失所提起的损害赔偿诉讼。又如,法国在 1970 年修订《民法典》时增加了第 9 条规定:"每个人均享有其私生活受到尊重的权利。"根据该规定,法国法逐渐形成了不同于《民法典》第 1382 条过错侵权责任的特殊构成要件。再如,日本最高裁判所在北方杂志案的判决中明确指出:名誉遭受违法侵害者,除可要求损害赔偿及恢复名誉外,对于作为人格权的名誉权,出于排除现实进行的侵害行为或预防将来会发生的侵害的目的,应解释为还可以要求加害者停止侵害。

及时对泄露、丢失和被篡改的信息进行补救等。[1]

2. 归责原则

个人信息侵权行为的归责原则，也应当根据行为后果和所需要承担的责任形式作相应区分。通常而言，过错是承担损害赔偿责任的要件；对于承担排除、停止妨害的责任而言，则无须对过错进行认定，因此，两种侵权责任形式所对应的归责原则也有所不同。

第一，对于损害赔偿责任而言，应当以过错推定原则作为其归责原则，但对于一些特殊情形，应以无过错责任原则为归责原则。《侵权责任法》（现已被纳入《民法典》"侵权责任"编）第6条规定的过错责任原则和过错推定没有强调"造成损害"这一后果，但是《民法典》"侵权责任"编第1165条则将"过错"与"造成损害"绑定在一起。因此，行为人在个人信息侵权中具有过错，是承担损害赔偿责任的充要条件。《个人信息保护法》第69条第1款明确采取了过错推定原则，之所以在一般情况下采取过错推定原则，是因为个人信息侵权行为具有隐秘性和技术复杂性等特征，个人信息主体往往处于技术弱势一方，对证据的收集能力不足，若要求其证明侵权者的过错，存在一定难度。因此，应当采取过错推定的归责原则，减轻个人信息主体的举证负担。而对于一些特殊情形，例如，根据《民法典》第1039条和第1226条的规定，对于国家机关及其工作人员、医

---

[1] 参见《民法典》第995条："人格权受到侵害的，受害人有权依照本法和其他法律的规定请求行为人承担民事责任。受害人的停止侵害、排除妨碍、消除危险、消除影响、恢复名誉、赔礼道歉请求权，不适用诉讼时效的规定。"第1037条："自然人可以依法向信息处理者查阅或者复制其个人信息；发现信息有错误的，有权提出异议并请求及时采取更正等必要措施。自然人发现信息处理者违反法律、行政法规的规定或者双方的约定处理其个人信息的，有权请求信息处理者及时删除。"第1038条："信息处理者不得泄露或者篡改其收集、存储的个人信息；未经自然人同意，不得向他人非法提供其个人信息，但是经过加工无法识别特定个人且不能复原的除外。信息处理者应当采取技术措施和其他必要措施，确保其收集、存储的个人信息安全，防止信息泄露、篡改、丢失；发生或者可能发生个人信息泄露、篡改、丢失的，应当及时采取补救措施，按照规定告知自然人并向有关主管部门报告。"

疗机构及其医务人员侵害个人信息权的,归责原则应当为无过错责任原则。[1]

第二,对于停止侵害、排除妨害、消除影响、恢复名誉、赔礼道歉等责任形式,应当采取无过错责任原则。个人信息侵权行为人承担停止侵害、排除妨害等责任形式,包括及时更正、删除不当信息,以及及时对泄露、丢失和被篡改的信息进行补救等。对于上述责任形式的归责原则,《民法典》已经作出了明确规定,即采取无过错责任原则。[2]但是,关于消除影响、恢复名誉、赔礼道歉等责任形式的归责原则,却存在争议。有学者认为,在一般情况下,上述责任形式的适用应当采取过错责任形式,只有在针对国家机关及其工作人员时,才应当采用过错推定原则与无过错责任原则。[3]也有学者认为,过错并非适用以上责任时必须考虑的要件,因此,对于上述责任形式的认定应当采取无过错责任原则。[4]笔者赞成第二种观点,原因有二:其一,个人信息权属于绝对权,权利人提出由被告人行使消除影响、恢复名誉、赔礼道歉等措施的目的,是为了恢复其个人信息权的圆满状态,只要损害个人信息权的事实是客观存在的,则无论被告是否具有过错,都应当承担相应的责任。其二,《民法典》第1000条第1款规定:"行为人因侵害人格权承担消除影响、恢复名誉、赔礼道歉等民事责任的,应当与行为的具体方式和造成的影响范围相当。"由此可知,承担上述民事责任,并不一定要以行为人具有主观过错为要件,过错仅作为承担上述方式的责任的程度的一个要素被考虑。综上,在适用停止侵害、排除妨害、消除影响、恢复名誉、赔礼道歉等责任形式时,应当采取无过错责任原则作为归责原则。

---

[1] 参见《民法典》第1039条:"国家机关、承担行政职能的法定机构及其工作人员对于履行职责过程中知悉的自然人的隐私和个人信息,应当予以保密,不得泄露或者向他人非法提供。"第1226条:"医疗机构及其医务人员应当对患者的隐私和个人信息保密。泄露患者的隐私和个人信息,或者未经患者同意公开其病历资料的,应当承担侵权责任。"

[2] 根据《民法典》第1037条至1039条的规定,只要行为人违反了法律规定,无论其是否有过错,都应当对错误信息进行更正、删除,并及时对有关泄露、丢失的信息进行补救。

[3] 参见刁胜先:《个人信息网络侵权责任形式的分类与构成要件》,载《重庆邮电大学学报(社会科学版)》2014年第2期。

[4] 参见王利明:《论人格权请求权与侵权损害赔偿请求权的分离》,载《中国法学》2019年第1期。

## （二）个人信息盗窃的行政责任

我国针对个人信息盗窃的行政立法规制基本形成了以《网络安全法》为中心，以《电信和互联网用户个人信息保护规定》《儿童个人信息网络保护规定》等特殊领域的个人信息盗窃监管规范为补充，以《电子商务法》《中华人民共和国国家情报法》(以下简称《情报法》)、《征信业管理条例》等规范中有关个人信息保护的条款进行完善的基本框架。具体来说，针对个人信息盗窃行为的行政责任散见于《个人信息保护法》(第61条、第63条、第66条)、《网络安全法》(第59条、第64条、第73条)、《电子商务法》(第76条、第79条、第87条)等法律，《征信业管理条例》(第26条、第33条、第38条、第43条)、《缺陷汽车产品召回管理条例》(第25条)、《居住证暂行条例》(第20条)等行政法规，以及《电信和互联网用户个人信息保护规定》(第22条、第23条、第24条)、《儿童个人信息网络保护规定》(第25条、第26条、第27条)等部门规章之中。其中，《个人信息保护法》规定了履行个人信息保护职责的部门在不同情形下的处罚权限，以及在规制违法企业的同时处罚相关责任人员，并可在一定期限内对相关企业高层人员实施禁业限制；《网络安全法》《电子商务法》规定了网络运营者、电子商务经营者等信息控制者或处理者违反信息处理行为的行政处罚，以及国家机关及其工作人员的行政责任；《征信业管理条例》规定了征信机构或者信息提供者、信息使用者侵犯信息主体个人信息相关权益的行政责任，《缺陷汽车产品召回管理条例》第25条规定了"从事缺陷汽车产品召回监督管理工作的人员"泄露当事人个人信息的行政责任；《居住证暂行条例》第20条第4项规定"国家机关及其工作人员"将履职过程中知悉的"居住证持有人个人信息出售或非法出售"的行政责任；《电信和互联网用户个人信息保护规定》第22条、第23条对电信业务经营者、互联网信息服务提供者及其工作人员提供服务过程中违反保密义务，泄露、篡改或者毁损，出售或者非法向他人提供用户个人信息的行政责任作出了规定；《儿童个人信息网络保护规定》对网络运营者违反儿童个人信息安全保障义务的行政责任作了规定。

根据前述法律法规的相关规定，个人信息盗窃行为的责任主体包括网络运营者、互联网信息服务提供者以及国家机关及其工作人员等信息控制者与信息处理者。而据上述规定,责任主体违反个人信息相关安全保障义务,应承担的行政责任类型包括警告、罚款、没收违法所得,责令暂停相关业务、停业整顿、关闭网站,吊销相关业务许可证或者吊销营业执照,行政拘留等行政处罚,以及警告等行政处分。比如,《个人信息保护法》第66条第1款规定:"违反本法规定处理个人信息,或者处理个人信息未履行本法规定的个人信息保护义务的,由履行个人信息保护职责的部门责令改正,给予警告,没收违法所得,对违法处理个人信息的应用程序,责令暂停或者终止提供服务;拒不改正的,并处一百万元以下罚款;对直接负责的主管人员和其他直接责任人员处一万元以上十万元以下罚款。"《网络安全法》第59条第1款规定,网络运营者未履行网络安全保障义务,致使网络被"干扰、破坏或者未经授权的访问"或者"网络数据泄露或者被窃取、篡改"的,由有关主管部门责令改正,给予警告;同时,拒不改正或导致危害网络安全后果的,对该网络运营者及其直接负责的主管人员处以罚款。该法第64条第1款规定,若"网络运营者、网络产品或者服务提供者"违反本法对其相关义务的规定,侵害法律所保护的个人信息相关权利的,由有关主管部门责令其改正,并可根据情节严重程度单处或者并处警告、没收违法所得(若无违法所得,则对其及直接负责的主管人员和其他直接责任人员处以罚款)、罚款;对于情节严重的情形,可处以"责令暂停相关业务、停业整顿、关闭网站、吊销相关业务许可证或者吊销营业执照"等行政处罚。《征信业管理条例》第38条规定,征信机构、金融信用信息基础数据库运行机构违反条例规定,有"窃取或者以其他方式非法获取信息""采集禁止采集的个人信息或者未经同意采集个人信息""违法提供或者出售信息""因过失泄露信息"等行为的,应承担限期改正、罚款、没收违法所得等责任。《电信和互联网用户个人信息保护规定》第23条规定,电信业务经营者、互联网信息服务提供者未经用户同意收集、使用用户信息,收集、使用用户个人信息但未履行相应的通知义务,非提供服务所必需而超范围收集或超范围使用用户个人信息等,由电信管理机构依职权作出责令限期改正、警告、罚款等行政处罚。《中华人民共和国社会保险法》第92条、《中华人民共和国居民身份证法》(以下简称《居民身份证法》)第19条、《情报法》第31条等分别就社会保险行政部门和其他有关行政部门、人民警察、国家情报工作机构及其工作人员等泄露个人信息所要承担的行政责任作出了规定。

### (三) 个人信息盗窃的刑事责任

根据《刑法修正案(九)》关于侵犯公民个人信息罪的规定是盗窃者承担刑事责任的主要依据。构成此罪的是一般主体,没有身份限制,并且在主观上具有过错(以故意为主),客观上违反国家有关规定,盗窃或以其他方法获取个人信息、向他人出售或者提供公民个人信息,或者将在履行职责或者提供服务过程中获得的公民个人信息出售或者提供给他人,危害后果需要达到"情节严重"。个人信息盗窃者承担刑事责任的方式主要是有期徒刑或者拘役,并处或者单处罚金。单位犯罪的,直接负责的主管人员和其他直接责任人员承担相应处罚。此外,当个人信息盗窃行为针对的对象为与公民财产有关的账号和密码等个人信息时,则可能同时触犯盗窃罪,构成想象竞合犯,从一重罪处罚。

## 第四节 个人信息盗窃概述及其法律关系剖析

个人信息盗窃主要是指在违反信息主体意愿的情况下收集个人信息,或者对国家法律法规明文规定禁止收集的个人信息进行收集的行为,既包括针对个人信息的盗窃行为,也包括信息控制者的非法收集行为。个人信息盗窃是侵犯个人信息权的行为之一,在大数据时代下已经形成了个人信息盗窃灰色产业链,涉及的法律关系尤为复杂。下文将对个人信息盗窃行为的法律关系进行剖析,梳理出个人信息盗窃法律关系的主体及具体内容。

### 一、个人信息盗窃的概念

#### (一)"盗窃"和"个人信息盗窃"诠释

"盗窃"本是刑法学的概念。根据《刑法》第264条的规定,盗窃罪是指以非法占有为目的,以隐秘方式窃取公私财物数额较大或者多次盗窃、入户盗窃、携带凶器盗窃、扒窃公私财物的行为。狭义的"个人信息盗窃"是指以窃取、偷取的手段获得公民个人信息。但是在大数据时代,有必要对"个人信息盗窃"的定义进行扩张,否则将会使个人信息盗窃法律规制的理论研究和实践操作受到制约。从法理上讲,在刑法中,盗窃罪是侵犯财产罪,即盗窃的对象是财产,而侵犯公民个人信息罪则属于侵犯公民人身权利罪。因为个人信息并非财产,无法被占有,"个人信息盗窃"的过程是对个人信息进行复制、传输的过程。因此,"个人信息盗窃"不应当仅仅局限于窃取个人信息。换言之,除了以秘密和不为人知的方法取得个人信息[1]之外,还包括以"购买、收受、交换"等方式以及"在履行职责、提供服务过程中"收集公民个人信息的行为。概括而言,广义的"个人信息盗窃",是指"违反信息主体意愿收集个人信息的行为,或收集国家法律法规明文规定禁止收集的个人信息的行为,其中包括行为人针对个人信息的窃取行为和信息控制者的非法收集行为"[2]。

因此,个人信息盗窃的方式包括违反信息主体意愿的窃取、购买、收受、交换等,相对应地,个人信息盗窃的行为主体包括实施上述行为的所有主体,盗窃对象则为"以电子或者其他方式记录的能够单独或者与其他信息结合识别特定自然人身份或者反映特定自然人活动情况的各种信息"[3]。此外,构成个人信息盗窃行为,需要行为人主观上具有过错,具体可以分为故意和过失。其中,故意是指行为人故意在未经授权的情况下实施上述窃取、购买、收受、交换等行为;而过失是指行为人出于过失、未经授权实施了非法购买、收受、交换个人信息等行为,或者由于过失而使个人信息遭到他人盗窃。目前,国际上已有采用"个人信息盗窃"广义定义的立法例。譬如,美国《华盛顿刑法典》第 9A.90.100 条对"电子数据盗窃罪"的定义即为:"任何人未经授权或没有合理理由相信其获得授权的情况下,为了其他犯罪目的而故意获取任何电子数据(obtain any electronic data),则构成电子数据盗窃罪。"[4] 该法律条文使用"获取"而非"窃

---

[1] 参见郎胜主编:《中华人民共和国刑法释义(第六版·根据刑法修正案九最新修订)》,法律出版社2015年版,第425页。

[2] 何培育、王潇睿、林颖:《论大数据时代个人信息盗窃的技术手段与应对机制》,载《科技管理研究》2018年第7期。

[3] 参见"两高"《关于办理侵犯公民个人信息刑事案件适用法律若干问题的解释》第1条。

[4] Washington Revised Code Title 9A. Washington Criminal Code § 9A.90.100. Electronic data theft, https://codes.findlaw.com/wa/title-9a-washington-criminal-code/wa-rev-code-9a-90-100.html, last visited on Mar. 1 2020.

取"来定义电子数据盗窃行为,有利于拓宽个人信息盗窃规制范围。

具体而言,采用广义的"个人信息盗窃"定义的意义在于:第一,更符合个人信息盗窃灰色产业链的运作机制,有利于个人信息盗窃规制的理论研究。在大数据时代,仅使用单一方式收集个人信息的情况越来越少,行为人通常会综合运用窃取、欺骗、购买、收受、交换等手段获取公民个人信息。[1] 若限定个人信息盗窃只包括窃取行为,则不符合个人信息盗窃灰色产业链的特征,不便于讨论个人信息盗窃的法律规制问题。因此,将"个人信息盗窃"的概念延展至一切违法收集个人信息的行为,有利于系统性地分析问题。第二,更符合个人信息盗窃灰色产业链法律规制的要求,更能为规制个人信息盗窃的立法、司法和执法实践提供参考。在大数据时代,个人信息盗窃灰色产业链的存在,使得非法利用个人信息成为对个人信息主体威胁更大的行为。[2] 但是,当前我国刑法尚未将非法利用个人信息的行为纳入侵犯公民个人信息罪的范畴。而窃取、购买、收受、交换等行为都属于个人信息盗窃灰色产业链中转移个人信息的行为,因此需要对个人信息的转移进行更为全面地规定,以达到规制个人信息盗窃灰色产业链的目的。将"个人信息盗窃"的定义扩展至违反信息主体意愿收集个人信息的行为,能够更加方便地讨论规制个人信息盗窃行为的具体举措。

(二)大数据背景下个人信息盗窃的特殊表现

云计算是重要的大数据技术。随着云计算技术的推广运用,运营商得以对海量的个人信息加以收集并集中存储和处理,进而传输给利用者,统一云服务平台由此形成。运营商为了提高信息流通与共享效率进而实现自身利益最大化,时常未经主体同意而擅自将个人信息提供给从事电子商务等活动的企业。此外,其他个体、单位或群体组织也能通过各种手段获得海量个人信息,并可能将其用于其他犯罪活动或提供给有商业经营需求、违法犯罪活动需求的主体。因此,个人信息盗窃行为不仅侵害了主体的人格权益,而且

---

[1] 参见皮勇、王肃之:《智慧社会环境下个人信息的刑法保护》,人民出版社2018年版,第158—159页。

[2] 参见刘双阳、李川:《大数据时代个人信息法益刑法保护的应然转向——以规制非法使用个人信息为重点》,载《重庆大学学报(社会科学版)》2020年第5期。

也使得信息供应链的运行遇到障碍,并可能导致如下信息安全风险从而构成违法犯罪:

第一,在供应链前端,运营商未经用户知情、同意而收集、更改个人信息,破坏了用户个人信息的隐秘性与真实性,并导致用户的个人信息权受到侵害。在云计算下,运营商能够以十分隐秘与高效的方式对个人信息完成收集、处理与传输,一般情况下用户对之并不知情。随之而来的是,用户群体信息的真实性与隐秘性等安全要素被频繁发生的针对个人信息的披露与篡改所破坏,进而导致公害事件频发,严重地危害信息主体受到公正的社会评价的权利以及其工作与生活环境的安宁,其人格尊严与自由等需求的实现也会受到阻碍。在担心权益受侵害的情况下,个人信息主体将信息提供给运营商的意愿将大大降低,进而影响到信息供应链后端厂商的商业活动。前述问题在中国互联网络信息中心(CNNIC)于2019年8月发布的《第44次中国互联网络发展状况统计报告》中有所体现。[1] 此外,部分运营商内部工作人员或者其他主体,通过技术手段或运营商的管理漏洞,也能够获取大量公众个人信息,并向个人信息盗窃灰色产业链下游提供,对公众个人信息权利造成严重侵害。[2]

第二,在供应链后端,信息的可用性正受到运营商信息垄断的破坏,信息利用者的权益受到侵害,大数据产业的发展也受到了阻碍。在传统网络环境下,信息利用者收集个人信息无须通过云计算平台运营商。但随着运营商逐渐通过统一的云计算服务平台取得对信息的垄断地位,信息利用者往往需要从云计算平台运营商处获取用户个人信息。后者便得以借助由此而取得的优势地位谋取不当利益。例如,在向后端的信息利用者传输其收集和处理的信息时任意抬高价格、降低质量,最典型的事例是Facebook运营商通过垄断100多PB的信息牟取暴利。[3] 前述行为破坏了信息安全要素之一的可用性,阻碍了信息

---

[1] 参见中国互联网络信息中心:《第44次中国互联网络发展状况统计报告》,http://www.cac.gov.cn/pdf/20190829/44.pdf,2020年6月28日访问。

[2] 参见本书第三章相关部分。

[3] See Jordan Robertson, The Health-Care Industry Turns to Big Data, May 17, 2012, http://www.businessweek.com/articles/2012-05-17/the-health-care-industry-turns-to-big-data, last visited on June 28 2020.

的传输利用,并进一步对云计算与电子商务等产业的发展造成影响。同时,受个人信息盗窃灰色产业链的影响,公众逐渐开始对提供个人信息产生警惕,同意信息控制者处理自身个人信息的意愿也随之降低,长此以往,信息产业的发展将会受到影响。

### (三)个人信息盗窃法律规制与个人信息保护的关系

个人信息保护是指对公民就个人信息而享有的权利进行保护,而个人信息盗窃的法律规制是指通过法律手段对盗窃个人信息的行为进行打击。从字面意义上看,两者的主要区别在于:个人信息盗窃主要是指行为人在个人信息收集阶段对个人信息权利的侵犯,因此,个人信息盗窃法律规制强调对收集环节的治理。而个人信息保护涵盖的范围较广,是对信息主体就其个人信息所享有的决定权、查询权、更正权、删除权、被遗忘权、可携带权等权利进行保护,涵盖个人信息收集、存储、传输、利用等所有环节。

从本质上讲,个人信息盗窃是对个人信息决定权的严重侵害,而为了保护个人信息决定权所实施的手段包括预防个人信息盗窃行为的发生、对个人信息被盗窃者提供救济、惩治个人信息盗窃者等,因此,可以认为防范和惩处个人信息盗窃行为是实现个人信息保护的手段之一,个人信息盗窃法律规制与个人信息保护有着紧密联系。个人信息盗窃是个人信息盗窃灰色产业链的行为起点,通过对起点的治理能够最大限度地遏制个人信息盗窃灰色产业链的发展。同时,在大数据时代,对个人信息盗窃的治理还需要从其利益来源与交易渠道入手,实行全方位的打击。因此,个人信息盗窃行为法律规制的外延,需要从单纯规制个人信息非法收集延伸至对个人信息盗窃产业链的全面治理,而个人信息盗窃法律规制的范围也应当涵盖对个人信息非法传输和利用行为的打击,与个人信息保护的范围保持一致。综上所述,本书在对个人信息盗窃的法律规制手段进行探讨时,总是将其与个人信息权以及个人信息保护的基本理论联系起来,以便更为全面地讨论问题、提出建议。

## 二、个人信息盗窃的民事法律关系

法律关系,是指法律规范在调整人们行为的过程中形成的具有法律上权利义务形式的社会关系。其中,民事法律关系是由民法所确认与调整的民事主体之间的权利义务关系,包括客体、主体和内容。具体来说,个人信息盗窃民事法律关系的客体是法律关系所指向的利益即个人信息,主体是参与法律关系的个人或组织,内容是主体享有的权利、履行的义务、承担的责任。

(一)个人信息盗窃民事法律关系的主体

个人信息盗窃案件的参与主体一般包括信息主体、信息控制者与信息处理者、信息利用者。一般民事法律关系的主体范围是不受限制的,既可以是自然人也可以是法人和其他组织,但个人信息保护法律关系的主体是有限制的,其权利主体仅限于自然人,而义务主体仅限于信息处理者(决定着个人信息使用目的和处理方式的自然人、法人或者其他组织)。根据各国个人信息保护法的规定,信息处理者可以从性质上分为公共机构和私营机构两类。其中,关于公共机构的范围,各国立法存在较大的区别,美国和日本的立法例仅限于政府行政机关,欧盟的立法例则适用于立法、行政与司法等所有国家机关,新西兰的立法例还适用于行使公共权力的其他组织。关于私营机构的范围,各国(地区)立法例中则主要存在两种观点。第一种观点是,私营机构包括所有处理个人信息的自然人以及根据私法设立的自然人、法人和其他组织,以收集个人信息为要件,而不再作进一步的行业划分和限定。第二种观点以我国台湾地区"电脑处理个人资料保护法"为代表,该法规定私营机构限于征信业、医院、学校、电信业、金融业、证券业、保险业、大众传播业八大行业,对于八大行业以外的行业只能根据其第 3 条第 7 款第 3 目,由"法务部"会同"中央"目的事业主管机关指定。但据资料显示,目前经指定而纳入保护法范畴的私营机构为数甚少。我国台湾地区的此种立法,在岛内招致一致批评,批评者认为应该扩大私营机构的适用范围,跟国际接轨。而权利主体仅包括自然人但不包括法人等组织,已得到我国立法的确认,在《民法典》《中华人民共和国消费者权益保护法》(以下简称《消费者权益保护法》)、《电子商务法》等法律中都有具体条文规定。[1]

参与个人信息盗窃民事法律关系的除了信息主体外,还包括因收集等行为而控制个人信息的机构(譬如云服务商及用户)。根据不同的大数据技术标准,我们可以将这些机构进行不同的划分:第一,直接收集的机构与间接收集的机构。在个人信息收集过程中,一些机构直接面向信息主体收集,如电子商务企业、金融机构。而另一些机构间接收集,并不直接面对信息主体,如大数据信息共享平台、中国人民银行征信中心。具体收集的方式较为多样,包括传统的口头询问并记录、信息主体填写表格(书面)以及在信息主体知情情况下利用科技手段的收集。这里值得特别注意的是,在信息主体不能知情的情况下所实施的收集,如在网上利用软件进行跟踪取得个人信息,应属于间接收集,不应被归入直接收集。第二,以科技方式收集的机构与以非科技方式收集的机构。在个人信息收集过程中利用高科技手段的为科技收集。非科技方式收集,即传统方式的收集,其收集手段包括但不限于:(1)要求信息主体提供个人信息。(2)通过聊天室、留言板或其他方式使信息主体个人信息暴露在公共场合,并进行收集。但是,在信息主体提交个人信息后,网络管理员在公开之前对该个人身份信息予以删除,并同时在管理员记录中也予以删除的,不构成收集。(3)利用跟踪技术收集个人信息。

---

[1] 《民法典》第111条规定:"自然人的个人信息受法律保护。任何组织或者个人需要获取他人个人信息的,应当依法取得并确保信息安全,不得非法收集、使用、加工、传输他人个人信息,不得非法买卖、提供或者公开他人个人信息。"很显然,法人并未被作为个人信息的主体。与此类似,《消费者权益保护法》第29条第1款规定:"经营者收集、使用消费者个人信息,应当遵循合法、正当、必要的原则,明示收集、使用信息的目的、方式和范围,并经消费者同意。经营者收集、使用消费者个人信息,应当公开其收集、使用规则,不得违反法律、法规的规定和双方的约定收集、使用信息。"该法第2条规定,"消费者"是指"为生活消费需要购买、使用商品或者接受服务"的个体。另外,《电子商务法》第5条规定:"电子商务经营者从事经营活动,应当遵循自愿、平等、公平、诚信的原则,遵守法律和商业道德,公平参与市场竞争,履行消费者权益保护、环境保护、知识产权保护、网络安全与个人信息保护等方面的义务,承担产品和服务质量责任,接受政府和社会的监督。"第23条规定:"电子商务经营者收集、使用其用户的个人信息,应当遵守法律、行政法规有关个人信息保护的规定。"

### (二) 个人信息盗窃民事法律关系的内容

个人信息盗窃民事法律关系的内容,是指个人信息主体与个人信息处理者围绕个人信息处理行为而产生的权利和义务的具体内容。个人信息处理的主要方式包括:

第一,存储。德国《联邦数据保护法》第 3.5.1 条规定:"存储,指基于进一步处理或利用之目的,将个人资料纳入、收录或保存于资料媒介。"在大数据背景下,个人信息处理者可通过存储(storage)来实现对个人信息的控制和保留。在把握"存储"这一概念时,要注意以下几个问题:其一,存储的表现形式主要有收录、纳入、保存。在大数据背景下,纳入的方式极其多样,包括将光学上和听觉上的信号形式承载于物理的载体之上;收录是指使用仪器设备将获得的信号存录于载体之上,如录音或录像;保存是指将已呈现的信号记录在载体之上,并予以保留。其二,存储的客体必须是个人信息。其三,必须有媒介载体。任何可以存储个人信息的物理载体与虚拟媒介(如云平台)都可以成为个人信息的媒介载体。其四,目的要素。一般而言,个人信息的存储,并非为了存储而存储,而是为了将来的利用而存储。

第二,变更,是指改变已存储个人信息内容,包括修正和补充。在大数据背景下,变更(modification)往往导致已存储的个人信息内容的改变,而对个人信息存储载体以及技术的改变不属于变更,如将信息共享的技术从云计算改为区块链。变更和删除不同,但两者也有竞合的部分,如删除电脑中已存在的个人信息的错误部分,对被删除部分为"删除",对个人信息整体而言为"变更"。

第三,传输,是指将已存储的个人信息以一定方式转移给接收人。传输(transmit)行为包括转移和获取两种:转移就是信息管理者将个人信息转移给接收人;获取是指在信息管理者明确同意的前提下,接收人主动采取技术措施获取信息管理者的个人信息。详述如下:(1)转移。转移是指特定共享者(如云服务商)将个人信息传送至其他共享者(如信息用户)的系统。转移的方式主要是个人信息数据库的移交或者内容的移交,转移的方式并无限制,包括载体转移、网络传送、传真等,只要可以达到接收人的控制范围即可。(2)获取。获取是指借助自动化流程取得对信息管理者准备传输的个人信息的主动获得。传输是双方行为,是信息管理者和接收人之间的行为,二者是彼此独立的主体,互不隶属。因此,发生在同一主体内部各工作部门之间的传输不是个人信息保护法上的"传输"。传输行为的客体包括已存储的个人信息和经由信息处理而获得的新信息。所谓"已存储",是指个人信息已存在于一定载体之上。只要将此"已存储"的个人信息转移给接收人(第三人),即构成个人信息传输。所谓"经由信息处理而获得的新信息",是指根据已存储的个人信息分析处理而得到的新信息。

第四,封锁,是德国《联邦数据保护法》中的概念,英文为"block",是指为限制继续处理或利用而采取的使他人不能获得已存储的个人信息的行为。例如,对个人信息进行加密、附加封锁符号等。德国 2003 年《联邦数据保护法》对"封锁"进行了界定:信息共享者为限制继续处理或利用,而对已存储之个人资料附加符号。笔者认为这一概念有违技术中立原则,不可取。将"封锁"一词引入立法的目的是为了限制继续处理、利用个人信息,因此没有必要对限制的方式作出具体规定,只要将封锁的方式限定为"附加符号"的行为即可。

第五,删除,本意是指移去或消除某项记录。在个人信息保护法上,删除(erasure)是指共享者将已存储并正在处理的个人信息进行清理与消除,从而使他人难以获取与检索。有学者认为,破坏个人信息存在的媒介体也是删除行为。

第六,利用,特指共享者通过分析与比对等手段发挥信息的效用,进而使其价值得以体现的行为。此前,我国台湾和香港地区的立法者多认为利用(use)包括传输,而德国《联邦数据保护法》和欧盟《通用数据保护条例》则很明确地将传输排除在利用之外。笔者认为,传输属于处理,和利用分属于不同的阶段。传输与利用的关键区别在于:传输是个人信息的跨系统移转行为,一般表现为双方行为;利用一般是指个人信息在系统内的运用行为,多为单方行为。

在大数据背景下,个人信息比对是利用的特殊形式。其中,计算机比对(computer matching activities)是内部使用的一种特殊情况,是大数据背景下信息处理的一种重要方式。为了实现个人信息比对,共享者出于特定的目的(如预防传染病、开展人口普查),可以将两个或两个以上存储个人信息的数据库进行对比与鉴别。一般而言,计算机比对是利用计算机程序进行的,将数据库内的个人信息逐一比对,以实现不同数据库中个人信息的相互印证、去伪存真。

由于计算机处理速度快、存储量大等特点,海量的个人信息比对对于计算机而言十分轻松,因此计算机比对很快被应用于社会的各个方面,如个人信息比对可以用于人脸识别技术。虽然计算机比对的应用为人们的日常生活带来了一定程度的便利,但同时也引起公众对于个人信息泄露的担忧。2017年,美国Facebook遭到伊利诺伊州用户的集体起诉,诉称该公司未经用户同意采集其面部数据、建立人脸识别信息比对库的行为违法。[1] 2019年10月,浙江理工大学副教授郭兵由于不愿意接受杭州野生动物世界采用人脸识别入园的措施而提起诉讼,成为我国"人脸识别第一案"。[2]

### 三、个人信息盗窃的行政监管法律关系

(一)个人信息盗窃行政监管法律关系的主体

根据《网络安全法》第8条,国家网信部门负责统筹协调网络安全工作和相关监督管理工作。国务院电信主管部门、公安部门和其他有关机关依照本法和有关法律、行政法规的规定,在各自职责范围内负责网络安全保护和监督管理工作。县级以上地方人民政府有关部门的网络安全保护和监督管理职责,按照国家有关规定确定。[3] 同时,工信部与国家工商行政管理部门(市场监管局)

---

[1] See Devin Coldewey, Facebook will pay $550 million to settle class action lawsuit over privacy violations, https://techcrunch. com/2020/01/29/facebook-will-pay-550-million-to-settle-class-action-lawsuit-over-privacy-violations/? utm_source=feedburner&utm_medium=feed&utm_campaign=Feed%3A+Techcrunch+%28TechCrunch%29, last visited on June 28 2020.

[2] 参见王俊秀:《数字社会中的隐私重塑——以"人脸识别"为例》,载《探索与争鸣》2020年第2期。

[3] 国家网信办成立于2011年5月,主要职责包括,落实互联网信息传播方针政策和推动互联网信息传播法制建设,指导、协调、督促有关部门加强互联网信息内容管理,负责网络新闻业务及其他相关业务的审批和日常监管,指导有关部门做好网络游戏、网络视听、网络出版等网络文化领域业务布局规划,协调有关部门做好网络文化阵地建设的规划和实施工作,负责重点新闻网站的规划建设,组织、协调网上宣传工作,依法查处违法违规网站,指导有关部门督促电信运营企业、接入服务企业、域名注册管理和服务机构等做好域名注册、互联网地址(IP地址)分配、网站登记备案、接入等互联网基础管理工作,在职责范围内指导各地互联网有关部门开展工作。国家网信办不另设新的机构,在国务院新闻办公室加挂"国家互联网信息办公室"牌子。

也是负有个人信息盗窃行政监管职权的重要部门。其中,工信部负责通信业的管理和国家信息化建设,以及对国家信息安全进行协调与维护;而市场监管局负责对电子商务企业盗窃个人信息的行为进行行政监管。

(二)个人信息盗窃行政监管法律关系的内容

根据《网络安全法》第41条第1款,网络运营者收集、使用个人信息,应当遵循合法、正当、必要原则,公开收集、使用个人信息的规则,明示收集、使用信息的目的、方式和范围,并经被收集者同意。该法第40条规定,网络运营者应当建立健全用户个人信息保护制度,对其收集的用户信息严格保密。该法第49条第2款规定,网络运营者对网信部门和有关部门的监督检查,应当予以配合。该法第41条第2款规定,网络运营者不得收集与其提供的服务无关的个人信息,不得违反法律、行政法规的规定和双方的约定收集、使用个人信息,并应当依照法律、行政法规的规定和与用户的约定,处理其保存的个人信息。

与此同时,网络运营者对其收集的个人信息不得泄露、篡改、毁损,并应接受工信部等行政主管机关的监管。工信部等主管机关一方面监督运营者是否在未经被收集者同意的情况下,向他人提供其收集的个人信息;另一方面,监管部门鼓励网络运营者采取防止个人信息泄露、毁损、丢失的必要技术措施和其他措施,确保其收集的个人信息安全。在发生或者可能发生个人信息泄露、毁损、丢失的情况时,运营者应当及时采取补救措施,并同时向监管部门报告情况。另外,行政主管部门负责受理个人投诉,投诉事项包括网络运营者违反法律、行政法规的规定或者双方的约定收集、使用个人信息,以及上述个人信息有错误但运营者不予更正的情况。行政主管部门在查证后,发现网络运营者确有违法违约行为的,应当要求网络运营者删除相关个人信息;网络运营者收集、使用的个人信息确有错误的,行政主管部门应当要求其进行更正。

除此之外,公安部门还负责对违反治安管理的相关行为进行监督管理,包括对设立用于实施诈骗,传授盗窃个人信息的方法或渠道、制作或者销售盗窃个人信息的工具或物品等违法犯罪活动的网站、通信群组等行为的监督管理。行政监管法律关系的内容还包括对行政管理部门及其内部工作人员的监督。依法负有网络安全监督管理职责的部门及其工作人员,必须严格保守其在履行职责过程中知悉的个人信息、隐私和商业秘密,不得泄露、出售或者非法向他人提供。

### 四、个人信息盗窃的刑事法律关系

(一) 个人信息盗窃刑事法律关系的主体

《网络安全法》第 74 条规定:"违反本法规定,给他人造成损害的,依法承担民事责任。违反本法规定,构成违反治安管理行为的,依法给予治安管理处罚;构成犯罪的,依法追究刑事责任。"据此,破坏网络安全规范、对社会秩序造成重大损害的个人信息盗窃者应承担刑事责任。根据《中华人民共和国刑事诉讼法》(以下简称《刑事诉讼法》)第 6 条,在追究盗窃者刑事责任过程中,公安机关、检察院、法院与监狱是职权机关,因而也是刑事诉讼法所调整的职权关系的主体。然而,实践中与个人信息盗窃行为有关的主体关系较为复杂,在追究刑事责任时需要先厘清脉络。

当前,个人信息盗窃已经形成一条灰色产业链,分别由上游的个人信息盗窃者、中游的个人信息交易中间商以及下游的个人信息利用者组成。当上述主体的行为违反刑法规定时,应承担相应的刑事责任。

(二) 个人信息盗窃刑事法律关系的内容

根据《刑事诉讼法》等法律法规,追究个人信息盗窃者的刑事责任的基本程序包括立案、侦查、移交审查起诉、提起公诉、审判与执行等。其中,公安机关主管立案、侦查与移交审查起诉,检察院、法院与监狱分别负责提起公诉、司法审判、判决执行工作。按照法律关系的相关原理,法律关系的内容除了权利、义务与责任之外还包括权力。不同于旨在维护主体私益的权利(rights),权力(power)设置的主要目的在于维护公共利益。在大数据背景下,个人信息盗窃行为不仅侵害作为个体的个人信息主体的私益,而且危害不特定公众的权益以及整个社会乃至国家的信息安全,从而关乎公益,这正是公权力介入以规制信息盗窃行为的必要性所在。

考虑到大数据背景下个人信息盗窃与传统意义上的财产盗窃存在显著的区别(如对象的无形性、手段的隐秘性及影响范围的广泛性),我国在前一行为的规制机制中采取了特殊的制度安排:第一,从参与的国家专门机关而言,传统盗窃行为的追究主体主要是侦查机关、司法机关与执行机关,而信息盗窃行为的追究主体还包括信息主管部门;[1]第二,从追究责任的程序而言,更加强调国家运用大数据技术进行监控,这在近几年出台的法律法规(如《网络安全法》等)中有所体现。[2]

此外,以何种罪名对个人信息盗窃灰色产业链参与者进行刑事责任追究也是个人信息盗窃刑事法律关系的重要内容。首先,灰色产业链上游的个人信息盗窃者主要负责数据盗取工作,属于"窃取"公民个人信息,而其向中下游参与者销售盗取的个人信息行为,属于"出售或者提供"公民个人信息。因此,其行为触犯了《刑法》第253条之一规定的"侵犯公民个人信息罪"。[3] 其次,对处于中游的个人信息交易中间商而言,由于其从上游盗窃者处购买个人信息属于"以其他方式非法获取",而其向下游或其他分销商出售个人信息属于"出售或者提供"公民个人信息。因此,其行为也构成侵犯公民个人信息罪。最后,对于下游的个人信息利用者而言,需要根据其是否具有主观故意确定其是否构成犯罪,若个人信息利用者明知其购买的个人信息是通过非正常渠道获取的,则其行为也属于"以其他非法方式获取"公民个人信息,构成侵犯公民个人信息罪。

---

[1]  比如,《网络安全法》第35条规定:"关键信息基础设施的运营者采购网络产品和服务,可能影响国家安全的,应当通过国家网信部门会同国务院有关部门组织的国家安全审查。"

[2]  比如,《网络安全法》第50条规定:"国家网信部门和有关部门依法履行网络信息安全监督管理职责,发现法律、行政法规禁止发布或者传输的信息的,应当要求网络运营者停止传输,采取消除等处置措施,保存有关记录;对来源于中华人民共和国境外的上述信息,应当通知有关机构采取技术措施和其他必要措施阻断传播。"

[3]  《刑法》第253条之一规定:"违反国家有关规定,向他人出售或者提供公民个人信息,情节严重的,处三年以下有期徒刑或者拘役,并处或者单处罚金;情节特别严重的,处三年以上七年以下有期徒刑,并处罚金。违反国家有关规定,将在履行职责或者提供服务过程中获得的公民个人信息,出售或者提供给他人的,依照前款的规定从重处罚。窃取或者以其他方法非法获取公民个人信息的,依照第一款的规定处罚。单位犯前三款罪的,对单位判处罚金,并对其直接负责的主管人员和其他直接责任人员,依照各该款的规定处罚。"

# 第三章　个人信息盗窃案件的类型化分析

案例分析法是法学研究的重要方法,通过对大量个人信息盗窃案件进行研究,能够系统梳理和深入分析个人信息盗窃的主要类型,进而针对不同的行为提出相应的规制建议。笔者就2014年1月1日至2020年6月18日期间"中国裁判文书网"上发布的与个人信息盗窃有关的裁判文书进行了梳理,共查询到裁判文书9031份(刑事管辖和民事审判监督案件除外),其中刑事案件8028件、民事案件882件,其他案件121件;检索的主要关键词包括"侵犯公民个人信息罪""非法获取公民个人信息""非法提供公民个人信息""个人信息保护"等。国家对个人信息的刑事保护主要体现在《刑法》第253条之一规定的侵犯公民个人信息罪,而对个人信息的民事保护却散见于各相关法律文本中,因此检索到的民事案件数量较少。笔者从中选取刑事案件判决书220份、民事案件判决书15份,共计235份。本章将以上述判决文书为主要分析对象,特别是以刑事案件判决文书为主,从不同角度对个人信息盗窃行为进行系统梳理和分析。盗窃公民个人信息的案件繁多,故对不同案件进行分类研究具有重要意义,可将案件按照盗窃主体、盗窃目的、盗窃信息的类型为标准进行类型化分析。

## 第一节 以盗窃主体为标准的类型化分析

个人信息盗窃行为的盗窃主体可以分为个人、单位与群体组织三类。不同主体基于不同的犯罪目的、借助不同的盗窃手段实施的个人信息盗窃行为,对信息主体的侵害程度、社会危害性的大小不同,应承担的法律后果也存在差异。研究不同行为主体的盗窃行为,有助于厘清个人信息盗窃行为的内在逻辑,以及行为主体与盗窃手段、法律后果之间的深层联系,从而为后文构建个人信息盗窃行为的规制体系提供参考。

### 一、盗窃主体为个人

盗窃主体为个人的个人信息盗窃行为,是指由单个自然人完成的个人信息盗窃行为。通常而言,单个自然人实施个人信息盗窃行为的危害后果小于盗窃主体为单位或者群体组织。但在某些案件中,由于相关自然人具有特殊身份,因此也有可能给信息持有单位、个人信息主体造成较大损害。盗窃主体为个人的个人信息盗窃案件一般有如下三个特征:

第一,在盗窃主体为个人的案件中,行为人大多利用自身特殊身份带来的便利而实施盗窃行为。这些特殊身份包括但不限于政府机关或企业信息管理人员、专业技术人员等,使其有机会接触政府部门、企事业单位所持有的大量个人信息,或者知晓信息持有者在所持个人信息保护方面的管理漏洞与技术漏洞。在履行职务或者提供服务的过程中,上述工作人员违反职业道德和保密义务,利用特殊身份和工作便利,通过私自下载或编写程序非法窃取大量个人信息,并进行出售或者提供给他人以从中非法获利。

例如,在刘某某侵犯公民个人信息案[1]中,刘某某利用在重庆市某派出所担任文职的工作便利,多次秘密使用民警李某、高某的数字证书,在公安网上查询大量包含家庭住址和成员信息、住宿信息在内的公民个人信息,并提供或者出售给他人多达11021条,从中获利共计2.9万余元。又如,在张某侵犯公民

---

[1] 参见重庆市第五中级人民法院(2017)渝05刑终1044号刑事裁定书。

个人信息案[1]中,自 2017 年 4 月份开始,张某在深圳市某金融服务公司工作期间,利用其在工作上的便利条件,通过连接公司管理系统数据库的方式导出 279 万余条客户个人信息。随后,张某通过 QQ、微信等即时聊天工具出售所窃取的个人信息,从中非法获利 40 余万元。在上述案件中,单位员工违反职业道德和保密义务,利用其整理或处理个人信息的工作便利,私自盗窃单位所持有的公民个人信息,造成大量个人信息泄露。因此,信息持有单位应当重视员工保密意识、法律意识的培养以及保密工作制度的制定和执行。

第二,盗窃主体采用的技术手段类型多样,但普遍复杂程度不高,掌握难度较低。科学技术的升级迭代为盗窃行为人非法窃取公民个人信息提供了便利条件,计算机编程语言的进步以及互联网对知识传播的推动,为个人信息盗窃主体轻松掌握简单的技术手段提供了便利。一般情况下,盗窃主体会采取自主编写病毒程序或黑客攻击技术等方式实施盗窃行为。其中,盗窃主体一般采用结构化查询语言(Structured Query Language,SQL)和 Python 等方式编写信息盗窃程序,进而实施个人信息盗窃行为,此类编程语言具有简单易学的特点,大多数人都能轻松掌握。[2] 此外,盗窃主体还可能采用木马病毒技术、远程控制后门技术、服务器入侵技术等黑客攻击技术实施盗窃行为。其中,发送木马病毒链接、木马短信是主要的黑客技术手段,而此类技术手段通过向他人购买或者自学就能够较为轻松地掌握。[3]

例如,在杨某某侵犯公民个人信息案件[4]中,杨某某利用房管局工作人员的身份识别信息破解工作人员的账号密码后,成功破解密码登录系统,随后找到系统的 SQL 注入点,将自编的 SQL 语句注入指定统一资源定位符(Uniform Resource Locator,URL),后将执行的结果数据反向访问传送到指定的 URL,并搭建反向隧道多次侵入西昌、乐山、达州、遂宁、绵阳等地房管局计算机系统,

---

[1] 参见湖北省宜昌市中级人民法院(2018)鄂 05 刑终 363 号刑事判决书。
[2] 参见刘太安、林晓霞主编:《SQL 数据库技术》,中国石油大学出版社 2018 年版,第 131 页;李周平编著:《网络数据爬取与分析实务》,上海交通大学出版社 2018 年版,第 6 页。
[3] 参见张志勇、匡国花:《原来短信链接有木马》,载《检察日报》2019 年 9 月 8 日第 7 版。
[4] 参见四川省德昌县人民法院(2019)川 3424 刑初 139 号刑事判决书。

非法获取四万余条公民购买楼盘的信息数据。又如,在林某某侵犯公民个人信息案[1]中,2016年8月,林某某通过他人将木马病毒捆绑到邮箱,随后将带有木马病毒的链接地址编制成手机短信进行发送。被害人收到手机短信后一旦点击链接地址就可激活木马病毒,林某某就能读取到通讯录信息,并可将通讯录信息复制发送到自己的邮箱。同时,还可将被害人的手机短信拦截到自己的手机上,进而获取被害人的银行卡开户行和账户余额等信息。随着信息技术的飞速发展,盗窃个人信息的技术手段和工具的学习、获取难度降低,加之公民个人信息保护意识薄弱、个人信息保护相关立法不完善等因素,使得个人信息失窃的案件屡禁不止。

第三,从盗窃手段来看,在个人实施的信息盗窃案件中,信息盗窃者多通过利用信息持有单位个人信息保护方面的漏洞实施犯罪行为。由此可见,单位对于在职或离职员工获取、使用单位所持个人信息的权限管理及其保密义务的规定和执行,以及单位保障其所持个人信息的技术规范等个人信息保护制度方面存在漏洞,成为常见的个人信息安全隐患。虽然个人信息盗窃主体所掌握的技术手段大多较为简单,但在大量信息持有单位的个人信息保护制度存在漏洞的情况下,不法分子往往可以利用安全漏洞,通过简单的技术手段突破信息持有单位的防御措施,对个人信息进行非法窃取。

例如,在过某某侵犯公民个人信息案[2]中,2018年10月至2019年1月,过某某在从杭州某服饰公司离职后,盗用该公司天猫网店管理员账号进入网店后台,多次下载该公司包含公民个人信息的客户订单信息17.8万余条。由于过某某离职后,该公司没有及时对网店管理权限进行变更,所以过某某仍然能够通过原先账户查看并非法窃取客户信息。又如,在余某某侵犯公民个人信息案[3]中,2014年4月至6月,余某某在某公司工作期间,利用能够查阅、浏览员工个人信息的便利,使用Python语言编写具有自动获取数据功能的程序,越权秘密下载该公司员工的公民个人信息共计2万余条,并存储于电脑硬盘中。此后,余某某利用公司对离职员工管理的松懈,秘密带走上述电脑硬盘。从上述

---

[1] 参见广东省深圳市南山区人民法院(2017)粤0305刑初344号刑事判决书。
[2] 参见浙江省杭州市西湖区人民法院(2019)浙0106刑初509号刑事判决书。
[3] 参见浙江省杭州市中级人民法院(2018)浙01刑终441号刑事裁定书。

案例中不难看出，在企业对其所持有个人信息的保护制度存在漏洞的情况下，其在职或者离职员工可以较为轻松地利用管理制度和技术措施的漏洞非法获取个人信息。对此，有关企业应当充分认识到保护个人信息安全的重要意义，加强个人信息安全有关的员工管理、技术防护和制度建设，有关行政主管部门也应当加强对个人信息持有单位履行安全保障义务的监督管理。

在个人为盗窃主体的个人信息盗窃案件中，盗窃主体往往利用其可以接触大量个人信息的特殊身份，通过自身掌握的黑客技术非法窃取他人个人信息。该类案件的频发在一定程度上反映出，部分企业对员工获取和使用个人信息权限的设定、信息保密义务的规定和监督、个人信息安全技术保障措施等方面存在一定漏洞。在审理此类案件时，法官在定罪方面往往会考虑涉案个人信息类型、个人信息数量、盗窃主体犯罪前科及其身份特殊性等要素；而在量刑方面，法官通常会将盗窃主体身份（如表3-1之案例6），是否存在自首、坦白、积极缴纳罚金、社会危害性大小（如表3-1之案例1、2、4、7、8、10）等作为考量因素。此外，涉案信息是否属于个人信息、涉案个人信息数量的认定也是此类案件中法官进行定罪量刑时考虑的重要因素。

表 3-1　个人为盗窃主体的典型个人信息盗窃案汇总表

| 序号 | 案号 | 案情简介 | 判决结果 |
| --- | --- | --- | --- |
| 1 | （2014）宝刑初字第1789号 | 2013年4月至6月间，被告人陈某利用担任上海某公司摄影助理，可以自由出入仓库的工作便利，窃取仓库内待出库的电视机上的客户信息，以每条人民币4元至10元的价格通过互联网出售给冉某某，涉及公民个人信息一千余条，非法获利人民币2万余元。 | 上海市宝山区人民法院判决：被告人陈某犯非法获取公民个人信息罪，判处有期徒刑七个月，缓刑一年，并处罚金人民币2000元。 |
| 2 | （2016）鲁0812刑初295号 | 2016年8月5日，被告人赵某窃取被害人颜某的身份证号码和填报志愿系统密码，在未经被害人颜某同意的情况下，私自修改颜某的高考志愿，造成颜某未被报考的第一志愿院校招录。 | 山东省济宁市兖州区人民法院判决：被告人赵某犯侵犯公民个人信息罪，判处有期徒刑七个月，并处罚金人民币2000元。 |

(续表)

| 序号 | 案号 | 案情简介 | 判决结果 |
|---|---|---|---|
| 3 | （2017）苏 0681 刑初 681 号 | 张某某于 2017 年 7 月左右，侵入南通市部分网站，采取利用木马程序进入网站并下载数据的手段，非法获取南通兴东国际机场官网、南通市运校校网站数据库内含有姓名、电话号码、户籍地等的公民个人信息，合计 55901 条。 | 江苏省启东市人民法院判决：被告人张某某犯侵犯公民个人信息罪，判处有期徒刑三年，缓刑四年，并处罚金人民币 8000 元。 |
| 4 | （2018）沪 0116 刑初 668 号 | 2016 年 12 月至 2018 年 2 月期间，邱某某通过租用昆山亿美网讯信息科技有限公司的服务器，利用木马程序伪装成网站链接向不特定人员进行发送，非法获取他人信息。其中，邱某某邮箱共有手机通讯录 3200 余条、手机短信信息 2300 余条。 | 上海市金山区人民法院判决：被告人邱某某犯侵犯公民个人信息罪，判处有期徒刑二年，并处罚金人民币 1 万元。 |
| 5 | （2018）沪 0116 刑初 924 号 | 2018 年 2 月至 4 月期间，马某为非法牟利，自己编写爬虫程序，用于窃取软件及网站的用户信息，随后使用微信聊天的方式出售给苏某，共计盗窃个人信息约 20 万条，非法获利 2.4 万元。 | 上海市金山区人民法院判决：被告人马某犯侵犯公民个人信息罪，判处有期徒刑三年二月，并处罚金人民币 4 万元。 |
| 6 | （2018）鄂 05 刑终 363 号 | 自 2017 年 4 月份以来，张某在深圳市某金融服务公司工作期间，利用工作上的便利，通过连接公司管理系统数据库的方式导出大量含有客户姓名、电话、身份证号码等公民个人信息，共计 279 万余条，并非法出售。 | 湖北省宜昌市中级人民法院判决：被告人张某犯侵犯公民个人信息罪，判处有期徒刑五年，并处罚金人民币 41 万元。 |
| 7 | （2018）赣 0502 刑初 455 号 | 2017 年 8 月份以来，杨某通过互联网公司购买网络服务器，利用互联网技术手段，窃取新余市居民马某、暴某等的公民个人信息 29663 余条，包含公民姓名、有效证件号码、电话号码、住址等信息资料。 | 江西省新余市渝水区人民法院判决：被告人杨某犯侵犯公民个人信息罪，判处有期徒刑一年五个月，并处罚金人民币 5000 元。 |

(续表)

| 序号 | 案号 | 案情简介 | 判决结果 |
| --- | --- | --- | --- |
| 8 | (2019)沪 0109 刑初 697 号 | 2019年4月17日至4月30日期间,包某某利用其所在的上海某教育科技公司计算机系统的漏洞,设计相关软件,非法窃取存储于该公司数据库内的公民的电话、电子邮箱等个人信息共计19万余条。 | 上海市虹口区人民法院判决:<br>被告人包某某犯侵犯公民个人信息罪,判处有期徒刑三年,缓刑四年,并处罚金人民币1万元。 |
| 9 | (2019)甘 0921 刑初 5 号 | 2018年6月初,蒙某某向北京、河北、甘肃、四川、广西等省区多个国家机关、企事业单位邮箱用户群发木马病毒邮件,非法窃取了300余个党政机关、企事业单位的邮箱用户名和密码,以及公民个人信息,共计1.4万余条。 | 甘肃省金塔县人民法院判决:<br>被告人蒙某某犯诈骗罪……犯侵犯公民个人信息罪,判处有期徒刑十个月,并处罚金人民币2万元。数罪并罚……<br>………… |
| 10 | (2019)川 3424 刑初 139 号 | 2018年到2019年3月期间,杨某某将自编的SQL语句注入房管局指定系统,多次侵入四川多地房管局计算机系统,非法获取四川多地房管局计算机系统内公民购买楼盘信息数据共计4万余条,并将其出售给他人。 | 四川省德昌县人民法院判决:<br>被告人杨某某犯侵犯公民个人信息罪,判处有期徒刑三年,并处罚金人民币1万元。 |

## 二、盗窃主体为单位

此类个人信息盗窃行为中的"单位",是指《刑法》第30条所规定的"公司、企业、事业单位、机关、团体"等可能被判决承担刑事责任的组织。通常情况下,以单位为盗窃主体的个人信息盗窃类案件是由单位主要负责人与员工共同实施完成的。相较于个人和群体组织类盗窃主体,单位的盗窃手段与盗窃目的存在一定差异。该类个人信息盗窃案件主要具有以下几个特征:

第一,从获取个人信息的手段上看,非法购买是单位主体采用的主要手段,而采用技术手段秘密窃取常见于从事计算机与信息技术行业的单位。此外,部分单位还会采用社会工程学手段或与他人相互交换的方式获取公民个人信息。

例如,在北京某科技公司、沈某侵犯公民个人信息案[1]中,被告公司主要经营计算机和信息技术开发业务,除通过技术手段秘密窃取个人信息之外,还直接通过购买的方式非法获取 1600 余万条个人信息。而装饰装修企业、汽车服务企业、房地产企业、教育培训企业、保险代理企业等其他行业的单位,则主要通过购买的方式非法获取公民个人信息。[2]

交换也是常见的单位非法获取个人信息的手段。例如,在上海某人力资源公司、刘某侵犯公民个人信息案[3]中,被告公司即通过在日常经营活动中获取的简历与其他不法分子进行交换,从而获取更多个人简历信息。又如,北京某文化传播公司等侵犯公民个人信息案[4]中,被告公司指使其销售人员,在 2016 年 7 月至 2017 年 8 月间,通过与他人进行交换的方式非法获取包含姓名、手机号码等公民个人信息共计 30 余万条。在通过社会工程学手段获取公民个人信息方面,如在宁波某通信设备公司、印某某侵犯公民个人信息案[5]中,2018 年 1 月,被告公司实际负责人印某某指使公司职员通过在超市门口举办凭借购物小票领取礼品的活动,诱使超市顾客填写个人信息,从而非法获取超市顾客的个人身份信息。由此可见,单位所采取的个人信息盗窃手段比较丰富,仅从技术上对个人信息盗窃行为进行防范尚不足以形成完善的防治体系,需要从法律层面对个人信息盗窃者予以严格的惩戒,以完善个人信息盗窃行为的治理体系。

第二,涉案单位对所盗窃的个人信息进行利用的方式多与其主要经营业务领域有关。一般情况下,软件技术公司、通信公司等经营信息技术、计算机技术类业务的单位,主要通过出售、倒卖其所盗窃的个人信息牟利;而主要经营其他

---

[1] 参见湖北省崇阳县人民法院(2018)鄂 1223 刑初 370 号刑事判决书。
[2] 参见四川省德昌县人民法院(2019)川 3424 刑初 163 号刑事判决书、江苏省南京市中级人民法院(2019)苏 01 刑终 691 号刑事裁定书、重庆市九龙坡区人民法院(2018)渝 0107 刑初 917 号刑事判决书、江苏省常熟市人民法院(2018)苏 0581 刑初 1494 号刑事判决书、江苏省南京市江宁区人民法院(2018)苏 0115 刑初 23 号刑事判决书等以及其他一系列裁判文书。
[3] 参见上海市徐汇区人民法院(2019)沪 0104 刑初 441 号刑事判决书。
[4] 参见北京市通州区人民法院(2018)京 0112 刑初 389 号刑事判决书。
[5] 参见安徽省定远县人民法院(2019)皖 1125 刑初 16 号刑事判决书。

业务的单位,如房产公司、教育培训公司、装饰装修公司、汽车服务公司等,则主要是利用非法获取的个人信息发展潜在客户、扩大业务市场份额,从而获取商业利益。

　　将盗窃而得的个人信息进行出售、倒卖。例如,在上海某软件技术公司侵犯公民个人信息案[1]中,该公司的经营业务主要为计算机和网络技术的开发,该公司从境外购买了窃取公民位置信息的技术手段后,以此搭建可供自己和其他国内公司秘密查询、获取手机位置信息的平台,并向其他公司收取使用费。法院认定其行为构成非法获取和非法出售、提供公民个人信息。又如,在山西某网络科技公司等侵犯公民个人信息案[2]中,该公司主要经营业务为计算机软硬件开发,该公司从其他不法分子手中购买能够访问用户电话号码、IP 地址等个人信息的代码和访问权限后,自行搭建非法获取公民个人信息的网站,并将窃取得来的公民个人信息向他人出售而获利。再如,在无锡某信息公司、李某等侵犯公民个人信息案[3]中,该公司的主要经营业务为计算机技术、网络通信技术的开发和服务。该公司开发了自动爬取通话记录、支付记录、收货地址、信用记录等公民个人信息的程序,并向网络贷款业务经营者以每条 2.7 元的价格出售其盗窃的个人信息。

　　将盗窃的个人信息用于公司日常经营活动。例如,在广州某置业公司、姚某某侵犯公民个人信息案[4]中,该置业公司系房地产中介公司,公司经理通过非法渠道获取公民个人信息数据包后,用于组织销售部门的员工拨打推销房产的电话。又如,在常州某教育咨询公司溧水分公司、姜某侵犯公民个人信息案[5]中,涉案公司主要经营教育培训业务,为了扩大其培训项目的招生规模,被告公司利用其非法收受的 2 万余条个人信息,组织员工进行电话推销。再

---

[1] 参见上海市第一中级人民法院(2017)沪 01 刑终 1344 号刑事裁定书。
[2] 参见北京市海淀区(2018)京 0108 刑初 1115 号刑事判决书。
[3] 参见湖南省沅江市人民法院(2020)湘 0981 刑初 77 号刑事判决书。
[4] 参见广东省广州市中级人民法院(2019)粤 01 刑终 2121 号刑事裁定书。
[5] 参见江苏省南京市溧水区人民法院(2019)苏 0117 刑初 176 号刑事判决书。

如,在云南某装饰工程公司桂林分公司等侵犯公民个人信息案[1]中,该分公司总经理刘某某为了拓展公司的家装业务,通过财务报销的方式,指使业务员非法购入大量房屋所有权人的姓名、联系方式、房屋面积、户型、住址、房屋交易价格等公民个人信息,用于挖掘有家居装饰需求的客户,并向该类客户拨打推销电话。另如,在南京某汽车服务公司等侵犯公民个人信息案[2]中,被告公司法定代表人为了扩大公司汽车服务业务的市场份额,通过购买、收受等方式非法获取公民个人信息35万余条用于推销服务。该案中,另一被告单位南京某网络技术公司为了推销其保险,也通过购买、收受等方式非法获取40万条公民个人信息。

由上可见,单位实施个人信息盗窃行为的目的与其业务领域有着较为明显的联系。具体来说,不同行业领域的单位在参与个人信息盗窃灰色产业链时扮演的角色不同,具有个人信息盗窃技术基础的单位,往往位于产业链的上中游,而其他单位则常常位于下游,扮演着个人信息利用者的角色。从事计算机技术和信息技术等业务领域的单位,具有稳定获取大量个人信息的技术手段,因此往往通过出售非法获取的个人信息获得不正当利益。而其他领域的单位往往并不具备窃取大量个人信息的技术能力,无法通过此种手段长期盈利,并且也无必要花费大量成本放弃原有经营业务而专门从事个人信息非法交易活动。

第三,部分单位会通过合法的形式来掩盖其非法获取和提供个人信息的违法犯罪行为。部分单位出于自身需要或者应其他不法分子的要求而实施个人信息盗窃行为,为了掩盖其罪行,逃避法律的制裁,此类单位会假借为其他企业提供技术服务、与其他企业进行合作等合法途径,暗中非法获取和提供公民个人信息。

例如,在上文提及的上海某软件技术公司侵犯公民个人信息案[3]中,该公司就对外宣称其用于非法获取和提供个人信息盗窃的网站为取证云平台,并以

---

[1] 参见广西壮族自治区桂林市叠彩区人民法院(2019)桂0303刑初337号刑事判决书。

[2] 参见江苏省南京市中级人民法院(2019)苏01刑终691号刑事裁定书。

[3] 参见上海市第一中级人民法院(2017)沪01刑终1344号刑事裁定书。

该平台提供的"服务"为内容与其他公司签订合同,暗中为其他公司提供非法获取个人信息的渠道。又如,在北京某科技公司、沈某侵犯公民个人信息案[1]中,该公司首先同芝麻信用、阿里云等四家公司签订了接受身份证信息认证服务的协议,使用户能够通过该公司提供的网站,付费使用芝麻信用等四家公司合法提供的身份证信息认证服务。随后,该公司通过在其网站中设置脚本程序,秘密爬取用户所查询的个人信息。再如,在湖南某信息集团公司、王某某等侵犯公民个人信息案[2]中,该公司先签订协议接受其他企业合法提供的个人信息查询服务,供用户使用,后利用爬虫程序非法获取用户查询得到的个人信息。另如,在苏州某信息科技公司等侵犯公民个人信息案[3]中,该公司与赶集网之间具有合作关系,能够获取求职者在赶集网上填写的个人简历信息。然而,该公司却利用合作之便,暗中违背与赶集网之间的协议,向他人出售其获取的简历信息。

在单位作为盗窃主体的个人信息盗窃案件中,大量单位处于个人信息盗窃灰色产业链的下游,为维持公司经营活动或开拓公司业务(如表 3-2 之案例 1-7),往往通过购买、交换和社会工程学手段等方式获取更多的公民个人信息,从而为公司制定战略方针以及经营决策提供支撑(如表 3-2 之案例 1、4、6)。法院在审理以单位为盗窃主体类个人信息盗窃案件,对单位主要负责人、涉案单位成员定罪量刑时,往往会综合考虑涉案个人信息数量、行为人犯罪前科、认罪态度等因素。法院对单位主要判以罚金刑,罚金数额与涉案个人信息数量、利用个人信息的途径因素等紧密相关。该类案件的审理难点在于:当单位利用非法获取的个人信息进行日常经营活动时,其非法获利的认定和计算通常存在一定争议。[4]

---

[1] 参见湖北省崇阳县人民法院(2018)鄂 1223 刑初 370 号刑事判决书。
[2] 参见江苏省淮安市淮安区人民法院(2018)苏 0803 刑初 643 号刑事判决书。
[3] 参见浙江省台州市黄岩区人民法院(2018)浙 1003 刑初 666 号刑事判决书。
[4] 参见喻海松:《侵犯公民个人信息罪的司法适用态势与争议焦点探析》,载《法律适用》2018 年第 7 期。

表 3-2　单位为盗窃主体的典型个人信息盗窃案汇总表

| 序号 | 案号 | 案情简介 | 判决结果 |
| --- | --- | --- | --- |
| 1 | （2018）苏 01 刑终 279 号 | 该公司在经营过程中，以打电话给不特定企业负责人的方式推销、扩展公司业务。2016 年 8 月至 2017 年 3 月间，经该公司实际经营人周某同意，由张某、蒋某授意或默许，该公司员工沈某、金某、李某及杨某加入相关 QQ 群，并与他人交换客户资料，共计提供或交换公民个人信息 137358 条。 | 江苏省南京市中级人民法院裁定维持六合区人民法院一审判决：<br>南京某信息科技公司犯侵犯公民个人信息罪，判处罚金人民币 12 万元。<br>………… |
| 2 | （2018）川 01 刑终 280 号 | 成都某企业管理公司成立于 2015 年 6 月，王某某系公司的法定代表人、董事长，陈某任公司网络主管。从 2016 年起，陈某受王某某指使，利用其掌握的公民个人信息与他人交换，侵犯公民个人信息，共接收公民个人信息 35435 条。 | 四川省成都市中级人民法院裁定维持金牛区人民法院一审判决：<br>成都某企业管理公司犯侵犯公民个人信息罪，判处罚金人民币 3 万元。<br>………… |
| 3 | （2018）京 01 刑终 650 号 | 2015 年至 2017 年间，随州某网络文化传媒公司与随州某网络科技公司为开展公司业务，通过互联网购买能够即时获取移动端访问用户手机号码、IP 地址、搜索关键词等信息的代码并进行推广植入，其间被告人余某某、刘某等分别实施购买、植入、推广销售上述代码的行为，共计窃取公民个人信息 2 万余条。 | 北京市第一中级人民法院裁定维持海淀区人民法院一审判决：<br>一、随州某网络科技公司犯侵犯公民个人信息罪，判处罚金人民币 1.2 万元。<br>二、随州某网络文化传媒公司犯侵犯公民个人信息罪，判处罚金人民币 1 万元。<br>………… |
| 4 | （2018）皖 0104 刑初 268 号 | 2015 年 11 月，王某某设立安徽某文化传播公司。为拓展公司业务，该公司要求其业务员非法收集潜在的客户信息。杨某某、黄某某等人在担任该公司市场部经理期间，持有大量客户信息，管理和要求其下属业务员多次与他人交换客户资料，共计非法获取或向他人提供公民个人信息 10 万余条。 | 安徽省合肥市蜀山区人民法院判决：<br>被告单位安徽某文化传播公司犯非法获取公民个人信息罪，判处罚金人民币 2 万元。<br>………… |

(续表)

| 序号 | 案号 | 案情简介 | 判决结果 |
|---|---|---|---|
| 5 | (2018)京0108刑初1873号 | 2017年9月以来,由侯某某提供滴滴公司内部计算机信息系统的账号及验证码,江西某实业公司、被告人金某在江西省登录滴滴公司"专快mis系统",窃取滴滴公司司机个人信息10万余条,用于该公司的业务开展。 | 北京市海淀区人民法院判决:<br>被告单位江西某实业公司以及被告人金某、侯某某犯侵犯公民个人信息罪,判处被告单位江西某实业公司罚金人民币10万元。<br>………… |
| 6 | (2018)京0112刑初389号 | 2016年7月至2017年8月间,北京某文化传播公司为发展客户购买由某公司推出的演讲培训课程,雇用孙某某、丰某某、张某某等人从事课程销售工作,通过加入以资源交换的QQ群获取包括公民个人姓名、手机号码等信息。 | 北京市通州区人民法院判决:<br>被告单位某文化传播公司犯侵犯公民个人信息罪,判处罚金人民币50万元。<br>………… |
| 7 | (2019)皖1125刑初16号 | 2018年1月,宁波某通信设备公司实际负责人印某某为了完成公司与宁波电信公司约定的业务,提供设备指使陈某在安徽省定远县、怀远县的超市门口以凭借购物小票领取礼品的方法非法获取公民个人身份信息,并以每条10元、20元的价格支付报酬,再通过微信和被告人印某某提供的电信公司工号、登录验证码将非法获取的公民个人信息传输到宁波某通信设备公司电信业务平台办理电信手机卡。该公司、印某某等非法获取、购买公民个人信息4000余条,违法办理手机卡获利40余万元。 | 安徽省定远县人民法院判决:<br>一、被告单位宁波某通信设备公司犯侵犯公民个人信息罪,判处罚金人民币60万元。<br>二、被告人印某某犯侵犯公民个人信息罪,判处有期徒刑三年,宣告缓刑五年,并处罚金人民币20万元。<br>………… |

### 三、盗窃主体为群体组织

盗窃主体为群体组织的个人信息盗窃行为是指由两个及以上自然人、法人或其他组织共同实施的个人信息盗窃行为。在刑法概念中,"团伙"通常表示三个及以上的自然人组织。但在个人信息盗窃案件中,可能出现单位与自然人共同实施违法犯罪行为的情况,且组织内成员数可能为两人。因此,"团伙"难以准确体现个人信息盗窃案件的特征。所以,本书使用"群体组织"的概念来表示两个及以上单位或个人组成的个人信息盗窃主体。

由于群体组织由数位成员组成,因此其内部成员往往有较为成熟的分工,通常会实施以所盗窃个人信息为基础的一系列上下游犯罪。一般而言,群体组织的行为除了可能构成侵犯公民个人信息罪之外,还可能构成盗窃罪、诈骗罪、非法入侵计算机系统罪、妨害信用卡管理罪等,对公民个人及社会的危害程度较之盗窃主体为个人的往往更大,因此法院在审判过程中往往需要面对是否数罪并罚。具体而言,此类案件存在如下典型特征:

第一,以群体组织为盗窃主体的个人信息盗窃类案件,一般参与人数众多且有明确的角色安排与任务分工,在进行个人信息盗窃以及对个人信息进行处理时往往具有更高的效率。在进行个人信息盗窃的群体组织中,角色分工一般有盗窃行为组织者、作案工具准备者、盗窃行为实施者、信息处理者四种角色;当群体内成员人数较少时,部分成员会担任多种角色。其中,盗窃行为组织者主要负责参与人员招纳、盗窃行为策划、盗窃流程的监督与指挥等,作案工具准备者主要负责购买电脑、手机、移动U盘以及编写病毒软件等工作,盗窃行为实施者利用作案工具准备者提供的作案工具非法窃取他人个人信息,信息处理者实施下一步的非法出售、非法提供、盗窃财物、诈骗或敲诈勒索等行为,以最终获取非法利益。

例如,在李某某、王某某非法获取计算机信息系统数据、非法控制计算机信息系统案[1]中,参与人员不多,本案被告人李某某担任了盗窃行为组织者、盗窃行为实施者以及所盗信息处理者等多种角色。李某某在预谋实施非法窃取他人个人信息行为后,得知王某某具备计算机专业知识且能够开发破解软件,便多次与其交流以获得其帮助。其后,王某某主要承担作案工具提供者的分工,负责将李某某所提供的Mysql数据管理软件进行破解,并应李某某要求处理破解软件在非法获取他人个人信息过程中的技术障碍。李某某随后利用该破解软件非法获取他人个人信息并向其他不法分子出售以获得经济利益。虽然王某某主张自己仅提供破解软件,而没有实施个人信息盗窃行为,所以不构成侵犯公民个人信息罪。但是,法院认为其在明知李某某窃取个人信息的情况下仍然帮助其制作破解软件,已构成侵犯公民个人信息罪。此外,王某某提供

---

[1] 参见湖北省老河口市人民法院(2017)鄂0682刑初144号刑事判决书。

破解软件的行为,还构成破坏计算机信息系统罪。最终,法院决定从一重罪处罚,以侵犯公民个人信息罪论处。从上述案件中可以看出,即使盗窃个人信息的群体组织成员较少,但其角色分工也同样较为明确。又如,在陈某甲、陈某乙等侵犯公民个人信息案[1]中,作案群体组织的结构更为复杂,分工更加明确和精细。该案中,群体组织成员除了自然人之外,还包括为牟取非法利益而合谋设立的法人单位海门某传媒科技公司,该公司专门负责非法获取个人信息,供其他成员非法实施诈骗行为,同时其他成员也会通过各种渠道收集更多个人信息反馈给该公司。在明确的分工和适当的任务安排下,群体组织非法获取个人信息的效率更高,对个人信息进行非法利用时带来的社会危害也更大,同时也在一定程度上增加了侦查、审判等工作的复杂程度。

第二,在大量群体组织实施的个人信息盗窃案件中,犯罪分子通常将个人信息盗窃作为实施其他犯罪行为所需资源的手段,其最终目的是通过其他犯罪获取非法利益,如诈骗、盗窃、信用卡诈骗等违法犯罪行为。具体而言,盗窃主体一般先通过木马病毒、黑客程序或者购买和交换等方式非法获取公民个人信息,然后再利用非法获取的公民个人信息实施进一步的诈骗或者盗窃公民个人财产行为,从而获取不正当利益。

例如,在张某甲、张某乙信用卡诈骗、非法获取计算机信息系统数据、非法控制计算机信息系统、妨害信用卡管理案[2]中,张某甲为实现窃取他人银行卡上存款的目标,首先实施了窃取他人银行卡账户和密码信息等行为。具体步骤是,张某乙通过网络购买含有木马病毒的链接,将该含有木马病毒的程序编制成手机短信;主要由张某甲负责将编制好的含有木马病毒链接的短信发送到他人手机;只要木马病毒安装成功,两人便能够窃取他人的银行卡信息;随后,张某甲、张某乙多次通过盗刷他人银行卡的方式非法获取他人账户上的资金。又如,在蒙某某、宋某等诈骗案[3]中,2018年5月底,被告人蒙某某购买了带有网银盾、电话卡的银行卡和木马病毒。同年6月初,蒙某某利用自己注册的163邮箱、126邮箱向北京、河北、甘肃、四川、广西等省区多个国家机关、企事业单位

---

[1] 参见江苏省南通市中级人民法院(2020)苏06刑终35号刑事裁定书。
[2] 参见广西壮族自治区宾阳县人民法院(2016)桂0126刑初312号刑事判决书。
[3] 参见甘肃省金塔县人民法院(2019)甘0921刑初5号刑事判决书。

邮箱用户群发木马病毒邮件,非法窃取了 300 余个党政机关、企事业单位的邮箱用户名和密码,并非法窃取公民个人信息 1.4 万余条。随后,蒙某某以非法占有为目的,利用获取的公民个人信息,冒充领导身份实施电信网络诈骗,共计诈骗 20 万元。再如,在杨某某等侵犯公民个人信息等案[1]中,杨某某在实施非法获取和出售公民个人信息的违法犯罪行为中,结识了开设网络赌场的何某甲、何某乙等人,随后,杨某某便负责向何某甲、何某乙等人提供非法获取的个人信息,何某甲与何某乙等利用非法获取的个人信息拓展网络赌博平台的客源,并安排杨某某担任赌场代理,一同瓜分违法所得。在上述案件中,盗窃主体首先实施的是盗窃公民个人信息行为,进而根据盗窃的个人信息实施盗窃财产、电信诈骗或其他违法犯罪行为,存在上下游犯罪之分。这种在非法窃取他人个人信息后,将涉案信息用以实施盗窃、电信诈骗等行为的案件,在以群体组织为盗窃主体的个人信息盗窃案件中极为常见,是犯罪分子惯用且成功率较高但破案率较低的典型案件。

第三,在大量以群体组织为盗窃主体的个人信息盗窃案件中,法院认定其成员的罪名和刑罚时,通常判决实行数罪并罚。产生该种现象的原因在于:群体组织在实施个人信息盗窃行为时,其成员经常同时构成侵犯公民个人信息罪以及盗窃罪、诈骗罪、信用卡诈骗罪、非法入侵计算机系统罪等多种罪名。一般而言,法院会认为虽然被告人在侵犯公民个人信息和其他犯罪的手段和目的上存在一定程度的竞合,但相关行为之间并不存在紧密联系,其行为后果亦对不同的法益造成了侵害,因此,被告人应当同时承担数种犯罪的刑事责任。

例如,在李某某、黄某某等盗窃案[2]中,黄某某等四被告人编辑木马病毒短信向不特定的社会公众群发,通过病毒植入被害人的手机后,控制查看被害人全部的通信内容,非法获取公民个人信息 7.7 万余条。随后,黄某某等人以话费充值、快捷支付等方式盗刷了他人银行卡内存款,非法盗刷他人存款 9.16 万余元。原审法院认为,黄某某同时构成侵犯公民个人信息罪、盗窃罪两罪,对其侵犯公民个人信息罪与盗窃罪数罪并罚,判处有期徒刑四年六个月,并处罚金人民币 2 万元。黄某某上诉提出其侵犯公民个人信息是为了实施盗窃犯罪

---

[1] 参见湖南省永州市中级人民法院(2020)湘 11 刑终 257 号刑事裁定书。
[2] 参见广西壮族自治区北海市中级人民法院(2017)桂 05 刑终 160 号刑事判决书。

做准备,二者是牵连关系,应择一重罪而仅构成盗窃罪,不应当再对其获取公民个人信息的行为进行额外评价。二审法院认为,上诉人黄某某实施盗取公民个人信息的犯罪行为是侵犯公民个人信息的自由、安全权和隐私权,而实施盗窃的犯罪行为是侵犯公民个人的财产权。两种犯罪行为侵犯的客体不一样,系两个不同的行为,故依法驳回其上诉,维持了原审数罪并罚的判决。又如,在周某某、许某某等盗窃案[1]中,被告人等亦就侵犯个人信息罪与盗窃罪、诈骗罪等是否具有牵连关系而择一重罪或数罪并罚的问题进行了辩论,该案二审法院的审判意见与李某某、黄某某等盗窃案二审法院审判意见一致,均驳回了被告人的上诉请求。再如,在杨某、黄某、吴某诈骗,杨某、黄某侵犯公民个人信息案[2]中,被告人为了骗取财物,购买了大量电话号码、姓名、健康状况等公民个人信息,通过拨打电话骗取个人信息主体的财物共计 8.7 万余元。一、二审法院均认为,被告人的购买公民个人信息行为与诈骗行为之间不具有紧密联系,应当实行数罪并罚。在此类案件审理过程中,盗窃主体通常提出上游犯罪活动是为下游犯罪活动做准备,两者之间具有牵连关系,应该按照择一重罪原则进行处罚的辩护意见。但是,法院一般持有的观点是,侵犯公民个人信息罪和盗窃罪侵犯的是不同的法律客体,且两种犯罪行为之间联系并不紧密。因此,法院通常对犯罪分子实行数罪并罚。

在盗窃主体为群体组织的个人信息盗窃案件中,成员之间往往有明确分工,盗窃行为的组织者会根据盗窃需要选取合作对象,安排适合其个人擅长领域与专业技术背景的任务分工(如表 3-3 之案例 1、2、5、10)。在确定团伙中各成员的角色定位与任务分工后,作案工具准备者会为整个盗窃活动准备电脑、手机、病毒程序等工具,随后盗窃行为实施者会利用作案工具准备者所编写的病毒程序非法窃取他人个人信息,再由信息处理者通过非法出售、非法提供、盗刷信用卡、诈骗等方式谋取非法利益(如表 3-3 之案例 2、4、5、8、10)。在此类案件中,对盗窃主体适用从一重罪处罚还是数罪并罚,判定关键在于认定前行为与后行为是否存在紧密的联系、是否侵犯了不同法益(如表 3-3 之案例 2)。因为群体组织盗窃的公民个人信息数量普遍较盗窃主体为个人和单位更多,对公

---

[1] 参见天津市第二中级人民法院(2016)津 02 刑终 317 号刑事裁定书。
[2] 参见福建省安溪县人民法院(2016)闽 0524 刑初 98 号刑事判决书。

民个人和社会的危害性亦更大,法院在对盗窃行为人定罪量刑时,重点会考虑犯罪公民个人信息来源、是否数罪并罚等问题。

表 3-3  群体组织为盗窃主体的典型个人信息盗窃案汇总表

| 序号 | 案号 | 案情简介 | 判决结果 |
| --- | --- | --- | --- |
| 1 | (2016)桂 0126 刑初 437 号 | 马某某与韦某某在 2015 年 12 月份至 2016 年 4 月底期间在韦某某家中结伙不特定人群发送木马病毒,窃取他人银行卡、身份信息等信息,随后使用盗用的公民个人信息盗刷他人银行卡财物。 | 广西壮族自治区宾阳县人民法院判决:<br>一、被告人马某某犯侵犯公民个人信息罪和诈骗罪,决定执行有期徒刑三年,并处罚金人民币 3 万元。<br>二、被告人韦某某犯诈骗罪和妨害信用卡管理罪,决定执行有期徒刑三年六个月,并处罚金人民币 3 万元。 |
| 2 | (2017)桂 05 刑终 160 号 | 2016 年 6 月 26 日至 2016 年 7 月 6 日,李某某与黄某某一组,甘某某与吴某某组成另外一组,两组分别利用从 QQ 群网友处购买的木马病毒,编辑成短信向不特定的社会公众群发,通过病毒植入被害人的手机后,被告人可以控制查看被害人全部的通信内容,以此手段共非法获取公民个人信息 7.7 万余条,并利用非法获取的个人信息进一步盗刷被害人的银行卡资金共计 9.16 万余元。 | 广西壮族自治区北海市中级人民法院判决:<br>一、李某某犯盗窃罪,判处有期徒刑三年,并处罚金人民币 1.5 万元;犯侵犯公民个人信息罪,判处有期徒刑一年六个月,并处罚金人民币 5000 元。总和刑期四年六个月,罚金人民币 2 万元,决定执行有期徒刑三年,并处罚金人民币 2 万元。<br>二、黄某某犯盗窃罪,判处有期徒刑三年,并处罚金人民币 1.5 万元;犯侵犯公民个人信息罪,判处有期徒刑一年六个月,并处罚金人民币 5000 元。总和刑期四年六个月,罚金人民币 2 万元,决定执行有期徒刑三年,并处罚金人民币 2 万元。<br>............ |

(续表)

| 序号 | 案号 | 案情简介 | 判决结果 |
|---|---|---|---|
| 3 | (2018)京0108刑初1112号 | 2015年至2017年间,梁某(另案处理)在安徽省阜阳市通过网络购买能够即时获取移动端访问用户的手机号码、IP地址、搜索关键词等信息的计算机代码,并架设服务器、搭建网站向他人出售权限。2016年1月至2017年3月期间,被告人何某、罗某某通过购买上述代码及权限非法获取公民个人信息13.26万余条。 | 北京市海淀区人民法院判决:<br>一、被告人罗某某犯侵犯公民个人信息罪,判处有期徒刑三年二个月,罚金人民币1.6万元。<br>二、被告人何某犯侵犯公民个人信息罪,判处有期徒刑三年,罚金人民币1.5万元。 |
| 4 | (2018)苏0116刑初76号 | 2017年年初,许某、伍某某共谋,由许某采用"BT5"程序扫描"集结号"游戏网站漏洞,再由伍某某登录集结号子网站,篡改权限,并利用navicat软件链接该网站数据库等方法,非法获取69万余条游戏玩家电子信息。 | 江苏省南京市六合区人民法院判决:<br>被告人许某、伍某某犯侵犯公民个人信息罪,皆判处有期徒刑三年,罚金人民币4万元。 |
| 5 | (2018)苏0492刑初301号 | 2016年6月,郑某为获取社会保险参保信息以转卖牟利,请求邓某帮忙将深圳市千本兴信息咨询服务部电脑接入深圳市社会保险基金管理局横岗管理站内部网络。后邓某通过他人私自拉网线接入横岗管理站内部网络并获取核验平台账号、密码及内网网址,供郑某窃取他人社会保险参保信息时使用。 | 江苏省常州经济开发区人民法院判决:<br>一、被告人郑某犯侵犯公民个人信息罪,判处有期徒刑三年,并处罚金人民币5万元。<br>二、被告人邓某犯侵犯公民个人信息罪,判处有期徒刑一年六个月,并处罚金人民币3万元。<br>………… |

(续表)

| 序号 | 案号 | 案情简介 | 判决结果 |
|---|---|---|---|
| 6 | (2018)川0503刑初175号 | 为了扩大培训学校招生范围，2015年1月22日，赖某某私自将妻子张某某电脑中的"城镇学生信息2015.1.zip"文件使用张某某的QQ邮箱发送到自己使用的QQ邮箱中。2015年2月至2017年7月，为维持夫妻关系，张某某主动向赖某某提供其在工作中收集的学生信息9.95万余条。 | 四川省泸州市纳溪区人民法院判决：<br>一、被告人张某某犯侵犯公民个人信息罪，判处有期徒刑三年，缓刑四年，并处罚金人民币5万元。<br>二、被告人赖某某犯非法获取公民个人信息罪，判处有期徒刑二年，缓刑三年，并处罚金人民币4万元。 |
| 7 | (2017)鄂0682刑初144号 | 2015上半年，李某某运用王某某破解的Mysql软件登录北京快达国际物流服务有限公司客户端，获取了包括寄件人、收件人姓名、住址、电话等信息；并多次通过该软件侵入北京快达国际物流服务有限公司、顺丰快递、快达公司计算机信息系统大量下载公民个人信息。2016年8月，王某某应李某某的要求，利用计算机技术手段登录京广物流公司客户端后台获取用户名，并自动生成767组账户和密码。李某某利用这些账户和密码登录京广物流公司的后台，获取了该物流公司的站内短信、个人资料、新闻管理等信息，共计非法获取78万余条公民个人信息，并向他人出售。 | 湖北省老河口市人民法院判决：<br>一、被告人李某某犯侵犯公民个人信息罪，判处有期徒刑四年，并处罚金人民币10万元。<br>二、被告人王某某犯侵犯公民个人信息罪，判处有期徒刑三年六个月，并处罚金人民币2万元。<br>…… |
| 8 | (2017)闽0627刑初214号 | 2016年3至4月间，谢某、赵某某共谋通过收购公民个人信息出售给他人从中牟利。后谢某让赵某某传授邓某某窃取淘宝客户的交易信息操作方法，授意邓某某窃取淘宝客户的交易信息，由赵某某进行整理加工后再出售给自己。邓某某授意王某、卢某某通过应聘淘宝客服当卧底的方式窃取客户交易信息，并出售给自己或直接出售给赵某某，共计非法获取12万余条客户、商品交易信息。 | 福建省南靖县人民法院判决：<br>一、被告人谢某、赵某某、王某某犯侵犯公民个人信息罪，皆判处有期徒刑三年六个月，并处罚金人民币6万元。<br>二、被告人邓某某犯侵犯公民个人信息罪，判处有期徒刑三年，并处罚金人民币5万元。<br>…… |

(续表)

| 序号 | 案号 | 案情简介 | 判决结果 |
|---|---|---|---|
| 9 | (2019)湘0105刑初73号 | 2018年3月22日左右,曾某雇用"技术大佬"编写黑客程序,通过远程操控的方式,非法侵入其曾任职的公司内部计算机系统,非法获取公司大量的客户信息。随后,曾某联系其原公司同事,使用相同的方法窃取公司客户信息共计24万余条。 | 湖南省长沙市开福区人民法院判决:<br>被告人曾某犯侵犯公民个人信息罪,判处有期徒刑三年六个月,并处罚金人民币15万元。 |
| 10 | (2019)京0115刑初570号 | 2018年9月至11月18日期间,谢某、林某某利用杨某提供的"smarttool"等软件,通过技术手段非法侵入京东商城"WIS旗舰店"等商户的账户维护后台,窃取被害人周某等人的交易类个人信息共计24.03万余条。 | 北京市大兴区人民法院判决:<br>一、被告人林某某、谢某某犯侵犯公民个人信息罪,判处有期徒刑三年六个月,并处罚金人民币7万元。<br>二、被告人杨某犯侵犯公民个人信息罪,判处有期徒刑三年二个月,并处罚金人民币3万元。 |

通过上述梳理可以看出,不同的盗窃主体实施盗窃行为,其盗窃手段、盗窃信息的数量以及刑罚轻重程度都有所不同。相应地,法院在审理此类案件过程中所面临的审判难点和争议焦点也不尽相同。个人信息盗窃主体为群体组织的,较之个人实施盗窃行为,一般犯罪人数更多、盗窃手段更丰富,通常情况下其盗窃信息的数量也更多,对公民个人和社会带来消极的影响以及造成的危害后果更严重,其成员往往也会因为数罪并罚而承担更重的刑事责任。而单位主体若将非法获取的个人信息用于公司的合法经营活动,则法院可能认为此类行为对个人信息主体的危害更小,从而有可能对有关责任人判以较轻的刑罚。

## 第二节 以个人信息盗窃目的为标准的类型化分析

以盗窃目的为区分标准,可以分为商业用途、非法交易和非法获取他人财产个人信息盗窃。不同目的的个人信息盗窃,行为主体类型、行为主体承担的法律后果和涉案个人信息被利用的手段各不相同。以盗窃目的为标准划分个人信息盗窃案件类型并进行研究,能够更深入地揭示公民个人信息在不法分子手中的利用途径,进而掌握盗窃主体实施盗窃行为的目的和处理方式,为规制盗窃行为提供理论依据。

## 一、个人信息盗窃目的为商业用途

以商业用途为个人信息盗窃目的是指,盗窃主体将盗窃的个人信息直接或间接用于商业活动以获取商业收益。商业用途类型丰富多样,因盗窃主体用于商业目的的侧重点不同而异,因此给信息主体造成的影响程度不同。以商业用途为目的的个人信息盗窃案件具有以下典型特征:

第一,将盗窃的个人信息用于商业目的的主体主要是单位,也有部分群体组织,而个人主体相对较少。公民个人信息一般要通过分析、整理,才能挖掘其中的商业价值,最终用于商业目的。由于群体组织和单位人数较多,更容易有针对性、有目的性地获取公民个人信息,再进行分析、整理并用于商业目的,因此目前个人主体将非法获取的个人信息用于商业目的的案例较少。

例如,在烟台某网络科技公司、张某、王某某侵犯公民个人信息案[1]中,卢某、张某乙共同出资设立的安徽某网络科技有限公司(以下简称"甲公司")系浙江某供应链管理有限公司(以下简称"乙公司")在安徽省的菜鸟驿站校园服务商。2017年8月,卢某、张某乙结伙,欲通过非法获取乙公司的快递客户信息来提高甲公司微信公众号黏性,从而发送广告获利,同时实现通过微信发送驿站包裹取件通知,节约运营成本。后卢某通过淘宝网联系刘某,将乙公司的相关APP发送给刘某,要求制作具有获取APP上快递客户姓名、电话等信息,并将获取的信息发送、存储到甲公司相应服务器上等功能的软件。卢某、张某乙在收到获取信息的插件后将该插件安装到甲公司所服务的各校园驿站巴枪上,同时将该插件与山东省的乙公司校园驿站服务商张某共享。张某明知该软件用途,为了节约烟台某网络科技公司的运营成本,仍将该软件安装到烟台汽车工程职业学院、南山学院、山东大学威海校区、哈尔滨工业大学威海校区等高校的驿站巴枪上,当驿站工作人员使用巴枪扫描快递单条码的时候,该软件即可获

---

[1] 参见杭州市萧山区人民法院(2019)浙0109刑初862号刑事判决书。

取快递客户的姓名、手机等信息并将信息发送、存储到甲公司的服务器上。

又如,在郑某、杨某等侵犯公民个人信息案[1]中,郑某、杨某分别为雀巢分公司部门经理和区域经理,为了扩大雀巢奶粉市场份额,两人指使其手下员工通过购买和收受等手段非法获取兰州部分医院新生儿和孕妇的个人信息。由于郑某、杨某等人的职务较低,因此其意志不能代表单位意志,故本案不构成单位犯罪,属于群体组织盗窃个人信息,法院也仅对参与个人信息盗窃的成员进行了判罚。本案虽然没有被定性为单位犯罪,但是盗窃主体非法获取个人信息的用途主要是为了单位的商业经营活动。对于单位和群体组织来说,能够更好地挖掘和实现公民个人信息蕴含的商业价值。尤其是单位,在实施盗窃个人信息后,获取经济利益相较于群体组织而言更为直接、便捷。

第二,此类案件中,被盗窃的个人信息类型以用户身份信息最为常见,其余涉案信息类型包括用户数据、服务内容信息、用户服务相关信息等。此类案件主要的盗窃者是单位主体,不同行业领域的个人信息盗窃者,根据其经营活动范围的不同,需要的信息类型也有一定的不同,但总体而言,对于用户电话号码、姓名、住址等个人信息的需求较为广泛。

例如,在黄某、嵇某侵犯公民个人信息案[2]中,2017年7月,黄某成立安徽某汽车服务公司。为拓展业务,黄某欲通过中国平安财产保险股份有限公司(以下简称"平安财保")当涂支公司获取某车险客户电话号码。黄某首先联系平安财保湖州中心支公司员工嵇某,以获得平安保险公司内网账号和密码。随后,黄某联合安徽某保险代理公司负责人,在平安财保当涂县公司员工王某的协助下,窃取公民电话号码、姓名等个人信息8893条。又如,在福州某电子商务公司、黄某某侵犯公民个人信息案[3]中,黄某某等主管人员为了向更多客户推销保健食品和药品,从他人手中购买2万余组公民电话号码、姓名、家庭住址等信息,并向个人信息主体寄送该公司广告宣传品,非法获利170余万元。该

---

[1] 参见甘肃省高级人民法院:《甘肃高院发布2017年度全省法院十大案件(附案件详情)》,搜狐网,2018年1月4日,https://www.sohu.com/a/214621312_203820,2020年7月29日访问。

[2] 参见安徽省当涂县人民法(2018)皖0521刑初154号刑事判决书。

[3] 参见湖北省孝感市中级人民法院(2020)鄂09刑终17号刑事裁定书。

案中,出于经营业务的需要,该公司需要向客户邮寄广告宣传品,因此对家庭住址等位置信息有较大需求。再如,在上海某人力资源公司、刘某侵犯公民个人信息案中,被告公司之所以选择以交换的方式获取其他公司掌握的个人简历信息,是因为对简历中的受教育信息、工作经验信息以及身份信息等具有较为明显的需求。[1] 另如,在常熟某教育咨询公司、袁某某侵犯公民个人信息案[2]中,该公司在从不法分子手中购买公民个人信息时,重点需求在于非法获取学生的姓名、学校和班级、家长的联系方式等公民个人信息。

第三,法院可能认为此类案件造成的社会危害性相对较小,从而对盗窃主体判处相对较轻的刑罚。盗窃主体主要将公民个人信息用于合法经营,主观恶性较弱,且未将个人信息进行出售或者提供他人。相对于以非法交易、盗窃他人财产为目的的个人信息盗窃,此类行为给个人信息主体带来人身损害和财产损害的可能性会相应较低。

例如,在黄某侵犯公民个人信息案[3]中,2017 年 4 月中旬,因考虑到离职后经营汽车修理店需大量客源问题,黄某在准备离职期间私自将公司电脑内存储的一些客户个人信息表拷贝并带走,其中包含公民个人信息数量为 5000 余条。离职后,黄某根据窃取的公民个人信息,给大概 2600 多名客户发送其经营的汽车修理店的广告短信。法院认为,被告人黄某非法窃取公民个人信息 5000 余条的行为已经构成侵犯公民个人信息罪,但由于黄某非法窃取公民个人信息是为自营业务活动的拓展,且仅发送了 2600 余条广告信息,社会危害性较小且黄某无犯罪前科,根据其犯罪情节和悔罪表现等现实情况,判处其拘役三个月,缓刑三个月,并处罚金人民币 2000 元。又如,在刘某某、李某某侵犯公民个人信息案[4]中,刘某某明知其所购买的个人信息系他人非法获取所得,但为自身公司二手车业务经营活动的开展,购买公民个人信息 1000 余条并支付李某某 7000 元。法院认为,刘某某违反国家有关规定,购买了一定数量的公民个人信息,但由于其非法窃取公民个人信息是为了经营合法业务,且其未将涉案信息

---

[1] 参见上海市徐汇区人民法院(2019)沪 0104 刑初 441 号刑事判决书。
[2] 参见江苏省常熟市人民法院(2018)苏 0581 刑初 1494 号刑事判决书。
[3] 参见江西省南昌市青云谱区人民法院(2018)赣 0104 刑初 180 号刑事判决书。
[4] 参见河北省石家庄市中级人民法院(2019)冀 01 刑终 518 号刑事裁定书。

非法出售或提供给他人,犯罪情节轻微,虽然构成侵犯公民个人信息罪,但能够免予刑事处罚。在此类案件中,盗窃主体虽然构成侵犯公民个人信息罪,但由于盗窃主体是出于合法经营的目的,而且并未进行非法出售或者数据交换从而非法牟利,因此,一般不会对信息主体产生实质性伤害,对社会造成的危害亦较小。

在以自身商业用途为目的的个人信息盗窃案件中,盗窃主体一般为单位或群体组织(如表3-4之案例1、3、4),为服务于公司的经营活动而非法窃取他人个人信息(如表3-4之案例1-4)。但由于在此类案件中,盗窃主体未造成严重的社会影响或对信息主体产生实质性危害(如表3-4之案例1、2、4),犯罪情节较为轻微,因此,法院对盗窃主体的量刑相对较轻。在对盗窃主体的定罪量刑中,法官往往会重点考虑其合法经营范围、信息数量等问题。其中,对合法经营范围的认定是该类案件的审判难点,也是影响此类案件量刑的核心所在。

表3-4 以商业用途为盗窃目的的典型个人信息盗窃案汇总表

| 序号 | 案号 | 案情简介 | 判决结果 |
| --- | --- | --- | --- |
| 1 | (2017)苏0118刑初319号 | 2016年1月,史某、章某从南京某文化发展公司离职时,违反公司规定,共同私自将在该公司工作时获取的客户信息拷贝发送至被告人史某的QQ云盘,后下载存储至史某的笔记本电脑。离职后,史某、章某于2016年7月18日共同成立并经营南京某贸易公司,并将上述获取的公民个人信息用于推销金币、玉石等收藏品。 | 江苏省南京市高淳区人民法院判决:<br>一、被告人史某犯侵犯公民个人信息罪,判处有期徒刑七个月,并处罚金人民币3000元。<br>二、被告人章某犯侵犯公民个人信息罪,判处有期徒刑六个月,并处罚金人民币3000元。 |
| 2 | (2018)赣0104刑初180号 | 2017年4月中旬,黄某准备离职经营汽车修理店,考虑到招揽客户的问题,私自将公司电脑内存储的一些客户个人信息表拷贝并带走,非法窃取公民个人信息达5025条。黄某在其汽车维修店的经营活动中,利用上述盗窃的信息给约2600名客户发送广告短信。 | 江西省南昌市青云谱区人民法院判决:<br>被告人黄某犯侵犯公民个人信息罪,判处拘役三个月,缓刑三个月,并处罚金人民币2000元。 |

(续表)

| 序号 | 案号 | 案情简介 | 判决结果 |
|---|---|---|---|
| 3 | (2018)川 0503 刑初 175 号 | 赖某某为泸州市状元堂培训学校的实际负责人,与张某某系夫妻关系。为了扩大学校招生范围,2015 年 1 月 22 日,赖某某私自拷贝张某某电脑中的学生数据计 35.46 万余条。2015 年 2 月至 2017 年 7 月,张某某主动向赖某某提供工作中收集的学生信息,共 9.95 万余条。 | 四川省泸州市纳溪区人民法院判决:<br>一、被告人张某某犯侵犯公民个人信息罪,判处有期徒刑三年,缓刑四年,并处罚金人民币 5 万元;<br>二、被告人赖某某犯非法获取公民个人信息罪,判处有期徒刑二年,缓刑三年,并处罚金人民币 4 万元。 |
| 4 | (2018)皖 1602 刑初 481 号 | 龚某某拟从公安内网获取劫持其他赌博网站流量权限,以推广其代理的境外赌博网店,便指使骆某通过前期租用的香港服务器为跳板,于 2018 年 1 月份成功入侵亳州市公安局交警支队两台服务器,浏览并下载公安内网数据。2017 年 10 月份左右,龚某某为精准推广其境外赌博网站,指使被告人骆某入侵境外博彩网站获取网站内部博彩会员信息。 | 安徽省亳州市谯城区人民法院判决:<br>一、被告人龚某某犯非法侵入计算机信息系统罪,判处有期徒刑一年六个月;犯侵犯公民个人信息罪,判处有期徒刑四年,并处罚金人民币 20 万元。决定执行有期徒刑五年,并处罚金人民币 20 万元。<br>二、被告人骆某犯非法侵入计算机信息系统罪,判处有期徒刑一年;犯侵犯公民个人信息罪,判处有期徒刑四年,并处罚金人民币 20 万元。决定执行有期徒刑四年六个月,并处罚金人民币 20 万元。<br>·········· |

## 二、个人信息盗窃目的为非法交易

个人信息非法交易是指盗窃行为人将非法获取的公民个人信息进行出售或者多次加价转售,以及与其他个人信息持有者进行交换的行为。通过非法交易获取的公民个人信息可能被用于各行业和领域,给公民个人信息安全、隐私安全和财产安全造成极大威胁。以非法交易为目的的个人信息盗窃案件主要具有以下三个特征：

第一，在盗窃目的为非法交易的个人信息盗窃案件中，交易渠道具有多元化的特征，不法分子可能通过普通网民能够使用的互联网平台和应用软件（明网）以及需要特殊手段才能连接访问的网络平台和应用软件（暗网）进行交易，也可能将暗网与明网结合使用进行交易。[1] 进行个人信息非法交易的渠道亦被称为"个人信息非法交易黑市"。在大量案件中，犯罪分子进行非法交易的渠道为日常生活中常用的社交聊天软件、公开的网络论坛、常用的文件共享应用，如QQ、微信、百度贴吧、百度网盘等。为了保证交易的隐秘性，交易双方通常会使用行话术语进行联系，并可对交易对方的身份进行初步验证。同时，在个人信息盗窃灰色产业链中，非法交易的渠道还包括利用暗网搭建交易平台的方式，相较于QQ和微信，此类交易渠道更加隐秘和专业，较难被发现和侦破。一般而言，不法分子利用明网进行交易的目的主要是为了让供需信息被更多人搜寻到，而利用暗网进行交易的目的则是为了避免违法犯罪行为被发现。因此，大量不法分子会将暗网渠道与明网渠道结合起来使用，即通过明网发布需求或者供给信息，再通过暗网传输作为非法交易对象的个人信息。

例如，在武某、杨某侵犯公民个人信息案[2]中，2018年6月，武某、杨某通过QQ等交流软件联系，预谋进行公民个人信息交易。随后，武某多次从各贷款网站窃取公民个人信息，以实时数据人民币5元/条、隔天数据2元/条的价格向杨某贩卖，杨某陆续向武某支付人民币64万余元用于购买公民个人信息。杨某获取上述信息后，以实时数据6—7元/条、隔天数据3—4元/条的价格向他人贩卖，从中获利30万余元。其中，杨某非法获取公民个人信息共20万余条。又如，在石某某侵犯公民个人信息案[3]中，2016年，石某某从网上社会工

---

〔1〕"暗网"指无法被普通搜索引擎搜索到的网站；"明网"指与"暗网"相对的网站，即日常生活中常见和常用的互联网服务，亦被称为"表层网络"。参见王德政：《"互联网+"时代中国的暗网犯罪及其刑法规制》，载《南通大学学报（社会科学版）》2020年第2期。

〔2〕参见四川省北川羌族自治县人民法院（2019）川0726刑初37号刑事判决书。

〔3〕参见广东省深圳市宝安区人民法院（2017）粤0306刑初4930号刑事判决书。

程学数据库(以下简称"社工库")论坛下载了包含个人信息的京东数据约1.4亿条。石某某通过QQ与娄某认识后,通过网盘将其非法获取个人信息的下载链接和密码发给娄某。再如,在侯某某侵犯公民个人信息案[1]中,侯某某用百度网盘存储其非法获取的个人信息,并通过暗网渠道向他人出售该百度网盘中的个人信息20万余条。另如,在黄某某、胡某某侵犯公民个人信息案[2]中,被告人黄某某在暗网中非法购买了公民个人信息17.3万余条,后通过QQ向他人出售了4.2万余条个人信息。

第二,被作为非法交易对象的个人信息的来源较为复杂,在许多情况下,涉案个人信息是经过多次流转的数据集合,且数量巨大,可能还存在失真、无效的情形。

例如,在刘某某、严某、郭某某滥用职权、侵犯公民个人信息案[3]中,涉案信息的最终收受人为南京某网络技术公司的侯某某,但是涉案个人信息在最终传输至侯某某手中之前,已分别经过"工商在线"运营者、刘某某、郭某某以及严某的层层传递。又如,在王某某、张某侵犯公民个人信息案[4]中,涉案的206701条个人信息先后经由王某某、张某、孙某某窃取、转手后,最终被于某购买。其中,王某某对原先21万余条个人信息进行筛选后,剔除了重复、失真和无效的个人信息1万条左右;而孙某某在对个人信息进行利用后,仅向于某出售了2万余条个人信息。再如,在公安部发布的一批侵犯公民个人信息犯罪典型案例中,重庆市公安局巴南区分局侦破的一起侵犯公民个人信息案,涉案信息存储量达到61.9GB,个人信息交易链条十分复杂,公安机关抓捕了涉嫌参与个人信息非法交易的人员53人。[5] 另如,在福州某电子商务公司、黄

---

[1] 参见北京市第三中级人民法院(2020)京03刑终364号刑事裁定书。
[2] 参见浙江省温州市中级人民法院(2020)浙03刑终295号刑事裁定书。
[3] 参见江苏省南京市鼓楼区人民法院(2017)苏0106刑初653号刑事判决书。
[4] 参见辽宁省沈阳经济技术开发区人民法院(2018)辽0191刑初418号刑事判决书。
[5] 参见《公安机关打击整治网络侵犯公民个人信息犯罪成效显著》,搜狐网,2016年7月21日,http://news.sohu.com/20160721/n460258118.shtml,2020年8月1日访问。

某某侵犯公民个人信息案[1]中,被告公司在获得涉案个人信息后,发现存在部分个人信息失真与错误的情况。

第三,盗窃主体将信息非法出售或提供给第三人后,可能引发后续的诈骗、盗窃等非法行为。针对个人信息的非法交易行为是推动个人信息盗窃灰色产业链利益传输的关键环节,大量非法交易行为导致海量公民个人信息被传递至各地不法分子手中。

例如,在刘某、邹某某诈骗案[2]中,自2015年10月开始,邹某某从施某处购买相关考试的考生信息10万余条,同时从网上购买笔记本电脑、银行卡、手机等作案工具。随后,邹某某租用广西壮族自治区柳州市某小区一套房子,专门用于实施网络诈骗行为。邹某某根据其购买的考生信息,通过网络平台发送信息到考生手机,冒充正规培训机构,谎称其有相关考试的试题及答案。之后,邹某某通过QQ与考生取得联系,当考生要购买考题和答案时,便要求考生先付款或者以支付保密金为由骗取他人现金。在考生发现自己遭受诈骗后,邹某某便将考生拉入其系统黑名单,使考生无法再与其联系。又如,在赖某与黄某某侵犯公民个人信息案[3]中,自2016年6月开始,赖某冒名他人到广州市白云区多个网站应聘客服类职务,后利用可接触大量客户信息的工作便利,非法窃取网店所持有的客户服务内容信息。随后,将非法获取的个人信息出售给被告人黄某某,而后黄某某又加价出售给实施诈骗行为的犯罪分子。在此类案件中,盗窃主体将公民个人信息出售给他人之前,一般不会对购买信息主体的目的加以甄别,导致大量个人信息流入实施诈骗、盗窃等犯罪行为的犯罪分子手中。

在以非法交易为目的的个人信息盗窃案件中,盗窃主体一般为群体组织(如表3-5之案例1、2、5-8等),往往先非法取得他人个人信息,后通过非法出售、非法提供、数据交换等形式实施个人信息非法交易行为(如表3-5之案例1-5等)。在盗窃主体将个人信息出售、提供给第三方后,可能引发诈骗、盗窃、敲诈

---

[1] 参见湖北省孝感市中级人民法院(2020)鄂09刑终17号刑事裁定书。
[2] 参见重庆市第四中级人民法院(2018)渝04刑终33号刑事裁定书。
[3] 参见广东省广州市白云区人民法院(2016)粤0111刑初3058号刑事判决书。

勒索等后续犯罪行为。在审理以非法交易为目的的个人信息盗窃案件中，法院会重点考虑个人信息认定范围、盗窃信息数量、情节严重程度等问题。该类案件的审理难点在于非法交易个人信息的数量以及非法获利的认定等，这些也是影响量刑的关键。

表 3-5 以非法交易为盗窃目的的典型个人信息盗窃案汇总表

| 序号 | 案号 | 案情简介 | 判决结果 |
| --- | --- | --- | --- |
| 1 | (2016)内 0402 刑初 396 号 | 被告人肖某、周某共同出资购买了黑客软件。2016 年 5 月至 2016 年 6 月期间，二人通过黑客软件侵入邮局内网，窃取邮局内部的公民个人信息 103257 条，并将窃取的公民个人信息以不等的价格出售给被告人李某某；李某某将从肖某手中购买到的公民个人信息，以不等的价格部分出售给被告人王某某；王某某将在李某某手中购买到的公民个人信息以不等的价格部分出售给被告人宋某某。 | 内蒙古自治区赤峰市红山区人民法院判决：<br>一、被告人肖某、周某、李某某犯侵犯公民个人信息罪，判处有期徒刑二年，并处罚金人民币 5 万元。<br>二、被告人王某某犯侵犯公民个人信息罪，判处有期徒刑一年，并处罚金人民币 3 万元。<br>三、被告人宋某某犯侵犯公民个人信息罪，判处有期徒刑六个月，并处罚金人民币 3 万元。<br>………… |
| 2 | (2017)渝 0106 刑初 1417 号 | 2016 年年底至 2017 年 3 月期间，梁某以 17000 元的价格从孟某某购买软件，用于下载某快递公司网站快递单信息，共计非法获取快递单信息 55187 条，并将其中的 27761 条以 65982 元的价格贩卖给张某某，张某某将所购买的公民个人信息用于自己做生意使用。 | 重庆市沙坪坝区人民法院判决：<br>一、被告人梁某犯侵犯公民个人信息罪，判处有期徒刑二年，并处罚金人民币 8 万元。<br>二、被告人孟某某犯侵犯公民个人信息罪，判处有期徒刑一年，并处罚金人民币 2 万元。<br>………… |
| 3 | (2017)粤 0306 刑初 4930 号 | 2016 年，石某某从网上一社工库论坛下载了包含个人信息的京东数据。在得知石某某有京东数据后，娄某用其收集的工商信息等数据与石某某的京东数据进行交换，共计 1.4 亿条。 | 广东省深圳市宝安区人民法院判决：<br>被告人石某某犯侵犯公民个人信息罪，判处有期徒刑一年六个月，缓刑二年，并处罚金人民币 2000 元。 |

(续表)

| 序号 | 案号 | 案情简介 | 判决结果 |
|---|---|---|---|
| 4 | (2018)苏0282刑初371号 | 2017年5月至7月期间,被告人甘某利用其担任江西省乐平市公安局交通警察大队城区二中队辅警的职务之便,盗用民警刘某的数字证书登录公安交通管理综合应用平台,查询车辆信息1642条,后用手机拍照后将查询到的车辆信息通过微信出售给张某,非法获利人民币20690元。 | 江苏省宜兴市人民法院判决：<br>一、被告人甘某犯侵犯公民个人信息罪,判处有期徒刑十月,并处罚金人民币5万元。<br>二、继续追缴违法所得人民币20690元,予以没收,上缴国库。 |
| 5 | (2018)苏0492刑初301号 | 2016年6月,郑某为获取社会保险参保信息并转卖牟利,请求邓某帮忙通过他人私自连接深圳市社会保险基金管理局横岗管理站内部网络至深圳市千本兴信息咨询服务部的电脑,并获取了深圳市社会保险参保信息核验平台账号、密码及内网网址,用于郑某窃取深圳市公民社保参保信息。郑某向被告人刘某、黄某某出售深圳市市民社会保险参保信息6070条,得款共计人民币41974元。 | 江苏省常州经济开发区人民法院判决：<br>一、被告人郑某犯侵犯公民个人信息罪,判处有期徒刑三年,并处罚金人民币5万元。<br>二、被告人邓某犯侵犯公民个人信息罪,判处有期徒刑一年六个月,并处罚金人民币3万元。<br>三、被告人刘某犯侵犯公民个人信息罪,判处有期徒刑八个月,并处罚金人民币2.8万元。<br>…… |
| 6 | (2017)鄂0682刑初144号 | 2015上半年,李某某运用经王某某破解的Mysql数据管理软件多次登录北京快达国际物流服务有限公司、顺丰快递有限公司计算机信息系统,获取了包括寄件人、收件人姓名、住址、电话等信息。此后,李某某利用王某某非法获取的京东客户账号与密码登录京广物流公司的后台,获取了该物流公司的站内短信、个人资料等个人信息共计78万余条。2016年5月,单某向李某某购买了大量公民个人信息,汇款63次,共计9.41万元。 | 湖北省老河口市人民法院判决：<br>一、被告人李某某犯侵犯公民个人信息罪,判处有期徒刑四年,并处罚金人民币10万元。<br>二、被告人王某某犯侵犯公民个人信息罪,判处有期徒刑三年六个月,并处罚金人民币2万元。<br>…… |

(续表)

| 序号 | 案号 | 案情简介 | 判决结果 |
|---|---|---|---|
| 7 | (2018)苏1202刑初20号 | 2017年2月间,罗某、肖某某共谋窃取被害单位泰州市海陵区某房产经纪有限公司存储的房源信息、交易信息等。经肖某某协助操作泰州市海陵区某房产经纪有限公司电脑,罗某通过信息网络非法侵入泰州市海陵区某房产经纪有限公司,非法窃取该公司房友中介业务管理系统软件中存储的房源信息和交易信息等。罗某对以上数据技术处理后发送给肖某某非法使用,并收取肖某某人民币1500元。 | 江苏省泰州市海陵区人民法院判决:<br>一、被告人罗某犯侵犯公民个人信息罪,判处有期徒刑四年二月,并处罚金人民币4万元。<br>二、被告人肖某某犯侵犯公民个人信息罪,判处有期徒刑三年,缓刑三年,并处罚金人民币3万元。<br>三、被告人罗某非法所得人民币1500元予以追缴并没收。 |
| 8 | (2019)皖0191刑初376号 | 刘某某利用"黑客"技术进入"借花花"网站数据库,非法获取网站内的公民个人信息,后将获取的公民个人信息出售给被告人谢某,谢某再将上述公民个人信息加价对外出售,所得赃款谢某按一定比例支付给刘某某。自2019年2月11日至3月6日,刘某某向谢某出售公民个人信息共计30275条,其中有效信息27964条,刘某某获得赃款65150元,谢某获得赃款35000元。 | 安徽省合肥高新技术产业开发区人民法院判决:<br>一、被告人刘某某犯侵犯公民个人信息罪,判处有期徒刑三年,并处罚金人民币10万元。<br>二、被告人谢某犯侵犯公民个人信息罪,判处有期徒刑二年八个月,并处罚金人民币10万元。<br>三、被告人谢某的违法所得予以追缴,上缴国库。 |
| 9 | (2019)浙0304刑初588号 | 2018年7月至8月,刘某利用担任网络公司技术总监的职务便利,窃取公司后台的公民个人信息,并通过QQ联系以支付宝转账等方式将公民个人信息售予他人。 | 浙江省温州市瓯海区人民法院判决:<br>一、被告人刘某犯侵犯公民个人信息罪,判处有期徒刑三年,并处罚金人民币17万元。<br>………… |
| 10 | (2018)浙0421刑初371号 | 2017年2月份,张某在QQ上利用从网上下载的含有姓名、身份证号码的公民信息数据与江某通过百度云盘账号进行数据交换,非法获取京东用户数据约1.4亿条。上述数据经筛选去重后,含有姓名、电话号码的公民个人信息达3400余万条,含有姓名、身份证号码的公民个人信息达190余万条。 | 浙江省嘉善县人民法院判决:<br>…………<br>四、被告人张某犯侵犯公民个人信息罪,判处有期徒刑五年六个月,并处罚金人民币3万元。<br>………… |

(续表)

| 序号 | 案号 | 案情简介 | 判决结果 |
|---|---|---|---|
| 11 | (2019)鄂 0582 刑初 63 号 | 自 2018 年 4 月以来,被告人叶某、苏某某从某贷款公司网站后台数据库窃取公民个人信息,在互联网上出售给被告人肖某甲等人,叶某出售 4 万余条公民个人信息,获利 42563 元,苏某某出售 5000 余条公民个人信息,获利 11250 元;被告人肖某甲指使肖某乙从叶某等人处购公民个人信息,由肖某乙通过互联网出售给他人,二人各分得 23100 元。肖某乙单独出售非法购买的公民个人信息获利 7990 元。 | 湖北省当阳市人民法院判决:<br>一、被告人叶某犯侵犯公民个人信息罪,判处有期徒刑二年六个月,并处罚金人民币 5 万元。<br>二、被告人肖某甲犯侵犯公民个人信息罪,判处有期徒刑二年,缓刑三年,并处罚金人民币 3.2 万元。<br>三、被告人肖某乙犯侵犯公民个人信息罪,判处有期徒刑一年六个月,缓刑二年,并处罚金人民币 3.2 万元。<br>四、被告人苏某某犯侵犯公民个人信息罪,判处有期徒刑七个月,缓刑一年,并处罚金人民币 2.25 万元。<br>………… |

### 三、个人信息盗窃目的为非法获取他人财物

盗窃目的为非法获取他人财物是指,盗窃主体根据非法获取的公民个人信息,采取敲诈勒索、诈骗、盗窃等方式非法攫取公民个人财产的行为。此类盗窃主体在实施个人信息盗窃过程中,可能同时盗窃身份信息和鉴权信息。因此,此类案件中的涉案信息与公民个人财产往往具有直接的联系,能够为盗窃主体实施下一步非法获取公民个人财产行为奠定基础。具体而言,以非法获取他人财物为目的的个人信息盗窃案件具有如下典型特征:

第一,非法获取他人财物的方式包括实施敲诈勒索、诈骗、盗窃他人财物等。公民个人信息通常与其身份、财产甚至家庭成员相关,盗窃主体利用这些信息确定特定目标后,以非法占有为目的,通过敲诈勒索、诈骗、盗窃等方式,即可实施非法获取公民财产的行为。

例如,在赵某、鲍某、刘某甲等敲诈勒索案[1]中,2018年4月初,赵某、刘某甲、鲍某、刘某乙、刘某丙共谋向被害人杨某勒索钱财。后刘某甲利用工作便利获取并向鲍某提供了被害人杨某以及其公司另一负责人孙某的身份信息、住址、家庭成员等个人信息。2018年4月8日11时许,衣着警服的刘某甲、鲍某等人以案件调查为由将被害人杨某带走,并称调查取证需要取走杨某办公室一台笔记本电脑。此外,刘某甲等人还以被害人杨某公司涉嫌传销而需要缴纳罚款为由向被害人索要钱财。杨某用手机转账的方式向刘某乙的账户转款200万元,之后鲍某等人将杨某带到成都市青白江区某地释放。又如,在周某某诉广东快客电子商务有限公司(以下简称"快客公司")、东莞市易得网络科技有限公司网络侵权责任纠纷案[2]中,快客公司持有的顾客身份信息、订单信息等遭不法分子盗窃后,不法分子假冒快客公司的客服,以快递丢件和订单退货退款等为由实施诈骗行为,致使该案当事人周某某遭受经济损失5万元。在上述案件中,个人信息盗窃主体盗窃个人信息的目的都是为了非法获取他人财物,其手段包括敲诈勒索、诈骗和盗窃等。

第二,在以非法获取他人财物为目的的个人信息盗窃案件中,涉案个人信息的类型与获取财物的手段具有较为明显的联系。例如,通过诈骗手段非法获取他人财物时,不法分子主要需要获取公民的基本信息资料,如姓名、职业、性别、年龄、电话号码,以及相关的联系人信息,如通讯录、好友列表。通过尽可能翔实的公民基本信息资料,诈骗行为人可以进行人物侧写并筛选诈骗对象,从而方便实施诈骗行为。同时,他人基本信息资料还可以被用于注册"马甲"账号,通过话术手段和诈骗脚本实施诈骗。在通过盗窃、盗刷手段获取他人财物时,不法分子往往需要获取公民支付、储蓄系统(包括虚拟财产)的鉴权类信息,对能够破解用户权限的身份标识类信息,如身份证号、指纹、电话号码等,也有一定程度的需求。

利用非法获取的个人信息通过盗窃手段获取他人财物。例如,在周某某、许某某等盗窃案[3]中,被告人通过发送内容为"积分兑换现金"的虚假手机短

---

[1] 参见四川省成都市中级人民法院(2019)川01刑终1194号刑事裁定书。
[2] 参见广东省深圳市中级人民法院(2019)粤03民终3954号民事判决书。
[3] 参见天津市第二中级人民法院(2016)津02刑终317号刑事裁定书。

信方式,诱使他人进入相关页面后填写银行账户的账号、密码和绑定的身份证号等信息,随后利用此类信息盗刷他人银行卡。又如,在苏某某信用卡诈骗案[1]中,苏某某非法获取他人必要身份信息和鉴权信息(姓名、身份证号码、手机号码、银行卡卡号、密码)后,即利用他人银行卡进行网上消费,非法取得他人财物。再如,在金某某、李某某、陈某某信用卡诈骗案[2]中,被告人没有直接获取公民鉴权信息,而是在获取支付宝账号、银行卡号后,利用手机号码、公民身份证号码等,借助嗅探软件获取验证码而盗刷他人银行卡和转移支付宝余额。另如,在许某某、曾某某盗窃、侵犯公民个人信息案[3]中,被告人在非法获取他人信用卡卡号、姓名、身份证号码、信用卡预留手机号后,通过第三方代扣的方式,窃取他人银行卡内余额。

利用非法获取的个人信息通过诈骗手段获取他人财物。例如,在陈某某、郑某某等诈骗、侵犯公民个人信息案[4]中,不法分子通过在网络中购买大量高考学生的基本信息,包括联系电话、学生姓名、学校、户口和录取信息等,以便对考生基本情况有所了解,同时筛选诈骗目标。随后,被告人伪装成教育局、财政局的工作人员,以发放助学金的名义实施诈骗,致使多名高考考生受害。又如,在杨某甲等侵犯公民个人信息等案[5]中,被告人就利用他人个人信息注册大量微信账号,通过"撒网"的方式,结合诈骗脚本,伪装成女性而对男性目标实施诈骗行为,累计诈骗所得3万元。

第三,非法获取他人财物行为给受害人造成的损失更为直接,所造成的社会后果以及其应当承担的法律责任,较之于为其他目的所实施的个人信息盗窃案件更重。个人信息盗窃主体利用非法获取的公民个人信息,直接实施盗窃、诈骗、敲诈勒索等威胁公民财产安全的行为,其损害结果与出售、转售、数据交换等方式具有本质性的差异,往往会给被害人带来直接且巨大的经济损失。同时,个人信息盗窃主体所实施的一系列违法犯罪行为往往不仅触及侵犯公民个

---

[1] 参见福建省厦门市同安区人民法院(2017)闽0212刑初171号刑事判决书。
[2] 参见福建省泉州市中级人民法院(2019)闽05刑终868号刑事裁定书。
[3] 参见安徽省淮北市中级人民法院(2019)皖06刑终29号刑事裁定书。
[4] 参见山东省高级人民法院(2017)鲁刑终281号刑事裁定书。
[5] 参见湖南省永州市中级人民法院(2020)湘11刑终257号刑事裁定书。

人信息罪,还可能构成敲诈勒索罪、诈骗罪、盗窃罪、招摇撞骗罪等其他相关罪名,应承担的法律责任更重。

例如,在韦某某、吴某盗窃案[1]中,韦某某、吴某二人在非法窃取公民身份号码、手机号码、银行卡号及密码等后,又利用非法获取的个人信息窃取他人银行卡资金。其中,仅韦某某一人,涉案赃款就达到222.46万余元。山东省临沂市中级人民法院依法判处被告人韦某某有期徒刑十一年,并处罚金人民币30万元。上述案件中,盗窃主体实施盗窃行为,非法获取他人财物的数额巨大,给被害人造成严重的经济损失。除此之外,盗窃主体实施诈骗、敲诈勒索等行为,还可能造成众多被害人正常家庭、生活秩序受到影响,甚至危及个人信息主体的生命安全,扰乱经济、社会生活秩序,造成较为恶劣的社会影响。比如,在陈某某、郑某某等诈骗、侵犯公民个人信息案中,[2]被告人通过购买高考考生信息后进行诈骗行为,造成其中一名受害人死亡,造成的社会影响极为恶劣。最终,法院以诈骗罪判处被告人陈某某无期徒刑,剥夺政治权利终身,并处没收个人全部财产;以侵犯公民个人信息罪判处其有期徒刑五年,并处罚金人民币3万元,决定执行无期徒刑,剥夺政治权利终身,并处没收个人全部财产;以诈骗罪判处被告人郑某某有期徒刑十五年,并处罚金人民币60万元。

在以非法获取他人财物为目标的个人信息盗窃案件中,盗窃主体往往在非法获取他人个人信息后,利用所获取的身份信息、财物信息等实施下一步的盗窃、诈骗、敲诈勒索(如表3-6之案例3、4、5、8的后续行为为盗窃他人卡内资金,案例2、6、10、11为诈骗,案例7为敲诈勒索)。由于以非法获取他人财物为目标的个人信息盗窃案件给受害人造成的损失更为直接,社会危害性更大,相较于为其他目的实施个人信息盗窃案件而言,其盗窃主体最终受到的刑事处罚更为严重(如表3-6之案例2、5、7等)。法院在审理此类案件时,重点会考虑非法获取他人财产数额大小、公民个人信息的认定以及对被害人和社会造成的恶劣影响等因素。该类案件的审理难点在于违法所得财产数额的认定,前罪与后罪是否存在牵连关系的判断,对被害人和社会造成影响大小的估量等方面。

---

[1] 参见山东省临沂市中级人民法院(2018)鲁13刑终185号刑事裁定书。
[2] 参见山东省高级人民法院(2017)鲁刑终281号刑事裁定书。

表 3-6 以非法获取他人财物为盗窃目的的典型个人信息盗窃案汇总表

| 序号 | 案号 | 案情简介 | 判决结果 |
|---|---|---|---|
| 1 | （2016）津02刑终317号 | 2014年10月至2015年1月间，郑某某、谢某某、周某某在网上建立假冒的10086网站，并联系许某某，由许某某利用"伪基站"发送内容为"积分兑换现金"的虚假手机短信，诱使收到该短信的手机持有人根据该短信提供的网址登录该网站，填写身份证号码、银行账号、密码等个人信息，下载并在手机中安装木马程序。周某某、谢某某、郑某某、许某某以此获取他人信息，并利用木马程序截获短信验证码，在网上购物平台购买物品或直接转账，窃得他人的银行卡内现金，共计6.88万余元。 | 天津市第二中级人民法院裁定维持原审判决：<br>一、郑某某、许某某犯盗窃罪，判处有期徒刑三年六个月，并处罚金人民币5000元；犯非法获取公民个人信息罪，判处有期徒刑一年，罚金人民币5000元，决定执行有期徒刑四年二个月，罚金人民币1万元。<br>二、谢某某、周某某犯盗窃罪，判处有期徒刑三年二个月，罚金人民币5000元；犯非法获取公民个人信息罪，判处有期徒刑十个月，罚金人民币5000元，决定执行有期徒刑三年八个月，罚金人民币1万元。<br>……… |
| 2 | （2016）粤0902刑初487号 | 2016年5月初，广西宾阳县陆某甲纠集同乡陆某乙等人以卢某某的身份租用广东茂名市中心一小区F栋1707、2009两套房。2016年5月5日，陆某甲、陆某乙、谭某某、黄某甲、黄某乙和陆某丙开始分工配合进行诈骗活动，由住在1707房的陆某甲、陆某乙和陆某丙通过WIFI连接互联网寻找公民的姓名、单位、手机号码或微信号，之后将下载的材料交给住在2009房的谭某某、黄某甲和黄某乙采取多种形式进行撒网式电信诈骗。2016年5月10日，陆某甲等人成功骗取湖北某公司员工吕某的7500元人民币。 | 广东省茂名市茂南区人民法院判决：<br>一、被告人陆某甲犯诈骗罪，判处有期徒刑一年二个月，并处罚金人民币3000元；犯侵犯公民个人信息罪，判处有期徒刑八个月，并处罚金人民币2000元，总和刑期为有期徒刑一年十个月，并处罚金人民币5000元，决定执行有期徒刑一年八个月，并处罚金人民币5000元。<br>二、被告人陆某乙、黄某甲、黄某乙、谭某某犯诈骗罪，判处有期徒刑一年，并处罚金人民币3000元；犯侵犯公民个人信息罪，判处有期徒刑八个月，并处罚金人民币2000元，总和刑期为有期徒刑一年八个月，并处罚金人民币5000元，决定执行有期徒刑一年六个月，并处罚金人民币5000元。<br>……… |

(续表)

| 序号 | 案号 | 案情简介 | 判决结果 |
|---|---|---|---|
| 3 | （2016）琼96刑终105号 | 2015年4月至5月期间，黄某某、郑某某以向他人手机发送含有木马病毒短信的方式，将木马病毒植入被害人的手机中，以获取被害人手机中存有的银行卡号码、身份证号码、通讯录等个人信息。2015年5月5日凌晨2时许，黄某某利用上述手段获取被害人李某某手机短信中的银行卡号码等信息。郑某某通过获取到被害人李某某的有效信息，先后七次将李某某银行卡里存有的人民币18310元通过网银转至郑某某、黄某某事先准备好的银行卡中。 | 海南省第一中级人民法院裁定维持原审判决：郑某某、黄某某犯非法获取公民个人信息罪，皆判处有期徒刑一年六个月，并处罚金人民币5000元；犯盗窃罪，皆判处有期徒刑一年五个月，并处罚金人民币3000元。数罪并罚，决定执行有期徒刑二年九个月，并处罚金人民币8000元。 |
| 4 | （2016）浙0702刑初1016号 | 2016年2月底至案发，蒙某某等人通过网上购买手机短信木马并发送木马短信至被害人手机的方式非法获取被害人姓名、联系方式等信息，然后通过QQ向他人购买身份信息、银行卡信息，整理成一个具有被害人姓名、身份证号码、手机号码、银行卡号的完整的资料。盗刷人根据上述信息通过银行、第三方支付平台等途径盗刷被害人的银行卡内资金。蒙某某等人通过木马拦截短信功能拦截被害人验证短信，然后将拦截的短信验证码转发给盗刷人完成整个盗刷过程。 | 浙江省金华市婺城区人民法院判决：一、被告人蒙某某犯盗窃罪，判处有期徒刑五年，并处罚金人民币4万元；犯侵犯公民个人信息罪，判处有期徒刑五年，并处罚金人民币4万元；数罪并罚，决定执行有期徒刑九年，并处罚金人民币8万元。………… |
| 5 | （2018）沪0113刑初1545号 | 2016年10月下旬至2017年3月上旬期间，尹某某利用其在广西藤县公安局担任协警的工作便利，通过内部查询密钥从公安内网获取他人姓名、身份证号码、手机号码等个人信息资料，其中涉及公民个人财产信息1000余条。随后，尹某某、林某某利用支付宝"绑定银行卡找回密码"的功能，登录控制被害人王某某的支付宝账号，将其支付宝余额及绑定的银行卡内钱款共计人民币35001元提现。 | 上海市宝山区人民法院判决：被告人尹某某、林某某犯盗窃罪，皆判处有期徒刑三年三个月，并处罚金人民币1万元；犯侵犯公民个人信息罪，皆判处有期徒刑三年六个月，并处罚金人民币5000元，皆决定执行有期徒刑六年，并处罚金人民币1.5万元。 |

(续表)

| 序号 | 案号 | 案情简介 | 判决结果 |
|---|---|---|---|
| 6 | （2018）闽05刑终10号 | 2016年9月初,高某某和陈某某在网上发布虚假信息,欺骗被害人办理流量套餐,并要求被害人发送付款界面截图、支付完成短信等信息内容,据此获取被害人的支付宝账户余额后,再将被害人的QQ头像及付款界面截图、支付完成短信转发给上家。过后,由上家发送一个链接给被害人,要求被害人登录该链接并下载、安装软件,再诱骗被害人通过已下载软件付款0.01元左右不等数额及输入支付账号、支付密码、确认码等操作,从而骗走被害人支付宝账户里的钱款。高某某、陈某某使用上述手段非法共计获利6.53万余元。 | 福建省泉州市中级人民法院裁定维持原审判决:<br>一、高某某犯诈骗罪,判处有期徒刑四年三个月,并处罚金人民币2万元;犯侵犯公民个人信息罪,判处有期徒刑六个月,并处罚金人民币1000元,决定执行有期徒刑四年六个月,并处罚金人民币2.1万元。<br>二、陈某某犯诈骗罪,判处有期徒刑二年八个月,并处罚金人民币1万元。<br>………… |
| 7 | （2019）川01刑终1194号 | 2018年4月初,赵某、刘某甲、鲍某、刘某乙、刘某丙共谋向被害人杨某勒索钱财,鲍某邀约被告人刘某甲参与犯罪,刘某同意并利用工作便利为鲍某提供查询到的被害人杨某和其公司另一负责人孙某的个人信息,包括身份信息、住址、家庭成员、车辆信息,并对杨某进行敲诈勒索,共计200万元。 | 四川省成都市中级人民法院裁定维持原审判决:<br>刘某甲犯敲诈勒索罪,判处有期徒刑十一年六个月,并处罚金人民币5万元;犯侵犯公民个人信息罪,判处有期徒刑十个月,并处罚金人民币1万元;合并执行有期徒刑十二年,并处罚金人民币6万元。<br>………… |
| 8 | （2019）浙0203刑初247号 | 2017年5月开始,李某通过接收验证码软件获取注册过支付宝账号的手机号码5000条,李某将上述手机号码导入手机的通讯录,通过登录自己的支付宝查看、筛选出实名认证的支付宝账号。随后,李某再次利用接码软件接收这些实名认证的支付宝账号的验证短信,并以此修改支付宝账号的登录密码。李某利用获取的登录密码登录他人支付宝账号,通过支付宝城市服务端口某生活号的明文漏洞查询到对应的身份证号码。随后,李某将非法获取的支付宝账号及身份证号码绑定其购买的苹果ID,利用免密支付功能,多次使用他人的支付宝账号为网络游戏充值购买游戏币,再通过"银商"套现,共盗取他人支付宝账号内的资金共计人民币3.5万余元。 | 浙江省宁波市海曙区人民法院判决:<br>被告人李某犯侵犯公民个人信息罪,判处有期徒刑三年,并处罚金人民币2万元;犯盗窃罪,判处有期徒刑一年三个月,并处罚金人民币1万元;决定执行有期徒刑三年六个月,并处罚金人民币3万元。 |

(续表)

| 序号 | 案号 | 案情简介 | 判决结果 |
|---|---|---|---|
| 9 | （2019）粤03民终3954号 | 2017年11月24日，周某某在"KK馆"APP上购买了迪奥女士Q版香水四件套商品一份。11月29日，"KK馆"在线客服未批准其退换货申请。11月30日，自称为该店铺的客服人员联系周某某，并提出互加微信。之后，"售后楚楚"将周某某在"KK馆"APP上的购物详情，主要包括快递单号、收货人手机、收货地址、订单信息、交易金额等信息的截图发送给周某某，并发送了退款链接。周某某点击该退款链接，并发送自己姓名、卡号、动态密码，随后其银行账户中被转走49990.96元。 | 广东省深圳市中级人民法院裁定维持原审判决：<br>周某某自行承担40%的责任，快客公司承担60%的责任，即快客公司应赔偿周某某29995元。 |
| 10 | （2019）闽05刑终868号 | 2016年12月份以来，李某某在酒店房间内使用号码采集器非法采集他人手机号，再使用嗅探软件拦截他人手机短信验证码，通过移动、联通网上营业厅、浙江政务网、支付宝网站、中国建设银行网站或支付宝用户检测软件等获取他人身份证号码及银行卡号或支付宝账号，后将所获取的上述他人信息绑定到第三方支付平台，再利用商户二维码套取他人银行卡或支付宝账户内的现金。李某某等人通过此种方式共计盗窃人民币14.26万余元。 | 福建省泉州市中级人民法院裁定维持原审判决：<br>……<br>二、李某某犯信用卡诈骗罪，判处有期徒刑七年，并处罚金人民币15万元；犯盗窃罪，判处有期徒刑七个月，并处罚金人民币2000元；犯侵犯公民个人信息罪，判处有期徒刑一年，并处罚金人民币5000元；决定执行有期徒刑八年三个月，并处罚金人民币15.7万元。<br>…… |
| 11 | （2019）甘0921刑初5号 | 2018年6月初，蒙某某利用自己注册的163邮箱、126邮箱向北京、河北、甘肃、四川、广西等省区多个国家机关、企事业单位邮箱用户群发木马病毒邮件，非法窃取了300余个党政机关、企事业单位的邮箱用户名和密码，并非法窃取公民个人信息1.4万余条。后通过盗窃的公民个人信息实施诈骗，共计诈骗多名被害人20万元。 | 甘肃省金塔县人民法院判决：<br>一、被告人蒙某某犯诈骗罪，判处有期徒刑五年六个月，并处罚金人民币4万元；犯侵犯公民个人信息罪，判处有期徒刑十个月，并处罚金人民币2万元。数罪并罚，决定执行有期徒刑六年，并处罚金人民币6万元。<br>…… |

由上述案例可以看出，盗窃主体以自身商业用途或非法交易为目的而实施

盗窃行为的,主要将非法窃取的个人信息用于商业目的、出售或者多次转售,从中获取非法利益。但是,盗窃主体以非法获取他人财物为盗窃个人信息目的的,往往会再通过盗窃、诈骗、敲诈等手段达到目的,可能构成多种罪名。因此,盗窃主体通常不仅限于犯侵犯公民个人信息罪,还可能同时犯盗窃罪、诈骗罪、敲诈勒索罪等。

## 第三节　以被盗窃的个人信息为标准的类型化分析

在个人信息盗窃案件中,盗窃行为主体非法窃取的个人信息主要包括身份信息、鉴权信息、网络交易信息三类。其中,身份信息主要是用户自然人身份和标识信息,鉴权信息主要是用户虚拟身份和鉴权信息项下交易类服务身份标识和鉴权信息,网络交易信息包括用户数据和服务内容信息子类的用户服务内容和资料数据项下的服务内容信息。[1] 下文将以上述个人信息类型为划分标准对个人信息盗窃案件进行分析,以探求此分类标准下各类个人信息盗窃案件的典型特征,并为个人信息盗窃行为规制路径的设计提供参考。

### 一、盗窃对象为身份信息

盗窃对象为身份信息的个人信息盗窃行为是指盗窃主体盗窃能够识别特定自然人的信息,即与特定自然人主体身份识别相关联的信息。不同于公民的财产信息等鉴权信息,身份信息与公民个人财产没有直接关系或者关系不明显。盗窃对象为身份信息的个人信息盗窃案件主要具有如下特征:

第一,在以公民身份信息为盗窃对象的案件中,涉案个人信息数量普遍较大,不法分子采取的技术手段一般较为简单,身份信息比较容易被非法获取。其原因在于,身份信息是自然人最基本的个人信息,也是自然人在日常生活中经常主动使用的个人信息。例如,在注册各类网络服务账号、填写各类登记信息时,此类个人信息即被收集。所以,公民身份信息极易被信息控制者存储、传输。而身份信息的上述特性也导致其成为相对容易被盗窃的一类个人信息,容

---

[1] 参见本书第一章第二节第三部分"个人信息的类型划分"。

易被盗的个人信息通常包含姓名、性别、身份证号码、电话号码等基本身份信息。

在日常生活中，公民经常需要主动登记、传输自己的身份信息才能顺利进行必要的活动，因此，身份信息也就成为被他人获取和存储最多的信息，也相对容易被不法分子盗窃。例如，公安部在2016年公布了一批网络侵犯公民个人信息的典型案件，[1]其中，湖北襄阳某科技公司通过短信营销平台和微信公众号，获取用户主动上传的包含身份信息在内的个人信息200余万条。又如，在公安部发布的2019年侵犯公民个人信息犯罪典型案例中，河南开封警方破获了非法窃取和贩卖公民户籍资料等身份信息的犯罪网络，抓捕嫌疑人200余名，涉案个人信息数量达1亿余条，嫌疑人中有大量电信运营商、物流企业、社区管理机构等单位的内部人员。[2]

第二，个人信息盗窃主体对非法获取的公民身份信息的利用手段十分丰富。盗窃主体通常将身份信息进行出售或用于拓展客户、扩大销量等商业经营活动。同时，盗窃主体也可能将身份信息和其他基本信息结合，针对个人信息主体展开诈骗、敲诈勒索等非法行为，以谋取不正当利益。身份信息与公民个人财产信息无直接关系或者关联性较弱，因此盗窃主体通常将身份信息进行出售或者用于商业经营活动。但是，身份信息作为最基本以及识别力最强的个人信息，一旦与其他信息结合，就能够识别出个人信息主体其他的特征，不法分子就可以利用其对个人信息主体进行其他违法犯罪活动。

例如，在黄某某等侵犯公民个人信息案[3]中，黄某某于2016年10月至2018年6月间，非法进入位于北京市朝阳区某咨询公司账号，盗取个人简历信息出售给被告人解某某，违法所得人民币30余万元。解某某于2016年10月至2018年8月间，从黄某某处非法获取个人简历信息并出售给郑某，违法所得

---

[1] 参见《公安机关打击整治网络侵犯公民个人信息犯罪成效显著》，搜狐网，2016年7月21日，http://news.sohu.com/20160721/n460258118.shtml，2020年8月1日访问。

[2] 参见袁猛：《公安部公布十起侵犯公民个人信息违法犯罪典型案件》，公安部官网，2020年4月15日，https://www.mps.gov.cn/n2254098/n4904352/c7140573/content.html，2020年3月25日访问。

[3] 参见北京市朝阳区人民法院(2018)京0105刑初2774号刑事判决书。

人民币60余万元。此外,卢某某、王某于2018年3月至6月间将公司企业客户账号非法出售给郑某,涉及个人简历信息16.55万余条。又如,在张某某侵犯公民个人信息案[1]中,2017年5月至2018年8月间,张某某被任命为北京某信息咨询公司(以下简称"总公司")莆田分公司门店经理,负责经营小额放贷业务。在经营过程中,张某某根据总公司要求和公司通常经营方式,在客户贷款申请获得批准后,要求分公司客服部的严某、黄某等人在与客户签订贷款合同时秘密窃取客户手机中的个人信息,以作客户逾期还款时转向客户手机中相关联系人催讨欠款之用,共计窃取被害人岳某、陈某、林某、邓某、张某、颜某等人手机中的个人信息通信内容1526条、通讯录等信息4.53万余条。再如,在张某诈骗、敲诈勒索、侵犯公民个人信息案[2]中,张某利用大学生身份信息以及其他信息诱骗大学生办理贷款,并利用掌握的隐私对贷款大学生进行敲诈勒索。

第三,在此类案件中,身份信息被盗窃所产生的危害后果因盗窃主体的盗窃目的不同而存在较大差异。当盗窃主体将身份信息用于商业经营活动时,通常不会对个人信息主体造成较大的危害。但是,当盗窃主体将身份信息与其他信息结合实施诈骗、敲诈勒索、盗窃等行为时,通常会对个人信息主体的人身、财产安全以及社会造成严重危害。

例如,在杨某某侵犯公民个人信息案[3]中,万某与杨某某曾系某教育培训机构同事,万某离职后前往另一教育培训机构工作。因为招生工作困难,万某提出让杨某某提供其此前存储的学生信息的请求,杨某某答应了万某的请求。万某便利用杨某某提供的信息向学生及其家长拨打电话,以便推销课程。本案中,盗窃主体的行为对个人信息主体造成的影响,主要体现在推销电话对学生及其家庭生活安宁的影响。而在上述张某诈骗、敲诈勒索、侵犯公民个人信息案中,张某诱骗大学生办理贷款并对大学生进行敲诈的行为,对个人信息主体造成的危害则体现为精神的折磨、财物的损失以及对社会稳定造成影响。

在以身份信息作为盗窃对象的个人信息盗窃案件中,盗窃主体往往出于非

---

[1] 参见福建省仙游县人民法院(2019)闽0322刑初386号刑事判决书。
[2] 参见吉林省通化市中级人民法院(2019)吉05刑终5号刑事裁定书。
[3] 参见湖北省武汉市江汉区人民法院(2020)鄂0103刑再2号刑事判决书。

法出售或商业经营目的(如表 3-7 之案例 1、4、8)盗窃公民个人信息(如表 3-7 之案例 1-8),因而法院在审理过程中通常将个人信息数量、非法获取个人信息后是否出售以及因出售公民个人信息获取的违法所得数额等作为定罪量刑的核心考虑要素。目前,该类案件的审判难点在于对个人信息的范围认定、个人信息数量计算以及违法数额计算等方面的判定。

表 3-7 以身份信息为盗窃信息类型的典型个人信息盗窃案汇总表

| 序号 | 案号 | 案情简介 | 判决结果 |
| --- | --- | --- | --- |
| 1 | (2015)鄂枝江刑初字第 00145 号 | 2013 年 4 月至 8 月 16 日,杨某通过互联网购买顺丰快递内部网络系统登录地址、用户名及密码,并先后邀约刘某等人通过连接顺丰快递枝江网点无线网络进入顺丰快递内部办公系统,从其服务器上下载大量记录有客户姓名、地址、联系方式等内容的快递信息,非法获取公民个人信息 180 余万条。 | 湖北省枝江市人民法院判决:<br>被告人杨某犯非法获取公民个人信息罪,判处有期徒刑一年,并处罚金人民币 1 万元。 |
| 2 | (2017)苏 0681 刑初 681 号 | 张某某于 2017 年 7 月左右侵入南通市部分网站,采取利用木马程序进入网站并下载数据的手段,非法获取南通兴东国际机场官网、南通市运驾校网站数据库内含有姓名、电话号码、户籍地等的公民个人信息,合计 55901 条。 | 江苏省启东市人民法院依法判决:<br>被告人张某某犯侵犯公民个人信息罪,判处有期徒刑三年,缓刑四年,并处罚金人民币 8000 元。 |
| 3 | (2017)粤 1702 刑初 501 号 | 方某某为了个人目的,想获取阳江及广州地区的美团公司商户个人信息,指使蓝某某窃取自己没有权限获取的某信息技术公司下属美团公司的商户个人信息。蓝某某利用方某某的美团账号、密码登录美团公司的盘古、apollo 两个系统,使用自编程序窃取系统中的商户个人信息,共窃取包含客户姓名、联系方式、地址等信息 1.6 万余条。 | 广东省阳江市江城区人民法院判决:<br>一、被告人蓝某某犯侵犯公民个人信息罪,判处有期徒刑七个月,缓刑一年,并处罚金人民币 3000 元。<br>二、被告人方某某犯侵犯公民个人信息罪,判处有期徒刑六个月,缓刑一年,并处罚金人民币 3000 元。 |

(续表)

| 序号 | 案号 | 案情简介 | 判决结果 |
|---|---|---|---|
| 4 | (2018)京0105刑初2774号 | 黄某某于2016年10月至2018年6月间非法进入位于北京市朝阳区某咨询公司账号,盗取个人简历信息出售给解某某,违法所得人民币30余万元。解某某于2016年10月至2018年8月间,从黄某处非法获取个人简历信息,后出售给郑某,违法所得人民币60余万元。卢某某、王某于2018年3月至6月间将公司企业客户账号非法出售给郑某,涉及个人简历信息分别为12.35万、4.19万余条。 | 北京市朝阳区人民法院判决：<br>一、被告人郑某犯侵犯公民个人信息罪,判处有期徒刑四年九个月,并处罚金人民币30万元;<br>二、被告人黄某某犯侵犯公民个人信息罪,判处有期徒刑四年六个月,并处罚金人民币30万元;<br>三、被告人解某某犯侵犯公民个人信息罪,判处有期徒刑四年三个月,并处罚金人民币30万元;<br>四、被告人卢某某、王某犯侵犯公民个人信息罪,判处有期徒刑四年三个月,并处罚金人民币5万元。 |
| 5 | (2018)沪0116刑初924号 | 2018年2月至4月期间,马某为谋取非法利益,使用编写的爬虫程序非法窃取软件及网站的用户信息,包括姓名、联系方式等内容,共计非法窃取公民个人信息20万余条,非法获利2.4万元。 | 上海市金山区人民法院判决：<br>被告人马某犯侵犯公民个人信息罪,判处有期徒刑三年二个月,并处罚金人民币4万元。 |
| 6 | (2018)粤0306刑初4852号 | 2017年9月起,钟某某使用其本人的电脑登录黎某的淘宝子账户,盗窃大量淘宝客户信息,其中包含淘宝用户名、支付宝用户名、联系电话、收货地址、收货人姓名等信息,共计窃取公民个人信息达109万余条,获利人民币8000余元。 | 广东省深圳市宝安区人民法院判决：<br>被告人钟某某犯侵犯公民个人信息罪,判处有期徒刑三年三个月,并处罚金人民币2万元。 |

(续表)

| 序号 | 案号 | 案情简介 | 判决结果 |
|---|---|---|---|
| 7 | (2018)赣0502刑初455号 | 2017年8月份以来,杨某通过互联网公司购买网络服务器,利用互联网技术手段,窃取新余市居民马某、暴某等人的公民姓名、有效证件号码、电话号码、住址等个人身份信息资料,共计窃取29663万余条。 | 江西省新余市渝水区人民法院判决:<br>被告人杨某犯侵犯公民个人信息罪,判处有期徒刑一年五个月,并处罚金人民币5000元。 |
| 8 | (2018)川0821刑初145号 | 2017年9月,邓某某从某信息咨询公司第三分部离职时,在该公司电脑上秘密安装"超级眼监控"远程控制软件,并将该电脑设置为每日凌晨1点5分自动启动,使用该软件远程登录控制公司电脑,利用掌握的用户名及密码登录该公司运营系统对数据页面进行截图,然后保存到自己电脑中。2017年9月至11月期间,邓某某利用上述方法多次非法获取该公司客户姓名、公民身份号码等公民个人信息,并出售给被告人黄某共计5484条,获利人民币10369元。 | 四川省旺苍县人民法院判决:<br>一、被告人黄某犯侵犯公民个人信息罪,判处有期徒刑三年三个月,并处罚金人民币1万元。<br>二、被告人邓某某犯侵犯公民个人信息罪,判处有期徒刑十一个月,缓刑二年,并处罚金人民币1.5万元。 |

## 二、盗窃对象为财产信息

与身份信息不同的是,财产信息具有极强的财产属性,且与公民个人财产紧密相连,盗窃主体在非法获取公民财产信息后,可通过盗窃、电信诈骗等方式直接获取公民银行卡现存资金、支付宝账户余额等。此类以鉴权信息作为盗窃对象的个人信息案件主要具有如下特征:

第一,被个人信息盗窃主体非法获取的财产类信息,往往会被不法分子进一步用于盗窃个人信息主体的财物。财产信息与公民个人的财产具有直接联系,通常情况下,盗窃主体在完成上游信息盗窃行为之后,会进行下游财产盗窃行为。

例如,在郭某盗窃案[1]中,2016年11月底至2017年2月期间,郭某通过

---

[1] 参见重庆市潼南区人民法院(2017)渝0152刑初379号刑事判决书。

QQ网友联系购买能够读取手机用户通讯录及短信记录的木马程序,并通过伪基站以校讯通和交通违章短信的形式发送至手机用户链接。同时,郭某注册了新浪邮箱,以每小时400—500元不等的价格,让网友利用伪基站为其在湖南、四川、河南、重庆等地向不特定手机用户发送以上两种含有木马程序链接的短信,手机用户收到短信点击链接后,其手机内的通讯录以及历史短信信息,就会被发送至郭某指定的邮箱和手机中。通过上述方式,郭某共窃取他人电话号码9.2万余个,涉及银行账户余额短信1.3万余条,互发短信内容2.4万余条。郭某还通过其获取的受害人银行卡、身份等信息登录受害人用手机注册的支付宝,将受害人银行卡上的钱转到支付宝,再通过支付宝转账到郭某自己在网上购买的以他人真实姓名所开银行卡中,共计1.3万余元。又如,在林某某侵犯公民个人信息案[1]中,2016年10月下旬至2017年3月上旬期间,林某某与尹某某结伙,由尹某某利用其在广西藤县公安局担任协警的工作便利,通过内部查询密钥从公安内网获取他人姓名、身份证号码、手机号码等个人信息资料,涉及公民个人财产信息1000余条。后尹某某、林某某用这些信息通过网络盗取他人支付宝等网络账户及银行卡内的钱款。

第二,盗窃行为人非法窃取的财产信息类型多样,既包括鉴权信息,也包括其他类型的财产信息。其中,鉴权信息主要包括银行卡(信用卡)账户、密码和账户余额、电子支付验证码、邮箱用户账号与密码,其他财产信息包括房屋、车辆等固定资产信息和社会保险信息等。个人信息盗窃主体盗窃其他财产信息的目的,主要是为了方便确定实施盗窃、诈骗、敲诈勒索等行为的对象。

例如,在郑某某非法获取公民信息、盗窃案[2]中,2015年4月至5月期间,黄某某、郑某某通过不定向发送木马病毒的方式,非法获取被害人王某、李某等国内1604个手机用户通讯录24万余条,非法获取手机用户中含有银行卡号码、身份证号码、验证码等个人信息的手机短信共69.7万余条。又如,在林某某侵犯公民个人信息案[3]中,2016年8月,林某某先在互联网注册了电子邮箱,将邮箱发给QQ昵称为"野马"的网友,再由其将木马病毒捆绑到邮箱。随

---

[1] 参见上海市宝山区人民法院(2018)沪0113刑初1545号刑事判决书。
[2] 参见海南省第一中级人民法院(2016)琼96刑终105号刑事裁定书。
[3] 参见广东省深圳市南山区人民法院(2017)粤0305刑初344号刑事判决书。

后,林某某将带有木马病毒的链接地址编制成手机短信进行发送,被害人收到手机短信后一旦点击链接地址就可激活木马病毒,后林某某就能读取到通讯录信息,并可将通讯录信息复制发送到自己的邮箱,同时还可将被害人的手机短信拦截到自己的手机上,进而获取被害人的银行卡开户行和账户余额等信息。此外,林某某还可根据对方的电话号码到运营商公司网站查询到其身份证信息,通过网友可再进一步查询到对方的银行卡信息。在鉴权信息中,公民个人银行卡号码、开户信息、支付验证码的被盗窃频率普遍较高。此类鉴权信息和公民个人的财产具有直接联系,盗窃主体掌握此类信息可以通过特有的技术手段直接实施财产盗窃行为。

第三,针对财产信息的盗窃行为,在侵害公民人身权利的同时,也会给公民个人财产和社会安全带来紧迫威胁,极易引发更为严重的后果。财产信息和公民个人财产相关联,其中,鉴权信息可以用于破解公民财产的存储和保护系统,其他财产信息能够反映公民的财产状况,落入犯罪分子手中则会为其确定犯罪目标以及制订犯罪计划提供帮助。此外,个人财产盗窃还可能引发其他严重的社会后果,甚至可能对公民的人身安全造成威胁和伤害。

例如,在阮某某诈骗案[1]中,2017年12月至2018年2月,阮某某以每条10元的价格购买包含征信信息、通信记录等在内的公民个人信息共计2.2万余条,后将非法获取的公民个人信息用于犯罪集团实施诈骗活动。陈某所在犯罪集团虚构小额网贷平台,以"凭身份证借款,无抵押,秒下款"等为诱饵,吸引他人注册,并以需要审核身份真实性为由,骗取他人提供手机通讯录、通话记录、支付宝收货地址、微信地理位置截图等信息。放款财务人员利用被害人急需资金的心理,在未全面介绍"借贷"协议细则的情况下,以"押金""公司规矩"等理由要求被害人在其虚构平台签订虚高电子"借贷"协议,并将"借款"本金扣除首期"利息"后发放给被害人。之后通过财务人员推荐、继续签约更高额度的借款等方式不断增加被害人的债务,并以支付"利息""展期费""逾期费""押金"等名义骗取被害人交付财产。该犯罪集团采取上述手段,实际共骗取潘某等6万多名被害人合计人民币29093万余元,除以"本金"名义给付被害人人民币14256

---

[1] 参见浙江省高级人民法院(2019)浙刑终369号刑事判决书。

万余元外,实际骗得人民币 14836 万余元。其中,造成被害人梁某服毒自杀死亡、董某跳楼自杀致伤。在该案中,盗窃主体同时构成侵犯公民个人信息罪、诈骗罪等多种罪名,给公民人身、财产安全带来极大损害和威胁。

盗窃主体非法窃取的鉴权信息一般为银行卡账号与密码、电子支付密码等,为了进一步确定盗窃、骗取财产行为的对象,盗窃主体还会收集部分固定资产信息(如表 3-8 之案例 1-11),与上述鉴权信息相配合实施进一步的盗窃、诈骗行为,以非法攫取信息主体的实体财产(如表 3-8 之案例 1、2、4)。因为鉴权信息与企业、公民实体财产、资金等密切相关,所以此类案件最终给公民乃至社会所造成的危害与损失更为直接也更为严重。在审理此类案件过程中,法院会重点考虑数罪并罚、信息数量的认定、盗窃财产数额的大小、情节严重程度等问题。目前,该类案件的审判难点在于盗窃数额和对公民人身、财产造成损害等的认定,而上述认定结果通常会进一步影响量刑。

表 3-8　以财产信息为盗窃信息类型的典型个人信息盗窃案汇总表

| 序号 | 案号 | 案情简介 | 判决结果 |
| --- | --- | --- | --- |
| 1 | (2016)琼 96 刑终 105 号 | 被告人黄某某、郑某某通过植入手机木马病毒的方式,非法获取被害人王某文、李某玉等国内 1604 个手机用户通讯录,非法获取手机用户中含有银行卡号码、身份证号码、验证码等个人信息的手机短信,共计窃取公民个人手机用户通讯录 24 万余条,他人银行卡号码、身份证号码、验证码等手机短信 69 万余条。 | 海南省第一中级人民法院裁定维持原审判决:<br>黄某某、郑某某犯非法获取公民个人信息罪,皆判处有期徒刑一年六个月,并处罚金人民币 5000 元。 |
| 2 | (2017)桂 0126 刑初 47 号 | 连某某自 2015 年开始便向不特定人群发木马病毒链接,窃取他人的手机号、银行卡号码、身份证号码等信息,并拦截支付验证码盗刷他人银行卡内的财物,盗刷了被害人张某中国农业银行银行卡内的 89984.13 元。 | 广西壮族自治区宾阳县人民法院判决:<br>被告人连某某犯信用卡诈骗罪,判处有期徒刑五年六个月,并处罚金人民币 20 万元;犯侵犯公民个人信息罪,判处有期徒刑四年,并处罚金人民币 5 万元。决定执行有期徒刑九年,并处罚金人民币 25 万元。 |

(续表)

| 序号 | 案号 | 案情简介 | 判决结果 |
|---|---|---|---|
| 3 | (2017)粤 0305 刑初 344 号 | 2016 年 8 月,林某某将邮箱发网友,再由其将木马病毒捆绑到邮箱。随后,林某某将带有木马病毒的链接地址编制成手机短信进行发送,被害人收到手机短信后一旦点击链接地址就可激活木马病毒,后林某某就能读取到通讯录信息,并可将通讯录信息复制发送到自己的邮箱,同时还可将被害人的手机短信拦截到自己的手机上,进而获取被害人的银行卡开户行和账户余额等信息。林某某还可根据对方的电话号码到运营商公司网站查询到其身份证信息,通过网友可再进一步查询到对方的银行卡信息。至案发时,林某某窃取公民个人信息 6 万余条。 | 广东省深圳市南山区人民法院依法判决: 被告人林某某犯侵犯公民个人信息罪,判处有期徒刑一年六个月,并处罚金人民币 2000 元。 |
| 4 | (2017)桂 0126 刑初 448 号 | 2017 年 3 月份左右,罗某某将编辑好的带有木马病毒链接的短信逐条发送给对方,拦截对方手机通讯录(姓名＋手机号码),并用各该手机号码注册"中国移动和包""趣医网"等互联网应用平台,非法窃取与各该手机号码相对应的公民姓名、身份证号码、银行卡账号及短信验证码等信息,通过网络充值话费等形式间接骗取被害人银行卡内的钱款,从而达到非法获利的目的。公安机关从涉案手机中提取出 1600 余条木马诈骗短信、大量互联网应用平台动态短信验证码;从涉案笔记本电脑中提取到个人通讯录 5 万余条,公民财产信息达 500 余条。 | 广西壮族自治区宾阳县人民法院判决: 被告人罗某某犯侵犯公民个人信息罪,判处有期徒刑三年六个月,并处罚金人民币 2 万元。 |

(续表)

| 序号 | 案号 | 案情简介 | 判决结果 |
| --- | --- | --- | --- |
| 5 | (2018)苏0282刑初371号 | 2017年5月至7月期间,甘某利用其担任江西省乐平市公安局交通警察大队城区二中队辅警的职务之便,盗用民警刘某的数字证书登录公安交通管理综合应用平台,查询车辆信息1642条,后用手机拍照后将查询到的车辆信息通过微信出售给张某,非法获利人民币20690元。 | 江苏省宜兴市人民法院判决:<br>一、被告人甘某犯侵犯公民个人信息罪,判处有期徒刑十个月,并处罚金人民币5万元。<br>二、继续追缴违法所得人民币20690元,予以没收,上缴国库。 |
| 6 | (2018)黔0381刑初139号 | 2017年8月以来,杨某利用自己担任贵州省天柱县公安局辅警的工作之便,使用自己的微信号,采取秘密手段窃取公民个人信息。利用其队长林某某登录账号和密码,私自查询公民的个人车档信息,提供给周某某、唐某某夫妻后,两人将信息卖给被告人罗某某等人,并将非法获利与杨某平分。杨某同时通过微信与刘某联系,非法查询车档信息卖给刘某。刘某、罗某某等人再将车档信息加价倒卖给他人,从中非法牟利。 | 贵州省赤水市人民法院判决:<br>一、被告人杨某犯侵犯公民个人信息罪,判处有期徒刑一年,并处罚金人民币2万元。<br>二、被告人周某某犯侵犯公民个人信息罪,判处有期徒刑十个月,缓刑一年,并处罚金人民币1万元。<br>三、被告人唐某某犯侵犯公民个人信息罪,判处有期徒刑八个月,缓刑一年,并处罚金人民币1万元。<br>四、被告人罗某某犯侵犯公民个人信息罪,判处有期徒刑七个月,缓刑一年,并处罚金人民币8000元。 |
| 7 | (2018)皖0521刑初154号 | 2017年7月,黄某成立安徽某汽车服务公司。为拓展业务,黄某联系平安财保当涂支公司员工王某。随后,黄某联系平安财保湖州中心支公司员工嵇某,获得平安保险公司内网账号和密码。黄某将自己手中持有的部分平安车险客户车牌号码和姓名提供给安徽某保险代理公司负责人刘某甲、刘某乙,并带领刘某甲等人到当涂县平安保险公司,窃取公民个人信息8893条。 | 安徽省当涂县人民法院判决:<br>一、被告人黄某犯侵犯公民个人信息罪,判处拘役三个月,缓刑六个月,并处罚金人民币5000元。<br>二、被告人嵇某犯侵犯公民个人信息罪,判处罚金人民币4000元。 |

(续表)

| 序号 | 案号 | 案情简介 | 判决结果 |
|---|---|---|---|
| 8 | （2018）吉 0581 刑初 273 号 | 王某某于 2017 年 3 月，在互联网论坛上发布一个破解版"美萍"会员管理软件供大家免费下载，并给该软件加密，待客户使用达到一千次时，该软件便无法使用，然后会弹出一个对话框，让客户添加其所留的 QQ 号，待客户与其联系后让客户付一定的费用，为客户升级恢复操作的同时窃取客户电脑里存储的会员数据，客户交款后远程操作为其恢复软件使用，否则删除客户软件内的信息。王某某利用上述方式，共计窃取他人"美萍"软件内存储的会员信息 1.1 万余条。 | 吉林省梅河口市人民法院判决：<br>被告人王某某犯侵犯公民个人信息罪，判处有期徒刑三年缓刑四年，并处罚金人民币 1 万元。 |
| 9 | （2018）鲁 13 刑终 185 号 | 2015 年 6 月份以来，韦某某、吴某等人结伙从 QQ 好友处购买、租用木马病毒，通过 QQ 与卜某等人联系，雇用卜某等人的伪基站发送 10086 积分兑换等带有木马病毒的手机短信息，使接收短信并点击链接的被害人手机被植入带病毒的软件，窃取公民身份号码、手机号码、银行卡号及密码等个人信息 8612 条。 | 山东省临沂市中级人民法院裁定维持原审判决：<br>一、韦某某犯非法获取公民个人信息罪，判处有期徒刑二年零六个月，并处罚金人民币 5 万元。<br>二、吴某犯非法获取公民个人信息罪，判处有期徒刑二年，并处罚金人民币 3 万元。 |
| 10 | （2019）沪 0109 刑初 946 号 | 2018 年 10 月至 2018 年 11 月期间，高某某与蒋某、杨某等人结伙，高某某利用任职某地产分店经理并拥有该地产运营系统最高权限账户，私自授权多台电脑登录系统，指使蒋某现场负责，杨某、张某等人具体实施，共同窃取该地产运营系统的购房客户信息共计 1.3 万余条、房产信息 3.3 万余条。 | 上海市虹口区人民法院判决：<br>被告人高某某犯侵犯公民个人信息罪，判处有期徒刑二年六个月，缓刑三年，并处罚金人民币 1 万元。 |
| 11 | （2019）沪 02 刑终 1740 号 | 吴某于 2016 年 5 月至 2017 年 10 月间，采用冒用银行账号及初始密码的方式，私自登录上海市房地产信息查询网络系统，非法获得公民房屋产权调查情况信息，包含房产建筑面积、房屋结构、地号、权利人、地址、权证或证明号等信息明细，随后通过微信，以文件、图片的方式出售给他人牟利。 | 上海市第二中级人民法院判决：<br>吴某犯侵犯公民个人信息罪，判处有期徒刑三年，缓刑五年，并处罚金人民币 15 万元。 |

### 三、盗窃对象为网络交易信息

盗窃对象为网络交易信息的个人信息盗窃行为是指,盗窃主体秘密窃取公民在接受互联网服务过程中所产生的各类交易信息,尤其是在电子商务活动中产生的交易信息。在各类电子商务活动中,公民与线上店铺进行交易,不可避免地留下大量身份信息及其他信息,包括公民个人真实姓名、性别、家庭住址、收货地址、电话号码、商品名称和价格、物流信息等。以网络交易信息为盗窃对象的个人信息盗窃案件主要具有如下特征:

第一,大量用户网络交易信息被盗窃的案件中都有电子商务企业、物流企业内部人员的参与,且信息泄露的源头往往是电商、物流企业的内部人员。在部分案件中,盗窃主体通过恶意应聘电商客服工作或者收买从事客服工作的人员参与等方式,实现非法窃取公民网络交易类个人信息的目的。在电子商务活动中,线上店铺拥有大量的公民个人信息,而电商工作人员尤其是客服工作人员有权接触和使用线上店铺的交易信息。

例如,在黄某某侵犯公民个人信息案[1]中,2017年4月27日,为窃取公司客户的交易信息,黄某某应聘湖南某卫生用品有限公司客服工作。任职期间,黄某某利用职务便利获取该公司员工黄某的"E店宝"账户及账户密码,并多次利用该账户登录"E店宝"软件,导出该公司网店内存储的客户交易订单中的个人信息,包括店铺客户姓名、收货地址、联系方式等。据统计,黄某某非法窃取的客户交易信息数多达12万余条(去除重复计算部分)。又如,在谢某、赵某某、王某某等侵犯公民个人信息案[2]中,被告人谢某介绍从事淘宝客服的被告人邓某某与被告人赵某某相识,让被告人赵某某传授被告人邓某某窃取淘宝客户交易信息的操作方法,授意被告人邓某某窃取淘宝客户的交易信息,经赵某某进行整理加工后再出售给自己。被告人邓某某授意被告人王某某、卢某某通过应聘淘宝客服以卧底的方式窃取客户交易信息,并出售给自己或直接出售给被告人赵某某。被告人邓某某单独或通过被告人王某某、卢某某窃取客户交易

---

[1] 参见湖南省长沙市中级人民法院(2017)湘0124刑初551号刑事判决书。
[2] 参见福建省漳州市中级人民法院(2018)闽06刑终160号刑事裁定书。

信息共计13301条,经整理删除部分后出售或提供给被告人谢某、赵某某,非法得款人民币23660元;被告人王某某窃取客户交易信息共计34622条,出售或提供给被告人谢某、邓某某,非法得款人民币5万元;被告人卢某某窃取商品交易信息共计3619条,出售或提供给被告人邓某某,非法得款人民币5300元。在电子商务活动中,客服人员由于工作需要,经常查看、使用买家的姓名、收货地址、联系电话和发货状态等交易信息。因此,在以网络交易信息为盗窃对象的个人信息盗窃案件中,恶意应聘客服岗位以及客服人员参与犯罪等现象较多。而上述情况也体现出,电商、物流等行业对其从业人员的自我监督管理存在一定漏洞。

第二,利用网络交易中包含的个人信息实施诈骗或非法出售牟利。网络交易信息所包含的个人姓名、性别、联系方式、家庭地址等与财产信息不直接相关,盗窃主体难以通过其实施盗窃财产行为,通常将其直接进行出售。但是,该类信息能够识别特定自然人,能在一定程度上呈现自然人的生活状态,部分盗窃主体可能借助上述信息实施电信诈骗等,以非法获取公民个人财产。

例如,在赖某与黄某某侵犯公民个人信息案[1]中,赖某通过冒名的方式到多个网店恶意应聘,利用工作便利窃取客户交易信息,并将非法窃取的个人信息出售于他人实施诈骗行为;黄某某通过向赖某非法收购的方式获取客户信息,后又非法转售于他人实施诈骗行为。经过审查发现,赖某先后四次向黄某某共出售客户信息约686条,共计非法牟利人民币4195元。又如,在刘某某诈骗案[2]中,刘某某先从网上及黄某、徐某等人处以1—5元不等的价格购得含有公民个人信息的交易信息,包含姓名、联系电话、地址、购买商品的种类及付款情况等。随后,根据购买的信息,刘某某用老年手机装上网上购得的不要实名登记的手机卡给不特定的公民打电话,使用恐吓、威胁语言限令对方按其要求向指定的账号汇出数百元至几千元不等的所谓货款、茶水费等,共成功诈骗百余起,非法获得37万余元。

第三,存在电商企业违反用户意愿,私自收集用户网络交易信息,并擅自向关联企业传输的情形。线下实体店、线上网络商城、第三方支付平台间顾客交

---

[1] 参见广东省广州市白云区人民法院(2016)粤0111刑初3058号刑事判决书。
[2] 参见江西省鄱阳县人民法院(2018)赣1128刑初318号刑事判决书。

易信息的私自传输与共享,可能使顾客面临个人信息被泄露、篡改或非法窃取的风险。2016 年 11 月,国务院办公厅印发《关于推动实体零售创新转型的意见》,倡导提升实体零售企业的信息化水平,打通线下门店与线上商城信息障碍,促进线下产品服务体验、物流运输与线上信息流、资金流的深度融通。随着"新零售"时代的到来,众多实体企业纷纷转型实施线下线上一体化经营模式,线下门店与网络销售平台以及第三方支付商之间私自进行用户交易信息的传输与共享逐渐成为常态,然而信息传输与共享却极可能引发信息泄露、丢失、毁损以及被非法窃取等现实风险,给顾客造成财产损失乃至精神损失。

例如,在俞某某与浙江天猫网络有限公司等网络侵权责任纠纷案[1]中,2018 年 1 月 31 日,俞某某在乐友清河店购买商品并通过支付宝完成支付,在完成支付后,支付宝在俞某某明确取消授权淘宝获取其线下交易信息并展示其订单信息的情况下,仍将其购物信息传输并共享于淘宝网和天猫网。其后,俞某以乐友清河店、支付宝、淘宝、天猫的行为侵犯其个人信息权、隐私权等合法权利为由向法院提起诉讼。法院认为,乐友公司等四家公司在明知使用智慧门店的个人信息需经信息主体授权情况下,未取得俞某某授权却私自进行用户信息的传输与共享,该行为侵犯了俞某某对其个人信息享有的权益,四家公司构成共同侵权,理应根据主观过错与客观行为承担相应的侵权行为。在信息时代,诸如上述无法律明令许可或信息主体明确授权却私自共享客户交易信息及其他个人信息的案件比比皆是,而在信息共享过程中,客户的交易信息以及其他个人信息也面临着被泄露、非法窃取的风险,因此有必要对此类个人信息违规使用行为予以规制,以防范个人信息盗窃、泄露等风险的现实化。

在盗窃网络交易类个人信息案件中,盗窃主体往往通过恶意应聘(如表 3-9 之案例 1-5)或招纳网店客服工作人员参与(如表 3-9 之案例 4、9)犯罪活动的方式,非法获取网络交易信息,然后将网络交易信息非法出售或用于实施进一步的电信诈骗等违法犯罪行为(如表 3-9 之案例 1-8)。法院在审判此类案件过程中,会重点考虑盗窃信息数量的认定、情节严重程度等问题,此类案件的难点在于信息数量的认定以及数罪并罚的确定。

---

[1] 参见北京市海淀区人民法院(2018)京 0108 民初 13661 号民事判决书。

表 3-9 以网络交易信息为盗窃信息类型的典型个人信息盗窃案汇总表

| 序号 | 案号 | 案情简介 | 判决结果 |
| --- | --- | --- | --- |
| 1 | (2016)粤 0111 刑初 3058 号 | 2016 年 6 月开始,赖某冒名"刘坤和"先后到本市白云区多个网店应聘,利用工作便利窃取客户交易信息,并将信息出售给他人用于实施诈骗行为。黄某某向赖某收购上述客户信息后又将其转售他人用于实施诈骗行为。2016 年 6 月 15 日至 7 月 23 日期间,赖某先后四次向黄某某共出售客户信息约 686 条。 | 广东省广州市白云区人民法院判决:<br>一、被告人赖某犯侵犯公民个人信息罪,判处有期徒刑九个月,并处罚金人民币 3000 元;犯伪造身份证件罪,判处有期徒刑六个月,并处罚金人民币 1000 元。合并有期徒刑一年三个月,并处罚金人民币 4000 元,决定执行有期徒刑一年,并处罚金人民币 4000 元。<br>二、被告人黄某某犯侵犯公民个人信息罪,判处有期徒刑一年,缓刑一年,并处罚金人民币 3000 元。 |
| 2 | (2017)浙 07 刑终 324 号 | 自 2015 年 9 月开始,杨某以非法获取淘宝网客户身份认证信息为目的,组织多人以应聘工作为名,分别到杭州等多家淘宝店假装应聘,并伺机将木马程序植入淘宝店的工作电脑中,然后通过该木马程序劫持商家登录千牛后的 session 凭证信息,并盗取商家的订单数据,非法获取买家信息。<br>自 2016 年 4 月份开始,麻某某、杨某、陈某等人经事先商量、组织,通过张贴高薪招聘员工广告的形式招聘廖某某、邓某某等人,教授他们以应聘公司员工的名义将事先准备好的木马程序植入淘宝电商的客服电脑,非法获取相关店铺客户、订单数据等信息,并根据订单数量给予报酬。非法获取上述数据后,麻某某、陈某等人负责售卖,并从中获利。 | 浙江省金华市中级人民法院裁定维持原审判决:<br>一、麻某某犯侵犯公民个人信息罪,判处有期徒刑五年,并处罚金人民币 1 万元。<br>二、杨某犯侵犯公民个人信息罪,判处有期徒刑六年,并处罚金人民币 1 万元。<br>三、陈某犯侵犯公民个人信息罪,判处有期徒刑三年,并处罚金人民币 1 万元。 |
| 3 | (2017)湘 0124 刑初 551 号 | 2017 年 4 月 28 日上午,黄某某应聘至湖南某卫生用品有限公司电商部从事客服工作,借机获取该公司员工黄某的"E 店宝"账户及账户密码。2017 年 4 月 28 日至 5 月 8 日期间,黄某某多次使用黄某账户登录"E 店宝"软件,导出该公司网店内客户交易订单信息,共窃取客户交易信息 12 万余条(去除重复计算后)。 | 湖南省宁乡市人民法院判决:<br>被告人黄某某犯侵犯公民个人信息罪,判处有期徒刑三年六个月,并处罚金人民币 1 万元。 |

(续表)

| 序号 | 案号 | 案情简介 | 判决结果 |
|---|---|---|---|
| 4 | (2017)闽0627刑初214号 | 2016年3至4月间,谢某让赵某某传授邓某某窃取淘宝客户的交易信息操作方法。授意邓某某窃取淘宝客户的交易信息。邓某某授意王某某、卢某某通过应聘淘宝客服当卧底的方式窃取客户交易信息,并出售给自己或直接出售给赵某某。 | 福建省南靖县人民法院判决:<br>一、被告人谢某、赵某某、王某某犯侵犯公民个人信息罪,均判处有期徒刑三年六个月,并处罚金人民币6万元。<br>二、被告人邓某某犯侵犯公民个人信息罪,判处有期徒刑三年,并处罚金人民币5万元。<br>三、被告人卢某某犯侵犯公民个人信息罪,判处有期徒刑一年四个月,并处罚金人民币1万元。<br>…………… |
| 5 | (2018)皖1203刑初9号 | 2017年7月24日至8月23日,魏某某为窃取公民个人信息,前往"艾睿Baby童装潮品""烟之雨"等多个淘宝网店应聘客服,趁机使用"赤兔交易""悟空交易"等软件导出网店内淘宝交易订单信息,共计窃取交易信息5.28万余条。 | 安徽省阜阳市颍东区人民法院判决:<br>被告人魏某某犯侵犯公民个人信息罪,判处有期徒刑三年,并处罚金人民币1万元。 |
| 6 | (2019)浙0106刑初509号 | 2018年10月至2019年1月,过某某在离职杭州某服饰公司之后,盗用该公司天猫网店管理员账号"售前005""设计003"进入网店后台,多次下载该公司包含个人信息的客户订单信息17.8万余条,将其中4822条客户订单信息出售并获利。 | 浙江省杭州市西湖区人民法院判决:<br>被告人过某某犯侵犯公民个人信息罪,均判处有期徒刑三年六个月,并处罚金人民币5000元。 |

(续表)

| 序号 | 案号 | 案情简介 | 判决结果 |
| --- | --- | --- | --- |
| 7 | (2018)京0108民初13661号 | 俞某某到北京乐友清河店购买"法国原装进口无氟牙膏",并使用支付宝进行支付。支付完成后,俞某某发现支付宝的"支付完成"页面最后一行以很小的字体显示"授权淘宝获取你线下交易信息并展示",并在其前面设置了"默认勾选"。为查询个人信息是否被泄露,俞某某立即打开淘宝和天猫客户端进行登录查看,发现刚在乐友清河店发生的交易详细信息已经显示在订单中。此外,俞某某之后的多次交易仍然立即显示在淘宝和天猫客户端的订单中。 | 北京市海淀区人民法院判决:<br>被告北京乐友达康科技有限公司、被告支付宝(中国)网络技术有限公司、被告浙江淘宝网络有限公司、被告浙江天猫网络有限公司共同赔偿原告俞某某经济损失1元。 |
| 8 | (2019)京0115刑初570号 | 2018年9月至11月18日期间,谢某某、林某某利用杨某提供的"smarttool"等软件,通过技术手段非法侵入京东商城"WIS旗舰店"等商户的账户维护后台,窃取被害人周某等人的交易类个人信息共计24.03万余条,后谢某某、林某某将窃取的个人信息出售并获利。 | 北京市大兴区人民法院判决:<br>一、被告人林某某、谢某某犯侵犯公民个人信息罪,均判处有期徒刑三年六个月,并处罚金人民币7万元。<br>二、被告人杨某犯侵犯公民个人信息罪,判处有期徒刑三年二个月,并处罚金人民币3万元。 |
| 9 | (2019)冀05刑终367号 | 尹某某、康某某系邢台无界电子商务公司招募的天猫客服人员,2018年11月,二人利用其天猫客服人员的账号密码进入淘宝天猫CRM系统,通过CRM系统后台获取天猫买家交易信息3363条,之后通过QQ群将该3363条信息售出,共获利人民币8400元。 | 河北省邢台市中级人民法院裁定维持原审判决:<br>一、康某某犯侵犯公民个人信息罪,判处有期徒刑三年,并处罚金人民币1万元。<br>二、尹某某犯侵犯公民个人信息罪,判处有期徒刑二年六个月,缓刑三年,并处罚金人民币1万元。 |

由上述案例可以看出,相较于身份信息和网络交易信息,财产信息和公民个人财产的关联性更强,盗窃主体可能根据非法窃取的财产信息实施进一步的盗窃行为。

综上所述，从个人信息非法获取到个人信息非法交易再到个人信息的非法使用，个人信息盗窃已形成一条灰色产业链，参与主体包括犯罪行为的组织者（负责选取同伙、角色分工、任务安排）、作案工具的准备者（如购买电脑、手机、移动 U 盘，编写木马病毒程序、密码破解软件等）、个人信息盗窃行为的实施者、所盗信息的处理者（非法出售、非法提供、非法交换，盗刷银行卡资金、诈骗、敲诈勒索等）等。盗窃主体往往利用病毒程序、黑客攻击等手段非法窃取公民身份信息、财产信息以及网络交易信息等个人信息，并通过非法出售、非法交换、盗窃、诈骗、敲诈勒索等实现非法获利。在个人信息盗窃灰色产业链中，参与主体角色定位清晰、任务分工明确，保障了整个盗窃行为的顺利实施，但也加大了执法、司法机关工作人员对该类案件的侦查、审判难度。

在具体的司法审判过程中，法院通常以《刑法》第 253 条之一作为定罪量刑的基本依据，同时参考"两高"《关于办理侵犯公民个人信息刑事案件适用法律若干问题的解释》《最高人民法院、最高人民检察院关于适用刑事司法解释时间效力问题的规定》《最高人民法院关于处理自首和立功具体应用法律若干问题的解释》等相关规定，确定盗窃主体的罪名与刑罚。具体而言，个人信息的认定、个人信息数量的计算、法律适用等问题是影响定罪的关键要素，也是司法审判中的争议焦点与审判难点；在量刑方面，法官往往综合考虑社会危害性的大小，是否具有自首、坦白、积极退缴违法所得等可以从轻处罚情形，是否具有立功等依法减轻的情形，是否具有累犯等加重情节，主观犯罪态度与犯罪意识，共同犯罪中的主从关系等多方面因素。

从上述案件的梳理、分析可见，个人信息盗窃案件的参与主体日益增多、盗窃手段日趋复杂、盗窃过程更为系统周密，使得公民的个人信息以及财产安全、人身安全遭受巨大威胁。因而，有必要对个人信息盗窃行为中的技术运作机理与法律关系等进行深入分析研究。下文将就此展开详细论述、剖析，以期为个人信息盗窃的法律规制提供理论支撑。

# 第四章 个人信息盗窃灰色产业链的技术路径及运作机理

## 第一节 个人信息盗窃灰色产业链的技术分析

传统盗窃行为的对象为财物,而在信息时代,个人信息便是财富。个人信息盗窃灰色产业链是伴随信息时代各种新技术的发展而兴起的。作为一种以信息技术为基础的犯罪,个人信息盗窃与网络攻击、网络入侵等技术有着天然的联系。一方面,黑客团体为个人信息盗窃灰色产业链提供工具、资源、平台;另一方面,个人信息盗窃灰色产业链为黑客团体提供经济收益和变现渠道,将黑客的技术能力从单纯的炫耀技术转变为以获取经济利益为目的的营利行为,并刺激着黑客团体不断更新技术。常见的针对个人信息的攻击包括黑客攻击技术、社会工程学攻击技术、高级持续性威胁等。

### 一、黑客攻击技术

黑客攻击技术是指黑客针对他人网络或计算机的漏洞和缺陷实施攻击的技术方法。这些漏洞和缺陷包括硬件、软件、网络协议以及管理策略等。[1]个

---

[1] 参见李永忠编著:《物联网信息安全》,西安电子科技大学出版社2016年版,第74页。

人信息泄露的源头复杂,采集个人信息的设备和手段多种多样,传输和存储个人信息的渠道也不同。因此,黑客攻击可能发生在个人信息的采集、传输、存储等各个环节,并存在多种攻击形式,这也决定了以个人信息为目标的黑客攻击技术的多样性和复杂性。按照个人信息终端载体的不同,黑客攻击技术可分为针对计算机与互联网的个人信息盗窃技术、针对智能手机的个人信息盗窃技术。

(一)针对计算机与互联网的个人信息盗窃技术

数据的传输、存储、转换等环节都要通过计算机与互联网进行处理,计算机与互联网作为网络中的中心节点与汇聚节点,一旦被入侵,往往会造成批量数据的丢失。

1. 木马

木马也称"木马病毒",是指某一类可以远程控制其他计算机的程序。木马通常包括两个部分:控制端和被控制端。"中了木马"就是指被控制端已被安装了木马程序。拥有控制端程序的黑客可以通过网络取得被控制电脑的控制权,随意破坏、窃取信息,能够监控用户在电脑上的一切操作,并能通过网络将窃取的信息发送到指定位置。传统意义上的木马不进行自我复制和传播,不能算作一种病毒,更像是一种黑客工具。但是,随着计算机安全技术的不断发展,木马也在不断升级,最新的木马已经能够与病毒技术相结合,利用系统漏洞进行自我复制和传播。木马的制作者为了隐藏木马以逃避安全软件的查杀,一般会采用线程注入等技术手段隐藏。在与反病毒软件的对抗中,木马已具有以下窃取用户信息的技术手段:

第一,键盘记录。木马往往以后台进程的方式监控用户的浏览器窗口,当用户访问网上银行或者特定网站时,木马通过钩子程序截获处理 Windows 消息或特定事件,记录下用户键盘输入的内容。

第二,屏幕截取和录像。针对一些网银或电子商务网站采用的软键盘等安全增强机制,木马在监控到用户访问网上银行或者在网站输入密码时,可使用截屏、屏幕录像等技术手段将用户输入密码的过程录制下来,发回给攻击者,然后再通过人工分析提取出用户输入的账号和密码。

第三，窃取数字证书。数字证书是用于证明公开密钥拥有者的身份的电子文件，是用来标志互联网通信中通信各方身份信息的一串数字，提供了一种在 Internet 上表明用户身份、获得对方信任的机制。如果数字证书存放在浏览器中（俗称"软证书"），木马可以从浏览器证书体系中窃取数字证书。

第四，窃取动态口令。动态口令又称"一次性密码"，是根据专门的算法生成的一个动态的、单次有效的随机数字组合，一般每个口令只能使用一次，且有效期少于一分钟，目前被广泛运用在银行、金融、网游、电子商务等应用领域。动态口令避免了静态密码被暴力破解的漏洞，但木马可以对动态口令进行窃取，并在口令失效前传回攻击者进行登录。

第五，监控 USB Key。USB Key 是一种 USB 接口的硬件设备，有一定的存储空间。它结合了 IC 卡与数字证书、数字签名等多种技术，内置单片机或智能卡芯片，私钥（唯一序列号）直接在 IC 卡中产生，用于网络安全认证和通信加密。最新的木马具备监控 USB Key 的能力，能够窃取用户 USB Key 中的密钥信息。

第六，嵌入浏览器。为了提高浏览网站的安全性，很多网站使用了安全套接字层超文本传输协议 HTTPS。HTTPS 可在 HTTP 的基础上利用 SSL/TLS 来加密数据包，为浏览器和服务器之间的通信加密以提高安全性。部分木马可以将代码嵌入感染主机的浏览器中，绕过系统和浏览器的很多安全机制，能够在系统和浏览器默认安全等级下实现静默安装恶意插件并以浏览器的身份运行。木马一旦将代码嵌入浏览器的进程中，就可以在数据被浏览器加密前窃取。

2. 利用网站漏洞

网站大致可以分为个人网站、商业网站、政府等机构网站三类。其中，个人网站多数比较简单，多采用开源系统、网站模板等，如 Discuz、PHPwind 等；商业网站大多自行开发或外包开发；政府等机构网站基本上是外包开发。以数据窃取为目的的网站入侵一般针对商业网站和政府等机构网站，特别是公司网站，其中的用户信息、业务数据等是公司的核心机密，具有巨大的经济价值，且中小公司往往在安全防护上投入有限，很容易成为被入侵的目标。一般来说，黑客入侵网站的流程如下：

第一,信息收集。主要收集目标网站的以下信息:服务器 IP 地址、使用的操作系统、Web Server、Whois 等。通过信息收集,攻击者能获取目标网站的大部分信息,为后续入侵做准备。

第二,漏洞扫描(漏洞挖掘)。主要寻找以下几种类型的漏洞:(1) SQL 注入漏洞,也称"注入攻击漏洞"。这种漏洞是由于网站开发过程中对输入字符的安全检查不够严格,忽略了对其中夹带的 SQL 命令的检查,导致攻击者可以构造特定的输入字符对数据库进行窃取、更改和删除,以及网站被嵌入恶意代码、植入后门等。(2) 跨站脚本攻击(Cross-Site Scripting,CSS)。指黑客将恶意脚本代码注入网页,使用户加载并执行攻击者恶意制造的网页程序,从而在用户访问网页时控制用户的浏览器。黑客主要使用 Java Script、VB Script、Action Script 等脚本语言在客户端进行攻击,借助网站进行传播。CSS 破坏力强大且产生的场景复杂,可攻击网站后续的使用用户,导致其账号和数据被窃取。(3) 弱口令漏洞。弱口令和强口令并没有明确的定义和严格的区分。一般来说,容易被别人猜测到或者破解的口令是弱口令。通常而言,弱口令具有形式单一、字符数较少等特征,如 abc、123、admin 等。弱口令很容易被破解,从而导致信息泄露。(4) 文件上传漏洞。通常是由于代码对文件上传过滤不严造成的:如果文件上传功能中没有严格限制用户上传文件类型,攻击者可以通过网页上传可执行文件(如网站后门)到服务器上,并通过后门获得执行服务器端命令的能力,进而控制整个网站。此外,还有远程命令执行漏洞、HTTP 报头追踪漏洞、未加密登录请求漏洞等其他漏洞。

3. 网络钓鱼

网络钓鱼(Phishing)通常是模仿或者复制商业网站的页面,使网站内容和布局与被模仿网站一致,从而诱骗使用者输入个人信息。这种攻击方式可以骗取被攻击者的身份证号、网站用户名、密码、银行卡号等信息。在黑客地下产业链的支撑下,网络钓鱼已形成"设计—传播—实施"一条龙的完整流程。在设计环节,通常会有专门的人员负责开发各类钓鱼程序,黑客组织利用设计的钓鱼程序、申请的网络服务器以及具有迷惑性的域名,便可快速建立钓鱼网站,且该钓鱼网站与被模仿的网站相似度极高。通常情况下,黑客组织会租用境外的域名和服务器以逃避追查,将钓鱼网站伪装成银行、电商、信用卡公司的网站以提高网站的可信度。在传播环节,不法分子会通过地下产业链购买流量或推广服务,甚至通过购买搜索引擎优化服务(SEO)来获得搜索引擎推广,也会通过邮件、社交软件、网上聊天室、论坛、手机短信等方式进行传播。例如,通过群发声称来自银行或电子商务网站的欺骗性邮件或短信,传播钓鱼网站链接,使用商品优惠、消费返利等借口诱导用户登录钓鱼网站,填写敏感信息。在获得用户账号、密码等敏感信息后,即可通过地下产业链实施后续环节。网络钓鱼攻击方式主要有以下几种:

第一,群发送电子邮件,在电子邮件正文或附件中以虚假信息引诱用户。这些电子邮件多以消费优惠、中奖信息、返利等借口诱导用户提交敏感信息,是早期钓鱼者常用的攻击方式,主要靠邮件的数量保证成功次数,现在成功率已经不高。现在的钓鱼者往往通过盗取或地下产业链购买的方式先取得用户的一部分数据,然后向用户发送有针对性内容的诈骗邮件。例如,用户在网上购买机票后,钓鱼者自称是航空公司的客户代表,以航班取消等理由让客户办理退票手续,然后提供虚假的网址让用户登录。

第二,利用 URL 编码。URL 编码是特定上下文的统一资源定位符的编码机制。浏览器除了支持美国信息交换标准代码(American Standard Code for Information Interchange,ASCII)字符的 URL,还可以通过把保留字符表示为特殊字符序列,同时支持对字符进行转义编码表示。URL 编码就是将字符转换成十六进制的表示形式。比如,"\"的 ASCII 码是 92,92 的十六进制是 5c,所以"\"的 URL 编码就是"%5c",浏览器能够正常支持这样的 URL 编码。攻击者常用的手段就是混淆 URL,通过相似的域名和内容骗取受害者的信任。例如,用户看到"http://www.sina.com%2e%5c%64%61%63%6f%6d"这样的网址,可能误以为是新浪的网址。其实,这个域名是经过 URL 编码的,真实的域名可能是"http://www.sina.com.diaoyu.com",但这个域名跟新浪没有任何关系,只是攻击者在域名上伪造了一个和新浪网相似的网址,并通过 URL 编码进行了伪装,普通用户很难分辨出真假。

第三,利用钓鱼 WiFi。WiFi 是一种允许计算机、游戏机、智能手机等电子设备在一定范围内使用无线网络上网的技术。一般通过无线路由器与互联网进行连接,在无线路由器有效范围内的移动终端都可以采用 WiFi 连接方式进行联网。一些攻击者会创建与正常 WiFi 相同或近似的 WiFi,并设置空密码或者与正常 WiFi 相同的密码,免费提供给电脑用户或手机用户使用。当电脑用户或手机用户连接上此类免费 WiFi 之时,攻击者便会通过网络监听、邮件截取等方式窃取用户的个人信息,更有甚者,有些攻击者会利用该 WiFi 在用户的电脑、手机上安装间谍软件,随时随地便可获取用户的个人信息。[1] 此类 WiFi 即为钓鱼 WiFi。攻击者利用非法窃取的个人信息即可进一步实施出售、交易、盗窃、诈骗等行为以实现非法获利。2015 年 3 月 15 日"央视 3·15 晚会"曝光了黑客如何利用免费公共 WiFi 非法窃取用户个人信息,并使其遭受财产损失的过程。利用钓鱼 WiFi 非法窃取用户个人信息,给信息主体的财产乃至人身安全造成较大威胁,应当对此类行为予以严格规制,以更好地保障用户信息安全。

4. 利用管理漏洞

一些攻击者会利用公司、政府机构等信息控制者或管理者的管理漏洞,设计相应的个人信息盗窃方案以获取所需信息。这些管理漏洞包括个人信息安全保障系统的技术漏洞,内部人员监督、审计机制的缺乏或不够完善,个人信息泄露制约机制的缺乏或有待优化,以及个人信息安全保障机制实施过程的管理失职等;使公司、政府机构等面临信息泄露、盗窃等风险。此类情形多发生在通信、教育、医疗、互联网等公司,在市场需求驱动下,公司、政府机构工作人员利用职权盗取公司、政府机构信息,或联合第三人共同实施个人信息盗窃行为的情形时有发生。例如,在包某某侵犯公民个人信息案[2]中,包某某利用上海某教育科技公司计算机系统的漏洞,设计出相应的计算机软件以非法窃取公司数据库中的用户联系电话、电子邮箱等个人信息,共计 19 万多条。又如,在余某某侵犯公民个人信息案[3]中,余某某在某公司北京朝阳分公司任职期间,利用本公司管理漏洞,私自编写可自动获取用户信息的脚本程序,并将公司内部论坛网站 Cookie 信息配置到该程序,以越权提取本公司员工个人信息,最终非法

---

[1] 间谍软件是一种在用户不知情的情况下拦截或部分控制计算机操作的软件。参见石忠主编:《计算机应用基础》,北京理工大学出版社 2017 年版,第 247 页。

[2] 参见上海市虹口区人民法院(2019)沪 0109 刑初 697 号刑事判决书。

[3] 参见浙江省杭州市中级人民法院(2018)浙 01 刑终 441 号刑事裁定书。

窃取个人信息总计 2 万余条。为防止个人信息泄露、盗窃,公司、政府机构等应当即时处理其个人信息安全保障机制的技术漏洞,完善员工监督机制、信息泄露制约机制等,从而解决公司、政府机构内部管理漏洞,更好地保障员工、用户的个人信息安全。

5. 网络爬虫

网络爬虫,又称"网络蜘蛛",是一种特殊的程序,能够按照预先设定的规则自动检索互联网上的网页、图片、文字等信息。网络爬虫始于一张被称为"种子"的 URL 列表,它可以将自己访问的页面保存下来,建立相关的全文索引到数据库中,以便搜索引擎事后生成索引供用户使用,并可进行一定的分析、过滤以及建立索引,还可在访问完当前网址后跳到相链接的另一个网站继续重复上述过程,直到达到预先设计的停止条件。网络爬虫作为一种从互联网获取信息的程序,可以自动获取网站的文本、图片、视频、音频等。因此,一般大型商业网站都会对用户隐私数据进行反爬虫处理,如手机号、家庭住址、年龄等信息,以防止网络爬虫抓取。但是,如果反爬虫措施存在漏洞,黑客就可以利用漏洞有针对性地编写爬取特定信息的恶意爬虫,从而抓取网站数据。2017 年,58 同城网站移动客户端爆出多个接口漏洞,导致用户简历数据被恶意爬虫爬取,造成简历数据泄露,被黑客在黑市叫卖。[1]

6. 远程后门与僵尸网络

远程后门就是某些特殊使用者留在计算机系统中绕过软件安全性控制的隐秘通道,可以获取对程序或系统的访问权。在软件开发时,程序员通常会在软件中设置后门程序,以便后期修改软件缺陷或更新软件。如果这些后门在软件发布之前没有删除,就容易被黑客利用进行攻击。通过远程控制后门,黑客可以获得系统控制权。僵尸网络是指使大量主机感染僵尸程序,组织成一连串命令与控制节点,控制者可以向被感染主机发送命令,被感染主机接收命令并以协作的方式采取行动。僵尸网络主要被用于进行分布式拒绝服务攻击(Distributed Denial of Service,DDoS)等大规模网络攻击,同时控制者也可以

---

[1] 参见陈宝亮:《58 同城被曝简历数据泄露:700 元可采集全国简历信息》,中国科技网,2017 年 3 月 24 日,http://tech.china.com.cn/internet/20170324/295476.shtml,2020 年 6 月 30 日访问。

从僵尸主机中窃取用户的各种数据。远程控制后门种类很多,包括后门用户账号、Shell 远程执行命令后门、远程桌面控制后门以及定制开发的远程控制后门。目前,国内网站服务器和企业服务器大量使用 Windows 操作系统,由于 Windows 操作系统使用 3389 端口上的远程桌面进行远程控制,所以感染了后门程序的 Windows 主机在黑客行话中又被称为"3389"。对互联网计算机实施攻击并植入僵尸程序的技术手段主要包括:

第一,邮件病毒。攻击者往往通过大量发送邮件传播僵尸程序,在邮件附件中携带僵尸程序或在邮件内容中包含下载执行僵尸程序的链接,并且通常结合社会工程学手段引诱用户点击链接,或是利用邮件客户端软件本身存在的漏洞在用户打开邮件时自动执行,从而导致计算机被感染成为僵尸主机。

第二,"抓鸡"。"抓鸡"是黑客界的术语,所谓的"鸡"就是可以被远程控制的电脑。攻击者通过扫描网络中存在的漏洞和设置弱密码的计算机,利用一系列黑客工具和脚本攻击系统存在的漏洞;对于设置弱密码的计算机,通过口令字典进行猜测,获得访问权,下载僵尸程序并执行。攻击者还会将僵尸程序和蠕虫病毒相结合,从而使僵尸程序能够在局域网中进行自动传播。

第三,恶意网站脚本。攻击者在一些被控制的网站上添加恶意脚本,挂接攻击代码,在用户访问这些网页时利用浏览器的漏洞执行恶意脚本,并通过这些脚本植入僵尸程序。

第四,恶意捆绑。攻击者在软件、多媒体文件上捆绑僵尸程序,伪装成正常文件,在网站、P2P 网络中提供免费下载,诱骗用户安装这些软件或播放多媒体文件。

从以上传播手段可以看出,僵尸网络的传播方式与蠕虫病毒很相似,每一个被感染主机都会随着僵尸程序的运行而加入僵尸网络中,同时向外传播僵尸程序,感染更多主机。

7. 服务器入侵

除上述针对计算机或互联网资源的个人信息盗窃技术外,还有一种常见的技术手段——服务器入侵。服务器入侵是指攻击者通过入侵网站的服务器或公司内部网络服务系统从而非法获取互联网与计算机资源的一种黑客技术。[1]服务器入侵包括跨站脚本攻击、盗取数据库数据、拒绝服务攻击以及网络攻击四种类型。与上述黑客攻击技术相比,服务器入侵的难度相对较大,对攻击者相关专业技术能力水平要求更高,但此类技术手段能够获取的个人信息量更多,对他人个人信息所带来的威胁亦更大。通常情况下,服务器入侵造成的直接后果便是大量用户信息泄露以及公司商业秘密被非法窃取。比如,2017年12月,全球贸易支付公司PayPal服务器遭受黑客非法入侵,导致存储于服务器的160多万用户个人信息泄露,其中包括用户个人身份信息和账户、密码等鉴权信息以及财务记录等用户服务内容信息。[2]又如,2019年4月1日,丰田汽车公司对外公布发生于其日本主办事处的一起数据泄露事件,因服务器遭受黑客的非法攻击,导致存储于服务器上的310多万条客户销售信息被泄露。黑客入侵了其IT系统,并访问了包括丰田东京销售控股公司、雷克萨斯Koishikawa Sales公司等几家子公司。[3]服务器入侵对用户个人信息以及公司商业秘密等均会造成巨大的威胁,应当予以重点防治。

(二)针对智能手机的个人信息盗窃技术

随着移动互联网的发展,智能手机作为主要的移动智能终端,具备常用的办公、娱乐、移动通信等多项功能。随着移动互联网用户规模逐步增长,社交娱乐、金融理财、社区服务等功能逐步由线下向线上迁移,智能手机承载了越来越多的功能。以智能手机为攻击对象的个人信息盗窃也逐渐兴起,对个人信息安全造成巨大威胁,也极大危害了各相关行业的发展。上述针对计算机与互联网资源的个人信息盗窃技术,在智能手机内部信息盗窃方面也具有一定的适用性。同时,由于智能手机在网络连接方式、信息存储方式等方面所具有的特殊

---

[1] 参见何培育、蒋启蒙:《个人信息盗窃灰色产业链的技术手段与法律规制》,载《科技管理研究》2015年第24期。

[2] 参见《黑客入侵服务器,致160万用户个人信息泄露》,搜狐网,2017年12月5日,https://www.sohu.com/a/208590012_507120,2020年7月1日访问。

[3] 参见《丰田服务器遭黑客入侵:威胁310万用户信息》,新浪财经,2019年4月1日,http://finance.sina.com.cn/stock/relnews/us/2019-04-01/doc-ihsxncvh7452739.shtml?dv=2&source=cj,2020年7月1日访问。

性,以及智能手机所具备的可便携式移动等特性,针对智能手机信息的非法窃取主要存在如下几种技术类型:

1. 恶意 APP(恶意捆绑)

APP 是指"通过移动互联网络或移动终端设备,向用户提供网络内容服务或应用服务的应用程序"[1]。根据应用领域不同,手机应用程序(APP)可分为社交类(如 QQ、微信等)、新闻类(如今日头条、一点资讯等)、购物类(如淘宝、京东等)、娱乐类(如抖音、QQ 音乐等)、金融类(如支付宝等)、生活类(如高德地图、美团等)、工具类(如 WPS、钉钉等)等,不同领域的 APP 所提供服务类型不同,其工作原理也有差异,但上述 APP 在运行过程中均涉及用户信息录入、收集、分析、传输等环节。以淘宝 APP 为例,首先,用户必须注册并勾选淘宝用户协议及隐私政策方可取得使用淘宝买卖商品或享受相关服务的交易资格。其次,淘宝会在其隐私政策规定的权限范围内对用户的个人信息进行收集,包括但不限于账号、密码、商品或服务浏览记录、网购记录、收寄货地址等,在收集过程中淘宝会对个人信息进行脱敏处理以防止侵害用户个人信息而承担法律责任。最后,淘宝利用大数据技术对收集的海量信息进行分析,从而推断出用户的使用需求、消费偏好,并据此对用户进行定向推送以实施精准营销,在整个服务过程中不可避免地会涉及信息录入、收集、分析与传输等环节。

恶意 APP 是介于手机病毒和正常 APP 之间的 APP,在未明确提示用户或未经用户允许的情况下在终端上强行安装运行,侵害用户合法权益。近些年来,随着移动互联网的发展与智能终端的普及,互联网资讯、新闻娱乐、短视频、教育培训等各类 APP 层出不穷,在不断丰富移动互联网内容的同时也引发了大量 APP 强制授权、过度索权、超范围收集个人信息的现象。通过恶意捆绑方式将恶意 APP 安装于智能手机等移动终端设备上以非法获取个人信息是较为常见的一种方式。其中,恶意捆绑主要集中在 Android 平台,传播渠道包括邮件、短信、捆绑下载、ROM 刷机包等。

恶意 APP 会私自读取手机通讯录、短信等信息,并通过群发短信、邮件的

---

[1] 童海超:《网络赋权:移动互联网应用平台中新型权利的司法保护研究》,方志出版社 2017 年版,第 4 页。

方式进行蠕虫式传播,具有如下特点:第一,强制安装。在未明确提示用户或未经用户允许的情况下,在终端上强行安装运行,或被预装在出厂手机中。第二,难以卸载。未提供通用的卸载方式或无法卸载,或者卸载后仍隐身后台运行。第三,侵犯用户合法权益,包括恶意收集用户隐私、恶意扣费、劫持浏览器等。恶意 APP 快速传播现象集中于 2014 年,2015 年开始,经工信部强力监管,各大安全厂商相继推出安全防护工具,恶意 APP 数量明显减少。但随后,恶意 APP 通过各种技术手段逃避检测,手段愈发隐蔽使其不易被发现。根据 360 安全大脑发布的《2019 年 Android 恶意软件专题报告》[1],2019 年全年,360 安全大脑共截获移动端新增恶意程序样本约 180.9 万个。新增恶意程序类型主要为:资费消耗,占比 46.8%;隐私窃取,占比 41.9%;其他分别为远程控制(5.0%)、流氓行为(4.6%)、恶意扣费(1.5%)、欺诈软件(0.1%)等。2019 年全年,360 安全大脑累计为全国手机用户拦截恶意程序攻击约 9.5 亿次,平均每天拦截手机恶意程序攻击约 259.2 万次。移动金融行业、移动流量产业和移动社交领域均遭受了较多恶意 APP 的攻击,攻击的手段也日趋多样化。而捆绑下载是最流行的传播途径,攻击者将恶意 APP 捆绑到正常 APP 或 ROM 刷机包中,并通过应用商店、手机论坛等方式进行推广,诱导用户安装。目前,国内尚无法律法规来界定和规范恶意 APP,使得相关部门和安全厂商在恶意 APP 治理方面缺乏统一的行业标准。

2. 仿冒 APP

仿冒 APP 是使用与正版 APP 相同或相似名字或 Logo 界面的应用软件,这类高仿 APP 令人真假难辨,手法类似于钓鱼网站。仿冒 APP 主要集中在用户使用频率较高的垂直生活服务类软件,如交通、银行、生活缴费、借贷等,同时电商平台类应用也是仿冒 APP 的重灾区。

利用仿冒 APP 非法获取用户个人信息的方式包括:第一,诱骗手机用户注册或登录,直接窃取手机用户的个人信息;第二,诱导用户去钓鱼网站输入银行

---

[1] 参见 360 烽火实验室、360 安全大脑:《2019 年 Android 恶意软件专题报告》,360 网络安全响应中心,http://pub～shbt.s3.360.cn/cert～public～file/2019%E5%B9%B4%E5%BA%A6Android%E6%81%B6%E6%84%8F%E8%BD%AF%E4%BB%B6%E4%B8%93%E9%A2%98%E6%8A%A5%E5%91%8A.pdf,2020 年 7 月 2 日访问。

账号和密码进行支付,从而获取手机用户银行账号、密码等鉴权类信息,以最终窃取手机用户的实体财产;第三,在手机用户使用该仿冒 APP 时植入后门程序或木马程序,以进行远程控制,非法窃取用户手机存储空间或网络活动中的个人信息。[1]

仿冒 APP 是引发个人信息泄露风险的重要因素之一,中国消费者协会 2018 年发布的《APP 个人信息泄露情况调查报告》显示,超过 80% 接受采访的公民曾遭受个人信息泄露,其中因下载仿冒的"李鬼"APP("李鬼"APP 即高仿 APP)而遭遇个人信息泄露的占大多数。[2] 为防止用户个人信息泄露,应当对此类依靠仿冒 APP 非法收集、使用用户个人信息的行为予以严厉打击。

3. APP 超限度读取用户权限

中国消费者协会 2018 年发布的《APP 个人信息泄露情况调查报告》显示,手机 APP 在非必要的情况下读取用户隐私权限的情况相当严重,其中读取位置信息权限和访问联系人权限是安装和使用手机 APP 时经常遇到的情况,分别占 86.8% 和 62.3%,其次是读取通话记录权限(47.5%)、读取短信记录权限(39.3%)。近七成受访者认为手机 APP 读取的用户权限超过了其本身功能所要求的最低限度。[3] 用户在手机上的每一个操作,如浏览网页、注册账号、关注内容、上传图片等信息都会被不同的 APP 记录。APP 开发者为了获取用户在不同 APP 中的隐私信息,需要对每一名用户进行一个唯一的标记,俗称"设备唯一标识符"(Unique Device Identifier)。虽然用户会在不同的 APP 中注册不同的账号,但是对于大多数用户来讲,手机设备更换的频率较低,通过设备唯一标识符对手机进行标记,一个 APP 就可以获取用户在手机上的社交、购物、娱乐等隐私信息。例如,当用户在某购物 APP 中浏览商品时,其相关操作除了会被该 APP 记录,还可能被手机浏览器 APP、影音 APP 记录,在用户随后打开

---

[1] 参见何勇:《"李鬼"APP 泛滥,应用商店守土有责》,新京报网,2019 年 11 月 21 日,http://www.bjnews.com.cn/opinion/2019/11/21/652310.html,2020 年 7 月 2 日访问。

[2] 参见《提高警惕,远离仿冒"李鬼"APP》,360 个人图书馆,2019 年 3 月 20 日,http://www.360doc.com/content/19/0320/14/26627595_822899460.shtml,2020 年 7 月 2 日访问。

[3] 参见《APP 个人信息泄露情况调查报告》,中国消费者协会官网,2018 年 8 月 29 日,http://www.cca.cn/jmxf/detail/28180.html,2020 年 7 月 2 日访问。

浏览器浏览网页或打开影音 APP 观看视频时，便会看到类似商品的广告展示，吸引其点击，就是基于这个道理。

目前应用在智能手机上的操作系统主要有谷歌 Android 和苹果 iOS 等，两者合计占领了智能手机操作系统 90% 以上的市场份额。由于两者采用了不同的技术方案，因此在用户隐私保护机制上呈现出不同的特点。

Android 6.0 之后的系统权限分为几个保护级别，APP 可获取的与用户关系最密切的权限分为两大类：普通权限和危险权限。其中，普通权限指对用户隐私或其他 APP 操作影响很小的权限，如读取系统日历和日期、时间就是普通权限。如果 APP 需要普通权限，系统会自动授权而无须用户审核或同意。危险权限指涉及用户隐私数据或资源访问的权限，或可能对用户的其他 APP 操作产生影响的权限，共分 9 组 24 个权限。分别为日历、拍照、联系人、位置、麦克风、电话、传感器、短信及存储。如果 APP 需要危险权限，则必须明确向用户申请并由用户授权才可使用。Android 系统常用的设备唯一标识符有以下三种：第一，Device ID。这是 Android 系统为 APP 开发人员提供的用于唯一标识移动设备的编号，不同的手机型号返回 IMEI、MEID 或 ESN 码，唯一性良好。第二，国际移动设备识别码（International Mobile Equipment Identification Number，IMEI）是能在全球范围内唯一区别移动设备的标志，是由 15 位数字组成的"电子身份证号"。第三，MAC 地址（Media Access Control Address）。是设备网卡的唯一识别码，包括 WiFi MAC 和蓝牙 MAC，全球唯一，被称为"物理地址"。在 Android 系统中，当用户授权 APP 访问电话权限后，APP 会记录 IMEI 等设备唯一标识符，还会记录手机号码。即使用户更换手机，只要不更换手机号码，APP 仍然可以唯一标识该用户并记录其隐私信息。

iOS 系统的隐私保护机制与 Android 系统有非常大的不同。由于苹果公司没有公开其操作系统的源代码，加之其产品封闭的体系以及 APP Store 严格的审核机制，就隐私保护而言，iOS 比 Android 有更好的安全性。但这并不意味着苹果公司不允许 APP 收集用户数据，只是其隐私保护机制将采集用户数据控制在一定限度内，而且 iOS 5 版本之后禁止 APP 获取 IMEI，iOS 7 版本之后禁止 APP 获取 MAC 地址。iOS 主要通过以下方式进行用户标识：第一，广告标识符 IDFA（Identifier For Advertising）。为了满足 APP 开发者的需求，同时保证用户设备不被 APP 所追踪,苹果公司在 iOS 6 版本之后推出了 IDFA。在同一个设备上的所有 APP 都能获取一个相同的 IDFA,iOS 默认 APP 可以通过 IDFA 追踪用户,但是用户可以通过设置关闭此功能来避免隐私数据被追踪,或者可以通过重置手机来重置 IDFA。第二,应用开发商标识符 IDFV(Identifier For Vendor),可用于分析用户在应用内的行为等。由于不同开发商的 APP 获取的 IDFV 不同,因此,如果同一个设备上两个不同的 APP 由同一个开发商提供,则它们能够共享同一个 IDFV。这就使得同一台设备上的不同 APP 之间无法打通用户身份,用户在不同 APP 中的行为无法被联系起来。

### 二、社会工程学攻击技术

社会工程学攻击技术是指攻击者利用他人贪利、轻信等心理特征,采取欺诈、诱骗、恐吓等手段套取被攻击者所掌握的个人信息,从而实现对拟攻击系统内部信息收集之目的的一种技术。[1] 黑客通过与他人的合法交流,利用人的贪婪、自私、好奇、轻信等心理弱点,诱导对方实施某些行动或是透露一些机密信息。当攻击者无法通过物理入侵窃取所需信息资料时,往往会转而采用社会工程学攻击。据中国新闻网报道,2017 年发生多起针对华人的诈骗案件,犯罪分子伪装成警方或中国领馆人员,要求对方提供银行账号和密码等信息。[2] 社会工程学攻击属于非传统的信息安全领域,不是利用系统漏洞实施入侵行为,因此即使在设备上安装了防火墙、入侵检测系统等产品,也不能保障信息的绝对安全。常用的社会工程学攻击手段包括:

#### (一)诱骗被攻击对象

诱骗被攻击对象,是指通过身份冒充、钓鱼网站等方式,诱导被攻击者进入攻击者早已设置好的圈套、陷阱之中,从而获取被攻击者的个人信息,再通过出

---

〔1〕 参见陈友初主编:《信息技术与信息安全知识读本》,广西科学技术出版社 2014 年版,第 135 页。

〔2〕 参见王诗尧:《领馆人员、警察找你茬?海外华人,擦亮眼识骗术!》,中国新闻网,2017 年 8 月 16 日,https://www.chinanews.com/hr/2017/08-16/8305666.shtml,2020 年 7 月 2 日访问。

售、买卖、进一步犯罪行为实现非法获利的社会工程学攻击手段。

第一,身份冒充。攻击者冒充具有特定职位、身份的人员,通过该身份所提供的职务便利,诱使他人提供其所需信息资料。这些攻击者可能冒充执法人员、司法人员等国家工作人员,诱骗有关信息控制者提供其所持信息;可能冒充部门经理、总监等中高层管理人员或其他公司重要职员,要求本公司工作人员提供其所需信息;还可能冒充某行业领域的专家、教授,要求有关主体提供信息以解决专业问题等。攻击者冒充的职位、身份往往具有特殊职能或较大权力,这使其可以更容易地获取所需信息。比如,在张某某、童某侵犯公民个人信息案[1]中,被告人张某某、童某、彭某等人在公司未取得股票咨询相关资质情形下,伪造有关身份冒充股票分析师,通过事先公司培训时所教授的话术欺骗股民,在取得股民充分信任后非法收集其个人信息,并未经股民的授权同意而将其个人信息非法提供给其他公司。在本案中,被告人通过冒充股票分析师这一特殊身份实现获取所需信息的目的。身份冒充是社会工程学攻击技术中较为常见的一种手段,也是攻击者实现非法获取个人信息目的的一种成本较低的手段。

第二,钓鱼网站。利用钓鱼网站实施社会工程学攻击是指,在以中奖、赠送产品或提供服务等为幌子,或者通过与被攻击者沟通交流的方式获知被攻击者的弱点后,制作带有木马程序或病毒程序的电子邮件或网站并发送给被攻击者,诱骗被攻击者点击进入钓鱼网站,获取被攻击者的相关信息,以非法出售或实施进一步的盗窃、诈骗行为从而实现非法获利。它与黑客攻击技术中的网络钓鱼方式不同的是,利用钓鱼网站实施社会工程学攻击更多强调攻击者利用被攻击者的心理状况、人性弱点等,对被攻击者实施诱骗行为,而不仅仅是通过技术操作获取个人信息。

(二)恐吓、欺骗被攻击对象

通过恐吓、欺骗被攻击对象实施社会工程学攻击的技术手段是指,攻击者利用人们对病毒、木马、漏洞等内容的惧怕和敏感性,冒充权威机构或安全厂商,以宣传安全警示、系统风险之类的信息为幌子,恐吓、欺骗被攻击对象,并声

---

[1] 参见河南省罗山县人民法院(2019)豫 1521 刑初 303 号刑事判决书。

称如果对方不按照其要求去解决与处理系统安全问题,则会造成严重的后果或损失,以此获取被攻击者所掌控的个人信息。[1]

(三)反向社会工程学攻击

反向社会工程学攻击是指,攻击者通过技术手段给网络或计算机制造问题,诱使工作人员或网络管理员反过来向攻击者求助并泄露攻击者所需信息的一种技术手段。[2] 包括私密性破坏、个人推销与提供帮助三个环节。首先,攻击者通过技术手段暗中破坏被攻击者的网络或计算机,使其网络或计算机出现一定的问题与故障,同时攻击者会留下系统错误的相关信息及求助方式。其次,在被攻击者通过求助方式联系到攻击者时,攻击者便冒充相关网络服务运维人员,假装为被攻击者解决系统问题。最后,攻击者在为被攻击者提供帮助的过程中,乘被攻击者未察觉之机从被攻击者处获取进一步的信息。相比其他技术手段,反向社会工程学往往可获得更多高价值的个人信息,但其前期的研究、计划等准备工作往往也需要耗费较多的时间成本。[3]

### 三、高级持续性威胁

高级持续性威胁(Advanced Persistent Threat,APT)是黑客以窃取数据为目的,对特定目标进行长期持续性网络攻击的形式。[4] APT 针对特定对象,长期、有计划地收集情报,是一种网络间谍行为。与其他攻击形式相比,APT 更为高级和隐蔽,传统的安全检测手段无法有效检测发现 APT。其隐蔽性主要体现在发动攻击前需要对被攻击对象的目标系统和业务流程进行精确的信息收集,在收集信息过程中,攻击者会主动挖掘可攻击漏洞。APT 能够充分利用防火墙、服务器的漏洞并且绕过杀毒软件、防火墙等传统安全防护措施,因此更接

---

[1] 参见新闻文化编著:《黑客揭秘与反黑实战:人人都要懂社会工程学》,人民邮电出版社 2018 年版,第 4 页。

[2] 参见付钰等编著:《信息对抗理论与方法(第二版)》,武汉大学出版社 2016 年版,第 173 页。

[3] 参见周明全、吕林涛、李军怀等编著:《网络信息安全技术(第二版)》,西安电子科技大学出版社 2010 年版,第 136 页。

[4] 参见郭璇、肖治庭编著:《现代网络战》,国防大学出版社 2016 年版,第 169 页。

近于被攻击者的系统或程序。腾讯安全发布的《全球高级持续性威胁（APT）2019年研究报告》显示，全球范围内APT处于持续高发状态，无论是攻击数量还是攻击频率，相比往年都有较大增长，中国是受APT攻击最严重的国家之一。[1]

APT主要有以下特点：第一，隐蔽性强。APT攻击的一个突出特点就是其攻击很难被发现。因为APT利用了被攻击对象的业务系统漏洞，入侵者有一个团队进行协调和配合，有组织性和充足的资源，有一个具体的攻击目标而不是由无意识的程序自动发起攻击。第二，潜伏期长，持续性强。APT攻击是一种低慢节奏的攻击方式，攻击者往往不是为了在短时间内获取经济效益，而是连续不断地检测和侦察，收集目标信息，然后实施攻击。攻击和威胁可能在目标系统中存在很长时间。第三，目标性强。不同于常规的攻击形式，APT攻击所需要的技术门槛和资源支持远远高于常规的攻击行为，攻击团队通常需要自行开发定制化的攻击工具，结合多种攻击方法，具有高级漏洞发掘和超强的攻击技术。由于这种攻击需要更高的技术和更多的资源，其针对的攻击目标一般不是普通的个人设备或个人网站，而是拥有较高回报价值和敏感数据的企业、政府等单位，特别是金融、电力、能源企业等高级别敏感数据的持有者。

## 第二节 个人信息盗窃灰色产业链的运行机理

### 一、个人信息盗窃灰色产业链的上中下游行为分析

作为互联网地下经济的核心产业链之一，个人信息盗窃与非法交易产业链在发展过程中逐步突显出如下特点及趋势：发展时间较早且参与主体众多，流程复杂化、产业化、专业化、集团化。其运作流程与线下的犯罪团伙极为相似，各参与主体相互协作、分工明确，经过长期发展，已经形成了一个非常完善的"上游—中游—下游"产业链条。庞大的网络使其成为互联网地下产业链隐藏

---

[1] 参见腾讯安全威胁情报中心：《全球高级持续性威胁（APT）2019年研究报告》，http://pc1.gtimg.com/softmgr/files/apt_report_2019.pdf，第3—41页，2020年7月2日访问。

最深的一部分,各参与主体往往只了解自己分工的部分,对其他环节的了解程度通常不高。与传统的盗窃产业链相比,个人信息盗窃灰色产业链情况更加复杂,线上和线下相结合的方式具有很强的隐蔽性,不易被信息主体、执法机关、司法机关等发现,而且数据一旦被盗,追本溯源成本很高,查处难度通常较大。从数据流向来看,个人信息盗窃灰色产业链可分为:上游负责实施数据盗窃行为,中游负责数据转手、分销、联络,下游通过一系列手段对数据进行利用与处理,从而获取实际经济利益。

(一)灰色产业链上游行为:数据盗取

灰色产业链的上游是数据的提供方,其中以职业黑客团体为主,该团体技术水平高,人数众多,成分复杂,也是最为隐蔽的一个群体。他们通过攻击系统漏洞,编写网络爬虫爬取、挂接木马等方式获取数据。这一过程被称为"拖库"。"拖库"本来是数据库领域的术语,是指数据库管理员将数据从数据库中导出的行为。在黑客圈子中,"拖库"是指入侵有价值的网站、服务器等,并将数据全部盗走的行为,因为谐音,也常被称为"脱裤"。虽然拖库得到的密码、身份证号码等敏感信息都是加密存储的,但是黑客可以轻易将明文存储的数据分离出来,并经过解密流程将数据库中价值最高的敏感数据翻译成明文。一般而言,拖库、解密都由同一团体或个人完成。常用的解密方法有暴力破解、字典破解和彩虹表破解。

第一,暴力破解。顾名思义,暴力破解是一种简单粗暴的破解方法,是一种"时间消耗型"的破解方法,即逐个推算直到与真正的密文相一致为止。设 P 为明文,H 为加密算法,M 为密文,则 $M=H(P)$。暴力破解就是将 P 逐个加密,与待破解的 M 进行比较,如果二者相等,则对应的 P 即为待破解的 M 的明文。这个过程需要在计算的过程中一边产生 M 一边比较,耗费的资源和时间较多。一次密文对比结束后,下一次又从头开始计算,效率不高。随着大数据技术、网格计算和云计算技术的发展,黑客也借助互联网进行密码破解,云计算破解可以借助网络强大的计算能力,能够极大地提高破解密码的效率。

第二,字典破解。字典破解本质上还是暴力破解的一种,只不过通过引入字典的方式提高破解效率。在字典破解中,攻击者先将所有的明文进行预计算,然后将明文和密文逐个进行比较,直到找到某条密文和待破解的密文相同。有研究表明,网站注册用户中将近1%的人以"123456"作为密码,使用第二多的密码是"12345",排名前20的密码还有"qwerty"(键盘左上角的几个字母)、"abc123""admin"等。根据统计发现,在所有注册用户中,大约1/5的用户使用的密码来源于相当接近的5000个符号。这意味着,只需要尝试这些常用的密码,就能进入很多账户。随着云计算技术的发展,黑客每分钟可以进行上万个密码破解。字典破解只需要在生成字典阶段消耗一定的时间,后续的破解阶段比单纯的暴力破解效率更高,而且字典可以重复使用,但其缺点也很明显,一是需要为不同的加密算法创建不同的字典,不同加密算法的字典不能通用;二是字典文件非常庞大,占用大量的存储空间。

第三,彩虹表破解,是指预先对经过加密处理的密码的哈希值进行计算后制成彩虹表,再通过直接查表的方式获取密码的破解方法。[1] 彩虹表破解是暴力破解和字典破解两者的结合,是对两者进行折中的一种破解技术。使用彩虹表进行破解,比每一次尝试都用暴力破解处理所需时间少而存储空间多,但比简单的字典破解方法所需时间更多而存储空间却较少。

(二)灰色产业链的中游行为:数据交易

由于地下产业链的隐蔽性,很多企业都不了解地下产业链的全貌,因此就需要中间人来促成相关交易。黑客和内鬼窃取数据后,一般也不会直接转卖给客户,而是通过下一级数据中间商,联系源头的数据中间商又称"条商"。大多数时候数据的需求方都是企业的竞争对手或上下游相关企业,条商向上联系数据源头,向下联系买家和需求方,是整个灰色产业链的中间节点。条商在交易环节中起着关键作用,他们低价购入源头的信息,再高价出售给下游的客户,赚取差价。信息源头的黑客和内鬼一般会将数据出售给固定的几个条商,而条商下线还有大量分销商,一般多达六七层。

条商入行往往是从接触个人数据开始,主要从两部分人分化而来。一是上

---

[1] 参见王伟兵、文伯聪:《基于彩虹表技术的分布式密码破解研究》,载《中国人民公安大学学报(自然科学版)》2017年第1期。

游的黑客。部分黑客在积累了一定的数据倒卖经验和行业人脉后,就会逐渐脱离数据盗窃一线,转而利用积累的经验和人脉从事数据倒卖。二是营销、广告、金融等行业的人员,因工作需要大量精准的个人信息而接触个人信息倒卖行业,受利益驱使转而从事数据倒卖。条商一般将买家的需求汇总分类,发给自己的上线或信息源头,获得数据后再倒卖给下家,赚取利益。一个简单的交易背后,有可能包含多个源头、多层中间商,才最终进入买家手中。其中的协作错综复杂,呈网状结构。在庞大的交易网络中,各级条商所处的位置和层级不同,条商自己也很难知道手中的信息来源于几手,但可以肯定的是,经过各级中间条商的层层加价,转手越多,价格越高。

　　在地下产业链中,信息发布者希望自己的供需信息能够被更多人看到,从而具有更强的对买家或卖家的议价能力,以合适的价格达成交易,获得更多的回报。但是,由于地下产业链的交易往往涉嫌触犯法律或处于灰色地带,不能在公开的交易平台进行,因此地下产业链往往依托互联网构建网上黑市交易平台,并采用一些行话术语增加地下黑市的隐蔽性。由此形成一个个地下产业链的小圈子,不知晓地下产业链行话的普通用户极少访问到这个圈子的信息,或即使偶尔进行也无法理解黑市行话的含义。目前,中国的个人信息地下产业链主要通过互联网上的地下黑市进行交易,多以百度贴吧、WEB 论坛、QQ 群等为平台。具体来说,先在贴吧、论坛发帖和 QQ 群进行黑市广告信息发布,一旦交易双方联系上便转入 QQ、微信等社交工具进行议价,最后的交易结算主要采用微信或支付宝交易进行网上付款,近些年来使用比特币等虚拟数字货币进行的交易也越来越多。

　　百度贴吧作为网上最大的中文社区之一,提供了基于关键字的搜索方式以及松散便捷的登录与发帖机制,因此吸引了大量地下产业链的参与者以此为平台发布供需信息,以行话作为关键字发布广告,如"料吧"。更多的地下产业链黑市则借助 QQ 群进行交流,参与者在 WEB 论坛中发帖,在帖子标题、内容或发布者网名中包含 QQ 号,或者在 QQ 群和群简介中包含行话,以便有意者通过 QQ 与其进行联系。在申请加入 QQ 群时,群主会对申请者进行甄别,以判断其是不是业内人员以及决定是否接收其入群。同时,在地下产业链中盗窃与销售 QQ 号也非常普遍,而且 QQ 号没有实行实名认证,因此 QQ 成为地下产业链参与者最为广泛接受的联系方式。

此外,还有一种交易渠道是暗网黑市。暗网是指只能用特殊软件、特殊授权或特殊设置才能访问的网络,暗网中的服务器地址和数据传输都是匿名的,通过搜索引擎搜索也不会显示。接入暗网一般需要特定的软件和密码。暗网最大的特点是匿名性,网站用户在进行浏览时通常可以隐藏真实身份,同时,网站运营者也会通过多次中转等手段隐藏真实地址,对其进行追踪十分困难。比如,著名的暗网软件"Tor",除将数据进行加密外,还会通过将数据在全世界的服务器中进行中转的方式来发送数据。因此,虽然数据传输的最后一个中转站可能被发现,但仍然难以通过各层中转站寻找数据发送源头,找出运营者和浏览者的身份几乎不可能。暗网是各种非法交易的网络黑市平台,武器、毒品、个人信息等都会在暗网买卖。随着加密数字货币(如比特币)的使用与普及,越来越多的暗网交易开始使用比特币等作为交易货币。部分地下产业链的参与者正是利用这种匿名性,将个人信息、银行账户密码等数据在暗网上进行交易。由于语言及文化等原因,中文互联网使用者参与暗网交易并不多,暗网上的中文内容也不多,但是近些年来随着比特币的使用,越来越多的中文互联网使用者开始以暗网为平台进行交易。

(三) 灰色产业链的下游行为:数据利用

在取得用户数据后,黑客会通过一系列的技术手段对数据进行处理,俗称"数据清洗",然后通过地下产业链将有价值的用户数据变现,以达到获得非法收益的目的,这一过程亦被称为"洗库"。针对不同性质的个人数据,有不同的洗库方法。

财产性个人信息被盗窃之后一般会进入销账环节。不法分子盗取账号后,会对账号进行整理、逐一登录,再进行分类并筛选出有价值的部分转移到事先准备好的账户中,以便将财产在虚拟交易平台或电商平台上进行交易,卖给下家获取利益。有些虚拟物品通过流通,可能又回到游戏玩家中,形成一个网络虚拟财产交易的循环。若所盗虚拟账号级别比较高,本身具有一定的价值,不法分子还会尝试破解账号的密码保护机制,修改账号资料,彻底获得该账号以便进行出售。

非财产性个人信息被盗后一般会被不法分子以拖库的方式进行处理。非财产性个人信息虽然与财产无直接关系，但是当各个来源的信息汇集到一块，达到一定数量后，通过数据分析，可以反映出个人的喜好、生活习惯、家庭状态、经济状况等信息，具有巨大的商业价值，容易遭到不法分子滥用。同时，个人数据和账号作为很多灰色产业链的基础，是互联网地下产业链的必要"原料"，如发送垃圾邮件需要大量精准的邮件地址，发送垃圾短信需要真实的手机号，网店刷信誉需要大量的账号。此外，不法分子还可据此对信息主体进行敲诈勒索，利用个人信息办理手机卡、银行卡，进行网络刷票等。

此外，黑客等掌握计算机攻击技术的群体还可以通过盗窃得来的个人信息窃取更多重要的敏感个人信息。许多用户习惯在不同网站注册时使用相同或相似的账号和密码，这很容易被黑客利用。撞库就是黑客利用用户的注册习惯，通过攻击一些安全性差的小网站获取用户账号和密码，然后批量尝试登录其他网站，得到一系列可以登录的账号。这就是撞库攻击。撞库攻击的实质就是以已经获得的大量用户名、密码等个人信息为原料，利用用户相同的注册习惯，尝试登录其他网站。2016年，浙江警方破获淘宝撞库第一案，黑客徐某和姚某利用盗取的账号和密码在淘宝网进行了9900万次的撞库攻击，发现有近1/3的账号和密码在淘宝网登录平台也是真实存在的，并将这些淘宝账号和密码盗走，卖给下游商家进行销量刷单、信用刷单等，在一个月时间内牟利达280万元。[1] 2019年2月，汪某使用专门用于侵入计算机信息系统的程序以及包含大量用户名、密码的样本数据，对抖音公司的计算机信息系统实施撞库攻击，非法获取抖音公司存储的用户身份认证信息177万余组。[2]

黑客会将撞库后得到的用户名和密码进行整理，制作成社工库，也就是网络上密码的合集。社工库记录的是黑客获得的个人数据，是黑客积累的结构化数据库，有的社工库还记录攻击手段。通过黑客的加工整理，社工库包括账号、密码、金融记录、消费记录、通信记录、社交软件记录等个人信息行为记录。利用社工库可以对其他网站进行撞库攻击。这是一个逐步放大的过程，随着时间

---

[1] 参见沙渡路:《淘宝"撞库"第一案》，载《检察风云》2017年第8期。

[2] 参见北京市海淀区人民法院(2019)京0108刑初1834号刑事判决书。

的积累,社工库日益庞大,获得的用户信息可能越来越多,可以对用户进行全方位的刻画。就目前一些公开的社工库而言,其信息的全面性和对用户隐私的了解已经让人震惊。而这仅仅是公开的一小部分数据库,真正灰产链中的社工库数据丰富程度更高。

## 二、基于不同对象的个人信息盗窃灰色产业链分析

在个人信息盗窃灰色产业链中,盗取的对象主要包括银行账户存款、信用卡额度等与实际财产关联的个人信息,QQ 号、游戏账号、虚拟物品等网络虚拟财产相关个人信息,以及自然人身份和标识信息、虚拟身份信息、服务内容信息、联系人信息等非财产性个人信息。盗窃对象不同,盗窃主体所采取的盗窃手段、盗窃路径、变现方式等也会有较大差异,以盗窃对象为视角对个人信息盗窃灰色产业链进行分析具有重要意义。

### (一) 与实际财产关联的个人信息盗窃灰色产业链

与实际财产关联的个人信息,主要包括银行卡、信用卡、网银、投资理财账户(股票、基金)所涉及的账号、密码、密码保护答案、余额等鉴权类信息。为完成整个盗窃过程,盗窃主体通常还需要盗窃自然人身份、标识信息以及人脸、指纹等生物标识类个人信息。

在灰色产业链中,一个银行卡账号及其对应的密码被称为一个"信"或"信封"。黑客盗取的账号、密码等信息一般会发送至事先指定的电子邮箱或服务器,接收和存储账号和密码信息的电子邮箱或服务器被称为"箱子"。盗取银行卡资料并出售给产业链上下一级的人被称为"料主"。洗钱往往涉及众多环节和人员,洗钱也被称为"洗料"或"洗信",从事洗钱活动的角色被称为"洗料人"或"洗信人"。获得的非法资金一般通过"蚂蚁搬家"的方式取现或套现,实施取现、套现的过程被称为"刷货",实施取现、套现的角色被称为"车主""车仔",提供 POS 机进行盗刷或取现的角色被称为"机主"。

银行资产账户信息安全级别比较高,银行一般会采取多级验证以加强安全性。具体来说,银行一般采用"账号+登录密码"作为一级验证,采用数字证书、动态短信、USB Key 作为二级认证,少数情况下还要增加指纹、人脸识别作为三

级验证。因此,盗窃资产账户和密码等用户鉴权信息,绕开有关保护措施取得账户、密码等个人信息控制权就成了实施盗窃的关键一步。目前,与实际财产直接关联的个人信息盗窃主要使用网银木马和网络钓鱼两种技术手段。第一,网银木马。网银木马是木马的一种,与网络钓鱼一样,网银木马的开发与利用在地下产业链的支持下已形成分工明确的完整流程。不法分子从地下产业链中购买网银木马,并通过软件捆绑、网站挂马、电子邮件等方式传播,使用户遭受感染。一旦主机感染,网银木马就会在系统中监视用户,通过键盘记录、屏幕录像、窃取数字证书、嵌入浏览器等方式窃取网银账户、密码等鉴权信息。第二,网络钓鱼。伪基站是一种高科技设备,通过伪装成运营商的基站,可以冒用任何手机号码向用户手机发送诈骗、广告推销等短信。不法分子一般冒用10086、95533等电信运营商或银行号码,发送包含指向钓鱼网站的链接的短信,并诱导用户登录,从而非法获取用户的个人信息。

在非法窃取用户与其实际财产关联的个人信息以取得被盗账户控制权后,不法分子会进一步通过产业链下游进行洗钱套现。洗钱环节受不法分子盗取的资产类型、数量、联络渠道等多种因素影响,非常多样化,并已形成一种有组织合作的地下产业链。目前流行的洗钱方式有以下几种:

第一,汇款转账。不法分子窃取网银账号、密码等鉴权信息,获得账户控制权后,就会通过转账、汇款将其中的存款转移至事先准备好的账户中,这些账户往往是通过地下产业链购买大量身份证办理的。由于很多网银都有转账最高额度限制,因此不法分子一般会发起多笔小额转账,通过"蚂蚁搬家"的方式将其中的资产全部转走。为了逃避监管,有的还会将钱跨境转向境外,然后提供佣金雇人通过地下钱庄套现。

第二,银行卡、信用卡盗刷套现。利用国内对POS机监管不严的漏洞,不法分子可以假冒商家名义申请到POS机,进行银行卡盗刷。不过,传统的POS机盗刷因为监管机构打击而成本越来越高,新兴的无卡盗刷可以不通过POS机,通过在银行网关、快捷支付、第三方支付平台上发起多笔小额支付实现,这种盗刷金额小、速度快、难追回。

第三,证券账户操纵。对于窃取的股票账户,不法分子往往利用股票的高买低卖,或者操控被盗账户与自己控制的账户之间反复对敲交易某些证券赚取差价,把被盗账户上的资产转移到预设账户中。对于基金账户,一般是赎回后窃取资金。

无论哪种洗钱方法,不法分子都不会使用自己真实身份,而是通过地下产业链购买冒名银行卡,然后雇用他人分批取现。冒名银行卡基本上通过收购他人身份证或者通过购买被盗、遗失身份证,然后以他人名义办理而得到的。

(二)网络虚拟财产个人信息盗窃灰色产业链

网络虚拟财产是网络环境下模拟现实事物,以数字化为表现形式,既相对独立又具有独占性的稀缺资源,多数以数据、代码的形式存在,是一种无形资产,如QQ号、游戏账号、虚拟物品、游戏道具等。所谓虚拟,是指网络财产依附于网络虚拟空间而存在,与传统的物质形态财产的价值来源和表现形式不同,网络虚拟财产多是玩家通过网络充值购买或投入大量游戏时间取得的,可以出售给玩家,具有财产的基本属性,并具有交换价值和稀缺性,可以进行交易。虚拟财产的所有人可以对其行使控制、使用、收益和处分等权利,从这个意义上说,网络虚拟财产也具有实际价值。相对于实际财产,网络虚拟财产的关注度较低,安全防护措施较弱,更易遭受不法分子的盗窃。加之我国缺乏网络虚拟财产权属界定的法律制度,使网络虚拟财产成为网络盗窃的多发地带。《民法典》第127条规定了网络虚拟财产受法律保护,明确了网络虚拟财产的民事权利地位。但是,由于缺乏专门立法,司法实践中如何具体操作仍然存在诸多问题,[1]关于网络虚拟财产盗窃规制也留下许多法律漏洞。

网络虚拟财产盗窃同样需要以盗窃用户的虚拟身份和鉴权信息为前提,对于设置密码保护、二级密码等安全防护措施的游戏账号等,还需要窃取用户的自然人身份和标识信息。网络虚拟财产盗窃地下产业链包括三个环节,首先是通过网络钓鱼、盗号木马、社会工程学手段等盗取网游、娱乐应用等账号密码,其次是将具有较高经济价值的游戏装备、会员权益等虚拟物品进行转卖,或是对一些高级别账号修改认证保护等信息,最后通过网络销售渠道将虚拟财产出售给玩家。

---

[1] 参见张永坚、雍春华:《如何保护网络虚拟财产》,载《人民论坛》2019年第6期。

在网络虚拟财产个人信息盗窃灰色产业链中,各种网络游戏、娱乐应用账号和密码同样被称为"信封"或"信",接收和存储账号和密码的电子邮箱或服务器也被称为"箱子"。从黑客手中购买盗号木马并实施"信封"盗窃的黑客被称为"木马代理"或"包马人",窃取"信封"后倒卖给地下产业链的下家"洗信人",由他们通过自动化程序或者手工登录窃取的"信封"账户,从中窃取网络虚拟财产,这一过程被称为"洗信"。窃取的网络虚拟财产一般出售给产业链下游的"分销商",由其通过一些公开或地下网络销售渠道出售给需要的玩家、客户,从而套现获取经济利益。

目前,针对虚拟财产的网络钓鱼比较少,较多见的是盗号木马。与网银木马类似,盗号木马也普遍采用键盘记录、屏幕录像等技术。由于虚拟财产的主要载体网络游戏和娱乐应用种类繁多,账户认证和安全防护手段也多种多样,因此盗号木马基本上都针对特定的应用进行编写。同时,由于盗号木马所使用的技术大同小异,因此在地下产业链中会出现同一木马工作室或同一黑客团体开发、销售多款盗号木马的情况。由于网游和娱乐应用、在线社交软件的安全防护等级比较低,与网银木马相比盗号木马实现的技术难度较低,因此在地下产业链中盗号木马也被称为"小马",售价比网银木马低——开发技术要求较高的网银木马通常几千甚至上万元,而技术要求低的盗号木马一般售价仅在几百至上千元。

网游、娱乐应用玩家规模庞大,大量玩家为了提升游戏体验和娱乐体验,不惜花费大量金钱购买游戏装备、虚拟货币等,是网络虚拟财产的最大买家。虚拟财产"洗信"比真实财产"洗信"容易,技术含量也低。不法分子一般将虚拟财产通过网络游戏软件提供的交易平台转移到自己控制的账户中,对于一些用户量较大的网游厂商,如腾讯、网易等,地下产业链还开发了自动洗信软件以提高洗信效率。洗信人通常将虚拟财产销售给下级分销商,由他们出售给玩家,获得支撑整个虚拟财产盗窃产业链运行的资金。

(三)非财产性个人信息盗窃灰色产业链

非财产性个人信息是指与个人财产不相关或无明显相关性的个人信息。非财产性个人信息种类繁多,包括自然人身份和标识信息、虚拟身份信息、服务内容信息、联系人信息、用户私有资料数据、私密社交内容等。[1] 数据类型不同,洗库方法也各不相同。非财产性个人信息盗窃产业链一般分信息窃取环节和信息滥用环节。其中,信息窃取环节与财产性个人信息盗窃的技术手段相似。盗取非财产性个人信息后,不法分子会采取多种手段滥用这些信息,从而获取不正当利益。

第一,垃圾邮件、信息群发。互联网上的商业推广需求非常旺盛,无论是广告邮件群发还是短信群发,都需要大量精准的个人信息。商家直接向拥有信息的单位或机构搜集或共享信息一般非常困难或不可能,这为拥有大量个人信息的灰色产业链提供了"商机",使它们得以以电子邮件营销、短信精准群发的名义提供商业付费服务。为了保持这种资源独占性,这种服务一般不会向客户透露群发的邮件地址或手机号,而只是提供代发服务。目前的服务价格一般为:电子邮件每万封100—200元,短信群发每条3—5分。客户资源优质,价格就高,高端消费群体的群发价格甚至可达到普通群发的2—3倍,如向别墅、4S店、美容护肤、酒店等消费群体发送邮件。这也是目前公众遭受大量垃圾广告骚扰的根源所在。在分工明确的灰色产业链中,盗窃个人信息的团伙还会将信息出售给下家。

第二,敲诈勒索。敲诈勒索是灰色产业链中一种性质更加恶劣的营利方式。攻击者一般利用其掌握的用户隐私信息,以实施破坏或曝光相威胁,敲诈目标对象支付"保护费"或赎金。其中,针对公司的敲诈主要发生在一些严重依赖业务在线运行但本身又处于灰色地带的行业,如网络游戏私服、网络博彩等,一般都处于地下、无序化竞争状态。针对个人的敲诈主要是就其窃取的公民个人隐私信息,如通话记录、开房记录、就医记录等。例如,央视主持人马某曾遭受隐私照片被盗并被敲诈勒索。该案中,夏某电脑曾被"狙击手控制软件"入侵,对方窃取其私人照片并以此敲诈夏某,夏某汇款给对方后获得该软件。之后,夏某利用该软件窃取被控制计算机上的隐私照片等数据,并向数据所有者马某勒索赎金。[2] 此外,不法分子还会利用"短信炮""呼死你"等软件进行电

---

〔1〕 参见本书第一章第二节第三部分"个人信息的类型划分"。
〔2〕 参见穆奕:《央视一名嘴不雅照被挂网上 上传者涉嫌敲诈被捕》,中新网,2009年10月11日,https://www.chinanews.com.cn/sh/news/2009/10-11/1903964.shtml,2021年12月30日访问。

信骚扰，或者冒充公检法进行诈骗、恐吓。

第三，刷客。刷客通常掌握大量个人信息，并通过这些信息来操纵互联网在线服务，实施作弊行为，如为网络店铺制造虚假人气与信誉。通过这种行为赚取佣金的人被称为"刷客"。这些服务一般都需要实名身份认证或绑定手机号，其背后依赖的是大量个人身份信息。虽然按照工信部要求，所有手机号都要进行实名认证，但由于存在漏洞，卡商依然可以通过购买个人信息批量开卡、激活。这些手机卡绝大部分都被用于各类APP的虚拟注册，成为"羊毛党"的"弹药库"。而个人信息的大量泄露导致"羊毛党"横行，他们往往伪装成真实用户参加各种互联网金融、电商平台的优惠活动，批量套取返现、优惠券等。

### 三、个人信息盗窃灰色产业链的衍生产业链

黑客群体渗透到互联网地下产业链的各个环节，影响着个人信息盗窃地下产业链的形成和发展，并成为其中不可缺少的一部分，为整个产业链提供技术支撑和原动力。黑客群体主要以提供黑客工具和攻击服务两种形式参与地下产业链，由此衍生出相应的产业链。

#### （一）黑客工具地下产业链

从提供黑客工具角度看，黑客利用自己掌握的技术编写各种木马、病毒、漏洞扫描器和渗透工具等，然后将工具和获得的安全漏洞、网站后门等作为产品出售给产业链的其他群体，起到"军火商"的作用，大大降低了网络攻击所需要的技术门槛。从服务角度看，黑客也会接受产业链中其他群体的定制任务，完成特定的"定点爆破"任务，如指定的网站入侵、数据窃取等任务。除此之外，黑客还会开展培训服务，将技术传授给新人，为产业链提供人才支持。

#### （二）黑客技术培训产业链

在黑客技术培训产业链中，提供黑客技术培训服务被称为"收徒"，如果有人想寻求黑客技术培训服务，一般会发布"拜师"的信息。"马"是木马的简称，编写木马的黑客被称为"木马编写者"，"免杀"是指木马或病毒能够通过杀毒软件的查杀。"0day"是指尚未有软件厂商修补补丁的最新软件安全漏洞，通常是

未经公开披露的只掌握在少量人手中的非常宝贵的攻击资源。

网络犯罪"低成本、高回报"的特性吸引了大量的新人加入这个行业,产生旺盛的黑客技术学习的需求,针对新人开展的黑客技术培训正好满足了这样的需求。这种培训一般没有学历和经验门槛,培训的费用也比较低廉,一般只需要花上几百元就能参加培训。培训一般是在网络上进行的。培训者通常会在黑客培训网站、论坛、QQ群中发布有偿收徒广告,采用付费会员制招募学员,将培训课程明码标价,学员支付相应费用后就可以参加在线学习,或者从网站下载教学视频、软件工具及培训资料进行自学。

### 四、个人信息盗窃灰色产业链的发展趋势

随着互联网技术的发展,个人信息盗窃灰色产业链逐步呈现出新的发展趋势,其参与主体的任务分工、盗窃技术的掌握门槛、数据盗窃模式、实施盗窃行为的场景以及黑客攻击的对象等方面均有区别于以往产业链之处。下文将对其发展特点与趋势进行阐述,以便掌握个人信息盗窃灰色产业链的发展动向,并以此为基础构建具有针对性的个人信息安全保障机制。

(一)各参与主体的任务分工精细化

当前,个人信息盗窃灰色产业链的行业分工更加细致,组织更严密,参与主体和环节越来越多。早期的个人信息盗窃产业链通常由一个团队完成拖库、洗库、撞库、销赃等各个环节,现已很少有团队完成整个链条,通常每个团队只完成产业链上的一个环节,然后将处理后的数据转卖给下游。分工协作更加明确,并衍生出洗钱、取钱、办卡、黑客培训等各种衍生产业链。

(二)掌握信息盗窃技术的门槛降低

互联网的发展使个人学习的成本降低,知识传播更加迅速,而黑客培训产业的蓬勃发展降低了网络入侵的门槛,大量的普通人可以进入这个行业,网络入侵呈现平民化趋势。一些黑客通过网站、APP、QQ群等方式提供黑客攻击工具和培训服务,以师傅带徒弟的方式传播漏洞扫描、黑客攻防、木马免杀等技术。黑客群体中出现了专门编写、出售木马、病毒、恶意代码的团队,他们将作

品出售给买家,一个普通人经过简单的学习就能操作这些工具进行网站入侵。

(三)数据窃取从交易化向定制化模式转变

交易化模式就是黑客窃取数据后,直接在黑市上出售给下家以获取利益。这种模式的特点是数据操作简单,每次出售的价格便宜,下家没有数据的买断权,数据可以多次出售。但是,数据的时效性和真实度没有保障,交易过程中可能出现欺诈和不守信的情况,风险较大。定制化模式就是客户指定要攻击的特定网站或需要的特定数据,雇用黑客去完成攻击或盗取任务,黑客完成任务后客户支付佣金。按照产业规则或行业约定,这种模式下获得的数据原则上属于定制的客户,黑客一般不能出售给定制客户以外的人。大多数时候,定制的客户都是目标企业的竞争对手或上下游相关企业。此类客户常希望通过定制模式获取竞争对手或合作伙伴的数据,以在竞争中占据优势。随着移动互联网的快速发展,数据盗窃团伙加速洗牌,出现严重的分化。一些实力雄厚的团伙已经完成早期的原始割据,构建了庞大的社工库,一般不再从事交易化的拖库,而是专注于有一定技术难度的定制化拖库和产业链下游的洗钱、诈骗等,以追求更高的经济利益,行为也更加隐蔽。而一些小的团队还在不断相互交易,因此在网络上的曝光率也更高。

(四)移动互联网成为灰色产业链的新市场

截至2020年3月,我国手机网民规模已达到8.97亿。[1]对于大多数人来说,移动互联网是最常使用的网络,智能手机等移动终端在方便人们生活的同时,也承载了越来越多的个人隐私信息,特别是直接涉及资费与支付等的信息。手机里的通讯录、通话记录、短信、地理位置等隐私信息都是地下黑市中需求最旺盛的数据,使得移动互联网成为网络入侵和隐私泄露的热点。

---

[1] 参见中国互联网络信息中心:《第45次〈中国互联网络发展状况统计报告〉》,中国网信网,2020年4月28日,http://www.cac.gov.cn/2020-04/27/c_1589535470378587.htm,2020年7月2日访问。

### (五)倒卖医疗数据已经形成灰色产业链

随着医疗数字化的快速发展,越来越多的个人健康信息连入网络。一方面,移动医疗日益普及,各类医疗 APP 吸引了大量用户注册使用,如"平安好医生"APP,截至 2021 年末,累计注册用户达 4.2 亿。[1] 另一方面,传统医疗行业不断加强信息化建设,随着病历电子化、网上医院、远程诊断等业务的开展,患者的信息逐渐电子化。但是,数字化技术的使用也增加了病患信息泄露的风险。针对病患信息的攻击和倒卖之所以日益增多,主要有以下几个原因:第一,医疗数据蕴含巨大的经济价值。相比于其他隐私信息,医疗数据有更高的经济价值,患者的身份、年龄、病史、居住地址等信息一旦流入下游的药品、保健品、医疗器械厂商手中,将会为其带来巨大的经济利益,因此引起了黑客的关注。第二,传统医院信息化建设漏洞较多。作为医疗机构,医院缺乏信息系统建设和维护的相关经验,网站和信息系统漏洞较多。同时,医护人员网络安全意识较为薄弱,医护人员共用账号、弱密码等现象突出,而且医院对内部医护人员的管理不够严格,导致黑客和内鬼有机可乘。第三,移动医疗 APP 作为新兴事物,尚缺乏有效的监管。综上,为追求经济利益,不法分子必然设法窃取病患信息并将其倒卖给下游的药品制造商、保健品厂商、医疗器械厂商手中。

### (六)基于物联网的信息盗窃逐渐增多

物联网(Internet of Things)就是物物相连的互联网,其用户端延伸到了物品与物品之间。物联网将射频识别、全球定位系统等技术嵌入智能硬件中,使用者会被扫描、定位和追踪。物联网是基于传统互联网发展起来的,是互联网的延伸。互联网存在的安全问题物联网也存在,但是其技术原理、组织形态、应用场景与互联网又有很大区别。特别是物联网连接和处理的数据来源更为广泛,形式更为多样。物联网设备一旦被黑客入侵,相关隐私信息极易被窃取。黑客不仅能够通过物联网漏洞控制企业网络,还可以对家庭和组织中的物联网

---

[1]《平安健康发布 2021 年度业绩,平安好医生战略深化成果显著,用户黏性显著提升》,澎湃网,2022 年 3 月 16 日,https://www.chinanews.com.cn/sh/news/2009/10-11/1903964.shtml,2022 年 3 月 30 日访问。

设备进行控制。

## 第三节 大数据利用中的个人信息保护技术手段及其问题剖析

### 一、大数据时代个人信息保护技术的基本原理

大数据已成为继云计算之后信息产业领域一个新的增长点，而个人信息安全是大数据产业面临的关键问题之一。如何在保护用户个人信息的前提下充分挖掘其中的数据价值，既是目前学界的研究热点和难点，也是产业界的迫切需求。一方面，用户个人信息不作任何处理直接使用，可最大化挖掘其商业价值，但会严重侵犯用户的个人信息权。另一方面，抹去用户全部标识信息使用虽可保护用户个人信息，但同时也会使其潜在价值大大降低。因此，如何平衡个人信息利用与保护的关系，是信息安全领域所要解决的关键问题之一。目前常用的个人信息保护技术为去标识化技术，主要包括数据脱敏技术与差分隐私技术，每一种技术又包含多种处理方法。

2018 年 5 月 1 日正式实施的《信息安全技术—个人信息安全规范》（GB/T 35273—2017，以下简称《个人信息安全规范》）对大数据环境下既保护个人信息又充分利用个人信息造福社会的关键技术问题进行了原则性规定。其中，针对个人信息盗窃灰色产业链，《个人信息安全规范》提出了去标识化的技术要求。而间隔一年左右，《个人信息安全规范》即迎来了修订，并于 2020 年 10 月 1 日正式实施。此次修订提出了匿名化的要求，规定信息经过匿名化的技术处理后，应无法被复原为个人信息，并且不可能从该信息中识别或关联特定个人。《个人信息安全规范》中的要求实际上是对数据加密技术与数据脱敏技术的要求。由于数据是个人信息的载体，对个人信息的处理需要通过对数据的处理而实现，因此下文中分析的"数据"仅指与个人信息有关的数据。

## 二、大数据利用中的个人信息保护技术手段

（一）防火墙技术

防火墙（firewall）是由计算机硬件设备与对应的软件组成的,位于内部网络（intranet）与外部网络（internet）之间,对进出内部网络的网络通信予以审查和控制,从而最大限度地阻止不法分子对系统的非法访问,并防止其对内部数据库所存信息的篡改、复制或毁坏的一个网络安全系统。[1] 防火墙技术建立在网络技术、信息安全技术基础之上,通过在内部网络与外部网络之间构筑一道防火墙,以过滤、隔离外部网络的非法入侵、非法攻击,保障内部网络系统信息安全。[2] 其工作原理为:防火墙在接收到外部网络进入的数据流时,首先会对其进行审查,判断其是否拥有相适用和匹配的过滤规则,并通过表格(表格的内容包括 Match,Action,Trace,Target)的形式呈现出来;随后,进一步对数据包实际情况与规则条件进行比对,并根据比对结果进行相应的处理(包括允许、拒绝、重新定向等),以保护内部网络、内部数据库信息的安全。[3]

防火墙技术的主要技术包括包过滤(Packet Filtering)、应用代理(Application Proxy)、状态监控(Stateful Inspection)等技术类型。后续发展出的技术类型均是此三种技术的扩展与延伸,下文主要对这三种技术类型予以介绍。

第一,包过滤技术。包过滤技术是一种利用路由器自身对数据包的分析能力,根据数据包的 IP 地址、目标地址、协议、端口号等参数制定访问控制列表,完成数据包过滤的一种防火墙技术类型,其发展经历了从静态包过滤(Static Packet Filtering)到动态包过滤(Dynamic Packet Filtering)的过程。其中,静态包过滤技术是指将进入防火墙的每个数据包的 IP 地址、目标地址、头部、协议、

---

[1] 参见高能主编:《信息安全技术》,中国人民公安大学出版社 2018 年版,第 49 页。

[2] 参见秦智主编:《网络系统集成》,西安电子科技大学出版社 2017 年版,第 173—175 页。

[3] 参见胡建伟主编:《网络安全与保密(第二版)》,西安电子科技大学出版社 2018 年版,第 200 页。

端口号等与预先设定的过滤规则进行对照,并根据结果进行相应的处理,若比对发现符合"阻止"进入的相关条件,此数据包将会被丢弃。[1] 由于静态包过滤技术仅能根据预先设定的过滤规则进行比对,如果遇到预设之外的有害数据包进入则无法适用,故在静态包过滤技术基础上的动态包过滤技术应运而生。动态包过滤技术除了维持静态包过滤技术的过滤功能、过滤规则之外,还具备对数据包的追踪、对有害数据的阻止等功能,能够有效地防止有害数据的进入,但因需要花费额外的资源对数据包内容进行判断,其运行效率低于静态包过滤技术。包过滤技术能对进出的数据包进行识别、判断、控制,将具有欺骗性 IP 地址的数据包予以剔除,同时由于其仅在网络层、传输层发生作用,无关应用层,因此在对有害数据包进行处理时不会改变主机以及用户机的应用程序。但是,其过滤规则较难确立且配置复杂,难以满足内部网络相关安全要求,主体系统内部数据库的信息安全也难以得到有效保障。[2]

第二,应用代理技术。仅依靠过滤技术无法消除 SYN 攻击、ICMP 洪水等现实危害,难以满足相关主体信息保护需求,因此应用代理技术被提出并得到运用。应用代理技术是面向应用层的一种常用技术类型。该技术的运行流程为:首先,外部数据包通过包过滤路由器[3],包过滤路由器根据数据包的相关参数进行过滤规则配置;其次,经审核通过的数据包传输流向代理服务器,[4] 代理服务器将访问请求传输到内部服务器,服务器将相关信息反馈到代理服务器;最后,代理服务器将信息经由包过滤路由器反馈给用户。在此过程中,通过对路由器的过滤规则进行配置,使其仅能接收代理主机的内部数据包,从而强制要求内部用户使用代理服务。这样,网络管理员便可对整个数据访问过程加

---

[1] 参见高能主编:《信息安全技术》,中国人民公安大学出版社 2018 年版,第 50 页。
[2] 参见仇建平主编:《信息安全技术》,上海交通大学出版社 2017 年版,第 71—72 页。
[3] 包过滤路由器是指自身具备过滤功能,可对进出数据包进行分析、比对、过滤处理的一种路由器类型。
[4] 代理主机配置于内部网络上,由于代理主机与内部主机处于同一网络,内部系统被要求使用堡垒主体上的代理服务来访问外部网络,因此外部系统进入的数据包只能访问代理主机,而无法直接访问内部网络。

以全面管理，从而针对每个阶段的问题提出针对性解决方案。[1] 而网络层包过滤技术与应用层代理技术的结合，为内部网络安全、内部数据库信息安全提供了更高等级的防护，可以有效地防止不法分子非法入侵、非法获取内网数据的行为。但是，由于网络环境处于动态变化之中，新的网络协议、服务内容与应用场景不断出现，而代理技术无法处理网络上任意类型的数据传输，因此不能满足相关主体对网络安全以及高带宽的现实需要。[2]

第三，状态监控技术。状态监控技术是将所有属于同一连接的数据包作为一个整体，组建连接状态表，将该连接状态表与过滤规则进行比对与匹配，从而对表格中的每一个连接状态因素进行识别、监视，并对相应的结果进行记录，以为后续的相关处理、服务甚至纠纷等提供证明。状态监控技术是建立在静态包过滤技术之上的一种防火墙技术类型，但比静态包过滤技术的灵活性更高。[3] 该技术克服了包过滤技术以及应用代理技术的限制，对网络层的数据包进行截取和分析，并将分析的数据包及其连接状态与前一时刻的数据包相关信息进行比对，从而获取该数据包的有效信息，保障网络安全与信息安全。此外，该技术只是根据从数据包中提取的相关信息、安全策略以及过滤规则对数据包进行处理，不区分具体应用场景与应用领域，当出现新的场景时，该技术能够动态灵活调整针对该新应用的过滤规则，而无须像应用代理技术一样编写代码，其伸缩性与扩展性更好。[4]

（二）数据加密技术

数据加密技术是指将原始信息（又称"明文"）通过数学方法进行函数转换成加密信息（又称"密文"）的一种技术手段。[5] 其中，只有特定的信息接收方

---

〔1〕 参见唐建军、吴燕、涂传清主编：《大学信息技术基础》，北京理工大学出版社2018年版，第231—232页。

〔2〕 参见吴明华、钟诚主编：《电子商务安全（第2版）》，重庆大学出版社2017年版，第60页。

〔3〕 参见仇建平主编：《信息安全技术》，上海交通大学出版社2017年版，第76页。

〔4〕 参见吴明华、钟诚主编：《电子商务安全》，重庆大学出版社2017年版，第61页。

〔5〕 参见吴朔媚、宋建卫：《计算机网络安全技术研究》，东北师范大学出版社2017年版，第10—15页。

可将待解密的密文还原成明文。数据加密技术是防止信息泄露或被非法窃取的一种常见技术类型,经过加密技术处理的个人信息可直接存储或进行传输。由于此类个人信息是密文,故即使发生信息泄露或信息盗窃事件,无解密密钥或相关授权的主体仍无法获得明文信息或对明文信息进行篡改,这有效地保障了信息安全与信息真实性,降低了信息泄露、盗窃的风险。[1] 传统的数据加密技术通过对数据进行编辑来保护数据,访问原始数据的唯一方法是使用对应的解密密钥进行解密。数据加密技术的优点在于它的可逆性,只要有解密密钥,就能够完全恢复原始数据。加密技术可以保证数据只在有限的范围内传播,只有知晓解密密钥的人才能访问数据。这样,即使加密数据泄露了,只要密钥没有泄露,对方也无法对数据进行解密。

常用的加密算法有对称加密和非对称加密两种。对称加密是最原始也最简单的一种加密方式,其历史可追溯到人类文明的早期。对称加密是指加密和解密使用的是同一个密钥,密钥越大则其加密效果越好、保密性越强,但是需要的计算量也越大,加密和解决需要的时间也越长。常见的对称加密算法有DES、AES等。对称加密的优点是速度快,效率高,但是其缺陷在于密钥的管理和分发是整个加密解密的核心,需要额外的工作量。加密人将数据加密后,需要通过安全的渠道将密钥发送给解密人,而如果通过网络传输,则面临被黑客拦截的风险。一旦密钥泄露,则加密算法失效。此外,密码的存储与分发等额外工作增加了复杂性,不能满足大数据开发与利用的要求。非对称加密是指加密和解密使用不同的密钥,两把密钥配对使用。其中一把被称为"公钥",另一把被称为"私钥"。使用公钥加密的信息,只有对应的私钥才能解密。公钥是面向所有人公开的,而私钥只能由解密的一方安全保管。和对称加密不同的是,非对称加密的私钥不需要发送给对方。因此,和对称加密相比,非对称加密安全性大大提高,但是所需要的计算量更大、速度更慢。

通过加密技术可以保证数据的安全传输和访问,但是无法控制解密后数据的传播。例如,数据发布者 A 将加密后的数据发送给 B,如果 B 可以通过密钥

---

[1] 参见唐建军、吴燕、涂传清主编:《大学信息技术基础》,北京理工大学出版社 2018 年版,第 227 页。

对数据进行解密,则解密后的数据就脱离了 A 的控制,面临泄露的风险;如果 B 将解密后的数据发送给 C 而没有经过 A 的同意,则数据就有了失控的风险。通过技术手段解决这一问题的一个基本思想是个人信息去标识化,即通过技术手段对能唯一标识个人身份的识别属性进行处理,切断识别属性与数据主体(个人身份)之间的联系,使拿到数据的人在不借助额外信息的情况下,无法识别数据主体。

随着互联网技术的发展与进步,对称加密技术因其算法简单而易遭受非法攻击,非对称加密技术因其算法复杂而解密速率较低,两种加密技术的适用范围与应用场景都有限,难以满足现行时代背景下信息主体对信息保护、信息安全的需求。近些年,学界与实务界对数据加密技术方面的研究重心在于同态加密技术、可搜索加密技术、属性加密和保留格式加密技术等。[1] 其中,同态加密(Homomorphic Encryption,HE)是指一种可以直接对密文进行处理(包括检索、分析、统计运算等多项操作任务),且处理结果与对相应明文进行相同运算再加密的结果相同的一种加密技术。[2] 同态加密技术不同于传统的加密技术,是针对新型安全场景所提出的一项新的加密技术,其应用场景为:假设某公司员工甲将两明文 A、B 进行加密得到 En(A)与 En(B),同时将密文 En(A)与 En(B)上传到公司共有云上,员工乙在共有云上将 En(A)与 En(B)进行加法处

---

[1] 可搜索加密(Searchable Encryption,SE),主要解决在密文上进行关键词搜索的问题,按照构造方法又可分为对称可搜索加密机制(Symmetric Searchable Encryption,SSE)和公钥可搜索加密机制(Public Key Encryption with Keyword Search,PEKS)。属性加密(Attribute-Based Encryption,ABC)是用形式化的证明技术来构造安全且支持一对多加密特性的密码学方案,以属性为公钥,将密文和用户私钥与属性关联,并且灵活地表示访问策略,当用户的私钥与密文的访问策略相互匹配时,用户便可解密密文。保留格式加密(Format-Preserving Encryption,FPE),部分文献也称为"保持数据类型加密"(Data-Type Preserving Encryption),是一种能够保证密文与明文具有相同格式的加密方式,其设计初衷是确保在数据库中进行数据加密后,无须改变数据库结构或更改任何应用程序。随着研究的深入,FPE 也可应用于数据脱敏、网络数据安全传输等领域。参见陈性元、高元照等:《大数据安全技术研究进展》,载《中国科学:信息科学》2020 年第 1 期;黄勤龙、杨义先编著:《云计算数据安全》,北京邮电大学出版社 2018 年版,第 34 页。

[2] 参见罗芳、吴晓平、秦艳琳编:《现代密码学》,武汉大学出版社 2017 年版,第 200 页。

理,并将计算结果 En(A)+En(B)输出,然后由员工甲进行解密操作,则得到的结果与 En(A+B)的结果一致。同态加密技术能够使所有参与服务的主体直接对密文进行处理而无须先进行解密操作,接收经处理信息的主体直接通过解密就可获取所需信息,这是对称加密技术与非对称加密技术所无法达到的效果。由于经同态加密技术处理后的密文仅能由拥有加密密钥的主体进行解密操作,可以有效地防止第三方主体对数据的非法窃取,也有助于避免信息在传输过程中的泄露风险。此外,由于对密文数据进行基本运算、检索分析等操作所得到的结果,与对明文数据进行同样操作并进行加密的结果相同,可促进相关人员对数据的处理与利用。利用同态加密技术对个人信息予以保护的不足之处在于:第一,效率问题。由于同态加密处理过程中涉及大量运算,当所处理的密文信息量较大时,其处理的效率将会大幅度降低,使用同态加密技术处理数据至少比未加密状态下的计算慢一个数量级,这在一定程度上限制了同态加密技术的广泛应用。[1] 第二,加密强度问题。现行同态加密技术仅能实现加法同态与乘法同态,但能够同时实现加法同态与乘法同态的全同态加密方案难以制定,同时考虑到处理效率问题,大多数使用主体会选用部分同态加密处理而仅进行加法同态或乘法同态。[2] 但是,仅进行有限次的加减法运算或乘除法运算难以保障对处理数据的加密强度。[3] 第三,密文解密问题。对加密密文进行同态运算将带来诸多噪声数据,尤其是乘法同态以及同时包含加法同态与乘法同态的全同态加密处理,给密文数据带来的噪声数据将会更多,但当噪声数据增长到一定程度时,可能导致无法对经同态处理过的密文信息进行解密处

---

[1] 参见王淑娟:《学习资源使用控制及版权认定机制研究》,华中师范大学出版社 2016 年版,第 12 页。

[2] 加法同态是指满足加减法运算,乘法同态是指满足乘除法运算,同时满足加减法与乘除法运算则为全同态加密。比如,Paillier 算法是加法同态,只支持密文跟密文相加。而著名的 RSA 算法是乘法同态,支持密文跟密文相乘。参见黄勤龙、杨义先编著:《云计算数据安全》,北京邮电大学出版社 2018 年版,第 90—98 页。

[3] See D. Hrestak & S. Picek, Homomorphic Encryption in the Cloud, 37th International Convention on Information and Communication Technology, Electronics and Microelectronics, 2014, pp. 1400-1404.

理，从而无法获取最初的明文信息。[1]

　　从产生的价值与效果来看，综合利用数据加密技术产生了数字签名、数字摘要、数字信封以及数字时间戳等多项应用类型。[2] 其中，数字签名是公开密钥加密技术在签名认证中的应用实例，数字摘要、数据时间戳采用了 Hash 函数，数据信封主要利用了对称加密技术。[3] 从应用的行业领域方面来看，数据加密技术目前主要应用于军事、通信、航空、电子商务、医疗、图书馆等领域。例如，在军事领域，任何一项军事活动的开展对于信息的安全保密工作都要求极高，军事领域信息的安全不仅涉及个人隐私安全，更与一国的军事机密等密切相关，故对该领域的信息加密以保障信息安全是必然选择。由于军事领域对信息安全的高要求，在设计数据加密方案时通常会采用非对称加密的方法。又如，在电子商务领域，电子商务交易活动强调信息保密性（尤其是支付账号及密码信息）、交易主体身份真实性、信息完整性、信息不可否认性等。[4] 数据加密技术中的对称加密技术、非对称加密技术可保障信息保密性，Hash 函数可保障信息完整性，[5] 利用数字签名技术可实现身份认证与防篡改等。数据加密技术是现行个人信息安全保障的重要技术之一，但其中涉及纷繁复杂的加密算法、密钥管理等问题尚有待于深入研究与解决。

---

〔1〕 See Craig Gentry, *A Fully Homomorphic Encryption Scheme*, Stanford University Press, 2009, p.12.

〔2〕 参见宋淑芝、詹青龙、黄彦等编著：《计算机网络》，中国铁道出版社 2014 年版，第 242 页。

〔3〕 数字摘要（Digital Digest），又称"报文摘要""消息摘要"，是采用单向 Hash 函数对文件中若干重要元素进行某种变换运算得到固定长度的摘要码（数字指纹 Finger Print），并在传输信息时将之加入文件一同发送给接收方，接收方收到文件后用相同的方法进行变换运算，若得到的结果与发送来的摘要码相同，则可断定文件未被篡改，反之亦然。参见许国柱、王剑峰主编：《电子商务教程（第二版）》，华南理工大学出版社 2012 年版，第 213 页。

〔4〕 参见董雪梅：《数字时代的金融服务研究》，吉林大学出版社 2017 年版，第 161 页。

〔5〕 Hash 函数，也称为"杂凑函数"或"散列函数"，其输入为一可变长度 x，返回一固定长度串，该串被称为输入 x 的 Hash 值（消息摘要）或数字指纹。参见牛少彰、崔宝江、李剑编著：《信息安全概论（第 3 版）》，北京邮电大学出版社 2016 年版，第 54 页。

## （三）数据脱敏技术

数据脱敏（Data Masking 或 Data Desensitizition），又称"数据漂白""数据变形"或"数据去隐私化"。数据脱敏技术是指依据脱敏规则对某些敏感数据进行变形或转换，降低个人信息敏感程度，减少敏感信息在共享、使用时的泄露风险，以最大限度保护用户个人信息的一种技术。[1] 数据脱敏技术可使信息处理者、利用者安全使用个人信息，并可在合法的范围内最大化个人信息商业价值的同时有效地避免信息泄露风险。该技术为大数据时代下信息处理与共享提供了有力的技术支撑。[2] 下表举例演示了个人信息数据脱敏前后的对比。

表 4-1　个人信息数据脱敏前后对比表

|  | 脱敏前 | 脱敏后 |
| --- | --- | --- |
| 姓名 | 张三 | 张 * |
| 身份证号 | 512345678987654321 | 5123456＊＊＊＊＊＊＊4321 |
| 手机号 | 13512345678 | 135＊＊＊＊5678 |
| 注册用户名 | Jay123 | J＊＊＊＊＊ |
| 密码 | 654321 | ＊＊＊＊＊＊ |

数据脱敏主要包括如下几个关键点：敏感个人信息、脱敏规则和使用环境。第一，敏感个人信息。根据 2020 年版《个人信息安全规范》第 3.2 条，敏感个人信息包括"身份证件号码、个人生物识别信息、银行账号、通信记录和内容、财产信息、征信信息、行踪轨迹、住宿信息、健康生理信息、交易信息、14 岁以下（含）儿童的个人信息等"，沿袭了 2017 年版《个人信息安全规范》对"个人敏感信息"概念的界定，同时还以附录的形式就敏感个人信息的具体类型以及判定标准作了较为细致的规定。对数据进行脱敏处理，首先需要利用敏感数据识别技术等

---

[1] 参见王卓、魏凯：《数据脱敏技术发展趋势与行业应用研判》，中国信通院官网，2020 年 1 月 13 日，http://www.caict.ac.cn/kxyj/caictgd/tnull_273456.htm，2020 年 7 月 5 日访问。

[2] 参见王红凯、龚小刚等：《大数据智能下数据脱敏的思考》，载《科技导报》2020 年第 3 期。

对敏感个人信息予以识别、标定与分类,为下一步的数据脱敏奠定基础。随着大数据技术的飞速发展,敏感个人信息的内涵与外延都在不断延伸,对数据进行脱敏处理需要更加有效、精准的技术支撑,方有助于实现降低敏感个人信息敏感程度,保障信息主体的信息安全,同时促进有关主体对脱敏数据的开发利用等多重价值目标。第二,脱敏规则。脱敏规则一般分为可恢复与不可恢复两类。其中,可恢复脱敏指被脱敏的数据"可恢复",即脱敏后的数据可以通过一定的技术手段或软件工具无失真地还原成原来的数据。一般情况下只有授权的管理员或用户才可以通过特定的工具访问真实数据。相反,不可恢复脱敏则指被脱敏的数据部分无法恢复。不可恢复脱敏主要采用两种算法对数据进行处理,分别为替换算法和生成算法。其中,替换算法较为简单,系直接使用预先定义好的特定字符或字符串对将要脱敏的部分进行替换。而生成算法则相对困难,采用的是"模糊个体,保持整体"的方法,要求进行脱敏处理后的数据仍然符合逻辑规则,使数据"看似真实"。第三,使用环境。即脱敏后的数据在哪些环境中使用。根据使用环境、应用场景不同,数据脱敏可分为静态脱敏和动态脱敏。静态脱敏是将数据从生产环境提取后进行脱敏处理,然后分发和共享使用,主要是在开发、测试等非生产环境下对数据进行脱敏处理。[1] 静态脱敏后的数据与真实生产环境中的数据没有连接,相互隔离。动态脱敏是指数据不脱离生产环境,是对公众的实时访问作出的及时反馈,可将脱敏的数据实时反馈给访问者供其使用,主要用于直接访问生产数据的场景。

在具体的实践应用中,数据的脱敏处理可通过如下方式实现:第一,泛化。即使用一般值替代原始数据。泛化处理一般是不可逆处理,经泛化处理后的数据一般无法恢复,但是会保留原始数据的结构信息和局部特征。常用的技术方法包括:(1) 数据截断,即从原始数据中截取指定长度,一般仅保留部分关键信息,如将手机号13612341234截断为1361234。(2) 规整,即预先定义多个档位,将数据按照大小替换为指定的档位值。例如,将收入按照规模分为高、中、低三个档次,将手机号13612341234经过规整处理得到13600000000。第二,遮

---

[1] 参见陈性元、高元照等:《大数据安全技术研究进展》,载《中国科学:信息科学》2020年第1期。

挡。又称"隐匿",是指用通用值替换敏感值,通过掩饰符号对原始数据内容进行替换,常用的符号有＊、？、@等,如用＊代替手机号码的中间四位 136＊＊＊1234。第三,替换。即按照特定规则或密码表对原始数据进行替换,或者对每一真实数据产生随机因子,对原始数据内容进行字典表内容的替换。例如,将"癌症"替换为"敏感病症"。第四,乱序。即对敏感数据的值进行重新随机分布,以实现对原始数据的错位、混杂。乱序仅改变单个数据在整体中的分布,整体数据仍保留着原始数据的分布特征和统计特性,如乱序后的个人工资总金额与乱序前相等。第五,重排。即将原始数据按照预先制定的规则进行重新排列,如果不知道规则则无法恢复原始数据,如将手机号 1361234 重排为 1364321。第六,平均取值。即首先计算数值的均值,然后将原始数据按照一定规则换算为新数据,新数据围绕平均值上下波动,但数据的总和与原始数据相同,类似于数据处理中的归一化操作。第七,加密。这里使用的数据加密技术主要是将可读取、可视化的信息进行处理,使原始信息或明文信息模糊化,从而降低信息敏感程度。经加密算法处理的数据将丧失其可识别性,除非数据使用者获取相应的解密密钥;加密后的数据是否安全、可逆由具体使用的加密算法所决定。[1] 由于此处使用数据加密技术的目的在于降低信息的敏感程度,因此在对信息进行加密处理时会重点考虑对敏感信息部分的加密处理。目前,可恢复类信息脱敏技术主要采用加密机制实现信息脱敏目的。[2]

  数据脱敏技术自被提出后获得了快速的发展和应用。2018 年加特纳公布的《数据脱敏应用指南报告》显示,数据脱敏技术及其他类似去识别性的技术使用率由 2017 年的 15% 增长至 2018 年的 20%,而根据 2019 年公布的《数据脱敏应用指南报告》所示,预计到 2022 年,数据脱敏技术及其他类似去识别性的技术使用率将增长至 50%。[3] 目前,数据脱敏技术主要应用于政府政务、通信、

---

[1] 参见王毛路、华跃:《数据脱敏在政府数据治理及开放服务中的应用》,载《电子政务》2019 年第 5 期。

[2] 参见陈性元、高元照等:《大数据安全技术研究进展》,载《中国科学:信息科学》2020 年第 1 期。

[3] 参见王卓、魏凯:《数据脱敏技术发展趋势与行业应用研判》,中国信通院官网,2020 年 1 月 13 日,http://www.caict.ac.cn/kxyj/caictgd/tnull_273456.htm,2020 年 7 月 5 日访问。

金融、能源(电力)、医疗、互联网等领域。比如,在政务领域,政府掌握着大量真实、有效的公民个人信息,因此成为众多不法分子实施黑客攻击或社会工程学攻击等的重要对象。为防止公民敏感信息遭遇泄露、盗窃,保障公民个人信息安全,数据脱敏技术被用于该领域个人信息之敏感信息的收集、传输、使用等多个环节。在医疗领域,有学者提出了针对医疗健康领域的数据脱敏方法,此方法可满足医院在不同应用场景下对病人病历隐私信息的保护需求。[1]在互联网领域,利用海量个人信息进行用户偏好分析,从而对用户进行个性化推荐以实现精准营销是众多互联网企业采用的营销方式,但同时也存在众多互联网企业因对用户个人信息的不当处理而触犯法律承担法律责任的情形。为避免在信息处理、分析过程中因侵害用户个人信息而承担法律责任,互联网企业通常将数据脱敏技术作为信息分析处理的必经环节。上述行业领域对个人信息的处理以静态脱敏处理技术为主,但由于其使用的处理方案较为固定,难以根据特定的应用场景灵活配置相关处理规则,因此在面对日趋复杂的数据类型、应用场景时的适用性较弱。鉴于此,一些数据安全厂家以及能源公司、银行等设置了针对数据处理的动态脱敏方案,但现行的动态脱敏方案行业定制化特性明显,还不能以统一的商业模式适用于任何行业领域。[2]

随着大数据及人工智能技术的快速发展,数据脱敏技术抗攻击弱的缺点日益显现。特别是各种新型的数据挖掘和分析技术层出不穷,能够通过在大规模数据集上进行训练,精确预测和填补脱敏后数据中的缺失数据,对数据脱敏技术提出了严峻的挑战。目前,针对脱敏数据的攻击最常见的是相关性分析。而大数据分析的一个重点应用就是数据的相关性分析,数据挖掘人员可以通过多种渠道,以多种方式获取与脱敏后的数据集相关的信息或数据。在这些辅助信息的配合下,通过人工智能与大数据技术进行数据挖掘,可以获得脱敏前的个人信息。2006年10月,美国在线流媒体服务商网飞(Netflix)公司举办了Netflix Prize数据挖掘竞赛,公开征集电影推荐系统算法,并开出百万美元的奖

---

[1] 参见臧昊、赵强、卞水荣:《基于XML的电子病历隐私数据脱敏技术的研究与设计》,载《信息技术与信息化》2017年第3期。

[2] 参见王红凯、龚小刚等:《大数据智能下数据脱敏的思考》,载《科技导报》2020年第3期。

励给第一个将推荐系统准确率提高10%的参赛者。网飞公司为此发布了一个算法训练用的脱敏后的数据集,并声称该数据集中的用户个人信息已经作了匿名化处理。该竞赛吸引了全球四万多个参赛团队参与角逐,在全球范围内引起了广泛关注。但是,美国得克萨斯大学奥斯汀分校的两位研究员阿尔文德·纳拉亚南(Arvind Narayanan)和维塔利·希玛提克(Vitaly Shmatikov)将脱敏后的数据与公开的互联网电影数据库(Internet Movie Database,IMDB)结合进行相关性分析,开发出一种被称为"Record Linkage"的技术,成功将匿名数据与具体用户对应起来。后来,网飞公司不得不取消了原计划每年举行的竞赛。数据脱敏技术暴露出的问题与不足应加以完善,以更好地保障用户个人信息安全。

（四）差分隐私技术

网飞公司组织竞赛暴露的个人信息泄露问题对传统的数据脱敏技术提出了挑战,说明仅仅对数据作匿名化处理是不足以保护个人信息的。苹果公司的研究人员辛西娅·德沃克(Cynthia Dwork)于2016年在苹果全球开发者大会(WWDC)上提出了差分隐私技术,以解决数据源中微小的变动导致的个人信息泄露问题。差分隐私的基本思想是在数据集中加入扰动,即在输入或输出中加入随机化的噪声数据以期将真实数据掩盖掉。但是,噪声数据不能随便加入,需要符合一定的要求,否则真实数据会因被污染而失去价值。同时,噪声数据不能太小,否则起不到保护个人信息的作用。辛西娅·德沃克还提出一个数学模型来定量分析加入的噪声数据能在多大程度上保护个人信息,这样既能保证数据集整体的统计学信息(如数据平均值,分布情况)的准确性,又能保证数据集中的每一个个体无法被定位和分析,从而保护用户的个人信息。

差分隐私主要的优点在于解决了传统的数据匿名化方法的两个缺点。其一,差分隐私基于"最大背景知识假设",即考虑了攻击者可能拥有的最大背景知识(最大攻击力),基于这一最坏情况来对抗攻击。其二,差分隐私建立在完备的数据基础上,提出了衡量攻击者评估防御的定量方法,能够对各种不同参数下的个人信息保护效果进行定量评价,使不同方法具有了可比性,为进一步改进算法提供了指引。基于以上两点,差分隐私被提出后迅速成为个人信息安全保护领域的研究热点,并获得了业界的关注和认可。

差分隐私的核心操作就是对数据添加噪声。当查询者(也可能是潜在攻击者)向系统提交一个查询请求时,如果系统直接给出原始数据或者匿名化后的数据,则查询者可以通过背景知识反推出个人信息,从而导致个人信息泄露。差分隐私模型相当于在查询和返回中间添加一个加噪声的处理过程,用可抵御攻击的随机算法在查询结果中注入噪声数据,使查询者在加噪声后的中间结果上进行查询,并将结果返回给用户。这样即使查询者能够通过背景知识反推得到带噪声的中间结果,也不会导致个人信息泄露,因为通过带噪声的中间结果无法反推得到原始数据,从而起到个人信息保护的目的。

噪声机制是差分隐私实现的主要方式之一。常用的加噪声的方法包括 Laplace 机制和指数机制。Laplace 机制通过向查询结果中添加服从 Laplace 分布的随机噪声来实现;指数机制主要用于处理非数值型数据,将数据通过打分函数表示为输出结果。差分隐私可通过数学模型定量表示处理的代价和添加噪声后数据的可用性,能够兼顾处理代价、保护效果、数据可用性以达到三者平衡。差分隐私是目前个人信息保护领域的研究热点之一。严格来说,差分隐私并不是一项单独的技术,而是一种个人信息保护处理方案。苹果公司只是给出了差分隐私的定义,并没有给出具体的实现方案,目前关于差分隐私的研究还处于起步阶段,虽然已经有了一些应用,但是距离大规模的商业应用还有一段距离。

### 三、大数据利用中的个人信息保护技术手段现存问题剖析

个人信息盗窃灰色产业的兴起有多种原因,其中大数据产业发展不足、无法满足旺盛的市场需求是原因之一。虽然目前大数据已成为继云计算之后信息产业领域一个新的增长点,但是安全与隐私问题仍是大数据产业面临的关键瓶颈之一。如何在保护用户隐私的前提下充分挖掘用户数据价值,既是目前学界的研究热点和研究难点,也是大数据产业发展的迫切需求。虽然学界、产业界针对大数据利用中的个人信息技术保护创建了防火墙技术、数据加密技术、数据脱敏技术以及差分隐私技术等,但这些技术在规范化与标准化程度、应对内部攻击或泄密、安全防护技术的相关规则及关键技术支撑等方面尚存不足

之处。

## （一）规范性与标准化程度有待提高

针对大数据利用中的个人信息保护技术手段包括防火墙技术、数据脱敏技术、数据加密技术以及差分隐私技术等。其中，防火墙技术又分为包过滤技术、应用代理技术、状态监控技术以及后续衍生技术；数据脱敏技术涉及静态脱敏技术、动态脱敏技术以及同态脱敏技术等多种类型，其实现方式又包括泛化、遮挡、替换、乱序等多种形式；数据加密技术包括对称加密技术、非对称加密技术以及同态加密技术等多种技术类型。在大数据时代背景下，不同的技术手段、实现方式所能够提供的信息保护程度不一，不同的行业领域、应用场景对于信息保护程度和信息可用性程度需求亦存在差异，在对个人信息处理利用中，信息控制者、信息使用者应当根据具体的行业领域、应用场景选择适宜的数据保护技术，但上述多样化的技术手段、实现方式，往往导致信息控制者、信息使用者在处理和利用公众个人信息时较难选择。[1]

2017年12月29日国家质量监督检验检疫总局、国家标准化管理委员会发布了《个人信息安全规范》，该规范对各类主体"收集、保存、使用、共享、转让、公开披露、删除个人信息"的基本原则与安全要求作出了细致规定，但其仅就个人信息使用的基本原则、义务责任等作出了规定，对实体应用场景下个人信息安全技术的选择、要求、规则方面的规定较为模糊。比如，防火墙技术的过滤规则、安全策略，数据脱敏技术敏感信息识别鉴定的标准，数据加密技术的算法规则，以及加密密钥、解密密钥等密钥管理制度，差分隐私技术加入噪声信息的具体要求等规定不明，或不同行业领域规定不一，致使相关主体在选择、使用个人信息安全保护技术时面临不确定性，个人信息安全保护技术的规范化、标准化程度有待提升。

## （二）保护技术手段难以抵抗内部攻击或泄密

无论是防火墙技术、数据加密技术、数据脱敏技术还是差分隐私技术，对于

---

〔1〕 参见中国信通院：《大数据白皮书（2019年）》，http://www.caict.ac.cn/kxyj/qwfb/bps/201912/P020191210402477346089.pdf，第38页，2020年3月11日访问。

一些由内部人员主动发起的攻击、内部主动连接发起的攻击等往往都无所适从。例如，针对防火墙技术无法阻止由内部主动发起攻击的弱点，攻击者通过诱骗、恐吓、伪装等社会工程学攻击向内部系统发送带有木马程序或其他病毒程序的邮件，使中了木马的主机主动连接攻击者电脑端，此时，攻击者即可通过对内部服务器的控制非法获取大量的用户信息，并可能进一步实施非法出售、盗窃等以获取非法利益。对于数据加密技术，由于只有掌握解密密钥或者获得相关授权的主体才能通过解密的方式得到明文信息，因而数据加密技术能够在一定程度上实现信息保密，同时避免信息泄露或被非法窃取的风险。然而，该技术却无法避免服务过程中参与人员利用解密密钥窃取或泄露明文信息，从而给信息传输方与信息接收方造成经济损失。数据脱敏技术与差分隐私技术亦然，参与数据脱敏技术的人员可能自身利用或告知他人脱敏方法、脱敏规则等，从而导致相关主体信息泄露或被非法窃取；在差分隐私技术处理过程中，相关技术人员有可能自身利用或告知他人加噪声的方法，使相关主体遭遇信息泄露或信息失窃风险，并可能造成相关主体财产损失甚至人身损害。因此，现行个人信息保护技术虽能在一定程度上保护信息的完整性、保密性、可用性，但难以应对内部攻击或内部人员泄密等情形，使得有关信息主体时刻可能面临泄露或被窃取的风险。

（三）相关保护技术规则和关键技术有待完善

上述技术虽能在一定程度上保护个人信息安全，但由于相关规则、辅助技术还不够完善，导致其在面临大数据时代数据类型多样化、信息侵害手段复杂化等情况时适用性较差，这是我国信息泄露、盗窃事件屡禁不止的重要原因之一，也是我国个人信息保护技术手段完善的重点方向之一。具体而言，我国需要不断完善个人信息保护技术的相关规则和关键技术。首先，保护技术的相关规则是指采用个人信息安全保护技术对信息进行处理时所需遵循的法则、标准。例如，防火墙技术的实现需要灵活多变但又具有一定稳定性的过滤规则（防火墙会将外网流入的数据包 IP 地址、目标地址等与既定的过滤规则进行比对，若发现其违反过滤规则，防火墙将会拒绝数据包进入或者对其进行重新定向），但在面对复杂多变的网络状况时，又同时需要过滤规则灵活多变。规则的使用一定程度上能够阻止有害信息进入内部网络,避免破坏内部网络以及信息的安全性。同时,随着大数据时代的到来,个人信息的内涵与外延都在不断扩展,现行过滤规则往往体现出确立标准不一、配置方案复杂、灵活性较弱等缺点,难以满足大数据时代背景下对日益复杂多样外网数据流过滤处理的现实需求。其次,个人信息安全保护的关键技术是指其顺利实施所必不可少的技术。例如,对数据进行脱敏处理前需要首先识别敏感个人信息,并标定该敏感信息所处的位置,以往主要采用人工识别的方式对敏感信息进行识别、分类,但仅依靠人工识别对敏感信息进行识别,并相应地生成不同领域的敏感个人信息库,可能造成信息标定的遗漏。随着人工智能技术的发展,同时结合机器学习与人工识别对待标定信息进行识别的敏感数据识别技术逐渐开始流行,在一定程度上弥补了人工识别的低效率问题以及可能造成信息识别或标定遗漏的缺点。[1] 但是,由于人工智能技术在我国发展时间不长,相关技术的稳定性难以保证,相关技术有待完善。总之,个人信息保护技术的实现需要其相关规则、辅助技术的完善。在大数据时代背景下,大数据与人工智能技术相融合是大数据领域最受关注的趋势之一。[2] 国家有关部门、行业协会在完善个人信息保护技术手段时应当注意与智能技术的结合,弥补现行保护技术手段的不足,从而更好地保障个人信息安全,同时又不影响信息需求主体对个人信息的合规使用。

---

[1] 参见陈天莹、陈剑锋:《大数据环境下的智能数据脱敏系统》,载《通信技术》2016年第7期。

[2] 参见中国信通院:《大数据白皮书(2019年)》,http://www.caict.ac.cn/kxyj/qwfb/bps/201912/P020191210402477346089.pdf,第12页,2020年3月11日访问。

# 第五章 比较法视野下个人信息盗窃法律规制立法考察与启示

20世纪70年代以来,个人信息保护立法活动在全球范围内展开,个人信息盗窃法律规制的序幕也逐渐拉开。1970年,德国黑森州制定了世界上第一部个人信息保护法——《黑森州数据保护法》。1973年,瑞典颁布了第一部国家层面的个人信息保护法——瑞典《个人数据法》。截至2019年,全球共有132个国家和地区建立了针对个人信息保护的法律法规,且其保护水平均高于国际协议间的最低正式标准。[1] 各国在不断展开、完善个人信息保护立法的同时,也对计算机技术、数据分析处理技术变革带来的个人信息盗窃问题作出反应,相应的个人信息盗窃法律规制手段也体现在个人信息保护法中。本章首先对几个典型国家和地区个人信息保护的立法现状进行考察,然后对比分析其规制模式优劣及异同,并提出完善我国个人信息盗窃行为法律规制体系的合理建议。

## 第一节 比较法视野下个人信息盗窃法律规制立法现状

个人信息盗窃法律规制的重点问题是打击非法收集个人信息的行为,但从

---

[1] See Graham Greenleaf, Global Tables of Data Privacy Laws and Bills(6th Ed January 2019), (2019)Supplement to 157 Privacy Laws & Business International Report, https://ssrn.com/abstract=3380794, last visited on Feb. 20 2020.

前文所述的个人信息盗窃灰色产业链运行机理来看，个人信息盗窃并非独立存在的问题，而是与个人信息的传输和利用紧密相连的。因此，对个人信息非法传输和利用行为予以惩治、预防，是个人信息盗窃法律规制的重要路径。而实现上述路径的重要手段，就是通过个人信息保护立法，赋予个人信息主体各项权利，使不法分子承担相应的法律责任。同时，个人信息保护立法也应规定个人信息控制者应当承担的义务，即采取技术、管理等措施减少个人信息盗窃的可能性，间接规制个人信息盗窃行为。纵观境外主要国家和地区的个人信息相关立法，都没有将个人信息盗窃的法律规制与个人信息保护割裂开来。可见，个人信息保护立法与个人信息盗窃立法具有密切联系，这也是本书在梳理个人信息盗窃立法之前，先对各国和地区个人信息保护相关立法进行梳理的重要原因。下文将从世界重点国家及地区和我国港澳台地区个人信息立法模式、立法沿革、立法特点与趋势展开论述，为进一步借鉴各国和地区在个人信息盗窃法律规制立法方面的优秀经验奠定基础。

## 一、世界重点国家及地区个人信息盗窃法律规制立法现状

### （一）美国个人信息盗窃法律规制立法现状

由于规制个人信息盗窃的法律体系与隐私权制度密不可分，因此美国采取公领域的隐私权立法保护与私领域的行业自律保护相结合的双轨制模式。同时，由于美国各州具有内部事务的立法权限，因此美国各州也各自制定了规制个人信息盗窃的法律。美国是计算机和互联网普及最早的国家之一，也是最早进入信息社会的国家之一。美国的政府和企业都较早认识到个人信息的作用，并开始对个人信息进行收集、分析，以此作出精准决策。与此同时，针对个人信息的一系列处理行为，也引起了美国社会对隐私泄露的恐慌和担忧。在美国的法律体系中，隐私权拥有十分广泛的定义，包含私人决定的自主权，[1]所以美国便将个人信息保护纳入其具有广泛外延的隐私权制度中，并创设了"信息隐

---

[1] See Ronald Dworkin, Taking Rights Seriously in the Abortion Case, *Ratio Juris*, Vol. 3, No. 1, 1990, pp. 68-80.

私权"(information privacy)概念,[1]以避免政府、企业等组织在处理个人信息的过程中侵害公民隐私权。总体而言,美国的个人信息保护模式通常分为两个层级:第一层级,在政府有效指引下,行业团体制定相应的准则用于规范个人信息的收集和使用行为,此即美国的行业自律模式。第二层级,通过制定分散的个人信息相关法律法规、部门规章,保障第一层级的实践效果,此即美国的分散立法模式。而在第二层级中,相关领域专业立法会对侵犯个人信息行为分别以民事侵权、行政违法、刑事犯罪加以区分与认定,并明确相应的民事侵权责任、行政违法责任以及刑事处罚措施。

1. 美国个人信息保护立法体系

(1) 联邦层级个人信息保护立法体系

美国的个人信息保护立法以20世纪60年代《信息自由法案》为开端,大致经历了两个发展阶段:信息技术发达以前,单纯的物理方式非法入侵个人信息的预防阶段;信息网络发展后,鼓励个人信息作为生产资料进行有效流通的同时,注重对非法窃取与使用个人信息行为予以规制的阶段。截至目前,美国已经有一整套联邦法律法规来规范个人信息的收集和使用行为。其中,有些法律法规用于约束和限制联邦政府这一公共部门,有些立法规定结合行业规范适用于金融机构、医疗机构、电子通信企业等非公共部门。

第一,针对公共机构信息处理行为之规范,美国联邦层级主要通过立法规制的方式实现,这些法律法规主要包括:

① 《信息自由法案》

1966年,美国时任总统约翰逊签署《信息自由法案》(Freedom of Information Act,FOIA)。该法案是一部规制美国联邦政府各机构公开政府信息的法律,一方面要求政府公开联邦机构信息记录以及运作信息,以便于公民查询相关信息,并对相关信息保持知情、知悉状态;另一方面要求司法机关、医疗机关、执法机关等对公民个人信息予以保密,排除公民对司法部门有关记录、个人人事有关记录、医疗健康有关记录、执法有关记录等信息的查询,以防止公

---

[1] 参见齐爱民:《大数据时代个人信息保护法国际比较研究》,法律出版社2015年版,第80页。

民个人隐私被他人泄露、窃取。2013年,美国时任总统奥巴马签署该法案的执行文件《使政府信息具有开放性和机器可读性》,该文件主要内容后来成为2018年《政府资料公开法案》(Open, Public, Electronic, and Necessary Government Data Act)的条款。《政府资料公开法案》贯彻了FOIA的基本原则,即在进一步扩大政府信息透明化的同时,坚持不得披露侵犯公民隐私权的个人信息的底线。

②《隐私权法案》

1974年,美国参众两院通过《隐私权法案》(The Privacy Act of 1974)。1979年,美国国会将其编入《美国法典》第五编。该法案对联邦行政机构的六大基本原则进行了列举式规定:向信息主体本人收集信息的原则、向信息主体本人告知的原则、信息收集范围必要性原则、信息保密原则、保证信息正确原则、信息安全保护原则。同时,《隐私权法案》以联邦政府各部门、军事部门、政府控制公司等机构为规制主体,以政府机构在履行职务过程中掌握的个人信息记录为保护客体,规定了个人信息主体享有决定权、查询权、更正权等信息隐私权利。此外,《隐私权法案》对公平实践准则(FIPs)进行了具体规定,包括:授予公众个人信息查阅权,保证个人信息档案正确,对个人信息收集目的进行确定,禁止对秘密档案的保留,以及明确规定个人享有民事诉讼请求权。随着网络大数据的技术变革,联邦政府各行政机构都收集、处理并存储了大量的公民个人信息与数据,涉及财产、金融、家庭、医疗、教育、保险等方方面面,一旦被他人非法截取或盗窃,很容易对公民的隐私权甚至人身财产安全造成损害。因此,该法案对政府机构收集、存储个人信息过程中应当遵守的原则进行规定,以防治个人信息盗窃行为,对规制个人信息盗窃具有重要意义。

③《计算机资料比对法案》

随着数据处理技术的发展,仅对收集、存储环节进行规定已不足以全面保护个人信息。为了增加对传输、利用环节个人信息盗窃风险的管控,美国于1988年对《隐私权法案》进行了修改,并增加了对计算机资料比对的规定,即《计算机资料比对法案》。《计算机资料比对法案》规定,政府机构将个人信息用于资料比对只能出于以下两个目的:一是为了执行福利计划,二是为了对联邦雇员的工资和名单进行比对。此外,在比对过程中,个人信息来源机构和个人信息接收机构必须签订协议,就下列事项作出规定:(1)比对计划的目的以及合法依据;(2)进行比对计划的理由和预期结果;(3)被用于比对的个人信息的基本情况,包括个人信息的组成、条数等,以及比对计划开始和结束的时间;(4)向被比对信息的个人信息主体提供个性化通知的程序;(5)对用于比对的资料进行核对的程序;(6)保留和销毁被比对个人信息的具体程序;(7)确保比对计划的管理、技术、物理安全性以及结果的准确;(8)约定除法律另有规定或比对计划所必需之外,不得泄露个人信息;(9)使用、返还、销毁个人信息的程序;(10)对比对计划中所使用的个人信息的准确性进行评估的信息。上述规定对预防个人信息利用阶段可能发生的个人信息盗窃行为具有重要作用。至此,美国通过《隐私权法案》等规范对个人信息收集、传输、利用各环节实施全面的保护。

第二,对于私营机构信息处理行为之规范,美国联邦层级主要采取分散立法(含判例法)结合行业自律规范的方式。通过明确的立法规定与行业自律规范,对金融服务机构、医疗服务机构、网络服务提供商等主体行为予以约束与限制,从而保护公民的电话号码、电子邮件等用户身份和鉴权类信息,以及金融服务信息、电子通信信息、医疗健康信息等用户数据与服务内容信息。

①《联邦贸易委员会法》

1914年9月26日,美国颁布《联邦贸易委员会法》(Federal Trade Commission Act,FTC Act),该法是美国保护消费者的主要法律,对信息掌控者、信息收集者、信息使用者相关信息处理行为作出了纲领性规定。该法制定了适用于离线与在线隐私及数据安全保障的政策,禁止生产经营者制定不公平和具有欺诈性的隐私政策。同时,该法规定,生产经营者制定的格式合同中拒绝披露人事、医疗档案、执法记录等个人信息的条款,如果是为了保护消费者隐私而规定的,则此类格式条款是有效的。根据该法第5条的规定,联邦贸易委员会对没有遵守隐私政策的公司和未经授权泄露个人信息的公司具有执法权力。此外,联邦贸易委员会也是《儿童网上隐私保护法》(Children's Online Privacy Protection Act)、《金融隐私权法》(Right to Financial Privacy Act)等法律的主要执行者。

②《电话消费者保护法案》和《反垃圾邮件法案》

1991年,美国国会通过《电话消费者保护法案》(Telephone Consumer

Protection Act)。2003 年,美国制定并通过首部全国性的《反垃圾邮件法案》(Controlling the Assault of Non-Solicited Pornography and Marketing Act of 2003),通过限制和处罚由因特网传递未经收件人许可的商业性电子邮件的行为来规范各州内和州际商业行为。上述两部法案是分别主要就电话号码、电子邮件等用户身份和鉴权类信息处理行为所制定的法律,均明确规定,禁止有关信息控制者、处理者向消费者发送与其商业推广相关的垃圾短信、邮件,除非用户明确表示同意接收或当时情况处于紧急状态。

2019 年 12 月 30 日,美国时任总统特朗普签署了《电话机器人滥用刑事执法和威慑法案》(The Telephone Robocall Abuse Criminal Enforcement and Deterrence Act)。该法案是美国历史上首部联邦反机器人呼叫法,主要是为规范智能通信时代众多企业利用智能机器人频繁、批量拨打骚扰电话的行为而制定。[1] 首先,该法案赋予美国联邦通信委员会(Federal Communications Commission, FCC)对非法机器人骚扰电话案件更大的处理权力与监管权力,规定 FCC 有权将相关从业主体违法营运非法电话机器人的犯罪证据提交给美国总检察长(Attorney General),再由检察官提起刑事诉讼。其次,该法案强制要求电信运营商部署用户电话呼叫认证系统,使消费者免费借此工具识别与拦截机器人拨打的骚扰电话。最后,该法案还规定了对从事非法机器人电话相关业务主体的行政处罚。例如,该法案规定,利用机器人拨打每通骚扰电话将会受到最高 1 万美元的罚款。该法案分别从强化监管主体职权、明确电信运营商义务以及加大处罚力度三方面着手,提高对从事非法机器人电话行为的规制水平,对于保障消费者私生活安宁具有积极意义。

③《公平信用报告法》及其后续修订法律

1971 年,美国颁布《公平信用报告法》(Fair Credit Reporting Act, FCRA)。《公平与准确信用交易法》(Fair and Accurate Credit Transaction Act, FACTA)适用于使用消费者报告的机构(如贷款机构)和提供消费者调查报告信息的机构(如信用卡公司)。消费者调查报告是由消费者报告机构发布的与

---

[1] 参见潘云鹏、智东西:《特朗普向机器人骚扰电话开刀:打一通罚一万,立法整治》,东方网,2020 年 1 月 3 日,http://n.eastday.com/pnews/1578020051010227,2020 年 2 月 24 日访问。

消费者信用价值、信用历史、信用能力、性格和一般声誉相关的所有信息,用于评估消费者的信用或保险资格。FCRA 规定,征信机构在收集和使用公民信息时应当遵循公正、客观原则,尤其是要尊重公民个人隐私权。具体而言,征信机构只有在协助法院调查、经消费者明确授权、有合理理由以及特定目的[1]时,才可使用消费者调查报告。同时,征信机构需要确保征信报告中的个人信息的准确性,并且消费者调查报告中不得含有从消费者亲近者处获知的对消费者不利的信息、涉及诉讼与犯罪的记录等,除非征信机构在合理期限内对该类信息予以证实。此外,该法还赋予个人对信用报告的查阅权、异议权、救济权等,并要求征信机构或其他同类型组织应当采取合理的程序适当平衡保护消费者隐私与市场对个人信息商业需求之间的冲突。

④《金融服务现代化法案》

1999 年,美国制定《金融服务现代化法案》(Financial Service Modernization Act),亦称《格雷姆-里奇-比利雷法案》(Gramm-Leach-Bliley Act,GLBA)。GLBA 要求金融机构保护消费者的个人隐私,对金融信息的收集、使用和披露行为作出了一定限制,主要适用于金融服务机构,如金融银行、保险机构、证券机构等。GLBA 对非公开个人信息的披露进行了限制,要求金融机构在该法案限定的业务范围内向用户提供机构对于隐私处理方法的通知——通知必须在第一次向用户提供服务时发出,且需要以明显的方式通知用户。同时,金融服务机构还需要向用户提供自行选择是否进行数据共享的功能。此外,在金融领域,美国对个人信息处理行为进行规范的法律还包括国家银行机构颁布的若干隐私规则,以及联邦贸易委员会颁布的保护和处理金融数据的保障规则、处置规则等。

⑤《宽带和其他电信服务中用户隐私保护规则》

2016 年,FCC 通过了一部与电子通信信息相关的隐私法规——《宽带和其他电信服务中用户隐私保护规则》(Protecting the Privacy of Customers of Broadband and Other Telecommunications Services,以下简称《互联网规则》),

---

[1] 特定目的包括:用于该消费者的信贷交易;用于雇佣报告中的个人信息记录;用于消费者承保业务;用于确定消费者是否有资格享有政府给予的福利;用于现有信贷业务的风险预估;审核账户;与消费者发起的商业交易有关的事项。

该规则曾被美国国会否决，但由于美国《国会审查法案》的有关规定，《互联网规则》并未失去效力，并于2017年被重新发布。[1]《互联网规则》主要对宽带网络服务中涉及的公民个人信息予以保护，要求互联网服务运营商在收集、传输和使用用户专有网络信息[2]（customer proprietary network information，CPNI）时，应当取得用户的授权。该授权必须以明显方式通知用户，必须告知用户收集、传输和使用的信息的范围，并且必须给予用户至少30日的时间用于答复通知。同时，互联网服务运营商必须履行个人信息安全保障义务，要采取防止个人信息泄露的措施。另外，《互联网规则》还规定，用户有权拒绝运营商与其他类似经营者共享信息，也可以拒绝运营商利用其个人信息向其推送其他相关的互联网服务。

⑥《健康保险携带和责任法案》

1996年，美国国会颁布《健康保险携带和责任法案》（Health Insurance Portability and Accountability Act，HIPAA）。该法案主要规制医疗保健服务提供者、数据处理者、药房工作人员和其他可接触医疗信息的人员等，对健康保险交易资料、客户诊疗病例、健康保险计划等医疗健康保险产业相关信息的收集、使用行为。同时，美国相关政府部门也根据HIPAA的条款制定了细化的实施规则。其中，《个人可识别健康信息隐私标准》（HIPAA隐私规则）适用于受保护健康信息的收集和使用；《电子保护健康信息安全标准》（HIPAA安全规则）规定了保护医疗数据的标准；《电子交易标准》（HIPAA交易规则）适用于医疗数据的电子传输。2013年年初，这些HIPAA规则均根据《HIPAA综合规则》进行了修订，其中包括《数据泄密通知规则》，该规则要求相关主体在发生数据泄密时应及时通知。根据修订后的规则，相关企业在超出该隐私规则允许的方式进行收集、访问、使用或披露个人隐私信息时必须通知，除非该企业或其业

---

[1] See The Federal Register of the United States, the summary of Protecting the Privacy of Customers of Broadband and Other Telecommunications Services, https://www.federalregister.gov/documents/2017/09/21/2017-20137/protecting-the-privacy-of-customers-of-broadband-and-other-telecommunications-services#sectno-reference-64.2005%20, last visited on Aug. 13 2020.

[2] 用户专有网络信息包括：账户信息、位置信息、通信信息、用户履历信息、身份信息等。

务伙伴能证明受保护的健康信息被泄露的可能性很低。[1]

⑦《儿童网上隐私保护法》[2]

该法于 2000 年 4 月 21 日生效，主要针对在线收集 13 岁以下儿童个人信息的行为，要求收集儿童个人信息的网站维护儿童个人信息的保密性、安全性和完整性。该法规定，需要收集儿童个人信息的网站运营者，必须在网站上发布通知，说明所收集的儿童个人信息的范围，以及对所收集信息的使用与披露的方式，并应在征得身份可核实的儿童父母的同意后，方可收集儿童个人信息。网站运营者需要向儿童父母提供已收集的儿童个人信息的具体说明，并保证父母未来仍有机会拒绝网络运营者所实施的以在线方式收集儿童个人信息、以可检索方式维护和使用儿童个人信息的行为。同时，儿童父母拥有从网站运营者处获取网站所收集的其子女所有个人信息的权利。另外，网站运营者不得超过儿童进行游戏、抽奖等活动所需的范围披露其个人信息。

(2) 州级个人信息保护立法体系

为了规范个人信息的收集和使用行为，美国各州不断加强立法工作，制定了许多法令和法规，从隐私权出发对个人信息进行保护。美国大多数州都颁布了某种形式的隐私权保护法，其中加利福尼亚州（以下简称"加州"）在隐私权保护领域立法处于领先地位，颁布了多项隐私权保护法，在美国国家层面产生了较为深远的影响。

加州是第一个颁布数据泄密通知法的州。《加州数据泄密通知法》要求，拥有或有权许可计算机化数据（包含个人信息）的任何企业或个人，以及未经授权获取未加密个人信息的加州居民，都需要对已造成数据泄露或任何可能导致数据泄露的行为进行披露。美国大多数州早期的数据泄露通知法律规定与加州的相似，都属于数据泄露事件发生之后的被动弥补措施，不能有效地从源头规

---

[1] See U. S. Department of Health & Human Services, The HIPAA Privacy Rule, https://www.hhs.gov/hipaa/for-professionals/privacy/index.html, last visited on Aug. 11 2020.

[2] See United States Congress Senate Committee, Children's Online Privacy Protection Act, https://www.ftc.gov/enforcement/rules/rulemaking-regulatory-reform-proceedings/childrens-online-privacy-protection-rule, last visited on Feb. 24 2020.

制个人信息盗窃行为。因此,后来美国部分州制定并实施兼具规范性和预防性并且更为严格的法律规定,以加大对个人信息保护的力度。例如,《马萨诸塞州数据泄露通知法》详细规定了一系列对个人信息进行保护的技术、物理和行政管理措施,同时规定有关企业必须建立内部安全体系结构。

由于技术威胁的升级和联邦统一立法进展缓慢,美国州级新的个人信息保护法律和拟议修正案不断涌现。2018年,加州颁布《加州消费者隐私法》,规定消费者有权要求企业履行披露其所拥有的信息、收集有关消费者具体个人信息的来源类别、收集或出售个人信息的业务目的以及与其分享个人信息的第三方企业类别等新义务。2019年,马萨诸塞州更新其数据泄露通知法,要求企业披露是否确实执行了全面书面信息安全计划(WISP),并披露已经能采取或计划采取与此有关的步骤,包括对该安全计划的更新。2019年,纽约州也扩大数据泄露通知法的规制范围,要求企业制定、实施和维护"合理"的保障措施,以保护私人信息的安全、保密和完整性。

(3)个人信息保护行业自律规范体系

美国的制度变迁路径始终伴随着自由主义的影响,其个人信息保护制度的构建也不例外。依据宪法约束政府权力精神,美国对公权力机关个人信息保护制度进行了明确和具体的规定,但对私领域的个人信息保护却只作了原则性的规定。在私营机构个人信息保护立法中,出于对自由竞争的保护以及对法律滞后性给信息产业带来不利影响的担忧,美国法律只对个人信息受到侵害后的救济进行了规定,至于具体如何保护,则通过行业自律规范约定,[1]以便使个人信息保护体系更具灵活性。

在美国,行业自律主要通过两种形式实现。第一种是建议性的行业指导。例如,美国数字广告联盟(Digital Advertising Alliance,DAA)于2009年发布了《在线行为广告自律原则》(Self-Regulatory Principles for Online Behavioral Advertising),要求广告行业成员通过多种机制为消费者提供清晰、有意义和突出的通知,向消费者说明进行行为广告业务时收集和使用个人信息的情况。同

---

[1] 参见张樊、王绪慧:《美国网络空间治理立法的历程与理念》,载《社会主义研究》2015年第3期。

法实质上构成对个人信息非法收集与利用行为的规制,是一部能够对个人信息盗窃行为进行治理的法律。此外,该法第1030(c)条对违法行为的处罚方式进行了具体规定:存在明知未经授权或超越授权访问计算机以及通过此类行为获得美国政府相关信息的,处十年以下有期徒刑或并处罚金;如两个行为分别违反该法两条规定,则实行数罪并罚,最高可处以二十年有期徒刑。同时,该法第1030(g)条规定了因违反《计算机欺诈和滥用法》而遭受损害或损失的受害者获得民事赔偿的方式。[1]

②《防止身份盗窃及假冒法》

为更有效打击身份盗窃行为,美国于1998年颁布《防止身份盗窃及假冒法》(Identity Theft and Assumption Deterrence Act)。该法在《计算机欺诈和滥用法》的基础上扩大对身份盗窃的规制范围,主要体现为该法案第1028(a)条对身份盗窃犯罪采取了广义的概念,将以实施、帮助、教唆犯罪为目的的故意贩卖、转移、持有、使用他人个人信息等行为纳入本罪的范畴。[2] 同时,该法第1028(b)条根据违法行为的情节轻重,分别规定了三年以下、十五年以下、二十年以下三等不同的有期徒刑。[3] 可以说,《防止身份盗窃及假冒法》对个人信息盗窃行为的规制已全面覆盖个人信息收集、传输、使用等环节,对打击个人信息盗窃灰色产业链具有重要意义。

③《电子通信隐私法》

1986年,美国颁布了《电子通信隐私法》(Electronic Communications

---

〔1〕 See U.S. Federal Government, Computer Fraud and Abuse Act, https://1.next.westlaw.com/Document/N6DD98460F4E511E8A7C0DAA3A56050F5/View/FullText.html?transitionType=UniqueDocItem&contextData=(sc.UserEnteredCitation)&userEnteredCitation=18+U.S.C.A.+s+1030, last visited on Feb. 29 2020.

〔2〕 See 18 U.S.C.A. §1028(a)(7),(8) and 18 U.S.C.A. §1028(d)(7)。该处"means of identification"的定义为:可单独或连同任何其他信息用于识别特定个人的任何名称或号码,包括任何姓名、社会保险号、出生日期、国家或政府签发的驾驶执照或身份证号、外国人登记号码、政府护照号码、用人单位或纳税人身份证号,以及独特的生物识别数据,如指纹、声纹、视网膜或虹膜图像或其他独特的物理表征。此定义与我国法律文件中的"个人信息"的定义基本相似,因此,笔者将其翻译为"个人信息"。

〔3〕 See U.S. Federal Government, Identity Theft and Assumption Deterrence Act, https://www.ftc.gov/node/119459, last visited on Feb. 29 2020.

Privacy Act，ECPA），该法主要是为保障电话与电子通信用户的个人隐私而制定的。ECPA 是为了顺应计算机和互联网技术的发展而对原《有限监听法》进行的修改，旨在将原本规制电话语音信号拦截的法律制度延伸至对电子介质传输信息拦截手段的规制，主要从信息传输的角度规制个人信息盗窃行为，其规制主体涵盖所有的个人、企业以及政府部门。ECPA 规定，任何个人和机构（除依据其他法律规定之外）都不得截取、拦取公民语音通话的内容以及通过计算机等电子设备传输的通信内容，也不得向他人披露上述内容，否则可能被判处最高五年的监禁，并处罚金。此外，美国还通过《公平与准确信用交易法》进一步补充个人信息收集阶段身份盗窃行为的法律规制手段，规定以虚假的借口从消费者报告机构获取有关消费者信息将被处两年以下有期徒刑或并处罚金。[1]

（2）州级个人信息盗窃相关立法规定

除联邦层级立法外，美国各州也通过地方立法惩治个人信息盗窃或身份盗窃犯罪。

①《华盛顿刑法典》

《华盛顿刑法典》(Washington Criminal Code) 第 9A.90.100 条对"电子数据盗窃罪"(electronic data theft) 进行了明确的规定：任何人以欺诈、欺骗、勒索、盗窃财产、盗窃数据或其他犯罪为目的，在未经授权的情况下或者在没有合理理由相信其获得授权的情况下故意获取任何电子数据的行为。[2]《华盛顿刑法典》对电子数据盗窃罪的规定主要是从个人信息获取环节对个人信息盗窃行为进行规制，主要打击对象为个人信息盗窃灰色产业链的上游犯罪者。此外，该法典在原文中采用"obtain any electronic data"来表示犯罪行为，即该部法典并未将针对电子数据的"盗窃"行为局限于"以隐秘方式窃取"，使得电子数据盗窃罪的打击范围不至于过窄。

---

[1] See United States Congress Senate Committee, The Fair and Accurate Credit Transaction Actof 2003, https://law.justia.com/codes/us/2012/title-15/chapter-41/subchapter-iii/section-1681q, last visited on Feb. 29 2020.

[2] See Washington Revised Code Title 9A. Washington Criminal Code § 9A.90.100. Electronic data theft, https://codes.findlaw.com/wa/title-9a-washington-criminal-code/wa-rev-code-9a-90-100.html, last visited on Mar. 1 2020.

② 《加州消费者隐私法》

2018年6月,加州通过《加州消费者隐私法》(California Consumer Privacy Act, CCPA),该法于2020年1月1日正式生效。未经消费者同意而披露个人信息的,可能对个人信息主体的隐私造成损害,甚至会对相关个人造成破坏性影响,该影响包括身份盗窃、财务欺诈、财务损害、名誉损害、骚扰等对个人身体与情感造成的直接或间接影响。对于此类行为,CCPA赋予公民在对待未经授权的访问及其泄露、盗窃或披露消费者的未加密、未编辑的个人信息等特定违法行为时提起诉讼的权利,并指定加州总检察长负责执行相关的规定。在具体实施环节,该法对消费者的赔偿请求权作出了具体的规定:由于企业未尽到保护个人信息的义务(如未实施及制定用于保护个人信息安全的流程和管理制度)而导致消费者未加密和未编辑的个人信息受到非法访问、泄露、盗窃或被披露时,消费者可以提起民事诉讼并主张赔偿。被诉经营者需要按照每起事件每人次消费者不少于100美元且不超过750美元进行赔偿或以消费者的实际损害进行赔偿,以较高者为准。此外,权利受到侵害的个人信息主体还可以获得禁令或声明性救济,以及法院认为适当的任何其他救济。CCPA为对受个人信息盗窃影响的主体提供了民事救济的途径,有利于个人信息盗窃规制法律责任体系的完善,值得我国借鉴。

除加州外,美国缅因州、佛蒙特州、内华达州等均于2019年通过了各自的消费者隐私法。与《加州消费者隐私法》不同的是,其他州消费者隐私法规制的主体范围更窄,如《缅因州消费者隐私法》仅适用于互联网服务提供商,《内华达州数据隐私法》规制的主体是通过互联网收集用户信息的网站运营商或网络服务提供商。此外,《内华达州数据隐私法》还规定了运营商违规行为的惩处措施:违反该法规定非法收集用户信息的,可能遭受禁令或不高于5000美元的罚金(civil sanctions)。这在一定程度上有助于规制个人信息盗窃灰色产业链的上游犯罪行为。

综上所述,美国个人信息保护相关立法规定主要有如下特征:

第一,对于个人信息保护采取的是"行业自律+分散立法"相结合的模式。美国并未制定个人信息保护专门法统一规范有关主体的信息处理行为,而是通过行业自律与立法保护相结合的方式对个人信息进行保护。[1] 其一,美国政府引导行业组织制定本行业的行业准则与行业规范,同时区分不同领域、行业进行分散立法,以保障行业准则与行业规范的实施效果,从而规范信息控制者、信息使用者的相关信息处理行为。同时需注意的是,美国对个人信息保护虽采取分散立法模式,但近年来也逐渐追求个人信息保护立法上的统一。这从近年来每届国会均会提出将分散法律统一化的提议即可看出。其二,行业组织制定的行业规范虽不具有法律效力,但因其是在政府引导下制定的,且内容既包括责任义务的分配又包括任务的执行,故常被作为政府监管机构开展监督管理工作时的重要参考工具。

第二,针对公共机构与私营机构分别制定不同的法律进行规制。[2] 针对公共机构信息处理行为之规范,美国先后制定了《信息自由法案》《隐私权法案》《电子数据隐私保护法案》等。其中,《信息自由法案》旨在规范美国联邦政府各机构信息公开行为,避免对公民信息隐私造成侵害;《隐私权法案》仅涉及联邦公共机构信息公开、留存、修改行为的规范,而未涉及私营机构信息处理相关行为的规范;《电子数据隐私保护法案》就执法机关、司法机关履行职务期限的信息搜索、查询要求等作出了规定。这三部法律是规制公共机构相关信息处理行为的核心规范。针对私营机构相关信息处理行为,美国主要对金融机构、医疗机构、电信运营商等主体的信息处理行为进行法律规制,制定了《金融服务现代化法案》《健康保险携带和责任法案》以及《电子通信隐私法》等,明确规定了金融服务信息、医疗健康信息、电子通信信息主体的权利范围,相应的信息控制者、处理者的义务与责任,以及信息控制者、处理者相关收集与使用信息行为的限制与要求等。

第三,对个人健康、金融服务、信用价值、13岁以下儿童等特殊敏感信息予

---

[1] 参见齐爱民、佟秀毓:《美国在线行为广告领域个人信息保护自律模式研究》,载《苏州大学学报(哲学社会科学版)》2018年第3期。

[2] 参见张薇、池建新:《美欧个人信息保护制度的比较与分析》,载《情报科学》2017年第12期。

以严格保护。[1] 美国是高度重视信息主体特殊敏感信息保护的国家之一,同时也是鲜有的分领域制定特殊敏感信息保护专门法的国家。就个人健康、金融财务、信用价值等特殊敏感信息,美国颁布了《健康保险携带和责任法案》《金融服务现代化法案》《公平与准确信用交易法》等多部法律。而针对13岁以下儿童特殊敏感信息,美国从行业、教育、行政管理以及立法规制等多方面制定了儿童隐私保护措施。在立法层面,美国制定了《儿童网上隐私保护法》,规定了儿童信息收集的监护人同意制度、网站运营商与网络服务提供商的法定义务、监护人的权利与责任等内容。同时,美国还对网站运营商和在线服务经营者隐私政策作出了规定。此外,美国还制定了《家庭教育权利和隐私法案》《学生数字化隐私法案》与《在线教育服务指南》等,综合保护儿童网络隐私。分领域、分行业、分事项地出台法律规定,可对相关主体的信息处理行为进行有针对性的规制,从而更好地为消费者提供安全的服务环境。

(二)欧盟与欧洲国家个人信息盗窃法律规制立法现状

纵观欧洲国家有关个人信息的立法渊源与沿革,欧洲强调将自然人对其个人信息上所承载的权利作为一项基本的人格权利进行保护。从立法方式上看,欧洲未将政府部门与私营机构涉及的个人信息分别进行立法,而是采取统一立法模式对个人信息进行保护。欧洲个人信息保护大致经历了四个阶段:第一阶段是20世纪70年代初期,强调更好地实现信息控制者对其所持个人信息的处理需求,在立法上对个人信息保护较少;第二阶段是20世纪70年代中期至80年代晚期,立法重心转移至对公民个人信息权利的保护,但并未制定明确可操作的个人信息保护措施,信息主体在个人信息处理活动中的参与度不高,对其个人信息的掌控能力也较弱;第三阶段是20世纪90年代初期、中期,立法重心在于弥补以往个人信息保护方面的缺陷与不足,强调对个人信息处理活动中个人信息权利的保护,主要体现在对于信息主体个人信息控制性权利的保护力度加大以及保护措施趋于制度化;第四阶段是20世纪90年代以后,立法机关提

---

[1] 参见张立彬:《美英新个人信息保护政策法规的考察与借鉴》,载《情报理论与实践》2020年第6期。

高了信息主体相对于信息处理者、控制者的地位,制定了明确的和强制性的规定保护信息主体的控制权,以使其在信息持有者处理信息的活动中能更好地维护自己的个人信息相关权利。[1]

1. 欧盟个人信息盗窃法律规制立法现状

(1) 欧盟个人信息保护立法体系

欧盟对于个人信息保护采取的是统一立法模式,其个人信息保护相关立法主要经历了欧洲境内国家的国内分别立法和欧盟《个人数据保护指令》《宪法条约》《通用数据保护条例》几个阶段。

在第一个阶段,欧盟众多成员国针对本国国情进行国内立法,制定个人信息相关法律法规。比如,1970年德国《黑森州数据保护法》、1973年瑞典《个人数据法》、1978年法国《个人数据保护法》、1991年葡萄牙《个人数据保护法》等,各成员国个人信息立法分散且标准不一,给欧盟整体的个人信息保护体系建设造成较大阻碍。

为统一各成员国在个人信息保护方面的立法规定,1995年10月24日,欧洲议会和欧盟理事会发布《个人数据保护指令》,此即欧盟个人信息保护立法的第二阶段。该指令旨在保护个人信息权的基础上,兼顾个人数据在各成员国的自由流动。该指令对个人数据处理的一般原则、个人信息管理者的责任和义务、个人信息权的具体内容与范围、个人信息权受损后的司法救济措施、向第三国转移个人信息的要求、监管机构以及执行措施等作出了明确规定。在该指令的指引之下,欧盟成员国内部逐步建立自由流动的数据交易市场和个人信息保护的跨境政策。为弥补该指令在信息保密、垃圾邮件、cookies处理方面的不足,欧盟于2002年7月12日发布了《关于电子通信领域个人数据处理和隐私保护指令》(以下简称《隐私和电子通信指令》),以规范提供电子邮件、互联网连接、无线电通信及其相关服务的电子通信行业领域内主体的信息处理行为。2006年3月15日,欧洲议会和欧盟理事会又发布《关于保留公用电子通信服务或公共通信网络中处理或生成的数据以及修改指令2002/58/EC的2006/24/

---

[1] 参见李媛:《大数据时代个人信息保护研究》,华中科技大学出版社2019年版,第46—47页。

EC 指令》,旨在协调各成员国的公共电子通信服务提供商数据处理与数据留存方面的义务性规范,保证在尊重公民个人信息、个人隐私的同时,能够利用相关信息辅助刑事犯罪的侦查、起诉。[1] 上述三个指令在欧盟个人数据安全保障中起到了重要作用。

在上述欧盟指令的基础上,各成员国均对其国内个人信息保护立法进行调整,以便适应欧盟整体个人信息保护体系。2004 年 6 月 18 日,欧盟 25 个成员国一致通过了欧盟《宪法条约》草案的终稿,并于同年 10 月签署了该条约。欧盟亦于此时将个人信息权写入该条约,在欧盟层面确立个人信息权属于基本人权的地位。此为欧盟个人信息保护立法的第三阶段。但在 2005 年,法国以 55% 反对率否决了该条约,由于法国对欧盟《宪法条约》享有一票否决权,该条约自此被搁置,未得到进一步实施和执行。

2013 年,美国"棱镜门"事件在全球范围内引发激烈讨论,亦引起各国公民、政府对网络环境下公民个人信息安全的担忧。在此背景下,欧洲议会于同年 10 月 22 日通过了欧盟《数据保护基本条例》,该条例最突出的特点是确立了可供信息主体在遭受个人信息非法侵害时自主选择的多种救济途径,包括一定条件下的删除数据的权利、向专门监督机关控诉的权利、向司法机构起诉的权利等,多种权利救济途径使得数据主体在其个人信息被非法收集、处理时,可及时阻止他人的非法行为并获得相应的赔偿。[2]

为弥补欧盟立法方面的不足,适应信息通信技术的发展,欧洲议会 2016 年 4 月 14 日通过《通用数据保护条例》(GDPR),GDPR 直接替换 1995 年《个人数据保护指令》,于 2018 年 5 月 25 日正式生效。欧盟的个人信息保护立法进入第四阶段。GDPR 对个人数据的保护范围、数据主体的权利内容、处理个人数据的基本原则、儿童数据的特殊处理规定、数据控制者与数据处理者的义务范围、数据主体被遗忘权与可携带权、个人数据泄露的通知要求、数据保护官、执

---

[1] 参见郭瑜:《个人数据保护法研究》,北京大学出版社 2012 年版,第 45—47 页。
[2] 参见崔聪聪等:《个人信息保护法研究》,北京邮电大学出版社 2015 年版,第 34—35 页。

法与处罚等内容作出了明确规定,[1]为各成员国个人信息保护立法提供了参考与借鉴。

GDPR 的亮点在于:第一,统一各成员国个人信息立法规定,实施执行效力更强。与以往的欧盟指令不同,GDPR 规定所有欧盟成员国都应当直接适用条例的规定。第二,制定一站式监管机制,将以往复杂的多国监管模式简单化。该机制为在多个成员国开展业务活动或建设经营场所的企业、组织指定一个主要的监管机构,引导其他监管机构开展监督管理工作,使得整个监管过程更为有序、简化、一致。第三,在信息收集、处理需征求用户同意方面,GDPR 提出了更为严格的认定标准。比如,GDPR 规定数据控制者所设置的"同意"选项必须与其他类型的选项相分离,数据控制者必须告知用户其信息收集、使用行为的具体内容,并能够就用户的同意行为提供明确的证据。此外,GDPR 还授予用户对其同意的撤销权。第四,增设了被遗忘权、信息携带权等信息主体享有的权利。根据 GDPR 的规定,信息主体享有可请求无法定理由保存数据的数据控制者擦除其个人数据的权利(即被遗忘权),以及可从数据控制者处获取其个人信息副本,并实现其个人信息从一控制者转移至另一控制者的数据可携带权。第五,增加了信息控制者的义务,包括任命信息保护专员以及在信息泄露严重情况下限时向监管机关通知等。根据 GDPR 的规定,企业应当设立数据保护官,以监督企业内部信息控制者、处理者的相关行为,并要求数据控制者、处理者保留其数据处理活动的相关文档信息。此外,数据控制者在遭遇数据泄露事故时,应当先就数据泄露的风险高低进行评判,在存在可能对数据主体相关权益造成破坏的风险时,应当在合理期限内或 72 小时内可行的情形下通知监管机关,在泄露事故风险较高的情况下,还应通知数据主体。第六,GDPR 加重了对违反条例行为的处罚力度。有关主体违反 GDPR 规定的,将受到 2000 万欧元或者企业上一年度全球营业收入 4% 中更高的数额的罚金。[2] GDPR 无疑

---

[1] 参见欧盟《一般数据保护条例》,丁晓东译,腾讯研究院,2018 年 5 月 23 日,https://www.tisi.org/5029,2020 年 2 月 24 日访问。

[2] 参见德威特律师事务所:《欧盟通用数据保护条例(GDPR)的分析及应对:新规的重点与亮点》,http://lawv3.wkinfo.com.cn/topic/61000000453/2.HTML,2020 年 2 月 24 日访问。

是个人数据保护立法史上的一座里程碑，是各国在进行个人信息立法修法过程中可资参考和借鉴的典范。

（2）欧盟个人信息盗窃相关立法规定

欧盟虽未制定明确的法律法规来规制个人信息盗窃行为，但其就违法违规处理个人信息的民事赔偿、行政处罚、刑事责任等方面内容所作的规定，对于规制与打击个人信息盗窃产业链具有重要意义。

第一，关于侵害公民个人信息相关权益的民事责任。GDPR 第 82.1 条规定，因他人违反该条例而遭受物质或非物质伤害的，有关主体享有向控制者或者管理者索赔的损害赔偿请求权。相应地，GDPR 第 82.2 条规定了控制者违反本条例非法处理所控信息以及信息处理者违反本条例的相关要求和控制者的合法指示时，处理个人信息的主体应当就其行为承担损害赔偿责任，且该责任类型属于过错责任（GDPR 第 82.3 条）。针对数人侵权案件，GDPR 规定共同侵权主体需承担连带责任，同时设置了追偿权，以保障数据主体能够及时获得有效赔偿，同时又不至于使侵权主体承担与其行为不相适应的责任。

第二，关于侵害公民个人信息相关权益的行政责任。首先，GDPR 第 58.2 条规定，监管机构有权对违法违规的数据控制者、处理者施以警告、申诫、暂时性或具有明确期限的禁令、撤回或命令认证机构撤回认证等惩处措施。其次，GDPR 第 83 条规定了行政罚款的一般条件：罚款的原因在于违反本条例第 5 条个人数据处理原则、第 6 条处理数据的合法性要求等，罚款的具体执行需要遵守有效性、比例性和劝诫性的原则，对于数据控制者、处理者应在第 58.2 条规定的惩处措施上追加罚款，或仅要求其承担罚款。再次，在确定行政处罚的罚款金额时，应当综合考量违法的性质、严重性与持续时间以及控制者或处理者事后救济行为等因素。GDPR 第 83.3 条规定，违反本条例相关规定的，有关控制者或处理者会面临最高 1000 万欧元的罚款；违法主体为企业的，最高可处 1000 万欧元与不超过其上一年全球总营业额 2% 中较高金额的罚款。对于违反 GDPR 第 58.2 条规定的监管机关发布的命令的主体，最高可处 2000 万欧元的罚款；违法主体为集团的，最高罚款额为 2000 万欧元与前一年全球总营业额 4% 中更高的金额。最后，GDPR 第 83 条规定，各成员国可在不影响本条例第 58.2 条有关监管机构矫正权利的前提下，自行确定其境内公共机构和商业实体行政处罚的规则。未制定行政罚款制度的成员国,可通过有权监管机构发起行政罚款程序,再由有职权的全国性法院予以执行。

第三,关于侵害公民个人信息相关权益的刑事责任。欧盟对于侵害个人信息的违法违规者很少提起刑事诉讼,且针对此类行为刑事立法规定较少。欧盟主要对不理会有关主体的多次警告依然保留未经登记的数据库的公司,或依然输出所控个人信息的公司,以及违法出售个人信息的公司或个人施以刑事处罚。

2. 德国个人信息盗窃法律规制立法现状

欧盟对数据保护和隐私的要求较世界上其他国际组织更为严格,其中作为欧盟成员国之一的德国尤显其甚。目前,从个人信息统一立法《联邦数据保护法》到《电信媒体法》《电信法》《社会保障法》等,德国已建立起一套从中央立法到地方立法、从普遍领域立法到特殊领域立法的系统性、全方位的个人信息保护体系。

(1) 德国个人信息保护立法体系

① 个人信息统一立法《联邦数据保护法》

德国以信息自决权为宪法基础,以一般人格权为民法基础,对个人信息给予保护。在联邦层面,德国以一部《联邦数据保护法》(Bundesdatenschutzgesetz,BDSG)对个人信息进行保护。新 BDSG 于 2017 年 7 月 5 日正式发布,对 GDPR 的规定进行了补充规定,并于 2018 年 5 月 25 日与 GDPR 一起生效。新 BDSG 制定的目的之一在于,利用 GDPR 下的众多开放性条款,明确规定或者限制 GDPR 下的信息处理要求。除了新 BDSG 外,德国在特定领域的法律中还存在一些个人信息保护的法律,如监管金融贸易或能源部门的法律。这些法律中大部分已被欧盟《数据保护适应和实施法案》调整以适应 GDPR 的规定,该规定已于 2019 年 11 月 26 日生效。然而,一些特别相关的法律迄今仍未改变,最著名的是《电信媒体法》,其原因在于该法涉及所载信息保护规则的持续适用性问题。

欧盟 GDPR 的制定与实施使其成员国个人信息保护法迎来重大的改变,德国的个人信息保护法规也随之变化。一般来说,适用 GDPR 则需要排除对新 BDSG 规则的适用,因为 GDPR 是比新 BDSG 位阶更高的法律。这意味着,只要是欧盟 GDPR 已经规定的个人信息保护规则,其成员国就不允许制定单独的国家规则;只有在 GDPR 规定开放条款的情况下,其成员国才有进行国家立法规制的空间。然而,新 BDSG 在开放条款范围内的规则覆盖了 GDPR 的规则。在此特定法律环境中,新 BDSG 所涉及的特定主题的个人信息规则优先于其一般规则。

新 BDSG 在 GDPR 规定的原则的基础上增加了少量的附加义务,且对信息处理目的和信息存储限制的原则进行了修改。例如,根据 GDPR 的相关规定,为特定目的收集的数据不能用于其他目的。新 BDSG 增加了本规则对私营机构的例外情况,允许私营机构在必要时就收集信息目的以外的其他目的处理个人信息:一是防止对国家、公共安全的威胁或起诉刑事犯罪;二是设立、行使或对抗法律上的请求权。但是,如果个人信息主体有超过以上目的以外的其他保障自身合法利益目的,则上述例外情况不再适用。又如,新 BDSG 在征求个人信息主体同意方面,规定了更具体的规则,以保护个人信息主体的权利和自由。即在雇佣情况下,雇员必须进行书面形式的同意,雇主方能处理其个人信息,而 GDPR 没有如此严格的要求(如允许电子形式的同意)。此外,新 BDSG 还对同意原则的例外作出了具体规定,即当书面同意会对科学研究的进展造成侵害时,数据处理者可以根据其他形式的同意进行数据处理。

② 个人信息保护其他相关法律

除了《联邦数据保护法》对于一般数据的保护外,德国联邦和州层面还对特定行业领域的企业规定了数据保护相关要求。例如,《电信媒体法》主要对电子信息和通信服务相关违法行为进行规制;《电信法》(Telekommunikationsgesetz)对与电信服务用户有关的个人信息予以保护;《刑法》(Strafgesetzbuch)规定了关于专业/商业保密和电信保密的特别规则;《社会保障法》(Sozialgesetzbücher)中包括处理医疗、社会保险信息的规定;《国家新闻法》(Landespressegesetze)对新闻活动背景下的数据处理作了具体规定,以缓解数据保护与新闻自由之间的紧张关系。此外,德国立法者仍正在积极修改其国内个人信息保护法,以使其符合 GDPR 的要求。

(2) 德国个人信息盗窃相关立法规定

德国关于个人信息盗窃的立法规制主要体现在以下两部法律中:

第一,《联邦数据保护法》。该法第42节对个人数据信息盗窃违法行为的相关责任作出了列举规定:对未经授权故意将大量未公开的个人数据传输给第三方或用于商业目的的,处三年以下有期徒刑或者罚金;对旨在为自己或他人牟取暴利、旨在损害他人利益为目的而采取诈骗方式取得他人未公开的个人信息或对未公开的个人信息未授权而进行处理的,处两年以下监禁或罚金。同时,该条规定个人数据信息犯罪属于亲告罪,即需要有关主体针对该违法行为提出控告,法院才受理此类违法行为的刑事诉讼。控告的主体可为数据主体、数据控制者或负责数据保护的联邦委员会和监督组织中的任意一方。

第二,《刑法(2019修订版)》(Strafgesetzbuch-StGB)。该法主要在第十五章对侵犯个人信息以及个人隐私的违法行为进行了规制,主要涵盖以下罪名:侵犯言论秘密罪(第201条)、侵犯图像隐私罪(第201条a项)、侵犯通信秘密罪(第202条)、数据间谍活动罪(第202条a项)、网络诱骗罪(第202条b项)、数据间谍与网络诱骗的预备活动犯罪(第202条c项)、处理被盗数据罪(第202条d项)、侵害他人隐私罪(第203条)、利用他人秘密罪(第204条)、侵犯邮政或电讯秘密罪(第206条)等。由此可见,该法对个人信息、隐私盗窃行为以及未授权使用行为均进行了规制,保护范围较广,且主体限定明确。另外,该法还对法人的数据信息权设置了相应的保护:未经法人授权而利用法人数据信息或商业秘密的,可处两年以下自由刑或罚金。[1]

3. 英国个人信息盗窃法律规制立法现状

GDPR于2018年5月25日在英国生效,当时英国还是欧盟的正式成员国。2019年,英国针对其"脱欧"国策制定新法案《数据保护、隐私和电子通信条例(退欧)》,规定在退出欧盟后,英国将不再受欧盟GDPR义务的约束,但保留GDPR的境外适用概念,并称其为"欧盟GDPR"。

(1) 英国个人信息保护立法体系

第一,统一个人数据立法《数据保护法》。英国于1984年颁布了首部《数据保护法》,并于1998年7月16日进行了第一次修订。此次修订是在欧盟1995

---

[1] See Michael Bohlander, Strafgesetzbuch-StGB, https://www.gesetze-im-internet.de/englisch_stgb/englisch_stgb.html, last visited on Mar. 5 2020.

年通过《个人数据保护指令》的背景下,对 1984 年《数据保护法》中个人信息取得、持有、使用以及披露个人信息处理过程等方面的信息保护机制作了延伸与细化。其中,该法规定了数据控制者有权禁止未经登记或未经批准的自然人或单位非法获取、处理其所掌控的个人信息,这对于打击个人信息盗窃灰色产业链的非法窃取他人个人信息的上游和下游行为都具有积极意义。2018 年 5 月 23 日,英国正式通过新修订的《数据保护法案》(Data Protection Act 2018)。该法案旨在授权个人控制其个人信息,并支持相关组织合法处理个人信息。该法案于 2018 年 5 月 25 日生效,更新了英国的数据保护法律,补充了 GDPR,实施了欧洲议会和欧盟理事会 2016 年《关于保护自然人针对主管当局为预防、调查、侦破或检控刑事罪行或执行刑事刑罚而使用个人数据,和有关该数据的自由流动,以及撤销理事会第 2008/977/JHA 号架构决定的 2016/680 号指令》(以下简称《欧盟 2016/680 号指令》),并将数据保护法律扩展到 GDPR 或《欧盟 2016/680 号指令》未覆盖的领域。

英国《2018 数据保护法案》主要包括以下七个部分:前言、一般处理程序(含 GDPR 相关规定)、执法处理、个人信息控制者与个人信息处理者、向第三国进行数据传输、例外情形、补充和最后条款。英国"脱欧"后,GDPR 将被转换为英国法律,并会进行一定的修改。GDPR 本就允许成员国根据国情需要对条例进行相应的调整,英国《2018 数据保护法案》对 GDPR 进行了一定范围内的调整,如对处理敏感信息提出了一些具体要求,针对英国提出了一些政策上的豁免情形,并涉及 GDPR 在英国的监管和执行。例如,GDPR 第 9.1 条禁止处理特殊类别的个人信息,以下情形除外:数据主体已明确同意、涉及重大公共利益、进行法律索赔程序所必需。又如,《2018 数据保护法案》根据欧盟《现代公约》(欧洲委员会关于自动处理个人数据的个人保护公约)的标准,建立了具体的情报部门个人信息保护制度,而 GDPR 并未涉及情报领域。除在某些允许的领域为欧盟 GDPR 的条款制定具体实施细则外,英国《2018 数据保护法案》还作了以下规定:第三部分将《欧盟 2016/680 号指令》转化为英国法律,建立了专门的个人信息保护执法制度;第四部分规定了英国国家安全部门处理个人信息的具体制度;第五、第六部分规定了信息专员的任务范围和执行权力,并规定了与个人数据处理有关的刑事犯罪。其中,该法案第 10 条对刑事定罪信息的传输作了具体规定,即除了在官方公共当局的控制下进行或经会员国国内法特别授权之外,禁止对刑事定罪信息予以存储和传输。[1]

第二,除统一个人数据立法外,英国还制定了一系列与个人数据保护相关的其他法律规定,这些法律规定包括但不限于:

① 《隐私和电子通信(EC 指令)条例》

《隐私和电子通信(EC 指令)条例(2003/2426)(修订版)》[The Privacy and Electronic Communications (EC Directive) Regulations (2003/2426) (as amended),PECR],是为执行电子通信部门隐私保护的欧盟《隐私和电子通信指令》而制定的条例,涉及个人信息处理和电子通信部门隐私保护。

② 2000 年《信息自由法案》

自 1966 年制定之后,《信息自由法案》经历了多次修改和完善。其中,2000 年《信息自由法案》对获取、传输政府机构存储的信息作出了限制。比如,该法案第一部分"访问由公共机构控制的信息"第 1 条对访问公共机构控制信息的基本权利作出了规定;第 15 条规定了转移政府机构储存的公共记录的特殊规范;第六部分"历史记录和在公共记录机构的记录及在爱尔兰公共记录机构的记录"之第 65 条、第 66 条分别规定了拒绝历史记录自主公开的裁定以及与某些可转移公共记录有关的裁定等内容。

③ 2016 年《调查权力法》

2016 年《调查权力法》(The Investigatory Powers Act 2016)规定了英国执法机构和情报机构获得授权进行拦截、设备干扰或批量通信数据采集等行为时应当遵循的原则。比如,该法第 61.7 条规定,国务大臣或者苏格兰部长指定的高级官员只有在维护国家安全利益、保护英国经济利益、保护公众健康等情形下才可获得授权以取得通信数据。同时,该法还规定了通信数据的披露制度。比如,该法第 93 条规定,通信供应商应建立稳固的安全系统来保障通信数据的安全,确保通信数据不被非法访问。

---

[1] See The Parliament of United Kingdom, Data Protection Act of 2018, http://www.legislation.gov.uk/ukpga/2018/12/contents, last visited on Mar. 6 2020.

(2) 英国个人信息盗窃相关立法规定

针对个人信息盗窃行为,英国主要是从信息收集的角度对其进行规制:

1990年《计算机滥用法》(Computer Misuse Act 1990)对未经授权侵入计算机获取信息资料的犯罪作了相应的规制。根据2015年修改后的《计算机滥用法》,该犯罪行为是指行为人明知或应当知道自己在未经授权的情形下入侵任何计算机,以访问计算机中存储的程序和个人信息。对于该犯罪行为,该法规定采取简易程序审判,可处以十二个月以下的监禁,单处或并处不超过该法最高刑罚的罚金。[1] 据此,以获取个人信息为目的使用黑客攻击技术入侵他人计算机的,构成本罪。

2000年《调查权力管理法》(Regulation of Investigatory Power Act 2000)将一切未经合法授权截取各种通信,包括无线电话、电子邮件等信息的非法截取行为均列为犯罪。该法第1条对非法拦截作出了详细规定:第一,任何人在英国的任何地方未经合法授权,故意以下列方式截取通信过程中的任何通信:(1)公共邮政服务;(2)公共电信系统。第二,任何人如有以下行为,即属违法:(1)有意且无合法权限而在英国的任何地方截取正在通过私人电信进行传输的任何通信;(2)除根据第1.6条将其行为排除在本款规定的刑事责任之下的情况外,在英国的任何地方截取正在通过私人电信进行传输的任何通信。同时,该法第二章第21条对合法获取和披露通信数据作出相应规定。第53条规定了刑罚方式,任何人犯本条所规定的罪行,则:(1)一经循公诉程序定罪,可处两年以下的监禁,单处或并处罚金;(2)一经循简易程序定罪,可处六个月以下的监禁,单处或并处不超过该法最高刑罚的罚金。[2]

英国《2018数据保护法案》根据GDPR第32条制定了关于保证数据安全水平的规定,要求信息控制者和信息处理者应采取适当的技术与措施,保证暴露在不同风险程度下的个人信息的安全水平。在评估合适的安全级别时,应当

---

[1] See The Parliament of United Kingdom, Computer Misuse Act 1990, https://www2.le.ac.uk/offices/ias/resources/policies/misuseact/, last visited on Mar. 6 2020.

[2] See The Parliament of United Kingdom, Regulation of Investigatory Power Act 2000, http://www.legislation.gov.uk/ukpga/2000/23/contents, last visited on Mar. 7 2020.

特别考虑处理个人信息可能带来的风险,特别是在个人信息传输、存储或处理过程中的意外或非法销毁、丢失、篡改、未经授权的披露或访问。同时,《2018数据保护法案》在GDPR现有规定外还制定了个人信息安全保障的具体规则,主要包括:个人信息的假名化和加密;确保个人信息的持续保密性、完整性、可用性和处理系统的调节能力;在发生物理或技术事故时及时恢复个人信息的可用性和访问的能力;定期进行测试与评估;保证评估技术和组织措施有效性等。

综上所述,欧盟及欧洲国家个人信息保护相关立法主要呈现出如下特征:

第一,个人信息统一立法特征明显。无论是欧盟及其成员国德国还是英国,均制定了个人信息保护专门法,对所有信息控制者与信息使用者的信息处理行为实行统一规范与管理。欧盟先后颁布了《个人数据保护指令》和《通用数据保护条例》,后者直接取代了1995年欧盟为统一各成员国个人信息立法所制定的《个人数据保护指令》,以统一欧盟各成员国个人信息保护相关立法规定。德国就个人信息保护制定了统一立法《联邦数据保护法》,英国出台了《数据保护法》,而且两国在欧盟GDPR通过之后,均以GDPR的整体框架及有关细致规定为指引和参考,根据本国国情与立法现状对以往的个人信息保护专门法进行了修订与完善。

第二,GDPR引入属人管辖、保护管辖等多种管辖权适用原则,以扩大其境外适用效力。[1] 1995年《个人数据保护指令》规定,仅在欧盟境内设立机构或者通过欧盟境内设备所进行的数据处理行为才受到欧盟个人信息保护法的规制,而如果企业跨境为欧盟境内公民提供服务,则不在欧盟法律的适用范围之内。可见,当时《个人数据保护指令》适用的是属地管辖原则。而欧盟2018年生效的GDPR第3条规定,以下行为均受到GDPR的管辖:在欧盟境内设有机构的数据控制者、处理者或其所设机构的数据处理行为,不论实施信息处理的行为是否在欧盟境内;为欧盟境内的数据主体提供商品、服务,或者监控欧盟境内信息主体行为相关的个人信息处理行为,即使数据控制者、处理者未在欧盟境内设立机构;虽未在欧盟境内设立机构,但数据控制者因国际公法在其所处

---

[1] 中国信息通信研究院安全研究所等:《欧盟GDPR合规指引》,https://www.useit.com.cn/thread-23513-1-1.html,2020年2月22日访问。

地区适用欧盟成员国的法律,则其在该地区所实施的个人数据处理行为亦适用GDPR的规定。[1] 从该条规定可见,欧盟GDPR将所有涉及欧盟公民个人信息的处理行为均纳入管辖范围之内,在《个人数据保护指令》所遵循的属地管辖原则基础上,适用属人管辖、保护管辖等多种管辖权原则,扩大了其境外适用效力。[2]

第三,个人信息跨境流动机制更为完善。欧盟1995年《个人数据保护指令》规定,欧盟境外的第三国可通过"充分性协议"或"标准合同条款"的方式,获取欧盟境内公民的个人信息。其中,"充分性协议"是指第三国获取欧盟境内的公民个人信息,需达到与欧盟个人信息保护相当的充分性保护水平(该标准在美国与欧盟所签订的《安全港协议》中详细载明);[3]"标准合同条款"是指在未能提供充分性保护的情况下,第三国可以通过与境内信息控制者签订经欧盟委员会审核通过的标准合同,以获取欧盟境内公民的个人信息。[4] 而欧盟2018年生效的GDPR中还设置了基于"适当安全保障""约束性公司规则""经批准的认证机制"等多类个人信息跨境流动规则,完善了个人信息跨境流动机制,同时为各国个人信息跨境流动机制的建立与完善提供了参考。

第四,设定高额的行政罚款,加大对公民个人信息权的行政救济力度。对于企业违反GDPR行为,欧盟按其性质和严重程度规定了以下两类罚款:(1)数据控制者和处理者、认证机构、监管机构违反义务的,罚款1000万欧元或全球营业总额的2%。(2)违反数据处理的基本原则、侵犯数据主体权利、违反数据跨境转移相关规定的,罚款2000万欧元或全球营业总额的4%。高额的行政罚款能够刺激个人信息控制者自觉履行保障个人信息安全的义务,可以有效预防个人信息盗窃行为的发生。

---

[1] 参见欧盟《一般数据保护条例》,丁晓东译,腾讯研究院,2018年5月23日,https://www.tisi.org/5029,2020年2月24日访问。

[2] 参见张建文、张哲:《个人信息保护法域外效力研究——以欧盟〈一般数据保护条例〉为视角》,载《重庆邮电大学学报(社会科学版)》2017年第2期。

[3] 参见张薇、池建新:《美欧个人信息保护制度的比较与分析》,载《情报科学》2017年第12期。

[4] 参见叶开儒:《数据跨境流动规制中的"长臂管辖"——对欧盟GDPR的原旨主义考察》,载《法学评论》2020年第1期。

(三)亚洲国家个人信息盗窃法律规制立法现状

1. 日本个人信息盗窃法律规制立法现状

(1) 日本个人信息保护立法体系

日本对数据信息的价值属性认识较早,对个人数据信息的利用率也较高。在此社会背景下,日本对个人数据信息保护的立法在亚洲地区处于领先地位。从保护模式来看,日本一方面采用了欧盟的个人信息人格权保护概念和立法模式,另一方面其具体规则设计吸收了很多美国的先进经验,[1]即对非公共机构的企业、团体,采取行业自律的模式,而对于特殊行业采取特别立法的模式。这也是日本个人信息保护立法的特色。

① 《个人信息保护法》

日本关于个人信息保护的综合立法是《个人信息保护法》(Act on the Protection of Personal Information, APPI)。该法首次颁布于2003年,是一个全面的跨部门框架法律,主要用来规制私营企业的个人信息使用行为,在总体上体现了经济合作与发展组织1980年出台的《关于保护隐私和个人数据跨境流通的指导原则》(Guidelines Governing the Protection of Privacy and Transborder Flows of Personal Data) 中规定的八项基本原则——利用限制原则、收集限制原则、信息内容完整正确原则、公开原则、安全保护原则、个人参与原则、责任原则、目的特定原则。2015年9月,日本国会对APPI进行了重大修订,此次修订的重要内容包括:第一,明晰了个人信息监管框架中存在疑虑的部分,明确了共同使用的目的、共同使用者的责任和范围,增加了使消费者容易理解的说明等;第二,促进企业正确使用个人数据,要求企业在获得来自第三方的个人信息时应确保其行为合法且可溯源;第三,加强隐私保护的级别;第四,解决全球数据传输问题,并使日本的数据保护制度同经济合作与发展组织其他主要管辖区的制度相协调。日本对此次修订的生效时间也作了特别规定:修正案中成立个人信息保护委员会部分的规定于2016年1月1日生效,剩余部分于

---

[1] 参见郎庆斌:《国外个人信息保护模式研究》,载《信息技术与标准化》2012年第1期。

2017年5月20日生效。个人信息保护委员会是一个跨部门、独立的政府机构，负责执行APPI，并对其涵盖的所有行业和部门统一进行管理，该机构的设立对于更好地执行APPI具有重要意义。

APPI关于个人信息控制者的主要义务及处理要求也值得关注。其一，个人信息获得者必须遵守以下相关规定：在获取个人信息时，需要尽可能特定化其利用目的；在变更利用目的时，必须与变更前的目的存在一定关联性，且不可以超过合理的范围（APPI第15条）；在获得个人信息时，首先应该立即将其利用目的告知个人信息主体，随后再进行公示（APPI第18条）；不能用欺骗或其他方式取得个人信息（APPI第17条）；在达成利用目的的必要范围内，必须尽量保持个人信息的准确性和真实性，并在不再使用个人信息时立即删除（APPI第19条）；采取必要且合理的措施来防止个人信息的泄露、灭失或者损害（APPI第20条）；在允许相关从业者获取个人信息和委托第三人进行数据处理时，必须对该从业者或受托方进行合适且必要的监督（APPI第21条、第22条）；在未事先取得本人同意的情况下，不得将个人信息传输给任何第三方（APPI第23条）；需保存第三方个人信息传输记录（APPI第25条）；在从个人信息主体那里获知可以识别其身份的保有个人信息与事实不符时，在进行必要调查后，可予以修改（APPI第26条）；未取得本人同意，不得进行个人信息的跨境传输（APPI第24条）。其二，个人信息控制者对保留的个人信息负有更严格的额外义务。这些义务包括：向相关个人信息主体提供有关保留的个人信息的说明（APPI第27条）；应个人信息主体的要求向相关主体提供保留的个人信息的副本（APPI第28条）；在有关个人信息主体提出要求时，可根据使用目的对保留的个人信息进行必要的更正、添加或删除（APPI第29条）；个人信息的获得者还需履行中止义务，即如果个人信息控制者违反APPI的规定滥用或获取数据，则应根据相关个人信息主体的要求使用或删除保留的个人数据（APPI第30条）。其三，APPI没有明确要求个人信息控制者必须指定专门负责个人信息保护的人员，但是，个人信息保护委员会发布了行政准则，建议个人信息控制者指定全面负责个人信息处理和保护的人员。

② 个人信息保护其他相关法律

日本各种专门立法如《电信事业法》《户籍法》《电子商务法》等均有条文对

个人信息保护进行规定，但以上法律规定多关注对政府等公共部门收集、传输、利用个人信息行为的规制，对于非公共部门的个人信息保护问题，日本一直鼓励有关行业推行行业自律，指导其制定行业指南。例如，针对医疗、金融、电信等私营企业处理个人信息具有高度敏感性，国会对相关行业进行指导，制定了一系列保护指南与方针，如日本信息处理开发协会在日本政府的指导下制定了《民间部门个人信息保护指导方针》。

(2) 日本个人信息盗窃相关立法规定

日本针对个人信息盗窃的收集、利用和传输制定法律予以规制，其特殊之处在于，对个人信息控制者和个人信息保护委员会规定了相对严厉的刑罚措施，以督促其履行义务，进而预防个人信息盗窃。

第一，《个人信息保护法》。该法规制个人信息盗窃的法条规范如下：第 17 条"正当获取"，个人信息处理者不得以虚假或者不正当的手段获取个人信息。第 20 条"安全管理措施"，个人信息处理者必须采取必要且适当的措施防止其所处理的个人数据泄露、灭失或毁损以及采取其他措施对个人数据进行安全管理。第 72 条、第 82 条，个人信息保护委员会的工作人员泄露或非法使用公民个人信息的，将被处以两年以下有期徒刑或 100 万日元以下罚金。第 42 条、第 84 条，个人信息控制者违反保护个人信息安全保护义务或侵犯个人信息权利，经权利人催告仍没有采取必要措施的，可能受到六个月以下的劳动监禁处罚或者 30 万日元以下的罚金。可以看出，日本《个人信息保护法》对个人信息盗窃进行规制的主要方式是规定信息控制者和个人信息保护委员会等掌握大量个人信息主体的刑罚，促使其严格履行维护个人信息安全的义务，从而预防个人信息盗窃行为的发生。

第二，日本《刑法典》。该法典第 133 条规定了非法开拆书信罪，即无正当理由开拆他人封缄书信的，处一年以下有期徒刑或者 20 万日元以下罚金（另据该法典第 135 条之规定，本罪为亲告罪）。其中，该条规定的"书信"在具体司法适用中可考虑按照刑法扩大解释为现行的以电子邮件等形式编辑的信件。

第三，《禁止非法侵入计算机系统法》。该法于 2002 年颁布，禁止任何人未经授权访问他人计算机，或利用他人的 ID 号码或密码冒充他人，或利用计算机的弱点（防范漏洞）非法侵入。同时，该法规定提供他人的识别符号（ID 号码或密码)等帮助非法侵入的行为也构成犯罪。构成此类犯罪的,将被处以一年以下有期徒刑或者50万日元以下罚金。

2. 韩国个人信息盗窃法律规制立法现状

韩国与日本相似,引进了欧盟个人信息自决权的立法理念,建立了全面的保护个人信息的法律框架,以同时规范政府部门和私营企业。该法律框架以《个人信息保护法》为核心,以《信息通信促进法》《位置信息使用与保护法》《信用信息使用与保护法》等一系列法律为支撑,具有较为完备的体系。

(1) 韩国个人信息保护立法体系

①《个人信息保护法》及其执行法令与规则

在韩国,与收集和使用个人数据有关的法律法规主要包括:《个人信息保护法》(Personal Information Protection Act,PIPA)以及《个人信息保护法执行法令》《个人信息保护法执行规则》《个人信息保护措施标准》。

在 PIPA 施行以前,个人信息保护委员会由国务总理直接管理,负责完善个人信息保护的政策、制度,协调政府部门之间意见,以及与公共机构个人信息保护有关的全部事项的审议工作。PIPA 施行以后,个人信息保护委员会改由韩国总统办公室直接管理,负责制定并确认个人信息保护基本计划以及国家个人信息保护全部政策、制度、法律的修订、解释与运用相关事项的审议与议决等。但是,2020 年 1 月的 PIPA 修正案又将个人信息保护委员会归由总理办公室管理,并将其提升为中央行政机构。

PIPA 对处理政府机关个人信息有关事项的专门机构进行了详细的规定。例如,根据 2017 年《个人信息保护法》相关规定,在需保存持有个人信息文件的情形下,公共机构应当在内政和安全部处进行登记,并公告其个人信息保护方案。内政和安全部对个人信息保存持有目的外的信息处理行为应进行限制而不予准许实施,同时应通过规制信息通信网的个人信息发送与接收,确保个人信息使用的安全性,并设立必要的组织加以协助。同时,个人信息主体可申请阅览、调整与删除其被处理的个人信息或申请终止处理其个人信息。此外,个人信息主体在其个人信息相关权利或利益受到侵害时,可向内政和安全部设立的专门机构(2017 年 7 月后为韩国网络振兴院)进行侵害事实的申告。个人信息侵害申告中心负责处理个人信息相关申告的请求与商谈,对已申请的个人信息纠纷案件进行事实调查与确定,听取相关主体的意见。然而,2020年1月PIPA修正案将内政和安全部在本法中的职责转移至个人信息保护委员会,具体规定如下:[1]

第一,个人信息保护委员会原有职能。个人信息保护委员会是担当个人信息管理综合职能的国立委员会,是个人信息保护监督机构。保护委员会设包括委员长1名、常任委员1名在内的15名委员,其中,常任委员由负有政务职位(一种经选举或国会同意方能任命的特殊资深职位)的公务员担任;委员长由总统从非公务员的委员中进行委任;委员的授职范围为个人信息保护相关的市民社会团体或消费者团体推荐人士,以及由个人信息处理者组成的企业家团体推荐人士等。该委员会由包括2名常任委员在内的9名委员构成,委员任期三年,可连任一次。该委员会基本职责为对个人信息保护的必要事项或争端等问题进行商议与决议等,具体包括个人信息侵害要因评价、个人信息保护基本计划与施行计划、个人信息保护相关政策、制度与法律完善等相关事项。

第二,个人信息保护委员会新增职能。目前,个人信息保护委员会还负责管理2020年PIPA修正案生效之前内政和安全部负责的个人信息保护事务。主要依照其管理领域的法律法规对个人信息保护相关事项以及PIPA规定的事项进行管理与规制,具体包括:个人信息保护相关标准守则的制定和发行,自律规则的促进和支援,要求个人信息处理者提供个人信息处理相关材料,以及必要时对个人信息处理实际状态加以调查。此外,该委员会还负责计划与制定个人信息保护相关法律法规,以及设施、系统构造等组织开发工作。

第三,个人信息纠纷调解委员会。为了快速、简单、公正解决个人信息侵害或关联纠纷,《个人信息保护法》第40条至第50条对纠纷调解委员会相关事项作了明确规定:纠纷调解委员会是个人信息保护委员会的事务所。纠纷调解委员会对公共机构与民间发生的个人信息关联纠纷采取调解制度加以解决。纠纷调解委员会基于当事者的主张与事实关系等具体情况,以平和的方式提出公正合理的调解方案。个人信息纠纷调解委员会是韩国国内唯一调解个人信息

---

[1] See South Korea's Parliament: Personal Information Protection Act, https://korea.assembly.go.kr:447/res/tra_read.jsp, last visited on Aug. 1 2020.

相关纠纷的专门机构,在个人信息保护与救济中扮演着重要的角色。其中,《个人信息保护法》第 49 条对于个人信息纠纷调解委员会调解集团纠纷的义务作出了规定。

第四,个人信息侵害申告中心。根据《个人信息保护法》第 62 条之规定,个人信息侵害申告中心负有处理个人信息侵害的申告请求与商谈的义务。在《个人信息保护法》施行之前,根据《信息通信网法》的相关规定,韩国网络振兴院内设有个人信息侵害申告中心。随着《个人信息保护法》之施行,法律规定的个人信息专门责任机关与该中心实现了统合。为更好地保护个人信息与防止个人信息侵害行为的发生,个人信息侵害申告中心主要负责处理与个人信息相关的申告请求与商谈、事实的调查与确定、关系者意见的听取等事务。对于申告者请求的违法事实,可通过行政自治部或相关的中央行政机关进行行政制裁。

第五,各中央行政机关。根据《个人信息保护法》第 63 条之规定,个人信息保护委员会若认为个人信息处理者未根据该条第 1 款提交资料或存在违反本法的事实的,可以允许公务员进入个人信息处理者及违反法律的相关人员之事务所或营业场所,检查业务状况、账簿或文件等。中央行政机关的核心管理人员可以根据标准的个人信息保护方针,制定其管理领域的个人信息处理和相关的个人信息保护方针,并要求个人信息处理者遵守。中央行政机关除享有要求相关主体提交资料权、检查权、调查权以及确定违法事实外,还享有对违反本机关命令的行为予以纠正、处理、告发、处罚建议、罚款并及时公布结果的行政制裁权。此外,对于从个人信息侵害申告中心接收的个人信息侵害纠纷,中央行政机关可以采取罚款、罚金、命令整改、委托刑事机关搜查等措施。

第六,警察厅(网络安全局)。在韩国,以网络恐怖应对中心为代表的警察厅网络搜查队,在个人信息保护及侵害防治中承担着重要角色。警察厅网络恐怖应对中心(现网络安全局)是警察厅执行机构的一个下属机构,其设立的最初目的在于防治黑客攻击、网络病毒传播等网络恐怖活动。随着网络诈骗与网络名誉权、个人信息及个人隐私侵害等案件的频发,网络安全局逐步将搜查与处理范围扩大到互联网领域所有不法行为。网络安全局接受的投诉分为网络恐怖型犯罪和一般网络犯罪:网络恐怖型犯罪是以情报通信网主体为攻击对象的违法行为,如黑客攻击、网络病毒传播、电子邮件病毒、DOS 攻击等利用电磁式侵害设备对电脑系统和情报通信网进行攻击的行为;一般网络犯罪是利用网络空间的一般性违法行为,如个人信息盗窃、网络损害名誉和威胁、电子商务欺诈等行为。

网络安全局收到信息主体个人信息遭受侵害的投诉的,在确认个人信息使用、处分等行为具有违法性后,应当根据相关法律对行为人加以处罚,相关法律依据包括:《宪法》第316.2条有关个人信息隐私侵害方面的规定、《个人信息保护法》的惩罚条款、《信息通信法》的惩罚条款、《通信秘密保护法》第16条通信及对话秘密的保护相关规定以及《居民登录法》第37条的惩罚条款等。

网络安全局在接受关于网站和电话网络犯罪投诉及商谈后,需首先判断确定所接受的网络犯罪案件是否可以进行司法处理与搜查。对于符合网络犯罪特征但不是司法处理对象,应当向个人信息纠纷调解委员会等相关机构说明;对于非网络犯罪的一般司法处理对象,应当向管辖警察局报案并商谈处理。此外,网络安全局在处理诸如重大黑客对情报通信网攻击等网络恐怖型犯罪时,一般会采取直接搜查的方案;对于个人信息泄露的普通案件,可直接向管辖地方警察厅网络犯罪搜查队移交、处理。网络安全局是单一的个人信息侵害投诉接受窗口的角色。

② 个人信息保护其他相关法律

韩国在2011年3月29日颁布《个人信息保护法》之前,在个人信息的使用与处理过程中,涉及公共机关的权责纠纷主要由《公共机关个人信息保护法》《电子政府法》《公共机关个人信息公开法》《居民登录法》《户籍法》等部门法进行规制,涉及私营机构的权责纠纷一般由《信息通信促进法》《位置信息使用与保护法》《信用信息使用与保护法》等进行规制。公共行政、信息通信、信用等领域相关部门仅通过个别法对个人信息处理行为加以规制。个人信息专门立法的缺失,使得韩国在个人信息保护领域存在诸多空白地带。2020年PIPA修正案的通过,除了在公共机关个人信息保护上完全取代《公共机关个人信息保护法》之外,在私营机构个人信息保护上也取代了《信息通信促进法》等。在与其他法律的关系上,对医疗信息、信用信息等法律形成有效的补充。同时,2020年PIPA修正案还引入集团纠纷调解和集团诉讼、个人信息泄露时个人信息处理者的通知义务以及个人信息处理终止请求权等新制度,加大了对个人信息主体权利的保护力度。另外,2020 年 PIPA 修正案还引入了公共机关对情报事业者的个人信息影响评价义务制度,以进一步提升个人信息保护水平,如将原仅针对公共机关监控录像(CCTV)等影像情报的处理机器设置与运营的限制扩大到私营机构。

此外,根据特别法优先适用原则,学生个人信息和医疗信息领域的《教育基本法》《初、中等教育法》《学校保健法》等作为特别领域个人信息保护的法律,应优先于《个人信息保护法》适用。

(2)韩国个人信息盗窃的相关立法规定

韩国有关个人信息盗窃的相关立法规定主要包括:

第一,《个人信息保护法》。该法通过对个人信息的收集、利用以及提供等进行规制,以减少个人信息盗窃等安全风险发生的可能性:① 个人信息处理者仅在下列情形下可以进行个人信息收集,并可在其收集目的范围内使用:得到信息主体的同意时;法律有特别规定或为了遵守法律上的义务不可避免时;为了执行法律等文件中规定的公共机关的职责而不可避免时;为与信息主体签订和履行合同所必需时;信息主体或其法定代理人在无法表达的状态下或因地址不明等而无法事先同意的情况下,可明确地认定为信息主体或第三方迫切的生命、身体、财产利益所必需的情况时;为实现个人信息处理者的正当利益所必要,且明确地优先于信息主体的权利的情况下,仅限于与个人信息处理者的正当利益有相当程度的关联性且不超过合理范围时。② 个人信息处理者根据法律规定收集、处理、利用个人信息时,应当将下列事项告知信息主体:收集、利用个人信息的目的;收集个人信息的项目;个人信息的保留及使用期限等。在变更上述事项时,也需要告知并得到同意。同时,该法还规定个人信息处理者必须制定内部管理计划,采取确保个人信息安全所需的技术、管理及物理措施,确保个人信息不被丢失、盗取、泄露、伪造、变造或毁损。另外,该法还规定个人信息主体在其个人信息遭到遗失、盗窃、泄露、伪造、变造等时,可向法院请求判决个人信息处理者承担其所遭受损失三倍以内的惩罚性赔偿。

第二,《信息通信网络利用促进及信息保护法》。该法旨在促进建立通信信息网络安全保障机制,包括建立信息保护管理体系认证制度、制定信息通信网络安全保护措施指南、保护集成信息通信相关设施以及禁止信息通信网络侵害行为等,从而防治个人信息盗窃行为。其中,该法第49条规定了秘密保护,禁止任何人损害他人的信息以及窃取、传播由信息和通信网络处理、存储或传播的他人个人信息。该法第62条针对上述违法犯罪行为,规定了不超过五年的有期徒刑或不超过5000万韩元的罚款处罚。

综上所述,日韩个人信息保护相关立法主要呈现如下特征:

第一,采用统一立法模式,但在管理实践与管理理念上相差较大。日本与韩国均制定了统一的个人信息立法,通过明确统一的立法规定规制信息控制者、信息使用者的行为。但是,日本的《个人信息保护法》规定不同性质的组织与团体分别适用不同的法律规范,行政机关、独立行政法人与民间经营者的信息处理行为受不同的法律规制。同时,日本还在具体的规则制度上吸取了美国行业自律模式的优点,经个人信息保护委员会确定并公布的民间团体根据本行业领域的特性制定本行业个人信息保护指南与规范。截至目前,日本已在金融、医疗、通信等多个行业领域制定了个人信息保护准则,形成了日本独有的个人信息保护模式,即统分结合模式。而韩国并未就公共机关与私营机构区分设计个人信息保护制度,而是规定两者适用相同的法律规范,一律进行严格管理。

第二,设立独立行政法人、个人信息侵害申告中心等申诉投诉机构。[1] 日本与韩国均十分注重个人信息遭受侵害的法律救济,除了与一般国家及地区一样设置司法救济途径外,日本与韩国还设立了专门的申诉、投诉处理行政程序和机构。比如,日本《关于保护独立行政法人等所持有之个人信息的法律》规定,独立行政法人负责处理个人信息主体不服公开、更正、停止利用信息的决定或针对公开、更正、停止利用信息的请求不作为等事项而提起的异议申诉;韩国在制定《个人信息保护法》之前就在韩国网络振兴院设立了个人信息侵害申告中心,并在《个人信息保护法》颁布实施后统合了个人专门责任机关与个人信息侵害申告中心,由后者主要负责处理个人信息侵害的申告请求与商谈、相关案件事实的调查与确定、相关主体意见提取等工作。

第三,在保障个人信息传输便利化的同时,通过设定信息控制者的义务来

---

[1] 参见池建新:《日韩个人信息保护制度的比较与分析》,载《情报杂志》2016年第12期。

保障个人信息安全。例如,日本通过制定妥善加工、安全管理、公示义务、禁止识别等义务规范保障匿名化加工信息制度的实施效果。日本在其2015年修订的《个人信息保护法》中新增了匿名化加工信息制度,规定经过特殊化处理而失去识别性且无法恢复原始状态的信息为匿名化信息,信息控制者可在不经过信息主体同意的情况下将此类信息提供给第三方主体。该种制度是大数据时代背景下针对个人信息的常规操作方法,[1]一定程度上平衡了个人信息保护与个人信息利用之间的冲突。但与其他国家相关制度不同的是,日本为保障匿名化加工信息制度的实施,在其《个人信息保护法》中为信息经营者设定了严格的义务,具体包括:妥善加工义务,即处理者需要将依然能够识别特定主体的信息删除;安全管理义务,即处理者需要防止将匿名化加工信息的方法与加工过程遇到的问题及其应对措施泄露给他人;公示义务,在信息匿名化加工过程中或在加工后将信息提供给他人的,处理者需要将加工的个人信息内容以及提供给第三人的方式等予以公示;禁止识别义务,即禁止处理者利用自身加工或者获取的经加工的匿名化信息识别特定主体。日本在采用匿名化加工信息制度的基础上,设置了一系列配套的保障措施,使得个人信息流通与个人信息处理之间能达到较好的平衡。[2]

## 二、我国港澳台地区个人信息盗窃法律规制立法现状

(一)香港地区个人信息盗窃法律规制立法现状

受英国殖民统治历史因素影响,我国香港地区个人数据信息相关立法同时兼具欧亚两地特色。香港个人信息保护的主要立法为《个人资料(私隐)条例》[Personal Data(Privacy)Ordinance(Cap. 486 of the Laws of Hong Kong)]。该条例遵从个人信息收集、利用和处理的流程逻辑进行了完整的规制,是根据欧盟1995年《个人数据保护指令》制定的,其主要内容以及相关规定与《个人数据

---

[1] 参见储陈城:《大数据时代个人信息保护与利用的刑法立场转换——基于比较法视野的考察》,载《中国刑事法杂志》2019年第5期。

[2] 参见李慧敏、王忠:《日本对个人数据权属的处理方式及其启示》,载《科技与法律》2019年第4期。

保护指令》大致相同,但也有一些针对当地的特殊限定规定,如设立香港个人资料私隐专员公署负责该条例的监察执行。《个人资料(私隐)条例》于1996年年底正式实施,并分别于2012年、2021年重新修订。其中,2012年修订主要规制使用个人资料作直接促销行为,并为应对私隐保障工作的新挑战和公众关注而加入更多保障。2021年修订旨在打击侵犯个人资料私隐的"起底"行为,将其列为刑事罪行,赋予个人资料私隐专员发出停止披露通知、要求停止或限制披露涉"起底"内容以及就"起底"个案进行刑事调查和检控的权力,以加强"起底"个案的执法力度。

1. 香港地区个人信息保护立法体系

(1) 个人信息保护统一立法——《个人资料(私隐)条例》

第一,适用主体。该条例适用于公私营机构(包括政府),属于科技中立及原则性的法例。任何控制个人信息的收集、持有、处理或使用的人士(信息使用者)都属于该条例的适用主体,并未进行公私区分,而是实施整体统一的保护。

第二,规制客体。该条例规定,直接或间接与一名在世的个人有关的、从该信息直接或间接地确定有关个人的身份是切实可行的、该信息的存在形式使得查阅及处理均是切实可行的个人信息均属于受其保护的客体。该条例采用了概括式规定,将个人信息主体的范围限定于在世的个人,将死者的相关个人信息排除在其保护范围之外。同时,该条例也列举规定了几类保护豁免情形,如为家居用途或消闲目的以及涉及保安、防卫及国际关系等而持有个人信息的若干情形。

第三,保护原则。该条例的核心组成部分为个人信息保护的六大原则:① 资料使用者必须为直接与其职能或活动有关的合法目的收集个人资料;收集的资料对该目的是必须及足够的,但不超乎适度;收集的方法应该是合法和公平的。② 资料使用者必须采取所有切实可行的步骤,以确保持有的个人资料准确无误,而且保留时间不超过原来目的实际所需。③ 除非得到当事人自愿给予的明示同意,个人资料不得用于新目的。④ 资料使用者必须采取一切切实可行的步骤,保障个人资料不会未经授权或意外地被查阅、处理、删除、丧失或使用。⑤ 资料使用者必须采取一切切实可行的步骤,确保任何人都能确定其在个人资料方面的政策及实务,以及告知资料使用者所持有的个人资料种类和使用于什么主要目的。⑥ 赋予资料当事人可要求查阅及改正自己的个人资料的权利。

(2) 个人信息保护相关法律规制

香港地区没有针对特定行业制定专门的个人信息保护法,但在其他条例中存在个人信息保护条款。如《犯罪自新条例》对犯人的记录或所载资料的保管、查阅以及披露问题进行了规定,《领养条例》对领养登记册所载的资料、副本或摘录等的查阅以及提供进行了规定,《银行业条例》《普查及统计条例》《防止贿赂条例》等均对个人信息保护问题进行了规定。可见,香港地区个人信息保护的立法体系是以《个人资料(私隐)条例》专门法为核心,以其他法律中的有关条文为补充的。

2. 香港地区个人信息盗窃相关立法规定

香港地区对于个人信息盗窃行为的规制主要从信息的公开与收集环节入手,相关立法规定主要包括:

第一,《个人资料(私隐)条例》。该条例包括与个人信息盗窃下游犯罪相关的条款,即披露未经数据用户同意而获得的个人信息的犯罪。其2021年修订更是旨在打击侵犯个人资料私隐的"起底"行为(非法的信息披露行为)。(1) 引入两级制的两项新罪行:第一级是循简易程序审讯的罪行,即在未获资料当事人相关同意下披露该资料当事人的个人资料,而披露者意图或罔顾该披露是否会(或相当可能会)导致资料当事人或其家人蒙受任何指明伤害,可处罚款10万元港币及监禁两年。第二级是循公诉程序审讯的罪行,即在未获资料当事人相关同意下披露该资料当事人的个人资料,而披露者意图或罔顾该披露是否会(或相当可能会)导致资料当事人或其家人蒙受指明伤害,而该披露同时导致资料当事人或其家人蒙受实际指明伤害,可处罚款100万元港币及监禁五年。该新订罪行除了保护资料当事人外,亦对其家人提供保障。(2) 赋予专员发出停止披露通知的法定权力,以要求停止或限制披露涉及"起底"内容。该条例同时赋予专员就"起底"个案进行刑事调查和检控的权力,以加强对"起底"个案的执法力度。

第二,《截取通讯条例》。该条例旨在为截取以邮递或透过电讯系统传送的通讯信息的行为提供法律监管。该条例第3条对禁止截取通讯作出了规定:除本条例另有规定外,任何人故意在邮递通讯、透过电讯系统传送的通讯过程中截取该通讯,即属犯罪。一经循简易程序定罪,可处第4级罚款及监禁两年。

(二)澳门地区个人信息盗窃法律规制立法现状

澳门地区的个人信息保护法律规制大致可分为四层级。第一层级:全国人民代表大会制定的《中华人民共和国澳门特别行政区基本法》(以下简称《澳门基本法》),是澳门地区的根本大法,对公民的基本权利作出根本性的规定。第二层级:澳门地区《民法典》《刑法典》《行政程序法典》,分别从民事、刑事、行政角度对涉及个人信息的相关事项作出相应规定。第三层级:《个人资料保护法》,是澳门地区关于个人信息的专门立法。第四层级:《打击电脑犯罪法》《公共地方录像监视法律制度》,从不同领域对侵犯个人信息行为进行规制。由上可知,澳门地区事实上已经形成了一个完整的个人信息立法保护体系。

1. 澳门地区个人信息保护立法体系

澳门地区个人信息保护采用的是统一立法模式,制定了《个人资料保护法》,其个人信息保护以《个人资料保护法》为主,同时辅以《澳门基本法》《民法典》《个人资料保护法》《刑法典》等法律法规。下文主要介绍《个人资料保护法》。

第一,适用主体。该法的适用主体为与个人信息处理相关的自然人或法人、公共实体、部门或任何其他机构。此处并没有对政府部门进行区别对待,仅对以公共安全为目的处理个人信息的情形进行规定,即在适用该法的同时不得妨碍适用于澳门地区的国际法文书以及区际协议的特别规定、与公共安全有关的专门法律和其他相关规定。与此同时,同香港地区《个人资料(私隐)条例》相似,该法也规定了从事专属个人或家庭活动时适用的豁免情形。

第二,规制客体。该法对个人信息采用概括式规定,将其定义为"与某个身份已确定或身份可确定的自然人(资料当事人)有关的任何信息,包括声音和影像,不管其性质如何以及是否拥有载体"。同香港地区《个人资料(私隐)条例》相比较,其主体范围更广,从"在世的个人"拓宽到"自然人"。与内地《民法典》中的"个人信息"定义相比较,虽采用的表述不一,但实质内容并无差别。

第三,当事人权利。该法弱化了个人信息保护原则的规定,仅对个人信息处理的正当性进行了概括式的规定,但强化了资料当事人的相关权利,如查询权、反对权、不受自动化决定约束权、损害赔偿权等,并在一些法条中就相关法律的适用进行了链接,如在进行个人资料处理时涉及次合同的情形,适用澳门地区《民法典》关于委托关系的相关规定。[1]

2. 澳门地区个人信息盗窃相关立法规定

澳门地区并未就个人信息盗窃制定专门的立法规定,而是针对个人信息盗窃的下游犯罪和非法处理行为作出民事、刑事、行政方面的法律规定,主要通过《澳门基本法》《民法典》《个人资料保护法》以及《刑法典》等法律法规构建了一套针对个人信息民事侵权、行政违法、刑事犯罪预防、控制与救济的法律体系,具体包括:

第一,关于侵害公民个人信息相关权益的民事责任。《个人资料保护法》规定,任何因信息的不法处理或其他任何违反个人信息保护法律规定的行为而受损害的人,都可以向负责信息处理的实体提出民事损害赔偿请求。但在具体的法律适用中,《个人资料保护法》应结合《民法典》协调适用。比如,损害赔偿责任的主体是公法人或行为是基于委托关系进行的,则适用澳门地区《民法典》第492条及随后数条之规定以及《个人资料保护法》第14条第3款。

第二,关于个人信息违法的行政处罚。《个人资料保护法》作了较为细致的规定:一是对个人信息行政违法行为种类进行划分,一种是不履行义务的行为,包括处理个人资料的实体不履行保证处理个人资料的合法性、目的性、准确性(第5条)、信息主体权利(第10条)、查阅权(第11条)、反对权(第12条)、不受自动化决定约束权(第13条)、特别安全措施(第16条、第17条)和最低限度提供原则(第25条第3款规定)等行政违法行为;另一种是履行义务时的不作为或有瑕疵的履行,包括信息处理实体未对公共当局履行通知义务以及在履行通知义务时提供虚假信息、未遵守相关规定等情形,或者经公共当局通知之后,负责处理个人信息的实体继续让没有遵守该法规定者查阅其传送信息的公开网络等情形。二是对个人信息行政违法形态进行划分:主观方面,该法对故意、过

---

[1] 参见澳门地区《个人资料保护法》,https://www.gpdp.gov.mo/uploadfile/2013/1210/20131210121739640.pdf,2021年4月15日访问。

失两种违法的主观形态加以区分调整;客观方面,该法对违法行为结果的既遂和未遂进行了划分。

第三,关于个人信息犯罪行为的刑事责任。澳门地区个人信息刑事规制采用《刑法典》与附属刑法结合的模式。其中,《刑法典》第七章明确规定了侵犯个人信息的相关犯罪,包括第 186 条规定的"侵犯私人生活罪"、第 187 条规定的"以资讯方法作侵入罪"、第 188 条规定的"侵犯函件或电讯罪"、第 190 条规定的"不当利用秘密罪",并在第 193 条规定除"以资讯方法作侵入罪"之外,以上罪名均为亲告罪。《个人资料保护法》根据个人信息处理实体不同违法形态的既遂、未遂状态分别设置包括徒刑、罚金及附加刑等不同的刑事责罚,并将违法形态分为未履行数据保护的义务、不当查阅、个人资料的更改或毁坏、违反保密义务等情形,主要规定在《个人资料保护法》的第三节"犯罪"部分。

### (三)台湾地区个人信息盗窃法律规制立法现状

我国台湾地区的个人信息保护模式与欧盟相同,均采取统一立法模式。"个人资料保护法"是台湾地区个人信息保护的专项立法,同时通过"政府资讯公开法""通讯保障及监管法""档案法"等不同法律对不同领域的个人信息进行保护。

1. 台湾地区个人信息保护立法体系

(1) 个人信息保护统一立法

台湾地区个人信息保护的理念来源于对人格权的保护,其立法精神体现在对公众信息自决权的保护上。台湾地区于 2010 年制定了个人信息保护专门法"个人资料保护法"。

① "个人资料保护法"概述

第一,适用主体。台湾地区"个人资料保护法"主要根据该地区的"电脑处理个人资料保护法"修改编撰而成。"电脑处理个人资料保护法"的适用主体为公务机关和非公务机关,其中非公务机关仅限于征信业、医院、学校、电信业、金融业、证券业、保险业及大众传播业八大行业。而"个人资料保护法"将其适用主体扩展到公务机关、自然人、法人以及其他团体组织。

第二,规制客体。"电脑处理个人资料保护法"的规制客体仅限于电脑处理的个人信息,而"个人资料保护法"将电脑处理和人工处理的直接或间接方式识别的个人信息均纳入规制范围。

第三,保护原则。"个人资料保护法"的具体条文体现了限制收集原则、资料内容完整正确原则、目的特定原则、限制利用原则等,基本上与其他国家及地区的个人信息保护立法相同。不同之处在于,台湾地区"个人资料保护法"还规定了信息收集者间接收集个人信息时也应当遵守告知义务,但为公众利益、公务机关执法之必要、非营利目的且不具有侵害性、个人信息已被公开等情形除外。

② "个人资料保护法"特征

第一,台湾地区"个人资料保护法"受经济合作与发展组织1980年《关于保护隐私和个人数据跨国流通的指导原则》中规定的个人信息保护原则的影响,这体现在其主要条文中。具体而言,"个人资料保护法"第6条、第15条第2款和第19条第5款体现了限制收集原则;第3条和第11条体现了信息内容完整正确原则;第5条、第15条、第16条、第19条、第20条和第53条体现了目的特定原则;第3条规定的资料当事人的参与权益,如查询或请求阅览、请求复制、请求补正或更正、请求停止收集、处理或利用、请求删除等体现了个人参与原则;第17条体现了公开原则;第18条和第27条体现了安全保护原则;责任原则主要体现在其第四章"损害赔偿及团体诉讼"和第五章"罚则"中,这两章规定了公务机关和非公务机关违反该法规定,不当收集、处理和利用他人个人资料,损害他人权益时应当承担的民事责任、行政责任和刑事责任。[1]

第二,从立法方式与手段来看,台湾地区"个人资料保护法"同时借鉴了大陆法系与英美法系;在立法模式和框架上采取了大陆法系的统一立法模式,而其个人信息范围界定却吸收了美国的隐私权理论。大陆法系所保护的个人信息,一般不含宗教信仰、婚姻状况等纯属个人私生活的信息。因为在大陆法系中,纯属个人私生活的信息具有一定的私隐性,可以由民法进行调整;其他个人信息因其流动性而具有经济价值,一般由个人信息保护法律进行规制和保护。

---

[1] 参见齐爱民、陈星:《海峡两岸及港澳地区个人信息保护立法比较研究》,载《经济法论坛》2013年第1期。

而在美国,个人私生活信息也被纳入个人信息范围进行保护。我国台湾地区借鉴美国关于个人信息的立法模式,将个人私生活信息也纳入个人信息保护范围,其个人信息的定义范围更加广泛,只要是直接或间接能够识别该自然人的资料都被列为该法保护的对象。

(2) 其他个人信息保护规定

除了"个人资料保护法",台湾地区还在针对特定行业的法律中规定了具体的个人信息保护要求或增强了执法权力。这些法律包括:第一,"金融控股公司法",规定金融控股公司及其子公司若未对个人信息保密将被处以更高的罚款;第二,"医疗保健法",规定如果从研究对象处获得的数据处理存在缺陷,将被处以更高的罚款并被暂停研究项目;第三,"电子支付机构管理法案",禁止第三方支付机构代表第三方使用客户的个人信息进行营销;第四,"人类生物库管理法",规定任何生物库数据的传输或任何衍生品的出口都必须提交"卫生福利部"批准。目前,台湾地区类似的特定行业法共计13部,大多数隶属于金融监管和医疗保健部门,这些法律通常授权相关个人资料监管机构处以高于"个人资料保护法"规定的罚款数额的权力。

此外,"个人资料保护法"还授权台湾当局颁布条例,为某些行业的个人信息保护设定标准。比如,"金融监督委员会"颁布了有关金融机构如金融控股公司、银行、证券公司和保险公司等的个人信息数据安全条例,即"金融监督委员会关于私营机构个人信息档案安全措施计划的条例"。"经济部"日前发布了关于电子商务领域个人信息安全保障标准管理规定,即"关于网上零售企业和网上零售平台业务结束后个人信息档案安全措施计划和个人数据处理程序的规定"。

2. 台湾地区个人信息盗窃相关立法规定

台湾地区针对个人信息盗窃的相关立法规定主要如下:

第一,2006年台湾地区"刑法"。该法第315条规定了妨害书信秘密罪,即无故开拆或隐匿他人之封缄信函、文书或图画者,处拘役或新台币3000元以下罚金。无故以开拆以外之方法窥视其内容者,将受到同样的处罚。第315-1条妨害秘密罪规定,存在下列行为之一的,处三年以下有期徒刑、拘役或新台币3万元以下罚金:一是无故利用工具或设备窥视、窃听他人非公开之活动、言论、谈话或身体隐私部位；二是无故以录音、照相、录像或电磁记录、窃录他人非公开之活动、言论、谈话或身体隐私部位。

第二，台湾地区"个人资料保护法"。该法第 12 条规定，公务机关或非公务机关违反本法规定，致个人资料被窃取、泄露、篡改或其他侵权者，应查明后以适当方式通知当事人。第 18 条规定，公务机关保有个人信息档案者，应指定专人办理安全维护事项，防止个人信息被窃取、篡改、毁损、灭失或泄露。第 27 条规定，非公务机关保有个人信息档案者，应采取适当之安全措施，防止个人信息被窃取、篡改、毁损、灭失或泄露。第 28 条、第 29 条分别对公务与非公务机关违反该法的责任进行规定：致个人信息不法收集、处理、利用或其他侵犯当事人权利者，负损害赔偿责任，以每人每一事件新台币 500 元以上 2 万元以下计算；对于同一原因事实造成多数当事人权利受侵害之事件，经当事人请求损害赔偿者，其合计最高赔偿总额以新台币 2 亿元为限。由此可见，台湾地区对于个人信息资料盗窃的主要规定与澳门地区类似，都在刑法以及个人信息资料的专门立法中进行相应的规制。

综上所述，我国港澳台地区个人信息保护立法主要具有如下特征：

第一，部分地区个人信息权侵权责任的归责原则采用过错推定原则。与一般侵权责任适用过错原则，由被侵权方证明侵权方具有主观过错不同，澳门地区与台湾地区以过错推定原则作为个人信息侵权责任归责原则。具体而言，澳门地区《个人资料保护法》第 14 条规定，信息控制者是否具有主观过错的责任由侵权方信息控制者承担，即由信息控制者自行证明其对于侵害信息主体个人信息权的行为不具有主观过错，若举证不能，则承担相应的损害赔偿责任。台湾地区"个人资料保护法"第 29 条规定，非公务机关若违反法律规定，致使信息主体的个人信息被不法收集、处理、利用或有其他侵害当事人相关权利情形，则应当承担损害赔偿责任，但能够证明其无故意或过失的无须承担。在信息网络时代，大多数个人信息侵权行为发生在网络空间，信息主体在证据采集方面存在较大困难，因此在个人信息侵权案件中采用过错推定原则的归责原则，有助于保障处于弱势地位的信息主体之合法权益。

第二，澳门地区制定了一套较为完备的个人信息违法行政责任机制，规定了行政违法行为类型、形态以及责任形式。[1]针对行政违法行为类型,澳门地区《个人资料保护法》规定了两种情形:一是履行义务过程中不作为或履行存在瑕疵,如"信息控制者未依法履行将向个人资料保护办公室通知其个人信息相关处理情况的义务""通知个人信息处理情况时提供虚假资讯"等(《个人资料保护法》第32条);二是不履行本法规定的法定义务,如信息控制者应当在处理信息时遵循本法安全保障、信息处理公开、个人信息跨境转移等部分规定的义务类型(《个人资料保护法》第33条)。针对行政违法行为形态,澳门地区《个人资料保护法》规定,"无论信息控制者侵犯他人个人信息时,其主观状态是故意或过失,客观违法行为形态是既遂或未遂,均应分别受到法律的调整与规制,同时对就同一行为事实产生的行政违法责任产生竞合时,应当采用并罚的方式而非择重处罚"(《个人资料保护法》第34条)。针对行政违法责任形式,澳门地区《个人资料保护法》采用以罚款为主,以"警告、公开谴责、封存或删除、临时或确定性禁止处理"等附加刑为辅的行政责任形式。[2]严格的行政责任机制有助于规范信息控制者信息处理行为,但同时应适当考虑大数据时代个人信息流通的客观需要。

第三,台湾地区引入了团体诉讼制度,以保障因同一原因事实致损的信息主体之损害赔偿请求权。台湾地区新"个人资料保护法"第34条规定,符合一定条件的财团法人与公益社团法人以自己的名义,[3]为因同一原因事实遭受损失的多个信息主体(二十人以上)提起损害赔偿诉讼,即为团体诉讼。为推行该制度在个人信息保护方面的应用,保障信息主体在遭受个人信息侵害后能及时获得救济,该法第34条规定,"就标的额超过新台币60万的超过部分暂免裁判费用";第39条规定,"此类诉讼公益诉讼财团法人与公益社团法人不得向有关信息主体索要经济回报,同时应当委托代理律师进行诉讼"。在大数据时代

---

[1] 澳门地区的行政责任机制针对的是实施行政违法行为的实体。根据澳门地区《个人资料保护法》第4条第5款的规定,"负责处理个人资料的实体"是指就个人资料处理的目的和方法单独或与他人共同作出决定的自然人或法人,公共实体、部门或任何其他机构。

[2] 参见杨翱宇:《个人信息保护的特别机制研究——以澳门地区〈个人资料保护法〉为考察样本》,载《图书馆》2018年第3期。

[3] 我国台湾地区"个人资料保护法施行细则"第31条规定,公益团体是指依民法或其他法律设立并具备个人资料保护专业能力之公益社团法人、财团法人及行政法人。

背景下,个人信息的批量化处理过程中信息泄露、被非法窃取事件不胜枚举,该项制度的设定为保障单个信息主体的合法权益提供了现实路径。[1]

## 第二节 各法域个人信息盗窃法律规制立法之比较

从以上世界重点国家及地区和我国港澳台地区立法现状的考察、梳理可以发现,其个人信息保护立法与个人信息盗窃立法产生的背景和发挥的作用大致趋同,这也是本书在梳理个人信息盗窃立法同时,也对个人信息保护的立法进行梳理的重要原因。虽然不同国家及地区在个人信息保护上采取了不同的保护路径与保护范畴,在个人信息盗窃规制上对犯罪构成、罪名、刑罚方式、打击力度等规定也不同,但它们都是为规制大数据时代下因个人信息盗窃导致的各种社会问题而制定和实施的。从具体操作来看,这些民事、刑事、行政立法几乎都是从保护个人信息主体的人身权、财产权不受损害这一逻辑主线出发,根据本国家及地区的社会实际情况及法律环境,针对个人信息的采集、加工、保管、处理以及利用等不同阶段制定相应的规则。下文将从个人信息保护模式、个人信息法的适用范围、个人信息保护的主管机关以及个人信息盗窃的法律责任四个方面对比分析不同国家及地区个人信息盗窃规制的优劣,为进一步梳理可供我国个人信息保护立法借鉴的优势经验奠定基础。

### 一、个人信息保护模式

全球个人信息保护模式主要分为立法模式与行业自律模式两大类。其中,立法保护模式是指国家主要通过制定法律对个人信息主体的权利以及个人信息处理者的义务进行规定从而保护个人信息的模式。目前,个人信息立法保护的权利基础主要划分为隐私权和人格权,相应地立法保护模式可划分为以隐私权保护为核心的美国分散立法模式和以人格权保护为核心的欧洲统一立法模式。行业自律模式是指一国或一地区并未制定个人信息专门法,对个人信息控

---

[1] 参见王秀哲:《我国台湾地区个人资料立法保护评析》,载《理论月刊》2015年第12期。

制者、处理者的规范主要依据行业组织制定的行业准则实现。

(一) 立法保护模式

1. 统一立法模式

统一立法模式是指国家制定个人信息专门法，统一规范国家有关部门、企事业单位以及其他民事主体的信息收集、使用、处理等行为。[1] 纵观全球个人信息保护立法模式，欧洲国家大多采用统一立法模式，德国、日本、韩国及我国港澳台地区的个人信息保护制度虽分别建立于隐私权、人格权保护之上，但均采用了统一的个人信息专门立法模式。统一立法模式是全球广为使用的一种个人信息保护立法模式。

具体而言，统一立法模式可分为仅通过立法规定统一规范相关主体信息处理行为的模式，以及制定统一的个人信息保护专门法的同时通过政府引导民间组织制定行业规范的模式（又称"统分结合模式"）。其中，以欧洲国家为代表的个人信息统一立法保护模式，以保护信息主体的人格尊严、人格性权益为核心要义，通过制定统一的个人信息专门法，规范政府等公共机构以及其他私营机构的个人信息处理行为，从而防止个人信息盗窃的上游犯罪行为。日本主要借鉴欧洲国家的统一立法模式，同时在具体的个人信息制度规则制定方面较多吸收了美国分散立法的优势，主张将全国适用的个人信息处理原则与政府引导行业组织制定的行业规范相结合，形成从上到下一体化的个人信息保护机制，推动个人信息相关法律法规的落地实施。

相较于分散立法模式，统一立法模式具有如下优势特征：第一，可使一国公共机构与私营机构在个人信息收集、处理过程中有明确的法律规范指引，使信息主体享有的法律权利更绝对化、明确化；第二，可为全国个人信息保护提供统一化、一致化的法定标准，如个人信息权的权利内容、个人信息处理原则、个人信息处理要求等，均通过统一立法予以明确规定，可弥补行业组织各自为政、各行其是的不足；第三，可对信息主体遭受的损害提供及时、充分的法律救济，信息主体可选择民事、行政、刑事救济途径，而行业自律模式往往缺乏可供执行的

---

[1] 参见齐爱民：《私法视野下的信息》，重庆大学出版社2012年版，第197—199页。

救济途径,使得信息主体在遭受损害后无法及时获得救济。

2. 分散立法模式

分散立法模式是指一国并未制定统一的个人信息专门法,而是针对不同领域或事项分别立法,防范个人信息被非法泄露、盗窃的风险。美国是采用分散立法模式的典型国家,在联邦、州层级均制定了个人信息相关法律法规,灵活处理与解决个人信息非法收集、非法使用、非法传输行为。美国的个人信息保护多以隐私权保护为重心,强调公民的个人隐私不应受到他人非法干扰。从美国个人信息保护的立法沿革可见,其保护范围从最开始保护公民隐私信息自决权逐渐延伸至保护其他一切个人信息自决权。除此之外,为鼓励个人信息的正常流通,充分实现个人信息所承载的财产属性,美国在建立一整套联邦隐私保护法律体系的同时,还采取行业自律模式规范信息控制者、处理者的行为。分散立法模式有助于避免政府对市场经济活动的过度干预,以免影响市场经济的发展。但是,就美国针对联邦、州层级分散立法模式而言,在具体的司法实践、法律适用过程中,难免会发生法律适用冲突问题。同时,联邦层级与州层级的个人信息保护范围、保护标准不一,极易导致有关个人信息侵权、犯罪等案件审判时间延长、审判效率降低,从而使得信息主体在遭受信息泄露、盗窃时无法及时获得救济,无形之中增加了司法成本。

(二) 行业自律模式

行业自律模式是指民间行业组织在政府的有效指引之下,根据本行业的具体情况制定个人信息保护准则,以规范本行业信息控制者、信息处理者的信息处理行为。美国、日本在采用立法保护模式的同时亦采用了此类行业自律模式。行业自律规范由特定行业组织制定,因而更能有针对性地规制本行业发生的信息不当收集、非法使用、非法窃取等行为,有利于促进个人信息的自由流动。但由于行业准则、行业规范一般并不具有强制实施效力,且市场中行业领域众多,因此其实践效果往往不佳。在具体的个人信息保护模式选取过程中,不宜将其单独作为本国或本地区的保护模式。鉴于此,有学者提出立法保护模式与行业自律模式相结合的"安全港"模式,可同时吸收两种模式的优势特征,是值得加以考虑的保护模式。[1]

## 二、个人信息保护法的适用范围

关于个人信息的范围界定,国际上较为通行的做法是采用"概括式＋列举式"的界定方式,并且不同敏感程度的个人信息受到的保护程度也有所不同。以欧盟为例,其《通用数据保护条例》(GDPR)先进行概括式界定,再通过列举方式进行详细说明:一个可识别的自然人是一个能够被直接或间接识别的个体,特别是通过诸如姓名、身份编号、地址数据、网上标识或者自然人特有的一项或多项身体性、生理性、遗传性、精神性、经济性、文化性或社会性身份而识别个体。该条例不仅对个人信息的范围作出了清晰的界定,而且将个人信息区分为一般数据信息与特殊类型数据信息。例如,GDPR 第 9.1 条规定,显示种族或民族背景、政治观念、宗教或哲学信仰或社会关系、基因特征、生物识别特征以及和自然人健康、个人性生活或性取向相关的信息,应当禁止处理。对个人信息数据进行明确区分,能更好地界定法律介入保护个人信息的边界与范围,阐明个人信息盗窃相关行为的社会危害性大小,在处理个人信息盗窃相关违法犯罪行为时更具有法理上的正当性和合理性。

关于个人信息权权能,境外众多国家或地区在近些年的立法、修法过程中都增设了新型的个人信息权权能。比如,德国在 1990 年对其《联邦数据保护法》(BDSG)进行修改时确立了个人信息主体享有对其信息以何种方式被使用的自主决定权,2009 年增加了信息主体对消费者贷款信息的知情权。[2] 2017年,为了与欧盟 GDPR 保持一致,BDSG 又规定了个人信息的更正权、删除权、反对权、封存权、拒绝自动化处理权等。[3] 对信息控制者删除信息以及传输或使用被封存信息的明确规制,有助于防止数据留存、传输、使用过程中的非法泄

---

[1] 参见齐爱民:《私法视野下的信息》,重庆大学出版社 2012 年版,第 197—230 页。

[2] See National data protection law, https://www.bmi.bund.de/EN/topics/it-internet-policy/data-protection/data-protection-node.html;jsessionid=3F62742867DD39A236B86FEFB34342F1.1_cid364, last visited on Aug. 13 2020.

[3] 参见刘金瑞:《德国联邦数据保护法 2017 年版译本及历次修改简介》,载《中德法学论坛》2017 年第 2 期。

露、盗窃行为,从而更好地保障信息主体的个人信息安全。又如,欧盟 GDPR 为信息主体增设了信息访问权、信息删除权(被遗忘权)以及信息可携带权等。同时,GDPR 规定,信息主体有权从信息控制者处获知其个人信息是否处于被处理状态,若处于被处理状态,则信息主体有权获知信息控制者处理信息的目的、处理的个人信息类型、是否跨境转移等。[1] 该规定使得信息主体可随时获知其个人信息状态,从而在面临非法泄露、非法窃取等情况时可及时采取救济措施。再如,英国《2018 数据保护法案》规定了个人信息被遗忘权与可携带权。总之,对个人信息权能的扩大化、细致化设定,可为信息主体的信息安全提供更为有力的法律保障。

  关于个人信息跨境流动,在大数据时代信息通信背景下,无法定事由或未经有关信息主体明确同意的个人信息跨境流动现象较为普遍,其间极易发生个人信息泄露、盗窃。为应对由此产生的数据安全风险,众多国家在制定个人信息保护法时纷纷将个人信息跨境流动规则纳入立法进程,以保障跨境传输过程中的信息安全。比如,欧盟 GDPR 第五章专门就数据控制者将个人数据转移到第三国或国际组织的一般性原则、安全保障措施以及免责条款等作出明确规定,为其成员国之间进行个人信息的跨境转移提供了法律依据和指引。英国《2018 数据保护法案》也专门就个人信息的国际转移、关键数据共享等方面作出细致化规定。日本 2015 年修订的《个人信息保护法》设立了独立的监管机构个人信息保护委员会,负责制定境外传输数据规则与指南,该法还对数据跨境传输的原则、数据传输方的义务、数据接收方应达到的条件作出了规定。[2] 在大数据时代,个人信息具有极高的商业价值,无论是国内企业、外资企业还是立志于跨国贸易、跨国上市的企业,都对个人信息跨境流动具有广泛的需求,但如何实现个人信息跨境流动中的信息安全,保护信息主体个人信息不被非法泄露、窃取等,是近些年来学界、实务界热议的问题。为促进个人信息的跨境流动,一

---

[1] 参见欧盟《一般数据保护条例》,丁晓东译,腾讯研究院,2018 年 5 月 23 日,https://www.tisi.org/5029,2020 年 2 月 24 日访问。

[2] 参见官下弘:《日本的数据跨境传输规则》,数据治理和网络安全研究联盟官网,2018 年 2 月 1 日,http://www.dgcs-research.net/a/xueshuguandian/2018/0122/90.html,2020 年 2 月 26 日访问。

些国家制定了相应的个人信息跨境流动规则,为其他国家及地区制定规则提供了参考与借鉴。

关于个人信息盗窃法律规制的切入环节,针对个人信息采集、传输、利用环节的立法例都较为普遍,但侧重点各有不同。专门针对个人信息实施立法保护较早且隐私权法制度较为发达的美国,在其《隐私权法案》《公平信用报告法》《惩治计算机与滥用法》《电子通讯隐私法》等法律中主要偏重对个人信息获取、存储阶段的直接规制。而欧洲国家则在个人信息采集、加工、管理、利用等个人信息处理的每一个环节都进行规制。例如,德国《刑法典》《联邦数据保护法》两部法律均从个人信息收集阶段开始就采取刑法手段进行规制,同时也规定了非法利用个人信息等行为的刑罚。英国《计算机滥用法》在采集步骤之前的未经授权进入计算机阶段就开始介入,《调查权力法》也从个人信息采集阶段就开始介入,并设置了相应的刑事处罚,《数据保护法案》对信息控制者利用个人信息时的安全防范义务作出了具体详细的规定。在亚洲,日本的个人信息专门立法《个人信息保护法》在个人信息采集、利用等各环节均设置了相应刑罚。韩国的个人信息专门立法《个人信息保护法》在个人信息采集、利用以及风险防范等方面设置了具体的保护条款以及相应的惩罚措施,还在 2020 年修改中引入《信息通信网络的利用促进与信息保护等相关法》对个人信息非法收集、存储和传输的刑事处罚措施。我国香港地区《个人资料(私隐)条例》在个人信息利用环节进行规制,《截取通讯条例》则在传输环节对通讯过程中的信息资料截取行为规定了刑事惩处措施。我国澳门地区《个人资料保护法》从自然人、企业、其他团体组织及政府机构接触个人信息环节开始规制,规定了"未履行数据保护义务罪""不当查阅罪""个人资料的更改或毁坏罪""违反保密义务罪""加重违令罪"等罪名及相应的惩处措施。

### 三、个人信息保护的主管机关

为加强个人信息保护工作以及对个人信息盗窃打击力度,各国家及地区相继设立了个人信息保护的专门机构。美国虽然没有设立统一的个人信息保护监管机构,但也规定联邦贸易委员会以及特定行业的监管机构(包括医疗保健、金融服务、电信和保险行业等）负责隐私保护的监管。[1] 同时，美国还针对不同行业和领域分别制定了专门的个人信息保护法律法规，配合不同行业监管部门的监督管理，达到了较好的效果。英国《2018年数据保护法案》设立了信息专员办公室，根据欧盟GDPR第51条规定执行英国个人信息监管工作。德国设置了联邦数据保护和信息自由专员（以下简称"联邦专员"），[2] 除了执行欧盟GDPR中列出的任务外，还负责执行监督德国《联邦数据保护法》和其他数据保护法律的实施，对其执行情况进行调查，并负责申诉处理等具体事务。韩国设置了个人信息保护委员会，且在2020年《个人信息保护法》修正案中将其地位提升为中央行政机构，由总理办公室直接管理，其基本职责为根据个人信息保护的必要事项或争端等问题进行商议与决议等，具体包括个人信息侵害要因评价相关事项、个人信息保护基本计划与施行计划以及个人信息保护的相关政策、制度与法律的改善相关事项。我国香港地区《个人资料（私隐）条例》第三部分规定个人资料私隐专员为个人信息保护专门机构，该专员享有雇用或者聘用合适人士或专业人才协助其工作的权力。我国澳门地区根据其特别行政区第83/2007号行政长官批示成立个人资料保护办公室，行使澳门地区《个人资料保护法》所赋予的职权，负责监察协调、处理投诉及分析研究等工作。

### 四、个人信息盗窃的法律责任

个人信息盗窃的法律责任主要有民事责任、行政责任和刑事责任。其中，对个人信息盗窃行为进行直接规制的主要是刑法，民法、行政法则主要通过对违反安全保障职责的信息控制者进行惩罚而间接规制。当前，大多数国家都是以刑事处罚为主对个人信息盗窃行为进行打击。传统的刑法规制主要存在刑法典规定型、单行刑法规定型以及附属刑法规定型三种模式。[3]

英美法系国家大多采用单行刑法规定型，如美国的《防止身份盗窃及假冒

---

[1] 参见张立彬：《美英新个人信息保护政策法规的考察与借鉴》，载《情报理论与实践》2020年第6期。

[2] 德国《联邦数据保护法》第22条(5)规定："联邦数据保护和信息自由专员是最高的联邦数据保护机构，其工作地点在波恩。联邦专员的工作人员属于联邦公职人员。"

[3] 参见陈浩然：《应用刑法学总论》，华东理工大学出版社2005年版，第4页。

法》和《身份盗窃刑罚加重法》主要对个人信息收集、利用阶段的个人信息盗窃行为进行规制。对于身份盗窃以外的其他领域、类型的个人信息盗窃行为,美国在其他单行法规中制定了相应的刑事处罚条款,如《电子通信隐私法》和《公平与准确信用交易法》等。而大陆法系国家,如德国等,往往都有统一的个人信息保护的立法,并在其刑法典或单行刑法中对个人信息盗窃犯罪进行列举式或概括式的规定。例如,德国《刑法典》针对侵犯公民个人信息和隐私的犯罪列举了多种罪名,日本《禁止非法侵入计算机系统法》对非法收集个人信息的犯罪行为进行了专门的概括规定。与此同时,此类国家及地区也在其民事、行政等非刑事立法中对与个人信息盗窃直接或间接相关的行为规定了相应的民事法律责任、行政制裁措施。对境外相关国家及地区立法沿革的梳理发现,其公民个人隐私权保护源于对个人住宅及秘密私隐的保护,且历史由来已久。但是,对个人信息的保护是由于20世纪后期以来信息技术发展达到一定阶段后,个人信息逐步转变为一种生产资源,成为引领社会经济发展的重要支柱,各国家及地区对个人隐私的保护才逐渐拓展到个人信息保护。

我国澳门、台湾地区个人资料保护法都单列章节对民事、行政、刑事处罚措施进行了全面的设置。如澳门地区《个人资料保护法》规定了个人信息损害赔偿的民事责任,即因任何信息的不法处理或其他违反个人信息保护法律法规的行为而受损害的主体,享有向负责处理个人信息的实体提出损害赔偿请求的权利。同时,该法第八章第二节专门规定了信息控制者不履行保障个人信息安全义务时将会受到的行政处罚。此外,该法还列明"未履行数据保护义务罪""不当查阅罪"等五种犯罪。台湾地区"个人资料保护法"第28条、第29条对公务机关和非公务机关个人信息不法收集、处理、利用等行为或其他侵害当事人权利的行为的民事责任进行了规定,第41条至第44条对意图为自己或第三人不法之利益或损害他人之利益而对个人资料档案进行非法变更、删除或以其他非法处理等方式侵犯个人信息的行为设置了五年以下有期徒刑、拘役等刑事处罚措施。相比之下,我国香港地区的个人信息保护则呈现出重管理、轻刑法保护的特点,仅将在个人信息收集、使用中未履行相关程序及提供虚假信息的行为纳入刑法规制的范畴,且刑罚为六个月监禁或罚款,而未对泄露、窃取、买卖个人信息的行为设置相应刑罚。

# 第六章 我国个人信息盗窃的法律规制现状与问题剖析

与其他国家相比,我国个人信息盗窃法律规制的立法工作起步较晚。但随着计算机、互联网、大数据等技术的普及与进步,我国个人信息盗窃的情况却愈发严重,呈现案发频率高、涉案信息量大、社会影响恶劣等特点。因此,我国立法脚步也逐渐加快,保护个人信息安全的法律制度不断出台,现已基本形成以宪法为基石,以民法、行政法、刑法、经济法、行政法规、部门规章及地方性法规、规章为体系的个人信息盗窃规制体系。2021 年 8 月 20 日,十三届全国人大常委会第三十次会议正式表决通过《个人信息保护法》,该法自 2021 年 11 月 1 日起施行。这部关于个人信息的专门法律是在本书进行过程中通过学者们不断论证与呼吁"千呼万唤"始出来的,标志着个人信息保护迈上新里程。但是,面对当前个人信息盗窃仍然层出不穷的境况,对于个人信息盗窃法律规制体系在结构上如何衔接,内容体系上如何完善仍是我们该继续研究的重要问题。本章将在梳理我国个人信息盗窃法律规制体系的基础上,对上述问题进行剖析。

## 第一节 我国个人信息盗窃现有法律渊源梳理

随着大数据时代的到来与发展,个人信息盗窃灰色产业链日益猖獗,我国也不断加快打击个人信息盗窃的立法进程。当前,我国已经形成个人信息盗窃法律规制体系整体框架,个人信息盗窃规制的法律渊源见诸宪法和民法、行政法、刑法、经济法等部门法以及最新出台的《个人信息保护法》。

## 一、我国个人信息盗窃规制的立法历程

### (一) 大数据时代之前我国个人信息盗窃规制

互联网的发展促进了相关部门法律的发展,个人信息安全法律制度也从无到有逐渐朝着体系化的方向发展。从时间维度上看,个人信息权最早可以追溯到 1982 年《宪法》。虽然由于当时时代局限,该法没有规定我国公民享有个人信息权,但按照国际通行的原则,个人信息权来源于基本人权。该法第 38 条规定了"人格尊严不受侵犯",为个人信息权以及与此相关的其他可能性新型人格权提供了解释空间。2004 年《宪法修正案》将"国家尊重和保障人权"写入《宪法》,基于我国宪法解释上的前瞻性,可以看作该条赋予了公民概括性的权利,是个人信息权得以展开和作为一项基本权利存在的主要依据。

由于我国宪法效力更多体现在对国家基本制度的规定和对其他部门法的指引上,在司法实践中不可诉,因此无法依据其直接规制侵犯个人信息的具体违法行为。同时,20 世纪 80 年代互联网技术尚未在中国完全普及,个人信息盗窃的利益并不大,更无法形成规模,因此,1986 年《民法通则》只规定了公民人格权,个人信息权只能在人格权范畴内勉强得到保护。1988 年《关于贯彻执行〈中华人民共和国民法通则〉若干问题的意见(试行)》(以下简称《民通意见》)增加了侵害他人隐私的规定。也就是说,此时的民事法律法规几乎没有直接针对个人信息失窃的保护,诸如泄露个人信息的轻微违法行为、电话推销和骚扰电话等都无法追究民事责任,只有在违法行为同时存在侵犯姓名权、肖像权、名誉权等行为时才能按《民法通则》进行"曲线救国"。

20 世纪 90 年代开始,计算机逐渐普及,互联网随之兴起,为应对由此带来的各种风险,公安部于 1997 年出台《计算机信息网络国际联网安全保护管理办法》,规定利用互联网侵犯用户的通信自由和通信秘密是违法行为,为公民通信自由和通信秘密提供行政保护。1998 年,国务院发布《计算机信息网络国际联网管理暂行规定实施办法》。该办法主要基于当时的网络安全问题,规范利用

个人普通信息、计算机网络、专业计算机信息网络、企业计算机信息网络的行为。2000年,《全国人民代表大会常务委员会关于维护互联网安全的决定》通过,其第1条即规定"为了保障互联网的运行安全,对有下列行为之一,构成犯罪的,依照刑法有关规定追究刑事责任"。虽然该决定并未明确涵盖"个人信息",但它是关于网络个人信息安全位阶较高、处罚较为严厉的第一部法律文件,为后来个人信息盗窃入刑打下了基石。2002年4月,经国家标准化管理委员会批准,全国信息安全标准化技术委员会在北京正式成立,开始个人信息保护国家标准制定工作。该委员会主要从事信息安全标准化制定和组织,具体包括安全机制、安全技术、安全服务、安全管理与评估等标准化技术工作。

2005年6月,齐爱民教授率先发表了《中华人民共和国个人信息保护法示范法草案学者建议稿》。同年12月,周汉华教授发表了《对〈个人信息保护法〉(专家建议稿)若干问题的说明》。[1] 2006年9月,由周汉华教授负责的个人数据保护法研究课题组出版了《中华人民共和国个人信息保护法(专家建议稿)及立法研究报告》。以上两份专家建议稿均强调在对个人信息予以保护的同时也要考虑到促进个人信息的流通使用;[2] 均将个人信息的处理者划分为政府机关(或国家机关)与其他个人信息者(或非国家机关)两类,并区分设计了相应的法定义务及规制方式;规制的个人信息处理行为类型都较为广泛,除了规制"信息收集、存储、使用、加工、传输、买卖、提供"等"信息增量"行为,还规制"信息修改、删除、销毁"等"信息减量"行为;均明确信息主体享有个人信息权利,齐爱民教授将信息主体的个人信息权利界定为一种具体的人格权,而周汉华教授在其立法研究报告中指出,个人信息权利是信息主体就信息收集、存储、修改等行为

---

[1] 参见易继明主编:《中国科技法学年刊(2005年卷)》,北京大学出版社2005年版,第322—338页。

[2] 参见齐爱民《中华人民共和国个人信息保护法示范法草案学者建议稿》第1条:"为规范个人信息的处理,保护自然人的人格权,保障个人信息的合法利用,特制定本法。"《中华人民共和国个人信息保护法(专家建议稿)》第1条:"为规范政府机关或其他个人信息处理者对个人信息的处理,保护个人权利,促进个人信息的有序流动,根据宪法制定本法。"载周汉华:《中华人民共和国个人信息保护法(专家建议稿)及立法研究报告》,法律出版社2006年版,第1页。

所享有的决定权与控制权。[1] 但是，以上两份专家建议稿在信息收集、处理原则以及不同信息处理者法定义务、法律责任、法律救济等方面存在一定差异。比如，齐爱民教授建议稿的法律责任部分主要规定了侵害个人信息权利的民事责任，其中国家机关侵害信息主体个人信息权利适用无过错责任归责原则，非国家机关适用过错推定责任。周汉华教授建议稿的法律责任部分主要规定了行政责任和刑事责任，提出了信息登记制度、行政复议程序辅助相关责任体系的落地实施，而在该建议稿提出的民事救济措施中，所有主体均适用无过错责任归责原则。[2] 此外，周汉华教授还提出了行业自律机制（包括其权能、义务与责任）、行政投诉机制、个人信息保护主管机关（即信息委员会）等建议。[3] 虽然上述专家建议稿并未直接转化成法律，但却为学界和实务界探讨个人信息保护立法提供了重要参考。

在规制个人信息盗窃刑事犯罪方面，从 2009 年开始，我国逐渐将个人信息保护相关内容添加到立法规定中。2009 年 2 月 28 日，《刑法修正案（七）》公布施行，对大量接触公民个人信息的特殊行业进行严格的刑事责任规制，对泄露、非法利用公民个人信息的不法分子起到较大震慑作用。同年 12 月 26 日，全国人大常委会通过《侵权责任法》（现已编入《民法典》"侵权责任"编），其第 36 条被称为"互联网专条"，对于个人信息的保护与之前的民事法律相比有着较为明显的提升。然而，上述立法规定较为框架化，规制的主体、对象、行为等的范围也较窄，难以对个人信息违法犯罪行为进行有效规制。比如，《刑法修正案（七）》仅规制相关主体履行职责或者提供服务期间的出售、非法提供以及获取行为，对于上述行为之外的，以及日趋频繁的个人信息非法交易、非法利用行为难以有效规制，由此其规制的个人信息犯罪行为范围和类型都有待进一步完善。

---

[1] 参见张新宝：《〈民法总则〉个人信息保护条文研究》，载《中外法学》2019 年第 1 期。

[2] 参见刁胜先：《个人信息网络侵权归责原则的比较研究——兼评我国侵权法相关规定》，载《河北法学》2011 年第 6 期。

[3] 参见齐爱民：《中华人民共和国个人信息保护法示范法草案学者建议稿》，载《河北法学》2005 年第 6 期；周汉华：《中华人民共和国个人信息保护法（专家建议稿）及立法研究报告》，法律出版社 2006 年版，第 84 页。

## （二）大数据时代背景下我国个人信息盗窃规制

2012年3月29日,美国奥巴马政府公布"大数据研究与发展倡议",标志着大数据时代的到来。在新的时代背景下,个人信息盗窃主体更为隐匿、盗窃手段更为复杂、盗窃方式更为多样,以往的个人信息相关立法已无法很好地应对时代发展带来的新挑战。同时,在大数据时代背景下,个人信息开发利用的需求更为广泛,个人信息保护与个人信息开发利用之间的矛盾冲突日益激烈。为应对上述困境,自2012年起,我国又发布了一系列法律法规。

2012年,十一届全国人大常委会第三十次会议通过《关于加强网络信息保护的决定》。该决定总共只有十二条,却成为我国个人信息保护与个人信息盗窃规制立法的奠基之石。该决定关于个人信息保护和个人信息盗窃规制的内容主要包括:第一,对受保护的公民个人信息的范围作出了较为明确的规定;第二,对网络服务提供者保护公民个人信息、防止个人信息泄露、预防个人信息盗窃的义务作出了明确规定;第三,对公民遭受个人信息盗窃等行为时的救济途径进行了规定;第四,规定了对违反义务的网络服务提供者以及实施了个人信息盗窃行为的主体的处罚措施。

2013年,工信部发布《电信和互联网用户个人信息保护规定》,采用概括式与列举式结合的方式对"个人信息"概念作出规定,同时也对《关于加强网络信息保护的决定》中的义务、行政处罚措施进行了细化。2013年修正的《消费者权益保护法》明确了消费者享有个人信息受保护的权利,并对经营者的侵权责任条款作了修改,规定了相应的停止侵害、消除影响等民事责任。2015年,十二届全国人大常委会第十六次会议在《刑法修正案（七）》实施六年多的刑事司法实践经验与总结基础上修改完善形成《刑法修正案（九）》,将处罚的主体范围由"履行职务或者提供服务"的特殊人群扩大到一般主体。

2016年11月7日,十二届全国人大常委会第二十四次会议通过《网络安全法》。该法明确了"个人信息"的概念（第76条）;规定了网络运营者收集、使用个人信息遵循的基本原则,包括合法、正当、必要、公开、明示以及被收集者知情并同意等（第41条第1款）;明确了网络运营者收集、使用用户个人信息过程中的法定义务,包括建立用户身份信息制度（第24条）、保障用户个人信息安全

(第40—44条)、对其用户发布的信息管理(第47条)、建立信息安全投诉与举报制度(第49条)等；赋予信息主体对网络运营者违法违规或违约收集、使用信息的删除权，对网络运营者发布与其个人信息相关的错误信息的更正权(第43条)等。此外，该法还对违法违约或违规收集、使用或处理他人个人信息的法律责任作出了规定(第64条、第75条)。

2017年3月15日，十二届全国人大第五次会议通过《民法总则》。该法明确规定"自然人的个人信息受法律保护"，任何组织和个人获取他人个人信息需经信息主体授权，且应当依法履行信息安全保障义务，任何组织或个人不得"非法收集、使用、加工、传输"以及"非法买卖、提供或者公开"他人个人信息(第111条)等。

2019年10月17日，以张新宝教授为首席专家的国家社科基金重大项目"互联网安全主要立法问题"(14ZDC021)项目组再次发布《个人信息保护法(专家建议稿)》。该稿旨在通过强化敏感个人信息保护以及一般个人信息的利用，以平衡信息主体、信息业者以及国家机关三方主体之间的利益冲突。区别于以往建议稿的是，该稿提出了"构建个人信息保护标准体系、认证与标志体系、风险评估、去识别性处理等基本制度"，在区分设计信息业者与国家机关个人信息规则、义务与责任外，还具体规定了规范信息业者商业营销行为的"禁止商业营销号码登记制度""政府信息公开、共享、开放中的个人信息保护制度"。此外，该稿还提出了"政府监管、行业自律、社会监督、公民参与等多元监督"，"协商、投诉、调解、诉讼、仲裁等"多元救济渠道，为制定完善《个人信息保护法》提供了立法参考。[1] 2020年3月，国家市场监督管理总局、国家标准化管理委员会联合发布中华人民共和国国家标准公告(2020年第1号)，全国信息安全标准化技术委员会归口的国家标准《个人信息安全规范》(GB/T 35273-2020)完成修订，2020年10月1日正式实施。该标准代替2017年版《个人信息安全规范》，在个

---

[1] 信息业者，指除政府部门之外，开展个人信息收集、利用、加工、传输活动的一项或多项的法人、非法人组织；自然人以营利为目的从事个人信息收集、使用、加工等个人信息处理活动的一项或多项，在本法适用范围内视为信息业者。参见张新宝、葛鑫：《个人信息保护法(专家建议稿)》，中国民商法律网，2019年10月17日，https://www.civillaw.com.cn/gg/t/?id=36127，2020年7月14日访问。

人信息保护方面增加了"个人信息安全工程""个人信息处理活动记录"等内容，修改了"征得授权同意的例外""个人信息主体注销账户""实现个人信息主体自主意愿的方法"，以及针对个人生物识别信息技术进行了细化和完善。

我国历来十分重视特殊人群、特殊行业领域的个人信息保护和个人信息盗窃规制。例如，《中华人民共和国母婴保健法》规定对母亲和婴儿的个人信息和个人隐私予以保护，《儿童个人信息网络保护规定》对儿童个人信息予以特别保护；在个人金融、保险信息领域，通过《中华人民共和国商业银行法》《中华人民共和国保险法》等法律法规对公民个人私密信息进行保护；从个人通信信息角度，通过《中华人民共和国邮政法》（以下简称《邮政法》）、《互联网信息服务管理办法》等对公民个人信息提供保护；从规范网络行为角度，通过《网络安全法》《中华人民共和国计算机信息系统安全保护条例》等对公民个人信息进行保护。同时，我国还将个人信息保护条款写入相应的行政法律和其他单行法中。例如，针对护照签发机关及其工作人员保守在工作中获得的个人信息的义务，《中华人民共和国护照法》（以下简称《护照法》）作出了专门规定，并规定了行政处分等处罚措施；针对公安机关在工作中获得的公民身份信息的保密义务，《居民身份证法》作出了具体规定，并规定了行政处分等处罚措施；此外，《中华人民共和国行政处罚法》（以下简称《行政处罚法》）、《中华人民共和国行政复议法》（以下简称《行政复议法》）、《中华人民共和国档案法》（以下简称《档案法》）、《邮政法》《中华人民共和国统计法》（以下简称《统计法》）等法律也从公民个人私密信息的角度修改和调整了相应条款。

另外，国家网信办 2019 年 12 月公布、2020 年 3 月 1 日起施行的《网络信息内容生态治理规定》明确要求网络信息内容服务的使用者应当按照法律法规的要求和用户协议约定信息使用权限范围，并规定网络信息内容服务使用者、生产者和服务平台不得实施流量造假、流量劫持以及虚假注册账号、非法交易账号、操纵用户账号等违法活动，准确地打击了目前网络个人信息泄露最为严重的领域。2021 年 1 月 1 日起施行的《民法典》第四编第六章对个人隐私权和个人信息予以专门规定，明确了近些年来个人信息保护的很多争议性问题，使得个人信息在民事领域的保护再上新台阶。2021 年 6 月 10 日，十三届全国人大常委会第二十九次会议通过《数据安全法》，自 2021 年 9 月 1 日起施行。2021

年8月20日,十三届全国人大常委会第三十次会议表决通过《个人信息保护法》,自2021年11月1日起正式施行。该法作为首部全方位的个人信息保护专门性立法,构建了比较完整的个人信息保护框架,对个人信息处理规则、个人信息跨境传输、个人信息处理活动、信息处理者的权利义务、监管部门职责以及罚则等作了全面的规定。

综上所述,从部门法到单行法再到专门的《个人信息保护法》,我国个人信息保护法律体系基本构建完成。前后近40部法律、30余部法规以及近200部规章形成的法律体系,对于个人信息盗窃行为的打击从无到有,进步巨大,对于猖獗的个人信息盗窃行为的规制具有重要的意义。

表6-1 我国个人信息保护的主要法律法规

| 最初通过时间 | 最新版法律名称 | 与个人信息保护相关的内容 |
| --- | --- | --- |
| 1979年7月1日(1996年3月17日第一次修正,2012年3月14日第二次修正,2018年10月26日第三次修正,2018年10月26日实施) | 《刑事诉讼法(2018年修正)》 | 明确辩护律师对其在执业活动中知悉的委托人有关情况和信息,有权保密。(第48条)<br>规定人民法院、人民检察院和公安机关对涉及个人隐私的证据,应当保密。(第54条第3款第1句)<br>要求侦查人员对其在技术侦查过程中获悉的个人隐私应当保密。(第152条第2款第1句)<br>规定依法获得犯罪记录查询权的单位在查询信息时应当对被封存的未成年人犯罪记录情况予以保密。(第286条) |
| 1983年12月8日(1996年5月15日修正,2009年6月27日修订,2010年1月1日实施) | 《统计法(2009年修订)》 | 要求统计机构和统计人员对在执行统计工作过程中知悉的个人信息,应当保密。(第9条)<br>明确规定县级以上人民政府统计机构或者有关部门违法公布统计资料,泄露统计调查对象个人信息,提供、泄露在统计中获得的能够识别或者推断特定对象身份的资料,违法造成统计资料毁损、灭失,其直接负责的主管人员和其他直接责任人员由任免机关或者监察机关依法给予处分。(第39条) |

（续表）

| 最初通过时间 | 最新版法律名称 | 与个人信息保护相关的内容 |
| --- | --- | --- |
| 1989年2月21日（2004年8月28日修订，2013年6月29日修正并实施） | 《中华人民共和国传染病防治法（2013年修正）》 | 规定了疾病预防控制机构故意泄露与传染病病人、病原携带者、疑似传染病病人、密切接触者等涉及个人隐私有关信息的法律责任。（第68条第5项） |
| 1991年9月4日（2006年12月29日修订，2012年10月26日修正，2020年10月17日修订，2021年6月1日起施行） | 《中华人民共和国未成年人保护法（2020年修订）》 | 处理涉及未成年人事项，应当符合保护未成年人隐私权和个人信息要求。（第4条第3项）<br>新闻媒体采访报道涉及未成年人事件应当客观、审慎和适度，不得侵犯未成年人的名誉、隐私和其他合法权益。（第49条第2句）<br>公安机关、人民检察院、人民法院办理涉及未成年人案件时，应保障未成年人的隐私权。（第110条） |
| 1992年4月3日（2005年8月28日第一次修正，2018年10月26日第二次修正并实施） | 《中华人民共和国妇女权益保障法（2018年修正）》（以下简称《妇女权益保障法》） | 对于个人信息的保护主要体现在对于妇女隐私权和肖像权等人格权的保护中。（第42条） |
| 1993年10月31日（2009年8月27日第一次修正；2013年10月25日第二次修正，2014年3月15日实施） | 《消费者权益保护法（2013年修正）》 | 明确消费者在购买、使用商品和接受服务时，其个人信息依法受到保护。（第14条）<br>规定了经营者收集、使用个人信息的基本原则、前提条件、法定义务、民事责任、行政处罚。（第29条、第50条、第56条） |
| 2000年12月28日（2009年8月27日修正并实施） | 《全国人民代表大会常务委员会关于维护互联网安全的决定（2009年修正）》 | 明确将非法截获、篡改、删除他人电子邮件或其他数据资料，侵犯公民通信自由和通信秘密，构成犯罪的，应当依法追究刑事责任。（第4条第2款） |
| 2003年6月28日（2011年10月29日修正，2012年1月1日实施） | 《居民身份证法（2011年修正）》 | 明确国家机关或者金融、电信、交通、教育、医疗等单位及其工作人员对履职或提供服务期间获得的居民身份证上个人信息负有保密义务。（第6条第3款、第13条第2款、第19条）<br>规定了非法泄露的民事、行政与刑事责任。（第19条、第20条） |

（续表）

| 最初通过时间 | 最新版法律名称 | 与个人信息保护相关的内容 |
| --- | --- | --- |
| 2006年4月29日（2007年1月1日实施） | 《护照法》 | 规定了护照签发机关及其工作人员因制作、签发护照而知悉个人信息时，应当予以保密，同时规定了泄露上述途径获得个人信息的行政、刑事责任。（第12条第3款、第20条第5项） |
| 2009年2月28日（公布并实施） | 《刑法修正案（七）》 | 针对特殊行业与国家机关及其工作人员非法获取与提供公民个人信息的行为设定罪名，开始以刑法手段规制个人信息盗窃。（第7条） |
| 2009年12月26日（2010年7月1日实施） | 《侵权责任法》 | 明确了网络用户、网络服务提供者利用网络实施侵权行为的法律责任以及免责事由。（第36条）<br>明确医疗机构及其医务人员泄露患者隐私或未经同意而公开其病历资料的行为构成侵权。（第62条） |
| 2010年10月28日（2018年12月29日修正并实施） | 《中华人民共和国社会保险法（2018年修正）》 | 规定了社会保险行政部门和其他有关行政部门、社会保险经办机构、社会保险征收机构及其工作人员对其在社会保险中知悉和留存的个人信息的保密义务，以及非法泄露的法律责任。（第81条、第92条） |
| 2012年12月28日（同日实施） | 《关于加强网络信息保护的决定》 | 明确公民个人身份和隐私的电子信息受到国家保护。（第1条）<br>规定不同主体收集、使用公民个人信息的基本原则、法定义务以及相应的法律责任。（第2—11条） |
| 2013年4月25日（2016年11月7日第一次修正，2018年10月26日第二次修正并实施） | 《中华人民共和国旅游法（2018年修正）》 | 明确旅游经营者对旅游者个人信息保密义务。（第52条）<br>明确旅游主管部门和有关部门对被检查单位的商业秘密以及其所控个人信息的保密义务。（第86条） |
| 2015年8月29日（2015年11月1日实施） | 《刑法修正案（九）》 | 确立侵犯公民个人信息罪，完善《刑法修正案（七）》关于侵犯个人信息入罪的相关要件。（第17条） |

(续表)

| 最初通过时间 | 最新版法律名称 | 与个人信息保护相关的法律内容 |
|---|---|---|
| 2015年12月27日(2018年4月27日修正并实施) | 《中华人民共和国反恐怖主义法(2018年修正)》 | 规定反恐怖主义工作领导机构、有关部门和单位、个人等对履职过程中知悉的个人隐私的保密义务,以及非法泄露上述个人隐私的法律责任。(第48条、第94条) |
| 2017年3月15日(2017年10月1日实施) | 《民法总则》 | 专门规定个人信息保护条款,从民事基本法层面明确个人信息权。(第111条) |
| 2016年11月7日(2017年6月1日实施) | 《网络安全法》 | 明确了网络产品、服务的提供者个人信息保护方面的法定义务及法律责任。(第22条、第41条、第42条、第44条、第64条)<br>明确了关键信息基础设施运营者在中国境内运营中收集、产生的个人信息应在境内存储,但特殊情况下例外。(第37条)<br>规定个人就网络运营者非法收集的自身个人信息有请求删除的权利,就错误信息有请求更正的权利。(第43条)<br>明确"个人信息"等概念。(第76条) |
| 2020年5月28日(2021年1月1日实施) | 《民法典》 | 民事领域最为重要的个人信息保护法律,对个人信息的定义、不同主体处理个人信息的原则、法定义务及法律责任等都有明确的规定。(第111条、第999条、第1030条、第1034—1039条、第1226条) |
| 2021年6月10日通过(2021年9月1日起施行) | 《数据安全法》 | 明确数据发展和数据安全同等重要,即为了规范数据处理活动,保障数据安全,促进数据开发利用;保护个人、组织的合法权益,维护国家主权、安全和发展利益而制定该法。(第1条) |
| 2021年8月20日(自2021年11月1日施行)。 | 《个人信息保护法》 | 作为我国首部针对个人信息保护的专门性立法,该法构建了完整的个人信息保护框架,对个人信息处理规则、个人信息跨境传输、个人信息处理活动的权利、信息处理者的义务、监管部门职责以及罚则等作出了全面的规定。(第13—37条、第38—43条、第44—50条、第51—59条、第60—65条、第66—71条) |

## 二、宪法依据

宪法是所有法律的母法,也是最基础的法律。个人信息权曾一度被认为是隐私权的一部分,虽然我国立法实践最终明确个人信息权是独立于隐私权的人格权,但是个人信息权与隐私权的宪法依据却同样是公民的人格尊严不受侵犯。绝大多数国家都将个人信息权作为基本人格权来对待,这意味着信息主体对与个人私生活有关和不受公开的、属于私人空间领域的个人信息享有自由支配、不受干涉的权利。同样,我国《宪法》也规定了对于公民私人领域信息进行保护的规范和要求。例如,《宪法》第 38 条规定:"中华人民共和国公民的人格尊严不受侵犯。禁止用任何方法对公民进行侮辱、诽谤和诬告陷害。"这里的"人格尊严"就包括个人信息权。又如,《宪法》第 40 条规定:"中华人民共和国公民的通信自由和通信秘密受法律的保护。除因国家安全或者追查刑事犯罪的需要,由公安机关或者检察机关依照法律规定的程序对通信进行检查外,任何组织或者个人不得以任何理由侵犯公民的通信自由和通信秘密。"与此相呼应的是,《邮政法》第 3 条第 1 款规定:"公民的通信自由和通信秘密受法律保护。除因国家安全或者追查刑事犯罪的需要,由公安机关、国家安全机关或者检察机关依照法律规定的程序对通信进行检查外,任何组织或者个人不得以任何理由侵犯他人的通信自由和通信秘密。"2005 年 11 月,信息产业部[1]为规范互联网电子邮件服务,在上述法律基础上制定《互联网电子邮件服务管理办法》。该办法第 9 条规定:"联网电子邮件服务提供者对用户的个人注册信息和互联网电子邮件地址,负有保密的义务。互联网电子邮件服务提供者及其工作人员不得非法使用用户的个人注册信息资料和互联网电子邮件地址;未经用户同意,不得泄露用户的个人注册信息和互联网电子邮件地址,但法律、行政法规另有规定的除外。"这些法律法规虽然都未直接将"个人信息权"明确写入条文,但都与《宪法》规定一脉相承,是人格尊严在个人信息权上的具体展开,也是普通法律层面对行政机关、个人团体等在收集使用个人信息方面的制约。

此外,依据《宪法》第 41 条,对于任何国家机关和国家工作人员,公民有提

---

[1] 在 2008 年 3 月"大部制"改革后,该部被并入工信部。

出批评和建议的权利。针对这种批评、建议甚至控告,有关国家机关必须查清事实,负责处理。任何人不得打击报复。如果在这个过程中国家工作人员利用泄露的个人信息侵犯公民权利,权利人可以依照法律规定取得赔偿。该条规定的立法目的是确保任何公民都有向国家机关提出建议、进行举报的权利,而国家机关对于实名举报人的个人信息应该保密,否则就可能让举报人面临被打击报复的危险。例如,2017 年 9 月,江西于都某高中生向教育局实名举报学校违规补课并收取高额补课费,因教育局将其个人信息泄露给学校而导致其被学校劝退,事件在社会上引起极大的舆论风波。伴随着行政权力的扩张和行政事务对网络的依赖越来越大,行政机关在行政执法中掌握的个人信息数量尤其庞大,在收集、使用、公开公民个人信息的同时也会给公民个人信息安全带来较大威胁。然而,我国目前对于个人信息的保护主要是外向的,对内监督尤为不足。因此,在遇到《宪法》第 41 条规定的情形时,个体维权的依据较为有限,也欠缺因国家机关失职导致大量个人信息被窃取后受害人获得国家赔偿的具体规定。

从宪法渊源可以看出,个人信息权是被当作人格权的一部分予以保护的,这与各部门法中将涉及个人信息保护的内容归纳为具体的隐私权、名誉权等人格性权益在逻辑上是畅通的。但随着互联网、大数据经济的不断发展,个人信息权的内容远远不止于人格权,其财产方面的价值也逐渐凸显,传统宪法理论中的个人信息权源基础受到了挑战。未来的宪法修改必须正视这一挑战,因为对于个人信息权源的厘清直接关系到部门法对个人信息权的定性和责任形式的确定。

### 三、民事法律规制分析

民事法律规制比行政规制、刑事规制更具广泛性,更能体现法律对社会秩序维护的灵活性,也更符合经济性原则,是现代社会最主要的法律调整手段。如今大数据的技术发展锐不可当,利用民事法律对其进行引导,充分调和个人信息保护与大数据技术发展之间的冲突,无疑是最好的选择。民事责任一般比刑事、行政责任更轻,民事法律可以规制情节轻微的个人信息盗窃行为,在修复受损社会秩序以及促进网络信息市场发展的自我约束中的作用是其他法律无法比拟的,对于大数据产业的发展和升级也具有重要意义。

## （一）我国早期的个人信息盗窃民事立法

2000年之前，由于我国互联网和计算机技术并不发达，个人信息盗窃案件较少，因此直接针对个人信息盗窃的民事规制并不多见，即使存在个别规定，由于没有直接涉及个人信息侵权的相关制度，通常也难以适用民法条款进行处理；对于侵害个人信息损害后果较为严重的情况，也只能依赖于肖像权、姓名权、名誉权等受到损害而一并进行处理。因为在民事领域，当时我国主要通过《民法通则》及其相关司法解释对个人信息进行保护。然而，《民法通则》并没有明确的个人信息保护条款，仅对人格权中的肖像权、姓名权、荣誉权、名誉权等进行了规定；在其后施行的《民通意见》也仅仅纳入对他人未经同意公开权利人隐私并造成侵犯名誉权行为的规制条款。虽然部分隐私属于个人信息，但由于《民法通则》并无直接对个人信息进行保护的条款，因此该时期个人信息盗窃民事法律规范处于相对空白的状态，立法规制与技术发展脱节。

与此同时，通过互联网已经可以对电子邮箱、电话号码等个人信息进行搜索和查询，进行个人信息盗窃的技术基础已经具备。[1] 事实上，在社会信息化时代，隐私以个人信息的形式存在于信息系统中，将会更容易遭到盗窃和泄露，因此需要从防范个人信息盗窃的角度对隐私权加以保护。[2]

## （二）进入21世纪以来我国个人信息盗窃民事立法

### 1.《侵权责任法》对网络侵权行为的规定

2000年以后，随着网络技术进一步发展和普及，个人通过网络所传达信息的量级大幅提高，公民个人信息遭受盗窃的案件也与日俱增，个人信息安全问题逐渐受到社会公众、学界与国家层面的广泛关注。个人信息作为公民的民事权利之一，理应受到法律的保护。2009年《侵权责任法》第36条第1款规定："网络用户、网络服务提供者利用网络侵害他人民事权益的，应当承担侵权责任。"相比于之前的立法，该法主要规制的是网络用户、网络服务提供者侵害个

---

[1] 参见潘一辅：《利用Web途径查找因特网上的专利信息》，载《情报理论与实践》1999年第6期。

[2] 参见曹亦萍：《社会信息化与隐私权保护》，载《政法论坛》1998年第1期。

人信息权的行为,并规定了"避风港"原则。至此,诸如"人肉搜索"、未经本人同意的"晒工资""秀照片"等网络侵权行为的处理终于有了明确的民事法律依据。[1] 具体到个人信息盗窃,结合现实网络信息传播的特点,《侵权责任法》适用于三种情况:一是网络用户、网络服务提供者的行为直接侵犯公民个人信息权。例如,网络用户通过发布个人信息发起"人肉搜索"的行为,即侵犯了个人信息主体的信息自决权。二是预警。信息主体在网络上发现未经本人同意而发布的个人信息时,有权通知网络服务提供者采取必要措施对该信息予以处理,网络服务提供者若在接到通知后未及时采取必要措施的,应承担相应的民事责任。但在此期间,允许网络服务提供者对相关信息进行审查,从而判断是否采取必要的措施,即给予网络服务提供者"侵权判定的审查期"与"侵权成立的改错期"。诸如天涯、知乎、猫扑等大型社区与论坛,由于需要处理海量数据以及技术上的限制,可能并不知道也无法判断哪些属于侵权信息,因此要给其改正的机会:受害人提出平台不当发布了自己的个人信息并要求其经营者删除、屏蔽、断开链接的,若经初步判断确实存在侵权的可能性,网络经营者应该及时删除、屏蔽、断开链接,否则就需要按《侵权责任法》的相关条款规定承担连带侵权责任。三是明示。如果网络服务提供者明知网络用户发布个人信息的行为未经本人同意却依然发布,则构成对信息主体个人信息权的侵犯。这种情况下网络服务提供者若不采取措施、放任信息传播造成影响的,则无须为其提供更正期限,受害者可以直接要求其承担侵权责任。

由于当时"个人信息"的定义并不明确,公民享有的个人信息权益尚未得到法律的正式承认,加上具体的责任承担规则还欠缺操作性,因此《侵权责任法》对于打击个人信息盗窃行为显得不足,对于"人肉搜索"等网络用户、网络服务提供者侵犯公民个人信息权的行为,法院仅能以侵害隐私权、名誉权等人格权

---

[1]《民法典》第1194条(原《侵权责任法》第36条)规定,"网络用户、网络服务提供者利用网络侵害他人民事权益的,应当承担侵权责任"。第1195条第1款、第2款规定,"网络用户利用网络服务实施侵权行为的,权利人有权通知网络服务提供者采取删除、屏蔽、断开链接等必要措施";网络服务提供者接到通知后"未及时采取必要措施的,对损害的扩大部分与该网络用户承担连带责任"。第1197条规定:"网络服务提供者知道或者应当知道网络用户利用其网络服务侵害他人民事权益,未采取必要措施的,与该网络用户承担连带责任。"

进行裁判。例如，在姜某诉杭州某网络传媒公司案中，被告作为网站运营者，对网友未经原告姜某同意而在其网站上公布的原告姓名、照片、家庭住址、身份证号等个人信息没有及时删除，致使原告受到威胁与骚扰，遭受极大的精神折磨。该案中法院囿于当时的法律尚无个人信息保护的具体规定，只能先认定公开此类信息对原告的隐私权、名誉权等造成侵害，再结合《侵权责任法》第36条进行裁判。[1] 该案虽然以原告胜诉而结案，但也揭示了当时法律规制中存在的问题：在个人信息不受法律保护的情况下，若被公布的信息不属于隐私，则信息主体难以进行维权，只有在其因"人肉搜索"等遭受相当的精神痛苦甚至付出生命的代价后，才能借由其他人格权得到法律保护。此外，《未成年人保护法》《妇女权益保障法》虽然也规定了对未成年人、妇女的个人隐私进行保护，但基本上是原则性条文，缺乏具体的可操作性规则，而且隐私权并不等同于个人信息权。2014年8月，《最高人民法院关于审理利用信息网络侵害人身权益民事纠纷案件适用法律若干问题的规定》出台，规定网络用户、网络服务提供者利用个人信息造成损害的行为构成侵权，但并未涉及个人信息获取、传输等行为，对于个人信息盗窃灰色产业链的威慑力不足。由此可见，民事法律打击个人信息盗窃还任重道远。

2.《民法总则》明确规定个人信息盗窃侵权和救济

关于在《民法总则》中是否应当专门规定个人信息保护的条款，曾引起广泛讨论，最终在社会各界的建议下，《民法总则》二审稿增加了个人信息保护的条款，并最终获得通过。[2] 2017年10月1日起正式施行的《民法总则》第111条规定："自然人的个人信息受法律保护。任何组织和个人需要获取他人个人信息的，应当依法取得并确保信息安全，不得非法收集、使用、加工、传输他人个人信息，不得非法买卖、提供或者公开他人个人信息。"该条规定确立了个人信息自决权的内容，即信息主体有权决定如何使用自己的个人信息，未经本人许可，不得非法对其个人信息进行收集、处理与利用。[3] 该条规定可以从三个方面

---

[1] 参见杭州市西湖区人民法院(2012)杭西民初字第401号民事判决书。

[2] 参见张新宝：《〈民法总则〉个人信息保护条文研究》，载《中外法学》2019年第1期。

[3] 参见何玲：《民法总则筑牢个人信息安全的"保护墙"》，信用中国网，2017年5月2日，https://mp.weixin.qq.com/s/xjQlbCqQ7Ac3vzO6FdsYzA，2020年7月14日访问。

理解：一是任何组织和个人想要获取他人的个人信息，必须通过合法的途径，比如有法律、行政法规的明确授权或者经过当事人的同意，通过非法手段获得他人个人信息属于侵害他人个人信息权的行为。二是在合法获取他人个人信息之后，应当确保他人个人信息的安全。如果因为故意或者重大过失造成他人个人信息被泄露，也构成对他人个人信息权的侵害。三是在合法获取他人个人信息之后，未经合法授权而使用、加工、传输、买卖、公开他人个人信息的行为也构成侵害个人信息权，侵权人应当承担相应的侵权责任。《民法总则》的规定基本上涵盖个人信息盗窃产业链中针对个人信息实行的所有违法行为，进一步完善了公民个人信息盗窃民事救济的法律依据，对于个人信息盗窃的法律规制具有进步意义。例如，在俞某某与浙江天猫网络有限公司等网络侵权责任纠纷案中，在原告明确拒绝被告收集其交易信息后，被告仍然对相关信息进行采集，同时将信息传输给其他经营者，法院认为被告的行为违反了《民法总则》第111条的规定，构成侵权。[1]

3.《民法典》进一步细化个人信息盗窃侵权和救济

《民法典》延续了《民法总则》对个人信息保护进行单独规定的做法，并丰富了个人信息保护条款的内容。相较于《民法总则》，《民法典》对于个人信息保护的重要意义体现在：第一，明确了"个人信息"的概念。《民法典》第1034条对个人信息的定义采用了与《网络安全法》第76条第5项基本相同的规定，为个人信息盗窃民事纠纷案件中法院确定涉案信息的法律属性提供了法律依据。第二，规定了信息处理者处理个人信息的原则。《民法典》明确规定了合法、正当和必要原则，处理个人信息应当适当、不得过度处理原则，以及知情同意原则、公开原则、合法合约原则等。第三，规定了信息处理者不承担责任的情形。包括在个人信息主体知情同意的情况下实施的合理行为，在合理范围内处理信息主体已经公开的个人信息（信息主体明确拒绝或者处理该信息对信息主体造成了重大侵害的除外），以及在合理范围内为了维护公共利益和信息主体利益而对个人信息进行的处理。第四，规定了个人信息主体的权利以及信息处理者的义务。其中，个人信息主体享有的权利包括查阅和复制个人信息、要求更正错

---

[1] 参见北京市海淀区人民法院(2018)京0108民初13661号民事判决书。

误信息和违法违约信息的权利。而个人信息处理者需要履行的义务除了为个人信息主体行使上述权利提供便利之外,还包括采取必要的技术措施和手段保护个人信息安全,防止个人信息泄露、篡改、丢失,在发生以上情况后及时补救并告知有关部门。此外,国家机关、承担行政职能的机构及其工作人员,应承担其履职过程中知悉的个人信息保密的义务。相较于《侵权责任法》与《民法总则》,《民法典》对个人信息保护的规定更加具体,权利义务体系、个人信息客体范围都更加清晰。

诚然,当前《民法典》中关于个人信息保护的规定还有待进一步的细化,但它已将个人信息收集、存储、使用、加工、传输、提供、公开等行为都纳入信息处理的范畴,在一定程度上对个人信息盗窃灰色产业链具有遏制作用,也使个人信息主体能够通过私权对因为个人信息盗窃行为造成的损害进行救济。

4.《个人信息保护法》进一步细化个人信息盗窃侵权救济的法律规范

经过多年酝酿,《个人信息保护法》于 2021 年 8 月 20 日出台,不仅充分吸收了国外立法经验,同时也内观本土,总结我国实践中个人信息侵权的各种疑难点,集个人信息私权保护与公法监管于一体,在《民法典》的基础上进一步细分私权主体和公权机关对于个人信息保护的义务与责任。毫无疑问,作为本身极具私权属性的个人信息,相比刑事、行政责任,民事责任在保护个人信息权中优越性更显著,因此民事责任也应该是保护个人信息权益的主要方法。

《民法典》对于个人信息侵权的规定并未单列,而是适用一般的侵权归责原则和要件,但实践中的问题是,个人信息侵权往往存在受害人举证困难和损失难以计量的困境,《个人信息保护法》第 66 条至第 69 条对此作出更细致的规定与解读:一是排除法定例外后将网络运营者、互联网信息服务提供者与国家机关一体规制,遵循个人信息保护的同一标准;二是在管辖范围上将个人信息保护拓展到境外信息侵权,赋予法律适用的必要境外效力,以充分保护个人信息安全;三是明确个人信息侵权案件实行举证责任倒置,即"处理个人信息侵害个人信息权益造成损害,个人信息处理者不能证明自己没有过错的,应当承担损害赔偿等侵权责任";四是确定对于个人信息侵权的损害结果可以采用"实际损失""获得利益"和"实际情况"来具体判别。以上规定进一步细化了个人信息盗窃受害者在民事救济途径上的可操作性,降低了受害人民事追偿的成本。

从《个人信息保护法》关于民事侵权救济的角度看,个人信息处理者构成信息侵权的要件为:一是个人信息处理者侵害个人信息权益的违法行为,如未经个人同意而处理个人信息,未尽处理告知义务,超过个人信息保存期限未予删除等。二是权利人个人信息权益受到损害的客观事实,包括个人信息权益受到损害的权利损害形态和财产损失形态。三是侵害个人信息权益的因果关系。四是侵权人有主观过错,可以适用过错推定原则。作为个人信息保护的基本法律,《个人信息保护法》对个人信息盗窃行为的民事责任规定更具实践性,符合《民法典》之规则,对于保护个人信息权益具有深远价值。

### 四、行政法律规制分析

民事法律规范对个人信息盗窃进行惩治的效果,需要依赖个人信息主体行使诉权方能实现。因此,行政监管成为规制个人信息盗窃不可或缺的部分。我国个人信息盗窃行政监管的法律渊源包括法律、行政法规、部门规章以及部分地方性法规和地方政府规章,[1]形成了以《网络安全法》为中心,以《电信和互联网用户个人信息保护规定》《儿童个人信息网络保护规定》等特殊领域的个人信息盗窃监管规范为补充,并辅以《电子商务法》《公共图书馆法》《征信业管理条例》等规范中有关个人信息保护的条款进行完善的基本框架。

#### (一)《网络安全法》的全面规定

在《网络安全法》第四章"网络信息安全"中,立法者对网络运营者保护个人信息安全、预防个人信息盗窃所需要承担的义务进行了全面规定。该部分的规定,为《民法典》个人信息保护有关的规范提供了参考。具体而言,《网络安全法》要求网络运营者承担的义务包括:(1)保障个人信息免受网络恶意攻击影响的义务。该法第21条规定,网络运营者应当履行"安全保护义务,保障网络免

---

[1] 地方性法规如《上海市消费者权益保护条例》《广东省计算机信息系统安全保护条例》《徐州市计算机信息系统安全保护条例》;部门规章如《中华人民共和国计算机信息网络国际联网管理暂行规定实施办法》《互联网电子公告服务管理规定》《规范互联网信息服务市场秩序若干规定》;行政规范性文件如《北京市微博客发展管理若干规定》。

受干扰、破坏或者未经授权的访问,防止网络数据泄露或者被窃取、篡改"。该法第 42 条第 2 款对该义务作出了进一步规定。[1] (2) 收集个人信息前应当取得个人信息主体同意的义务。[2] (3) 网络运营者处理个人信息时,需要遵守合法、正当、必要、公开、用户知情同意的原则,以及遵守与当事人的约定。[3] (4) 网络运营者不得使其收集的个人信息遭到泄露、篡改与毁损,并且,未经个人信息主体同意,不得向第三人提供可识别个人信息主体的信息。[4] (5) 网络运营者需要根据个人信息主体的请求,删除违法违约收集的信息、更正错误信息。[5] (6) 不得以窃取的方式以及其他非法方式获取个人信息,也不得以任何方式非法提供个人信息。[6]

此外,《网络安全法》还确定了网络运营者不遵守上述义务时应承担的行政责任。具体包括:(1) 网络运营者不履行保证个人信息免受盗窃的网络安全保障义务时,由有关部门进行警告,拒不改正或者造成个人信息被盗的后果的,需

---

[1] 参见《网络安全法》第 42 条第 2 款:"网络运营者应当采取技术措施和其他必要措施,确保其收集的个人信息安全,防止信息泄露、毁损、丢失。在发生或者可能发生个人信息泄露、毁损、丢失的情况时,应当立即采取补救措施,按照规定及时告知用户并向有关主管部门报告。"

[2] 参见《网络安全法》第 22 条第 3 款:"网络产品、服务具有收集用户信息功能的,其提供者应当向用户明示并取得同意;涉及个人用户信息的,还应当遵守本法和有关法律、行政法规关于个人信息保护的规定。"

[3] 参见《网络安全法》第 41 条:"网络运营者收集、使用个人信息,应当遵循合法、正当、必要的原则,公开收集、使用规则,明示收集、使用信息的目的、方式和范围,并经被收集者同意。网络运营者不得收集与其提供的服务无关的个人信息,不得违反法律、行政法规的规定和双方的约定收集、使用个人信息,并应当依照法律、行政法规的规定和与用户的约定,处理其保存的个人信息。"

[4] 参见《网络安全法》第 42 条第 1 款:"网络运营者不得泄露、篡改、毁损其收集的个人信息;未经被收集者同意,不得向他人提供个人信息。但是,经过处理无法识别特定个人且不能复原的除外。"

[5] 参见《网络安全法》第 43 条:"个人发现网络运营者违反法律、行政法规的规定或者双方的约定收集、使用其个人信息的,有权要求网络运营者删除其个人信息;发现网络运营者收集、存储的其个人信息有错误的,有权要求网络运营者予以更正。网络运营者应当采取措施予以删除或者更正。"

[6] 参见《网络安全法》第 44 条:"任何个人和组织不得窃取或者以其他非法方式获取个人信息,不得非法出售或者非法向他人提供个人信息。"

要承担1万元以上10万元以下的罚款,直接负责的主管人员则需要承担5000元以上5万元以下的罚款。[1] (2) 网络运营者违法违约收集、使用个人信息,或者不履行根据个人信息主体的请求删除、更正有关信息的义务时,可能受到警告、没收违法所得、罚款的行政处罚,其直接负责的主管人员也将受到罚款处罚。情节严重的,还会被处以暂停相关业务、停业整顿、关闭网站、吊销相关业务许可证或者吊销营业执照等处罚。[2]

另外,《网络安全法》还对规制个人信息盗窃的行政监管机关进行了规定,主要有国家网信部门、国务院电信主管部门、公安部门和其他有关机关。同时,《网络安全法》还对国家机关及其工作人员侵犯个人信息、为个人信息盗窃灰色产业链或其他非法用途提供信息的行为进行了专门规定,对直接负责的主管人员和责任人员进行惩处。

(二) 专门针对个人信息安全的法律法规

针对电信和互联网领域的个人信息盗窃以及儿童个人信息安全问题,我国制定了部门规章《电信和互联网用户个人信息保护规定》《儿童个人信息网络保护规定》,补充了个人信息盗窃行政规制的法律规范。

关于信息处理者义务,除与《网络安全法》的规定基本相同外,《电信和互联网用户个人信息保护规定》的特殊规定包括:(1) 电信和互联网服务提供者应当

---

[1] 参见《网络安全法》第59条第1款:"网络运营者不履行本法第二十一条、第二十五条规定的网络安全保护义务的,由有关主管部门责令改正,给予警告;拒不改正或者导致危害网络安全等后果的,处一万元以上十万元以下罚款,对直接负责的主管人员处五千元以上五万元以下罚款。"

[2] 参见《网络安全法》第64条:"网络运营者、网络产品或者服务的提供者违反本法第二十二条第三款、第四十一条至第四十三条规定,侵害个人信息依法得到保护的权利的,由有关主管部门责令改正,可以根据情节单处或者并处警告、没收违法所得,处违法所得一倍以上十倍以下罚款,没有违法所得的,处一百万元以下罚款,对直接负责的主管人员和其他直接责任人员处一万元以上十万元以下罚款;情节严重的,并可以责令暂停相关业务、停业整顿、关闭网站、吊销相关业务许可证或者吊销营业执照。违反本法第四十四条规定,窃取或者以其他非法方式获取、非法出售或者非法向他人提供个人信息,尚不构成犯罪的,由公安机关没收违法所得,并处违法所得一倍以上十倍以下罚款,没有违法所得的,处一百万元以下罚款。"

建立个人信息用户投诉处理机制,并在 15 日内对投诉作出处理。[1] (2) 电信和互联网服务提供者应当在用户终止服务后,停止收集其个人信息的行为。[2] (3) 在委托他人进行代理市场销售和提供技术服务时,负责对受委托方的个人信息保护工作进行监督和管理。[3] 在行政责任方面,与《网络安全法》相比,该规定对电信和互联网服务提供者的处罚明显更轻。[4] 在行政监管机构方面,该规定明确,对电信和互联网用户个人信息保护工作实施监督管理的机构为工信部和各省、自治区、直辖市通信管理局。[5]

《儿童个人信息网络保护规定》是从保护的角度对儿童个人信息盗窃予以规制的部门规章。在网络运营者义务方面,该规定也基本沿用了《网络安全法》的规定,不同之处在于:(1) 要求网络运营者应当专门针对儿童个人信息保护制定规则和用户协议,并指定专人负责有关事宜。[6] (2) 对网络运营者征求儿童及其监护人同意的事项范围进行了明确规定,并规定征求同意的条款必须显

---

[1] 参见《电信和互联网用户个人信息保护规定》第 12 条:"电信业务经营者、互联网信息服务提供者应当建立用户投诉处理机制,公布有效的联系方式,接受与用户个人信息保护有关的投诉,并自接到投诉之日起十五日内答复投诉人。"

[2] 参见《电信和互联网用户个人信息保护规定》第 9 条第 4 款:"电信业务经营者、互联网信息服务提供者在用户终止使用电信服务或者互联网信息服务后,应当停止对用户个人信息的收集和使用,并为用户提供注销号码或者账号的服务。"

[3] 参见《电信和互联网用户个人信息保护规定》第 11 条:"电信业务经营者、互联网信息服务提供者委托他人代理市场销售和技术服务等直接面向用户的服务性工作,涉及收集、使用用户个人信息的,应当对代理人的用户个人信息保护工作进行监督和管理,不得委托不符合本规定有关用户个人信息保护要求的代理人代办相关服务。"

[4] 参见《电信和互联网用户个人信息保护规定》第 23 条:"电信业务经营者、互联网信息服务提供者违反本规定第九条至第十一条、第十三条至第十六条、第十七条第二款规定的,由电信管理机构依据职权责令限期改正,予以警告,可以并处一万元以上三万元以下的罚款,向社会公告;构成犯罪的,依法追究刑事责任。"

[5] 参见《电信和互联网用户个人信息保护规定》第 3 条:"工信部和各省、自治区、直辖市通信管理局(以下统称"电信管理机构")依法对电信和互联网用户个人信息保护工作实施监督管理。"

[6] 参见《儿童个人信息网络保护规定》第 8 条:"网络运营者应当设置专门的儿童个人信息保护规则和用户协议,并指定专人负责儿童个人信息保护。"

著、清晰。[1] (3) 规定网络运营者应当严格控制儿童个人信息知悉范围。[2] (4) 规定网络运营者应当对受其委托处理儿童个人信息者进行安全评估，且规定了授权协议中必须包括的事项。[3] (5) 规定儿童监护人保护儿童个人信息应当履行教育和引导儿童保护其个人信息安全的义务。[4] 在行政责任方面，该规定适用《网络安全法》和《互联网信息服务管理办法》中的法律责任。[5]

(三) 其他法律法规中关于个人信息盗窃行政规制的内容

除了上述专门针对个人信息保护的法律法规之外，我国其他领域的法律法规中也有涉及个人信息保护的条款。其中，《电子商务法》《征信业管理条例》《网络预约出租车经营服务管理暂行办法》等都比较系统地规定了经营者保护

---

[1] 参见《儿童个人信息网络保护规定》第9条："网络运营者收集、使用、转移、披露儿童个人信息的，应当以显著、清晰的方式告知儿童监护人，并应当征得儿童监护人的同意。"

《儿童个人信息网络保护规定》第10条："网络运营者征得同意时，应当同时提供拒绝选项，并明确告知以下事项：(一) 收集、存储、使用、转移、披露儿童个人信息的目的、方式和范围；(二) 儿童个人信息存储的地点、期限和到期后的处理方式；(三) 儿童个人信息的安全保障措施；(四) 拒绝的后果；(五) 投诉、举报的渠道和方式；(六) 更正、删除儿童个人信息的途径和方法；(七) 其他应当告知的事项。前款规定的告知事项发生实质性变化的，应当再次征得儿童监护人的同意。"

[2] 参见《儿童个人信息网络保护规定》第15条："网络运营者对其工作人员应当以最小授权为原则，严格设定信息访问权限，控制儿童个人信息知悉范围。工作人员访问儿童个人信息的，应当经过儿童个人信息保护负责人或者其授权的管理人员审批，记录访问情况，并采取技术措施，避免违法复制、下载儿童个人信息。"

[3] 参见《儿童个人信息网络保护规定》第16条："网络运营者委托第三方处理儿童个人信息的，应当对受委托方及委托行为等进行安全评估，签署委托协议，明确双方责任、处理事项、处理期限、处理性质和目的等，委托行为不得超出授权范围。前款规定的受委托方，应当履行以下义务：(一) 按照法律、行政法规的规定和网络运营者的要求处理儿童个人信息；(二) 协助网络运营者回应儿童监护人提出的申请；(三) 采取措施保障信息安全，并在发生儿童个人信息泄露安全事件时，及时向网络运营者反馈；(四) 委托关系解除时及时删除儿童个人信息；(五) 不得转委托；(六) 其他依法应当履行的儿童个人信息保护义务。"

[4] 参见《儿童个人信息网络保护规定》第5条："儿童监护人应当正确履行监护职责，教育引导儿童增强个人信息保护意识和能力，保护儿童个人信息安全。"

[5] 参见《儿童个人信息网络保护规定》第26条："违反本规定的，由网信部门和其他有关部门依据职责，根据《中华人民共和国网络安全法》《互联网信息服务管理办法》等相关法律法规规定处理；构成犯罪的，依法追究刑事责任。"

个人信息与防范个人信息盗窃的义务、违反义务时承担的行政责任、行政监管机构的内容。但是,这些法律法规对于个人信息盗窃法律责任的规定都不够全面。例如,《居民身份证法》《情报法》《公共图书馆法》等只规定了国家机关及其工作人员保护个人信息的义务,以及对违反义务的机构和人员进行行政处分;《旅游法》《地图管理条例》等虽然规定了经营者保护个人信息的义务,但是缺乏相应的行政责任规定。

在《网络安全法》出台后,部分地方废止了其规制个人信息盗窃的专门性地方性法规和政府规章。例如,厦门市曾于2013年起正式实施《厦门市软件和信息服务业个人信息保护管理办法》,但在《网络安全法》出台后,于2018年废止了前述办法,适用《网络安全法》对个人信息保护与个人信息盗窃问题进行规制。同时,在部分地方性法律文件中,仍然存在对个人信息保护的规定,此类规定对打击特殊领域中个人信息盗窃行为也具有一定积极作用。例如,《青岛市网络预约出租汽车经营服务管理暂行办法》对网约车平台采集、使用驾驶员和乘客个人信息应当遵守的原则进行了规定,并制定了相应的罚款以规制网约车平台违法使用和泄露个人信息的行为,对个人信息盗窃具有一定威慑作用。

总体而言,我国个人信息盗窃行政法律规制的体系已经基本形成,法律规范内容涉及个人信息处理者的义务、法律责任、监管机构等,与民事法律规范也有一定衔接。

### 五、刑事法律规制分析

个人信息盗窃数量的增多,既严重侵害了公民个人信息权利,又破坏了社会秩序,更容易引发其他类别的违法犯罪。因此,民事规制与行政规制仍不足以满足对个人信息盗窃治理的要求,只有将个人信息盗窃纳入刑法打击的犯罪行为,才能震慑日益猖獗的个人信息盗窃。在《刑法修正案(七)》出台之前,司法实践中是通过保护信息的载体(计算机系统及其中的数据)达到维护公民权益的目的,或者通过治理本罪的下游犯罪(盗窃罪、诈骗罪)来实现保护个人信息安全的功能。而《刑法修正案(七)》也仅对特定主体实施个人信息盗窃行为进行了法律规制。直到《刑法修正案(九)》出台,我国才形成较为完善和全面的个人信息盗窃刑法规制的法律规范体系。

（一）《刑法修正案（九）》出台前的个人信息盗窃法律规制

在"侵犯公民个人信息罪"被正式纳入刑法规范前，网络个人信息盗窃案件已经很多，但由于受罪刑法定原则的约束，实践中对于这类现象要么无法立案追究，要么只能在现有的刑法规定中找类似的法条依据。例如，2009年，浙江云和县检察院第一次以涉嫌非法获取计算机信息系统数据罪对黑客陶某提起公诉。又如，由于当时刑法对网络窃取个人信息缺乏直接规定，遇到网游盗号等案件，要么认为虚拟游戏道具不具备法律意义上"财物"的性质而无法认定，要么按财物被盗直接处以盗窃罪。此外，还有少数法院将此类行为认定为破坏计算机信息系统罪。但很明显的是，无论认定为上述哪种罪名，都无法准确概括网游盗号行为，这就迫切需要新的法律规定出台。[1]

2009年2月，全国人大常委会通过的《刑法修正案（七）》增设了出售、非法提供公民个人信息罪和非法获取公民个人信息罪，对公民个人信息予以全面保护的刑罚手段自此开启。[2] 然而，《刑法修正案（七）》规定的非法获取公民个人信息罪和非法提供公民个人信息罪在实践中面临着下列问题：第一，犯罪主体范围过小。根据《刑法修正案（七）》的规定，仅"国家机关或者金融、电信、交

---

[1] 参见方列：《浙江一"黑客"盗取游戏账号牟利被判刑》，搜狐网，2009年11月7日，http://news.sohu.com/20091107/n268034599.shtml，2020年7月14日访问。陶某从网民"铁血"处购得一套针对"通吃"游戏的木马程序并在互联网上进行传播，先后获取数百个玩家的用户账号、密码等个人信息，伺机进行操控并转卖。同时，陶某还利用对方玩家下线的机会，冒用玩家的用户名及密码登录其游戏系统，将其名下账号内的约60亿"扎啤"（游戏道具）以故意输掉的方式变卖给买家方某，从中牟利18.98万元，造成多名网友重大经济损失。经鉴定，陶某因此获得的经济利益高达50多万元。

[2] 具体而言，《刑法修正案（七）》第7条增加的《刑法》第253条之一对侵犯公民个人信息犯罪作出了规定："国家机关或者金融、电信、交通、教育、医疗等单位的工作人员，违反国家规定，将本单位在履行职责或者提供服务过程中获得的公民个人信息，出售或者非法提供给他人，情节严重的，处三年以下有期徒刑或者拘役，并处或者单处罚金。窃取或者以其他方法非法获取上述信息，情节严重的，依照前款的规定处罚。单位犯该罪的，对单位判处罚金，并对其直接负责的主管人员和其他直接责任人员，依照各该款的规定处罚。"根据"两高"于2009年10月14日颁布的《关于执行〈中华人民共和国刑法〉确定罪名的补充规定（四）》的规定，上述第1款规定之犯罪的罪名为"出售、非法提供公民个人信息罪"，第2款规定之犯罪的罪名为"非法获取公民个人信息罪"。

通、教育、医疗等单位的工作人员"非法获取和提供个人信息才构成犯罪。但在实践中,公民个人信息遭到窃取、非法泄露的情况并不仅仅局限于上述领域中,如在快递物流、酒店住宿、网络社交平台领域中,个人信息被非法获取和泄露的报道早已屡见不鲜。仅将本罪犯罪主体限缩在有限的领域内,显然与该修正案的立法初衷不符。[1] 第二,规制的犯罪行为范围过窄。根据该修正案的规定,只有行为主体"将本单位在履行职责或者提供服务过程中获得的公民个人信息"非法提供给他人时,才构成犯罪。也就是说,行为主体将在履职和提供服务之外获得的个人信息非法提供给他人,不构成本罪。[2] 该规定显然欠缺合理性。例如,某银行职员可能不具有接触某些个人信息的权限,但其通过其他非法方式获得相关权限后再获取相关个人信息的,由于不属于履职过程中非法获取的个人信息,无法按《刑法》相关条款对其进行惩罚。第三,犯罪对象的范围过窄。根据该修正案,《刑法》第253条之一第2款规定"窃取或者以其他方法非法获取上述信息,情节严重的,依照前款的规定处罚",其中的"上述信息",即指第1款所列行业领域内的单位履职或提供服务所取得的信息,而对于现实生活中常见的不法分子通过滥用信息网络技术或其他途径获得的其他领域的个人信息,则无法提供保护。[3]

(二)《刑法修正案(九)》出台后的个人信息盗窃法律规制

基于《刑法修正案(七)》中关于个人信息盗窃规定中存在的问题,针对网络违法犯罪行为的新情况,2014年11月,全国人大启动《中华人民共和国刑法修正案(九)(草案)》公开征求意见工作。之后,根据全国人大常委会组成人员和各方面的意见,对草案作了修改,形成了《中华人民共和国刑法修正案(九)(草案二次审议稿)》。2015年8月29日,十二届全国人大常委会第十六次会议表

---

〔1〕参见刘宪权:《聚焦个人信息保护之纳入刑法凸显"国家刑法"向"公民刑法"的转变趋势》,德衡商法网,2009年3月17日,http://www.deheng.com.cn/asp/newssql/html/200931710064435.htm,2020年7月11日访问。

〔2〕参见赵桂民、韩玉胜:《出售、非法提供公民个人信息罪犯罪主体的立法完善》,载《人民检察》2014年第15期。

〔3〕参见赵秉志:《公民个人信息刑法保护问题研究》,载《华东政法大学学报》2014年第1期。

决通过《刑法修正案（九）》。

相比于《刑法修正案（七）》，《刑法修正案（九）》对惩治个人信息盗窃行为的改进之处在于：一是扩大犯罪主体范围，将原来的特殊主体修改为一般主体，不再只是限于国家机关或者金融、电信、交通、教育、医疗等单位工作人员，任何达到刑事责任年龄的人都可构成该罪。二是在客观方面，个人信息的来源不再只是限定于犯罪主体在本单位履行职责或者提供服务过程中获得的，只要是违反国家规定向他人出售或提供公民个人信息的，不论如何获取，都构成本罪。同时，个人信息是通过履行职责或提供服务过程中获取的，则成为从重处罚的条件。三是增设量刑格，即增加"三年以上七年以下有期徒刑，并处罚金"的量刑档适用于情节特别严重的情形。

虽然《刑法修正案（九）》在《刑法修正案（七）》的基础上对于个人信息盗窃行为的规制清晰了很多，但并没有就"个人信息"所涵盖的具体范围作出明确规定。此后，全国人大法工委对"公民个人信息"的定义作出解释，认为"侵犯公民个人信息罪"中的"公民个人信息"是指"公民的姓名、住址、身份证号、电话号码、银行账号、银行卡号和财产状况等能够识别公民个人身份情况的信息"。[1] 另外，《网络安全法》第76条第5项明确规定："个人信息，是指以电子或者其他方式记录的能够单独或者与其他信息结合识别自然人个人身份的各种信息，包括但不限于自然人的姓名、出生日期、身份证件号码、个人生物识别信息、住址、电话号码等。"明确了个人信息必须具有识别性，[2] 即能够通过个人信息实现对某个具体对象的特定化。而该特征也获得了2017年5月"两高"《关于办理侵犯公民个人信息刑事案件适用法律若干问题的解释》的印证，该解释第1条明确规定："刑法第二百五十三条之一规定的'公民个人信息'，是指以电子或者其他方式记录的能够单独或者与其他信息结合识别特定自然人身份或者反映特定自然人活动情况的各种信息，包括姓名、身份证件号码、联系方式、住址、账

---

〔1〕 参见郎胜主编：《中华人民共和国刑法释义（第六版·根据刑法修正案九最新修订）》，法律出版社2015年版，第423页。

〔2〕 学界对于"个人信息"一直存在争议：广义说认为一切与个人相关的信息均为"个人信息"；狭义说有"宪法人权说""一般人格权说""个人隐私说"等。2017年6月1日开始施行的《网络安全法》采纳的是"识别说"，关于"个人信息"的争议就此尘埃落定。

号密码、财产状况、行踪轨迹等。"至此,个人信息盗窃行为刑法规制的法律规范体系初步形成。

### 六、经济法律规制分析

经济法律规制主要体现在我国《消费者权益保护法》的修改上。2013 年,十二届全国人大常委会第五次会议审议通过新修订的《消费者权益保护法》,新法针对个人信息保护作了专门修改和条文的补充,于 2014 年 3 月 15 日起正式实施。根据该法新增第 29 条第 1 款的规定,经营者在对消费者的个人信息进行收集和使用时,必须遵循合法、正当、必要的原则实施有关行为。同时,需要将收集和使用消费者个人信息的目的、方式与范围进行明示,在取得消费者同意后方可实施。此外,经营者应当首先根据法律法规以及与消费者的约定制定相应的收集和使用个人信息的规则,并将其公开,且在收集和使用个人信息的过程中,不得违反法律法规及与消费者的约定。一旦超出约定范围就意味着违反了法律规定,消费者可以据此主张赔偿。换言之,大数据运用应有边界,一旦未经许可发生消费者信息泄露、丢失的情况,经营者需要立即采取补救措施,否则不仅要面临上文中提到的行政责任,还应对消费者承担相应赔偿责任。同时,该法还规制消费者因接受过商家一次服务就会接到没完没了的电话骚扰、短信轰炸等现象。例如,杭州市工商局查处了浙江省首例违反《消费者权益保护法》第 29 条规定的案件,对侵犯公民个人信息的家装公司开出了 1.5 万元的罚单。[1] 又如,在庞某某与北京趣拿信息技术有限公司等隐私权纠纷案中,原告购买机票的个人信息被诈骗分子非法获取,后收到诈骗短信,随后原告提起诉讼,法院依据《消费者权益保护法》第 29 条判决被告赔礼道歉。[2]

2016 年 8 月 15 日,国家工商行政管理总局公布了《消费者权益保护法实施条例(征求意见稿)》。2016 年 11 月 16 日,国务院法制办公室公布《中华人民共和国消费者权益保护法实施条例(送审稿)》,并发布广泛征求社会各界意见的

---

[1] 参见余瀛波:《浙江工商发布查处侵害消费者权益十大典型案例》,新浪网,2015 年 3 月 9 日,https://news.sina.com.cn/o/2015-03-09/144731586086.shtml,2020 年 7 月 16 日访问。

[2] 参见北京市第一中级人民法院(2017)京 01 民终 509 号民事判决书。

通知,意见征询时间截至 2016 年 12 月 16 日。目前,该送审稿尚处于报请全国人大常委会审批备案阶段。该条例对《消费者权益保护法》中有关个人信息保护的内容进行了细化,具体包括:经营者应当建立并完善消费者个人信息的保密管理制度,在消费者明确同意后,方可向他人提供消费者个人信息;未经消费者明确同意或请求,经营者不得向消费者的固定电话、移动电话等通信设备、电脑等电子终端或电子邮箱、网络硬盘等电子信息空间发送商业性电子信息或者拨打商业性推销电话;消费者的个人信息包括姓名、性别、职业、出生日期、身份证件号码、住址、联系方式、收入和财产状况、健康状况、消费情况、生物识别特征等能够单独或者与其他信息结合识别消费者的信息。经营者须明示收集、使用信息的目的、方式和范围并征得消费者同意,不得收集与经营业务无关的信息或采取不正当方式收集信息;消费者明确要求经营者删除、修改其个人信息的,除法律法规另有规定外,经营者应当按照消费者的要求予以删除、修改。在发生或者可能发生信息泄露、丢失的情况时,经营者应当采取补救措施,及时通知消费者。经营者已履行明示义务并征得消费者同意的证明资料应留存至少三年。同时,部分地区根据《消费者权益保护法》的规定以及当地实际情况制定了地方性的实施条例或管理办法,就个人信息保护相关内容作出规定。比如,2017 年 3 月 30 日,江苏省人大常委会通过《江苏省消费者权益保护条例》。该条例规定了"个人信息"的概念,以列举式的方法列明了常见的个人信息类型;规定了经营者收集、使用用户个人信息的原则(第 16 条)、经营者的法定义务(第 17、18 条)与法律责任(第 62 条)。又如,2017 年 5 月 1 日起施行的《浙江省实施〈中华人民共和国消费者权益保护法〉办法》明确,禁止商家不经消费者同意拨打推销电话、发送商业短信和邮件的行为。

通过对上述法律法规的分析不难发现,我国正在加强个人信息安全保护方面的立法工作。对于打击个人信息盗窃,从宪法源头的梳理、阐释到普通法律的制定、修改,再到地方性行政法律法规的出台,"个人信息"出现的频率越来越高,涉及的内容也越来越详细,可操作性也越来越强。其中,《网络安全法》作为我国第一部全面规范网络空间安全管理方向的基础性法律,明确规定任何个人和组织不得窃取或者以其他非法方式获取个人信息,不得非法出售或者非法向他人提供个人信息。《网络安全法》是我国网络空间法制建设的重要里程碑,也再次从维护国家网络空间安全发展的角度明确了加强对个人信息保护的意义,对打击个人信息盗窃具有重要作用。

### 七、信息安全国家标准分析

一部法律从制定到实施需要经历漫长的过程,且灵活性较低,相对于信息技术发展带来的新问题往往具有明显的滞后性,在司法实践中有时会面临适用困难的情况。因此,国家标准成为我国个人信息盗窃规制的立法与实践之间的"润滑剂"。[1] 根据《中华人民共和国标准化法》第 2 条第 2 款,按照属性不同,国家标准分为强制性标准、推荐性标准,而行业标准、地方标准为推荐性标准。[2] 其中,强制性标准即法律赋予某标准以强制实施的效力,要求相关主体必须执行,违反强制性标准将会受到相应的处罚;对于推荐性标准,国家鼓励行业、产业、企业等予以采用,但该标准不具有强制效力。强制性国家标准代号为"GB",强制性地方标准代号为"DB",推荐性国家标准代号为"GB/T",推荐性地方标准代号为"DB/T"。

国家标准虽然并非我国正式的法律渊源,但它并不是游离于法律之外的。(1) 通过法律的明文规定或当事人的约定,[3] 强制性标准可直接适用于民事关系,当事人可以直接援引强制性标准支持其主张,法院亦可直接援引强制性标准进行案件的审判。比如,在徐某某、杭州庆春乐购购物有限公司买卖合同纠

---

[1] 参见赵冉冉:《浅议以〈个人信息安全规范〉为主干梳理企业的个人信息保护合规规则体系》,全国信息安全标准化技术委员会官网,2018 年 2 月 1 日,https://www.tc260.org.cn/front/postDetail.html?id=20180201201332,2020 年 7 月 13 日访问。

[2] 根据《中华人民共和国标准化法》第 10 条第 1 款的规定,强制性国家标准的对象是"保障人身健康和生命财产安全、国家安全、生态环境安全以及满足经济社会管理基本需要的技术要求";第 11 条第 1 款规定,推荐性国家标准的对象是"满足基础通用、与强制性国家标准配套、对各有关行业起引领作用等需要的技术要求";第 12 条第 1 款规定,行业标准的对象是"没有推荐性国家标准、需要在全国某个行业范围内统一的技术要求";第 13 条第 1 款规定,地方标准的对象是"满足地方自然条件、风俗习惯等特殊技术要求"。

[3] 法律规定的强制性标准适用如《食品安全法》第 25 条规定:"食品安全标准是强制执行的标准。除食品安全标准外,不得制定其他食品强制性标准。"当产品或服务存在强制性标准时,即便合同文本只是笼统约定应当符合有关标准,也可以依据合同标的信息确定具体适用的强制性标准。参见柳经纬:《合同中的标准问题》,载《法商研究》2018 年第 1 期。

纷案[1]中,法院以经营者出售食品的外包装违反国家强制性标准为由判处其构成侵权并承担相应的侵权责任。(2)通过当事人约定(以合同之意思表示为基础)、法律明文规定以及法律援引,推荐性标准亦可对法律调整民事法律关系、规范民事法律行为产生重要影响。[2] 我国个人信息相关的技术标准目前均属于国家推荐性标准,在实践中可通过当事人约定、法律明文规定或法律援引等方式,对侵害个人信息案件的审理判决提供参考与指引。

(一) 信息网络安全国家标准的发展历程

信息安全国家标准的发展起源于网络安全国家标准。我国网络安全制度建设始于20世纪80年代末90年代初,由缪道期牵头的中国计算机学会计算机安全专业委员会于1986年正式开始运行,国家信息中心信息安全处于1987年成立。初期,国家标准中的计算机安全主要是指物理实体安全。20世纪90年代后,随着计算机网络应用在我国逐渐推广,计算机安全的重心也渐渐转移至网络安全,并随着信息盗窃案件的增多不断向信息系统安全倾斜。《信息安全技术—信息系统安全等级保护基本要求》(GB/T 22239—2008)、《信息安全技术—信息系统安全等级保护安全设计技术要求》(GB/T 25070—2010)、《信息安全技术—信息系统安全等级保护测评要求》(GB/T 28448—2012)先后出台,并被广泛用于各领域的信息安全建设、整改和等级测评等工作。

随着新技术、云计算、移动互联和物联网的出现和应用,服务多年的上述三项标准在时效性、易用性、可操作性上都出现漏洞,急需修订完善。2017年《网络安全法》的出台明确了"国家实行网络安全等级保护制度""关键信息基础设施,在网络安全等级保护制度的基础上,实行重点保护"等内容。同时,个人信息安全问题受到国家高度重视,2017年版《个人信息安全规范》也于2018年5

---

[1] 参见浙江省杭州市中级人民法院(2017)浙01民终6810号民事判决书。本案中,徐某某在乐购公司购买"多力"牌橄榄葵花食用调和油,适用的行业标准为SB/T10292,配料表显示"配料:葵花籽油、特级初榨橄榄油",但未标识配料含量。法院依据《食品安全国家标准预包装食品标签通则》(GB7718—2011)第4.1.4.1条之规定,认为案涉食用油的外包装没有对成分的添加量或含量进行明确标识,违反了国家强制性标准,侵犯了消费者的知情权,遂作出退货还款的判决。

[2] 参见柳经纬:《标准的类型划分及其私法效力》,载《现代法学》2020年第2期。

月1日起正式实施。为了响应个人信息盗窃案件中出现的新情况、新问题,该规范仅实施一年左右,有关部门就组织并完成了修订工作,并于2020年10月1日正式实施修订后的版本。

(二)《个人信息安全规范》分析

《个人信息安全规范》对各类组织收集、存储、使用、共享、转让、公开披露、删除个人信息等行为的安全要求和基本原则作出规定,旨在遏制个人信息非法收集、滥用、泄露等乱象。在个人信息收集方面,《个人信息安全规范》规定了合法性要求、最小必要原则与选择同意原则及其例外;要求在产品或服务提供多项业务时,信息控制者需要尊重个人信息主体的意愿,为其提供选择服务项目的功能。在个人信息存储方面,《个人信息安全规范》规定了存储时间最小化、去标识化处理,还规定了敏感个人信息存储和传输中的特别技术处理规定,以及个人信息控制者在停止运营后对个人信息进行处理的要求。在个人信息的使用方面,《个人信息安全规范》规定个人信息控制者需要设置个人信息的访问控制措施、展示限制措施,并对个人信息使用目的、用户画像的使用、信息系统自动决策机制的使用进行限制。在个人信息的委托处理、共享、转让、公开披露方面,《个人信息安全规范》规定个人信息控制者应事先履行告知、调查、安全保障等义务。

除了规定个人信息流转的安全要求外,《个人信息安全规范》还规定个人信息控制者应当为个人信息主体查询、更正、删除、撤回授权同意、注销账户、获取个人信息副本、投诉等权利的正常行使提供路径和方法。此外,《个人信息安全规范》还提出了个人信息安全事件的处置以及个人信息控制者安全管理制度建设规范标准。

2021年6月10日,十三届全国人大常委会第二十九次会议通过《数据安全法》,该法为规范数据处理活动,保障数据安全,促进数据开发利用,保护个人、组织的合法权益,维护国家主权、安全和发展利益而制定,进一步明确了数据保护在国家层面的重要意义,也完善了境内外数据活动损害国家安全、公共利益或者公民、组织合法权益的法律责任,从而从源头上扼制个人信息盗窃等行为。

### 八、《个人信息保护法》的出台

虽然个人信息保护立法不断从各层面得到加强，但鉴于个人信息泄露的现实境况与压力，关于个人信息保护的专门单行法始终是学界呼唤的热点。2021年8月20日，十三届全国人大常委会第三十次会议正式表决通过《个人信息保护法》，该法于2021年11月1日起施行。这部"千呼万唤始出来"的标志着个人信息保护里程碑的法律，包括总则、个人信息处理规则、个人信息跨境提供的规则、个人在个人信息处理活动中的权利、个人信息处理者的义务、履行个人信息保护职责的部门、法律责任和附则八个部分。该法基本采纳了周汉华负责的个人数据保护法研究课题的精华成果，同时也回应了近年学界关于个人信息保护的一些热点问题。

作为首部专门规定个人信息保护的专门性法律，学界和民众对其寄予厚望，期望其成为个人信息保护领域的"基本法"，对于个人信息盗窃能起到"一击毙命"的作用。可以说，面对个人信息盗窃层出不穷的境况，我们的法律依据相比十年前已经有了质的飞越，但对于个人信息盗窃法律规制体系在结构上如何衔接、内容体系上如何进一步完善，仍是需要我们继续研究的重要问题。

## 第二节  当前我国个人信息盗窃法律规制主要问题剖析

《数据安全法》和《个人信息保护法》的相继出台将个人信息保护推上了一个新台阶。从上面的立法梳理中，个人信息保护的法律体系构建历程之坎坷和内容之庞杂可见一斑。因为，在网络全面深入我们生活方方面面的同时，个人信息也呈现出极为广阔的应用领域，个人信息盗窃只是个人信息违法利用的一个层面。而技术的发展是无法阻挡的，如何在不影响技术应用的同时利用浩瀚的法律"大网"来保护好个人信息，既是技术深入发展的保障，也是信息保护本身的要求。这其中既包括个人信息盗窃法律规制体系的整体沟通与融合的问题，又有法律规制配套机制的问题。

## 一、个人信息盗窃规制法律体系突出问题梳理

### (一) 法律法规整体系统性有待加强

个人信息盗窃规制法律体系的系统性,不仅包括与个人信息有关的专门法律或条文之间的系统性,还包括个人信息立法与其他有关领域立法的协调性。针对个人信息盗窃行为的法律治理与打击,需要一整套逻辑严密、衔接顺畅的法律制度,需要专门法与部门法之间关键性概念、规定的相互协调衔接,具有统一性。从上文的梳理分析来看,虽然我国从宪法到民法、行政法、刑法和经济法,对于个人信息都有了相应的规定或者修改,但由于立法或修法往往是基于某个特定历史时期的需要而进行的,因此难以避免存在立法过于分散的状况;整个个人信息立法分散于不同法律法规,而且由于制定时间跨度大,立法标准往往不尽相同,彼此难以相互呼应,也就无法形成一张打击个人信息违法犯罪的"严密法网",而是在各自领域内"头痛医头脚痛医脚",因此无法达到对个人信息从采集到销毁的全方位规范。

1. 部门法中个人信息盗窃规制对象衔接不足

我国相关部门法规制的侵害个人信息行为类型存在差异,这可能导致在个人信息盗窃案件法律适用上存在衔接不足的问题。

我国宪法对于个人信息权的权源基础缺乏明确规定,虽然按照某些国家的做法,个人信息权可以作为人格权或基本人权等受到宪法的直接保护,但由于我国并没有专门设置宪法诉讼,受害者实际上难以通过主张宪法权利保护其个人信息。

就民事领域相关立法而言,根据我国《民法典》规定,"个人信息是以电子或者其他方式记录的能够单独或者与其他信息结合识别特定自然人的各种信息,包括自然人的姓名、出生日期、身份证件号码、生物识别信息、住址、电话号码、电子邮箱、健康信息、行踪信息等"。与之相比,《个人信息保护法》对"个人信息"的列举并不明确,这是否意味着可以直接适用《民法典》的确定方式?同时,《个人信息保护法》还有诸多需要明确的事项,包括匿名化是不是判断个人信息的唯一标准,去标识化的信息或聚合的信息到底是不是个人信息,个人信息是否包含一些易产生争议的数据类型,诸如消费历史记录或消费趋势,浏览记录、

搜索记录以及网站及应用程序等网络活动信息,视觉、热量、嗅觉等,以及对这些信息彼此是否应该分级提供保护等问题都未能提及。

另外,民法规制的是他人对信息主体个人信息的非法处理、买卖、泄露、篡改等行为。[1] 其中,2014年8月21日,最高人民法院发布《关于审理利用信息网络侵害人身权益民事纠纷案件适用法律若干问题的规定》,对网络用户或者网络服务提供者侵害他人个人信息的行为作出了规定。2017年3月15日,全国人大通过《民法总则》,规定任何组织和个人不得非法收集、使用、加工、传输、买卖、提供、公开公民个人信息(第111条),增加了民事领域规制的侵害个人信息行为的类型。2020年5月28日,全国人大通过《民法典》,将个人信息的"收集、存储、使用、加工、传输、提供、公开"统归为"处理"行为(第1035条),并明文禁止上述侵害公民个人信息的行为。此外,该法典还在《民法总则》相关条款的基础上就信息处理者的泄露、篡改、非法提供(经过加工无法识别特定个人且不能复原的除外,第1038条),以及国家机关、承担行政职能的法定机构及其工作人员的泄露、非法提供等行为作出了规定(第1039条),民事领域规制的侵害个人信息的行为类型范围进一步被拓宽。

就行政领域相关立法而言,根据《网络安全法》《征信业管理条例》等法律法规中与个人信息有关的规定,行政法规制的是政府机构与非政府机构违反法定义务给信息主体信息安全造成威胁或现实侵害的行为,这些行为主要包括非法收集、存储、使用、传播、泄露、篡改、毁损、出售、提供、窃取或以其他方法非法获取公民个人信息等。2013年1月21日,国务院发布《征信业管理条例》,对信息使用者的违约使用、未经信息主体同意的非法提供(第20条),以及征信机构工作人员履职期间所获信息的泄露(第22条)等行为进行了规制。2013年7月16日,工信部发布《电信和互联网用户个人信息保护规定》,就电信业务经营者、互联网信息服务提供者及其工作人员提供服务过程中的信息收集、使用行为,电信管理机构及其工作人员履职期间的泄露、篡改、毁损、出售、提供等行为进行了规制(第10条、第18条)。2016年11月7日,全国人大常委会发布《网络

---

[1] 参见林鸿潮:《个人信息在社会风险治理中的利用及其限制》,载《政治与法律》2018年第4期。

安全法》，对窃取或以其他方法非法获取他人个人信息等行为加以规制（第44条），将收集、使用、泄露、篡改、毁损、未经同意不得向他人提供（对经处理无法识别特定主体身份且不能复原的信息实施这四种行为的除外）行为的主体范围延伸至网络运营者（第41、42条），并将出售、提供他人个人信息的主体范围延伸至所有组织和个人（第44条）。此外，2019年8月22日，国家网信办发布《儿童个人信息网络保护规定》，该规定对利用网络收集、存储、使用、转移、披露儿童个人信息等行为进行了规制。

就刑事领域相关立法而言，根据《刑法》及其司法解释的相关规定，刑法打击的是非法出售、提供、窃取或以其他方法非法获取他人个人信息的犯罪行为。[1] 具体来说，《刑法》第253条之一第1款规定了侵犯个人信息罪的行为，即非法出售、提供、窃取或以其他方式非法获取。根据"两高"《关于办理侵犯公民个人信息刑事案件适用法律若干问题的解释》，"提供公民个人信息"包括直接向特定人提供、利用信息网络或其他途径发布、将未经同意但合法收集的信息提供给他人（经处理无法识别特定人且不能复原的除外）（第3条），"以其他方法非法获取公民个人信息"包括通过购买、收受、交换或在履职、提供服务过程中收集公民个人信息（第4条）。

综上可知，民法、行政法、刑法均对个人信息的非法收集、提供、交易行为进行了规制。（1）非法收集个人信息。民事、刑事相关立法规制所有主体的非法收集个人信息行为，但行政相关立法中多为对网络运营者、征信机构等非政府机构所实施的信息非法收集行为进行规制，而针对政府机构所实施的信息非法收集行为的相关规定较少。（2）非法交易个人信息。民事相关立法中体现为"非法买卖"，行政相关立法中体现为"非法出售"，刑法相关立法中体现为"非法出售""非法购买"。（3）非法使用、传输、泄露、篡改个人信息等，民法、行政法均进行了规制。其中，对于个人信息非法传输，民事相关立法中使用"非法传输"，而行政相关立法中使用"传播"；行政法、刑法均对"窃取或以其他方法非法获取"个人信息行为进行了规制。

与此同时，民法、行政法、刑法在规制对象上存在衔接不足的问题。例如，

---

[1] 参见李怀胜：《公民个人信息保护的刑法扩展路径及策略转变》，载《江淮论坛》2020年第3期。

在大数据时代背景下,侵害个人信息的行为方式除了非法收集、出售、交易等,更多的是个人信息的非法使用,包括信息控制者、处理者为企业经营等目的对公民个人信息的非法使用行为,以及不法分子通过盗窃等方式非法获取他人个人信息后,为非法攫取财产或对信息主体打击报复而进一步实施的违法犯罪行为。个人信息的非法使用对公民个人信息安全造成了严重威胁,然而对此仅有民事、行政法律进行规制,缺少刑事法律的规制。具体而言,在民法规制层面,《民法典》规定任何组织和个人不得非法使用他人个人信息,但并未明确具体细节。在行政相关立法规制层面,《网络安全法》第 41 条第 2 款规定网络运营者"不得违反法律、行政法规的规定和双方的约定、收集使用个人信息",第 64 条第 1 款就违反第 41 条等的法定义务设定了行政责任;《征信业管理条例》第 20 条规定,信息使用者不得违约使用他人个人信息;《儿童个人信息网络保护规定》第 14 条规定网络运营者不得违法、违规或违约使用儿童个人信息,但上述立法并未对相应的法律责任作出明确规定。此外,刑法并未将非法使用个人信息纳入规制范畴。综上所述,民法对非法使用个人信息行为的法律约束力不够;行政法虽对个人信息非法使用行为予以规制,并针对网络运营者非法使用他人个人信息的违法行为设置了较为明确的法律责任,但针对其他主体非法使用个人信息,以及多个参与主体非法使用他人个人信息致使信息主体遭受重大损害且严重危害社会行为的规制,处罚力度与威慑力度相比于刑法显得明显不足;而刑法却未将非法使用行为纳入侵犯个人信息罪的范围内,难以与民法、行政法衔接,难以对大数据时代背景下损害后果大、社会危害程度严重的非法使用个人信息行为予以规制。

2. 基本概念与价值目标的一致性不足

个人信息保护与个人信息盗窃行为规制涉及的立法面较广,且相关问题较为复杂,特别是个人信息相关立法的法律适用方面,各方尚未达成共识,还有众多问题亟待解决。

第一,个人信息基本概念的统一问题。我国众多法律法规对"个人信息"的概念进行了界定,《关于加强网络信息保护的决定》《电信和互联网用户个人信息保护规定》《网络安全法》《民法典》以及"两高"《关于办理侵犯公民个人信息刑事案件适用法律若干问题的解释》等均作出了规定。从相关法律法规的立法历程及现状可见,立法者渐倾向于采用统一的"识别型+概括列举型"方式界定

"个人信息",但仍难以达到实质上的统一。其原因在于:

一是个人信息与个人数据、个人隐私的概念存在交叉重叠部分,现行相关立法规定并未能消除争议。关于个人信息与个人数据,有学者提出,个人信息与个人数据存在交叉部分,"个人信息可以但并不必然是个人数据所反映的内容,而个人数据可以但并不必然是个人信息的形式"[1],也有学者认为,个人数据为个人信息的载体。[2]《数据安全法》第3条第1款规定,数据"是指任何以电子或者其他方式对信息的记录",该规定在一定程度上反映了数据与信息之间的交叉关系。但是,在《民法典》的立法调查报告中,有关专家又指出数据一般是指信息的电磁记录。[3] 可见,个人信息与个人数据概念在立法实务与理论界中均存在着分歧。关于个人信息与个人隐私,《民法典》第1034条对广为争议的个人信息与个人隐私关系问题进行了回应,即个人信息中包含私密信息(根据第1032条的规定,私密信息属于个人隐私范畴),但对于私密信息的具体内容该法典并未明确规定,信息私密性的认定标准也需要在今后的个人信息保护立法中加以明确,以更好地明晰个人信息与个人隐私的界限。

二是个人信息范围极为广泛,已远超民事相关立法规定中的隐私、肖像等范畴,在大数据时代背景下,个人信息的内涵与外延更难以界定。一方面,现行众多商业主体在利用个人信息之前会对其进行脱敏处理,以防止侵害他人个人信息而承担法律责任,此时非法出售、提供或获取经脱敏处理且不可恢复的信息不构成侵犯个人信息罪。[4] 在大数据时代背景下,经数据脱敏处理而不具有可识别性的数据,以及其他多重来源、碎片化且不具有可识别性的离散数据,在通过大数据技术的组合分析或与其他信息进行比对后,亦可重新具备识别特定主体身份的功能。根据我国现行相关立法规定,"可识别性"是认定个人信息的必要特征,这种识别可以是单独也可是与其他信息结合进行的,但对于"其他信息"的范围等法律并未明确规定,经组合分析或比对处理后可再识别特定主

---

[1] 周斯佳:《个人数据权与个人信息权关系的厘清》,载《华东政法大学学报》2020年第2期。

[2] 参见陈敬根、朱昕苑:《论个人数据的法律保护》,载《学习与实践》2020年第6期。

[3] 参见《民法典立法背景与观点全集》编写组编:《民法典立法背景与观点全集》,法律出版社2020年版,第465页。

[4] 参见"两高"《关于办理侵犯公民个人信息刑事案件适用法律若干问题的解释》第3条。

体身份的信息能否被纳入个人信息的范畴尚存争议。[1] 另一方面,新技术发展产生的位置信息、在线标识、数字图像、IP 地址等网络日志信息、如 mac 的永久标识符等设备地址、电子书的在线阅读记录等新型信息,能否适用以往相关法律法规的规定以及被纳入个人信息范畴尚存争议,适用以往相关法律法规会存在哪些难点问题以及如何解决等均需进一步厘清。例如,数字图像是指"图像或视频中用以比对的人脸形象",是人脸识别中必须使用的信息,根据相关立法规定,人脸信息因隶属于生物识别信息而属于个人信息范畴,但数字图像是否属于个人信息尚存争议。有学者提出,数字图像要成为个人信息需包含清晰可见的脸部信息且可被识别,否则便不能被认定为个人信息。[2] 现行立法未能很好地界分、概括个人信息的内涵与外延,"个人信息"基本概念有待实质上的统一。[3]

第二,个人信息保护与信息开发利用的价值目标选择问题。目前,学界和实务界均赞成在对个人信息予以保护的同时促进个人信息的开发利用。但是,对于是否应当更加注重个人信息保护而对个人信息处理进行严格控制,还是应当更重视对个人信息的开发利用,适当放宽对个人信息处理的限制,学者们莫衷一是。

持第一种观点的学者认为,在个人信息泄露、盗窃事件频发的社会现状之下,个人信息相关立法的重心应当立足于对个人信息的强保护,通过严格限制相关主体个人信息的收集、使用、处理行为,防止他人非法窃取、交易、利用个人信息给信息主体造成财产损失、人身损害。这种观点主要基于权利自控、人格尊严与人格自由层面的考量:一方面,公民享有个人信息权,无论是建立于个人信息之上的财产性利益还是人格性利益,均应当由信息主体自行支配。他人若要收集、处理、利用个人信息,要么经过法律明确授权,要么经过信息主体的同

---

[1] 参见李怀胜:《公民个人信息保护的刑法扩展路径及策略转变》,载《江淮论坛》2020 年第 3 期。

[2] 参见郭春镇:《数字人权时代人脸识别技术应用的治理》,载《现代法学》2020 年第 4 期。

[3] 参见许茜:《个人信息保护法"难产"12 年,他们为何还说乐观》,央视网,2017 年 3 月 4 日,http://news.cctv.com/2017/03/04/ARTIE5BgzQK8zu8U8rDk90di170304.shtml,2020 年 7 月 14 日访问。

意。另一方面,强调对信息主体人格尊严与人格自由的尊重,要求其他主体严守法律红线与道德价值观念,不得侵害信息之上的人格尊严与人格自由。[1] 持第二种观点的学者认为,对个人信息予以保护势在必行,但在立法过程中应当侧重于促进个人信息的开发利用,放宽对个人信息收集、使用、处理行为的限制,鼓励相关主体对海量个人信息进行挖掘、分析,以获取更多有效的信息,从而为企业发展、经济转型、国家安全等提供更多数据资源。[2] 基于我国国情和立法现状,为推动我国经济转型升级与经济高质量发展,提升国际话语权,企业、产业的发展必须与国家大数据战略等密切配合,加大对个人信息资源的开发利用,利用大数据技术从海量的个人信息中挖掘有效信息,实现企业、行业发展以及国家发展的"弯道超车"。有学者提出,宽松的数据管理制度可促使我国在人工智能、芯片产业上居于极为有利地位,从而实现经济发展上的"弯道超车"。[3] 个人信息保护与开发利用价值目标不一的局面在目前以及未来将会长期存在,可在进行法律清理、整合的过程中逐步完善。

3. 个人信息保护专门法与相关法间的关系需进一步厘清

首先,作为私法的《民法典》调整的是平等主体之间的人身关系和财产关系,其第四编"人格权"的第六章"隐私权和个人信息保护"部分将个人信息权作为人格权来保护;而数据则与网络虚拟财产放到一块,在第一编"总则"之第五章"民事权利"部分一起被规定是按照财产权来保护的。《个人信息保护法》是一部公私法深度融合的单行法,主要利用对个人信息权利体系及以此为基础的民事诉讼机制(如举证责任倒置,《个人信息保护法》第 69 条)来实现有效保护;此外,为体现"企业自我规制+政府强力规制"的合作治理模式,当个人信息收集、利用和处理者违反本法规定的,外在国家层面则主要是通过设立专门政府监管机构和制定强制性法律规范,采用罚款等行政手段监管来实现对个人信息的有效保护。但是,《个人信息保护法》与《民法典》并不是特别法与一般法的关

---

[1] 参见吕炳斌:《个人信息权作为民事权利之证成:以知识产权为参照》,载《中国法学》2019 年第 4 期。

[2] 参见储陈城:《大数据时代个人信息保护与利用的刑法立场转换——基于比较法视野的考察》,载《中国刑事法杂志》2019 年第 5 期。

[3] 参见陈怡然、陈逸中:《中国 AI 芯片有可能弯道超车》,《财经》杂志网,2018 年 6 月 28 日,http://magazine.caijing.com.cn/20180628/4478073.shtml。

系,而是两个交叉并行的平行法律,这样实践中就会涉及如何选择与适用法律的问题。

其次,关于《个人信息保护法》与《数据安全法》《国家安全法》及《网络安全法》关系的厘清问题。从法律功能视角来说,《数据安全法》是在数据领域践行并落实《国家安全法》的总体国家安全目标,侧重从国家安全角度保护重要数据的运用;《个人信息保护法》以《数据安全法》为基础,重点聚焦于个人信息权利保护与数据流动、数据利用等问题。但是,《网络安全法》中涉及数据的内容与《个人信息保护法》《数据安全法》的规定多有重复,而且侧重点不同,也存在新法优于旧法适用等问题;除了内容重合,由于还涉及网络等级保护2.0、关键基础设施保护及网络安全审查制度等核心问题,相关条款又不完全重复,因此绝对的有效或失效都是不妥的。

最后,《个人信息保护法》出台后,之前散见于各部门法中的个人信息保护范围不明确、信息主体权利不完整、权利义务不完善和法律责任不到位等诸多问题也应该加以厘清。[1]

第一,基本概念与规制范围有待厘清。以信息控制者、处理者的称谓为例,《网络安全法》中存在"网络运营者""任何个人和组织""负有网络安全监督管理职责的部门及其工作人员""网络产品或者服务的提供者"等多种称谓,并分别就各类主体在信息处理过程中的义务、责任作出了相应规定;《民法典》在立法过程中使用过"信息持有者""信息控制者",并相应地设置了法定义务与法律责任;《个人信息保护法》使用了"信息处理者"的说法,并分别就国家机关与非国家机关信息主体的义务与责任进行了细化规定。个人信息保护法立法过程中需对有关基本概念及规制范围进行统一,进而为侵害个人信息行为的法律规制提供明确的法律指引。[2]

第二,民事责任归责原则问题。我国民事侵权责任的认定通常适用过错责任原则,而过错推定责任原则以及无过错责任原则的适用均需依据法律法规的

---

[1] 参见王秀哲:《大数据时代个人信息法律保护制度之重构》,载《法学论坛》2018年第6期。

[2] 参见程啸:《论侵害个人信息的民事责任》,载《暨南学报(哲学社会科学版)》2020年第2期。

特殊规定。我国现行法律法规并未就侵害个人信息权的民事责任归责原则予以明确规定,以解释论的角度来看,侵害个人信息权的民事责任认定理应适用过错责任原则。而从立法角度来看,就侵害个人信息权的民事责任归责原则问题,齐爱民教授、周汉华教授在前述专家建议稿中提出,针对政府机关、非政府机关分别适用无过错责任、过错推定归责原则。也有学者提出针对采取自动化信息处理方式处理数据信息的政府机关、非政府机关以及没有采取自动化信息处理方式的信息处理者分别适用无过错、过错推定以及一般过错责任归责原则。[1] 此外,我国澳门、台湾地区个人资料保护法分别规定信息控制者、私营机构信息处理行为侵害他人个人信息权的民事责任认定适用过错推定归责原则。笔者认为,侵害个人信息行为的民事责任存在其特殊性,不能直接套用以往的侵权责任归责原则,而应当结合具体场景、侵权主体的身份、侵权行为方式等综合考量。

第三,个人信息概念界定问题。《个人信息保护法》中关于个人信息概念的规定与《网络安全法》《民法典》等存在冲突,前者规定个人信息的范围大于后两者。《网络安全法》与《个人信息保护法》是同等位阶的法律,且两者都属于各自领域的特别法;《民法典》的位阶比《个人信息保护法》高。因此,在司法实践中,对某一信息是否属于个人信息产生争议时,就会产生法律适用上的冲突,并且难以用现有的冲突解决方式去决定适用哪一部法律。

(二)上位法与下位法条款存在冲突

1. 存在冲突的原因

法律冲突是任何法律体系中都存在的问题。对于我国的个人信息盗窃法律体系而言,主要有三个方面的因素导致上位法与下位法存在冲突:第一,对个人信息盗窃规制的立法权限划分不够明确。全国人大及其常委会、国务院、国务院相关部委、地方人大均对个人信息盗窃问题有立法权限,但是,不同层级的立法机关在职责上有所不同,看待问题的角度也有区别,因此导致同一问题的规定存在冲突。第二,立法者对个人信息盗窃问题的认识有一个不断发展变化的过程,部分下位法的制定时间比上位法早,所以对个人信息盗窃进行规制的

---

[1] 参见叶名怡:《个人信息的侵权法保护》,载《法学研究》2018年第4期。

手段和具体标准可能与在后制定的上位法存在一定冲突。在信息网络技术不断发展的时代，个人信息盗窃新手段层出不穷，如何对不断涌现的新型个人信息盗窃进行立法规制，需要理论研究成果和立法实践经验的支撑，而下位法在某种程度上具有对上位法立法提供参考的功能。第三，在个人信息盗窃规制的立法进程中，地方差异性也可能导致下位法与上位法的冲突。[1] 上位法的制定主要考虑的是普适性，而部分下位法则主要是对地方的经济状况、个人信息盗窃的现状作出回应，从而产生与普适性的个人信息盗窃规制水平不同的需求，导致部分下位法与上位法规定的冲突。

2. 存在冲突的具体表现

在个人信息盗窃的法律规制体系中，上位法与下位法的冲突主要有两个方面的表现。

第一，下位法与上位法的基本原则相冲突。例如，《成都市房产管理局关于加强购房者个人信息管理有关问题的通知》（以下简称《成都房管局通知》）规定，对于故意泄露和出售购房者个人信息的工作人员，市房管部门会根据其情节的严重程度在一定时期内将其列入"黑名单"中，同时禁止各房地产开发企业、经纪机构在此期间聘用上述人员。有学者认为，"黑名单"等失信惩戒制度属于我国《行政处罚法》第9条第6项规定的"法律、行政法规规定的其他行政处罚"。[2] 因此，《成都房管局通知》必须符合《行政处罚法》这一上位法中的有关规定。《行政处罚法》第14条规定，地方政府规章只能在法律、法规规定范围内设定行政处罚，而《成都房管局通知》作为成都市房产管理局发布的地方规范性文件，却设置了从业限制类行政处罚措施，违反了《行政处罚法》的设定。产生此类冲突的原因在于，当前上位法中个人信息盗窃规制的行政责任类型较少，无法满足个人信息盗窃的行政执法需求，使得部分地方政府在面对实践中层出不穷的个人信息盗窃行为时，只能自行在规范性文件中设置一定惩治措施以加强治理效果。

第二，下位法关于个人信息盗窃的惩治措施超出上位法规定的标准。例

---

[1] 参见蔡定剑：《法律冲突及其解决的途径》，载《中国法学》1999年第3期。

[2] 参见胡建淼：《"黑名单"管理制度——行政机关实施"黑名单"是一种行政处罚》，载《人民法治》2017年第5期；张晓莹：《行政处罚视域下的失信惩戒规制》，载《行政法学研究》2019年第5期。

如,按照《中华人民共和国治安管理处罚法》(以下简称《治安管理处罚法》)第42条第6项的规定,通常情况下,散布他人隐私的主体将被处以人身自由罚(拘留)或者财产罚(罚款)。其中,人身自由罚应在"五日以下",而财产罚则应在"五百元以下"的范围内;情节较重的,人身自由罚(拘留)的法定幅度范围为"五日以上十日以下",可以并处"五百元以下"的罚款。但是,《徐州市计算机信息系统安全保护条例》第19条、第28条规定,通常情况下,散布他人隐私的主体将承担精神罚(警告)与财产罚(罚款)。其中,对个人的财产罚幅度范围为"五百元以上五千元以下",对单位的财产罚为"一千元以上一万元以下";情节严重的,违法主体还可能承担行为罚(停止联网、停业整顿,必要时可能被吊销经营许可证、取消联网资格)。[1] 由此可见,下位法《徐州市计算机信息系统安全保护条例》无论是行政处罚幅度还是行政处罚种类均超出上位法《治安管理处罚法》的标准。但就现实需要来看,我国《治安管理处罚法》确实存在处罚种类单一、处罚力度太小无法震慑违法行为的问题;地方性立法虽然有时更能解决实际问题,但因其位阶较低,若产生冲突可能就无法真正适用。

### (三)部分重要条款有待进一步细化

我国《民法典》虽然对个人信息保护进行了较为全面的规定,但是对一些复杂问题仍然需要进一步细化,才能提高有关条款在司法实践中的可适用性。第一,关于个人信息处理者不承担民事责任的情形中,有"为维护公共利益"的情形,但对于"公共利益"的内涵和外延并没有进行细化规定,将利益衡量的权限过多地下放给了法官,这可能造成司法实践中各地法院裁判结果不一致,造成个人信息盗窃规制司法实践的混乱。第二,没有针对不同个人信息处理者的特点细化其义务。个人信息处理主体包括个人信息收集者、传输者、使用者、受委

---

〔1〕《徐州市计算机信息系统安全保护条例》第19条第9项规定,任何单位和个人不得利用计算机信息系统制作、复制、传播、散布他人隐私,或者侮辱、诽谤、恐吓他人的信息。第28条规定,违反本条例规定,有第十八条、第十九条所列行为之一的,由公安机关给予警告,有违法所得的,没收违法所得,对个人可以并处五百元以上五千元以下罚款,对单位可以并处一千元以上一万元以下罚款;情节严重的,并可以给予六个月以内停止联网、停机整顿的处罚,必要时可以建议许可机构吊销经营许可证或者取消联网资格;违反《治安管理处罚法》的,依法予以处罚。

托处理者以及中介机构等,不同主体对个人信息处理的权限不同,其权利义务的承担方式也应当有所不同。例如,受委托处理个人信息者可能并无权限对个人信息进行更正和删除,而《民法典》统一要求个人信息处理者履行个人信息主体请求的删除、更正个人信息义务,这会对此类主体产生不公平的影响。第三,民事责任承担的细节需要进一步明确规定,尤其是涉及个人信息盗窃民事纠纷的法律责任承担的问题。根据《民法典》规定,个人信息主体在个人信息权受到侵害并遭受损失的情况下,可以提出损害赔偿的请求,但关于损害赔偿如何确定却缺乏一套可操作性的规定。在大数据时代,个人信息盗窃的显著特点之一为涉案信息量大。通过出售大量个人信息,加害人往往能获得可观的经济收益,但受到侵权的个人信息主体却可能因为信息泄露而遭受骚扰、欺诈等其他违法犯罪行为的侵害,而这种经济损失是隐形的。因此,在权利人依据《民法典》主张侵权救济时,如何确定信息主体是否应当获得经济赔偿以及损害赔偿数额的具体认定等问题,都需要进一步明确。

(四)权利义务体系全面性有待提升

个人用户既希望能够通过简便的方式存储、使用、传输自己的数据,又不希望自己的数据因此而被滥用、泄露。虽然近些年来我国个人信息保护方面的立法步伐不断加快,目前已建立一套基本法律框架,但关于主体权利义务的规定尚不够细致,也与国际上个人信息保护的整体趋势不太契合。例如,欧盟议会于 2016 年通过的《通用数据保护条例》(GDPR)正式版本将用户数据可携带权单独列为第 20 条加以规范。我国《个人信息保护法》第 45 条第 1、3 款分别规定,"个人有权向个人信息处理者查阅、复制其个人信息";"个人请求将个人信息转移至其指定的个人信息处理者,符合国家网信部门规定条件的,个人信息处理者应当提供转移的途径"。数据可携带权入法解决了数据平台长期数据垄断的问题,但实践中国家机关和事业单位能较好遵守,而私人团体企业等则未必能如法践行,更麻烦的是生活中无孔不入的 APP 使用中总会有各种数据收集,这种收集几乎是隐形强迫,用户没有选择余地,连起码的知情权都难以保证,更别提可携带权。而这种情况下的责任追究在《个人信息保护法》中并未展开与细化,这必然会给权利主体实现可携带权带来困扰。

我国《个人信息保护法》并未明确数据可携带权的性质,如果将用户数据可携带权作为一项私人权利加以规定,则可能导致企业之间的恶性竞争。因为在流动的大数据网络中原来的竞争秩序是发生经营者和竞争者之间的,若用户被允许携带数据,原有的竞争关系则被改变。这个问题的解决有赖于其他相关权利的支持和配合。例如,与用户数据可携带权紧密相关的是数据所有人或保管人的同意权。根据GDPR第6.1条:"数据控制者在收集、处理和使用用户个人信息时应当取得用户的同意或与用户有相关约定等合法基础。"基于此,用户在行使可携带权传输信息时,通常需与新的数据控制者就收集、处理和使用该等可携带数据进行约定,并达成协议。但是,实务中用户要求可携带的信息中往往会存在第三人的个人信息,而第三人与新的数据控制者间却没有相关的约定安排。按照现有的法律法规,未经数据所有人同意,数据信息不得传输。这种语境下的"同意"是信息处理者、控制者信息传输过程中信息侵权的免责要件,并非数据所有人或保管人的同意权。若用户要求信息控制者将其所掌控的相关信息传输给另一信息控制者,"同意"可能涉及两个方面的内容:其一,信息控制者应当认定该用户系信息主体或相关主体,而不可过于武断地拒绝其信息传输请求;其二,该信息可能涉及他人的权利,如图片传输可能涉及他人的肖像权,允许该信息的传输会涉及侵犯他人权利,此时,若技术可行,数据传输方可直接向第三人征求同意,或者按具体情形(因其传输只能带来正面影响)推定其"同意",否则不能传输。在实践中,"同意"具象化判断成本无疑是高昂的。《个人信息保护法》第45条第3款采用的是"符合国家网信部门规定条件的"的表述,即个人信息可携带权的实现必须符合法律法规规定的条件,但具体指的是哪种情况以及发生争议的救济依然语焉不详,尚需进一步体系化。

在我国,与上述权利密切相关的另一项权利被遗忘权首次被纳入《个人信息保护法》。2016年,欧盟公布GDPR官方版本,将被遗忘权正式纳入欧盟个人数据保护法律框架中。几乎同一时间,我国北京市第一中级人民法院对我国首例被遗忘权纠纷案件作出二审判决,驳回了原告保护其被遗忘权的诉讼请求。其中的原因在于,我国现行法律规范体系中尚未对被遗忘权作出明确规定,我国的人格权类型中也未分化出被遗忘权,因此二审法院作出了不利于原告的判决。[1]该案开启了国内学者对于我国法律是否有必要纳入被遗忘权的

---

[1] 参见北京市第一中级人民法院(2015)一中民终字第09558号民事判决书。

争论。反对者认为,通过对于隐私、名誉等人格权的保护来保护个人信息更符合我国法律传统,因此没有必要另行设立被遗忘权,况且诸如个人历史、人生污点、犯罪记录等信息主体希望被遗忘的个人信息根本不具备保护的正当性和必要性。如果个体认为网络上的公开信息侵犯其隐私、名誉等类型化的人格权或者一般人格权,可以寻求现有法律救济,如诉诸通知—删除程序、提起人格权侵权诉讼等,而无须借助被遗忘权才能获得救济。[1] 笔者认为,随着互联网大数据的影响越来越大,每个人对自己的生活状态都应该拥有选择权,但有些数据(如购物偏好)的上传并非个体自愿,而大数据基于这些零散的数据拼接可以精确勾勒一个人完整的生活轨迹,这种生活轨迹可被用于商业目的,也可被用于实施其他不法行为。此类数据的滥用是无法通过传统的隐私或名誉加以规制的。同时,尽管信息主体可以要求网络服务提供者删除某一特定信息,但事实是,它们依然存在于其相应的主机之上,虽然不再被搜索引擎纳入序列,但并非真正消失。即使信息管理者在网站上删除了某一信息,但搜索引擎的网页快照中却仍然会保留上述信息,在网页快照的缓存内容更新前,上述信息仍然可以被人获取、下载。另外,在缺乏被遗忘权的情况下,如果该信息并未明显侵害个人权益,而是网站公开的正常信息,搜索引擎服务商就不负有删除的义务,将会对信息主体的人格利益造成持续的损害。所以,在大数据被广泛运用的今天,被遗忘权是调和数据运用和个人私权冲突的最好"缓冲器"。

《个人信息保护法》对于被遗忘权的肯定符合时代发展要求,但同上述数据可携带权一样,该规定仍存在缺漏。例如,根据该法第 47 条第 3 款,个人撤回同意的,个人信息处理者应主动删除个人信息,但目前高频使用的 APP 基本上没有"撤回同意"选项,用户只能在用或不用之间选择;诸如政府委托第三方开发的行政功能性软件,为了办理相关事项,用户连用和不用的选择都没有,更别谈后续目的完成后的撤销。

(五)法律责任规范完备性有待加强

用于社会治理的法律责任体系应该是一套完整且逻辑严密的体系。在我

---

[1] 参见杨乐、曹建峰:《从中国"被遗忘权"第一案谈网络治理路径的选择》,腾讯研究院官网,https://www.tisi.org/4631,2020 年 7 月 14 日访问。

国个人信息盗窃法律规制中,民事责任、行政责任和刑事责任的规定都存在一些不足,相互之间的衔接也有一定的问题。

1. 民事责任规范的不足

我国民事责任领域的个人信息保护存在三个方面的问题:

一是责任规定不明确。《个人信息保护法》第66条至第71条规定了侵害个人信息的法律责任,主要是行政责任和民事责任,其中民事责任体现在第69条。但是,该条要求个人信息权益侵权以损害为前提,却没有关于损害的具体规定。那么,在个人信息权利被侵害时,该条中的侵权主体"个人信息处理者"的外延到底有多大?是个人信息直接处理者还是可以拓展到上游关系中存在主观过错者?司法实践中的个人信息盗窃及大量数据泄露存在地下产业化链条现象,对于追究刑事责任后如何进行民事衔接,该法也没有规定。《民法典》第1038条虽然规定了信息处理者不得泄露其收集和存储的个人信息,且在发生泄露后应当采取补救措施。但是,《民法典》却没有对信息处理者应当承担的民事责任予以具体规定,在司法实践中这可能导致个人信息主体受到的损害难以弥补。例如,在庞某某与北京趣拿信息技术有限公司(以下简称"趣拿公司")等隐私权纠纷案[1]中,被告公司泄露原告个人信息导致原告收到诈骗短信。尽管法院判令被告公司赔礼道歉较为合理,但是,若本案中原告因为被告的信息泄露行为被成功骗取一定数额金钱,能否主张被告公司承担赔偿损失的责任?若需要赔偿损害,那么被告公司是否应当承担连带责任?尤其是在诈骗案未能侦破以及诈骗金额未达到立案标准的情况下,上述问题更需要有关法律予以进一步解释,否则个人信息主体因此所蒙受的损失将难以被填平。

二是责任追究程序规则有待完善。根据《个人信息保护法》第69条第1款,个人信息处理者不能证明自己没有过错的,应当承担损害赔偿等侵权责任。这相当于弥补了《民法典》对于个人信息侵权适用的尴尬:个人信息侵权属于一般侵权责任,其法律要件包括违法行为、损害后果、因果关系与主观过错,而在个人信息侵权案件中,大多数侵害个人信息权的案件发生在互联网领域,处于弱势地位的被侵权主体往往在证明侵权方违法行为与自身损害后果的因果关

---

[1] 参见北京市第一中级人民法院(2017)京01民终509号民事判决书。

系上存在困难。[1] 因此,是否将举证责任倒置规则适用于侵害个人信息权案件一直是司法实践中比较纠结的问题。[2] 而《个人信息保护法》第 69 条第 1 款采用过错推定,实际上是肯定举证责任倒置规则。但是,仅有主观过错推定上的举证责任倒置远远不足以维护个人信息主体权益,因为诸如侵权主体、因果关系等因素在复杂的互联网环境中对于大多数百姓也是"无法接近的正义"。因此,无论是公益诉讼还是私益诉讼对此都不能一刀切,可以采用更灵活的表述将更多权力留给办案法官。比如,在司法实践中要求法官以"与证据的距离远近、获取证据的可能性、举证的难易性"等因素为基准,综合评估被侵权方的证明能力后再确定是否适用该规则。[3]

关于损害赔偿请求,在大数据时代背景下,存在大量的个人信息泄露、信息非法处理情形,而因上述行为导致信息主体遭受损失的案件往往可能侵犯多个不特定主体的个人信息权及相关权利,侵权主体对单个信息主体实施信息侵权行为所获利益较少,而一旦实施多个同类侵权案件,则极有可能获得高额经济利益。在此类案件中,由于考虑到高昂的维权成本、过低的损害赔偿额以及过往诉讼中法院对精神损害赔偿支持力度较小等,单个信息主体往往会放弃对侵

---

[1] 参见段文波:《要件事实理论——兼论民事法学教育》,载《西南交通大学学报(社会科学版)》2012 年第 3 期。

[2] 举证责任倒置在个人信息民事侵权领域的适用即由侵权主体证明其相关违法行为与损害后果之间不存在因果关系,若无法证明则承担相应的民事责任。该规则在庞某某与趣拿公司等隐私权纠纷案中有所体现,庞某某委托鲁某在去哪儿网平台订购中国东方航空股份有限公司(以下简称"东航")机票,其中机票代理商为星旅公司,乘机人信息包括原告庞某某姓名及身份证号,联系人信息、报销信息均为鲁某及其手机号。后庞某某接收到其预订的航班班次因故障而被取消的短信,但鲁某并未收到。经核实后发现,该短信系诈骗短信,可能订票点处泄露了庞某某的相关信息。随后,庞某某将东航、趣拿公司告上法庭,要求其就自身信息泄露行为承担相应的法律责任。在二审过程中,法院考虑到庞某某收集证据的资金、技术成本等因素,同时认为作为普通人的庞某某根本不具备对东航、趣拿公司内部数据信息管理是否存在漏洞等情况进行举证证明的能力,于是将侵权行为与损害后果之间的因果关系证明责任转由东航、趣拿公司承担,由其证明并未造成庞某某信息泄露。由于两家公司无法提供证据证明其他原因造成的信息泄露,故二审法院最终判决二者承担侵权责任。后再审法院完全认可二审法院的观点。参见北京市第一中级人民法院(2017)京 01 民终 509 号民事判决书。

[3] 参见刘海安:《个人信息泄露因果关系的证明责任——评庞某某与东航、趣拿公司人格权纠纷案》,载《交大法学》2019 年第 1 期。

权主体信息侵权行为的追究。《个人信息保护法》第70条规定："个人信息处理者违反本法规定处理个人信息，侵害众多个人的权益的，人民检察院、法律规定的消费者组织和由国家网信部门确定的组织可以依法向人民法院提起诉讼。"确立了个人信息民事公益诉讼，极大地弥补了个体诉讼成本和效益不对等问题，对于整体网络环境和个人信息保护都有着重要意义。但是，我国涉及环境保护、消费者权益的公益诉讼除了《民事诉讼法》外，《环境保护法》《消费者权益保护法》还有相应的配套规定，而《个人信息保护法》对于提起公益诉讼的具体组织、侵权归责和举证分配等都没有明确规定。

三是损害赔偿额计算方式不明且金额过低，难以有力打击与规制侵害个人信息行为，保障信息主体个人信息权及其他相关权利。根据《个人信息保护法》第69条第2款，个人信息权益损害赔偿应该按"获得的利益"或者"实际情况"来确定赔偿数额。问题是，这里的"损害"是哪种类型的损害？是否包括间接损害、精神损害？如何赔偿？有学者认为，侵害个人信息权只有在导致主体其他民事权利被侵害时才产生侵权责任，这就根本上否认了数据泄露本身会造成损害。而在司法实践中，这个损害往往难以直接确定。当个人信息处理者所获利益不好确定时，对于其违法收集和利用信息给个人造成的损害，法院可能以个人信息具有的财产价值认定受害人的损害，并酌定赔偿数额，但这个数额往往过低，对地下盗窃信息产业链起不到真正威慑作用。另外，个人能否就信息泄露给其财产权益未来被侵害的风险本身（通常诉请为其为预防风险支付的费用）及其造成的焦虑（精神损害）等提起赔偿也不明确。

我国目前侵害个人信息权损害赔偿额的计算主要援引《民法典》第1182条和第1183条（原《侵权责任法》第20条和第22条）予以确定：根据第1182条的规定，侵害个人信息给他人造成财产损失的，应当按照侵权损失、侵权获利以及法院裁决的序位确定数额；根据第1183条的规定，侵害个人信息给他人造成严重精神损害的，被侵权方可向侵权方请求精神损害赔偿。然而，在司法实践中，侵害个人信息案件的侵权损失、侵权获利并没有清晰的计算方式，法官自由裁量确定的损害赔偿额主观性较强，并不能很好地反映信息主体实际的损失情况。据有关统计数据显示，自《刑法修正案（七）》实施至2019年年初，与个人信息相关的23个案件中，仅有9个被侵权主体获得了损害赔偿；在这9个案件中,赔偿额在1万—5万的、1万以下的案件数量分别为3个、4个。[1] 此外,截至2020年年初,援引《民法典》第111条规定作出的判决书为307篇,而侵害个人信息相关的案件仅79个。其中,原告获得金钱损害赔偿的案件21个,所获赔偿均属于精神损害赔偿,损害赔偿金额为500元—3万元,平均获赔额为7309.52元。由此可见,侵害个人信息案件的损害赔偿额普遍偏低。在今后的个人信息保护立法中,可设置以企业公布的个人信息经济价值为基准的赔偿数额计算方式,[2] 设定侵害个人信息的法定赔偿额,引入惩罚性赔偿制度等,为保障信息主体及时获得相应的民事赔偿以及严厉打击、规制民事领域侵害个人信息行为提供法律依据。

2. 行政责任规范的不足

我国行政领域针对个人信息相关法律法规的不足之处主要体现在:

第一,现行侵犯个人信息违法行为的行政责任主要包括警告、责令改正、罚款、没收违法所得、吊销业务许可证或营业执照、拘留等,这些行政责任多属于事后处罚,且多为单向型强制性手段,具有一定的震慑作用,但对侵害个人信息违法行为的事前防范能力较弱,且无法及时、高效地化解相关纠纷。鉴于此,有些地区利用抽查、行业自查等方式查处危害个人信息行为以事前规避风险,利用行政指导、行政奖励(如有奖举报)、行政约谈、行政调解等非强制性手段预防或处理潜在的危害个人信息行为,一定程度上弥补了上述行政责任的不足。就抽查、行业自查而言,自2015年起,工信部及其直属机构便开展了大量有关APP合规审查活动,以规范各类APP违规收集、使用用户个人信息的行为。[3] 就侵害个人信息违法行为的非强制性处理手段而言,广东省人大常委会于2017

---

[1] 参见张新宝:《〈民法总则〉个人信息保护条文研究》,载《中外法学》2019年第1期。

[2] 参见蔡培如、王锡锌:《论个人信息保护中的人格保护与经济激励机制》,载《比较法研究》2020年第1期。

[3] 比如,2017年7月3日,北京市通信管理局对北京地区手机应用商店的各类APP软件进行了抽测。2019年1月25日,国家网信办、工信部等四部门联合发布《关于开展APP违法违规收集使用个人信息专项治理的公告》,决定自2019年1月至12月在全国范围内组织开展APP违法违规收集使用个人信息专项治理,治理内容包括强化监督检查、强化行业自律、持续完善政策标准等。2019年3月25日,宁夏回族自治区通信管理局在各基础电信企业营业网点对3000余部手机进行了安全检测。2019年4月28日,广东省通信管理局对其辖区内各类应用商店APP进行了抽查,其中重点排查违规收集用户信息的APP等。

年发布《关于深化平安广东建设的决定》对相关主体保障公民个人信息安全进行行政指导，要求相关义务主体积极推行网络实名登记制度的落地实施，健全完善用户信息管理、保护制度，以为用户个人信息提供更为完备的法律保障，预防和减少侵害个人信息的违法犯罪行为。[1] 2020年2月24日，工信部网络安全管理局就新浪微博APP用户数据泄露问题对其进行了问询、约谈，并要求其采取措施消除数据安全隐患。[2] 采取行业抽查、自查等方式，以及行政指导、行政约谈等非强制性行政手段，不仅有助于节约执法成本，还可以提升行政相对人的可接受度，同时也兼顾了网络运行本身特殊性带来的运营者难以实时监控的特点。但是，我国针对侵害个人信息违法行为的事前防范机制与非强制性处理手段类型还不够完善，实施效力还较低，因而行政执法成效不高，难以有效规制侵害个人信息违法行为。

第二，多主体监管权的分配以及监管制度的不完善，导致对侵害个人信息违法行为的责任追究困难，具体而言：

一是多头监管。针对个人信息盗窃问题，我国并没有设立专门的行政监管机构。由于个人信息盗窃行为通常发生在互联网领域，根据《网络安全法》第8条第1款的规定："国家网信部门负责统筹协调网络安全工作和相关监督管理工作。国务院电信主管部门、公安部门和其他有关机关依照本法和有关法律、行政法规的规定，在各自职责范围内负责网络安全保护和监督管理工作。"对于个人信息盗窃行为的规制，工信部、公安部、商务部以及其他公共管理部门各有部分职权，分别在其职权范围内行使监督管理权力。然而，由于法律并未明确规定上述主体的监督职责，在发生重大的信息泄露、盗窃事件时，这种多主体监管的模式可能导致各部门相互推诿、监管混乱等情形，从而增加个人信息泄露、

---

〔1〕 参见广东省人大常委会《关于深化平安广东建设的决定》第17条："各级人民政府应当加强社会诚信建设，推动建立基于公民身份号码的信任根制度，完善社会信用代码制度和相关实名登记制度，推动落实手机号码、银行卡、寄递物流及网络实名制。建立违法犯罪记录与信用、职业准入等挂钩制度，完善守法诚信褒奖机制和违法失信行为惩戒机制。坚持推行实名制和保护公民个人信息安全并重，健全用户信息保护制度。"

〔2〕 这些措施包括：一是要尽快完善隐私政策，规范用户个人信息收集使用行为；二是要加强用户信息分类分级保护，强化用户查询接口风险控制等安全保护策略；三是要加强企业内部数据安全管理，定期及新业务上线前要开展数据安全合规性自评估，及时防范数据安全风险；四是要在发生重大数据安全事件时，及时告知用户并向主管部门报告。

盗窃责任追究的困难。

二是信息通知制度等行政监管制度不够完善。《网络安全法》第42条第2款规定,网络运营者"在发生或者可能发生个人信息泄露、毁损、丢失等情况时,应当立即采取补救措施,按照规定及时告知用户并向有关主管部门报告"。[1] 该条款虽要求有关主体将信息泄露情况及时告知信息主体与上报主管机关,但仍存在适用范围较窄、内容规定不明等不足。首先,现行法律法规及部门规章主要规定了网络运营者、电信业务经营者、金融机构等特定主体的义务,难以对房屋租售、装饰装修、教育培训等个人信息泄露"重灾区"的经营主体形成有效约束。[2] 其次,现有规定多为针对个人信息泄露的通知报告,而针对个人信息滥用、盗窃等影响大、损害后果严重等行为的相关规定较少。再次,信息泄露或盗窃通知的启动条件、通知内容、通知时限、具体程序以及未履行或未合理履行

---

[1] 此外,《关于加强网络信息保护的决定》(第4条)、《电信和互联网用户个人信息保护规定》(第14条)以及《关于银行业金融机构做好个人金融信息保护工作的通知》(第9条)等法规及部门规章对信息泄露通知的相关内容亦作出了规定。

《关于加强网络信息保护的决定》第4条规定:"网络服务提供者和其他企业事业单位应当采取技术措施和其他必要措施,确保信息安全,防止在业务活动中收集的公民个人电子信息泄露、毁损、丢失。在发生或者可能发生信息泄露、毁损、丢失的情况时,应当立即采取补救措施。"

《电信和互联网用户个人信息保护规定》第14条规定:"电信业务经营者、互联网信息服务提供者保管的用户个人信息发生或者可能发生泄露、毁损、丢失的,应当立即采取补救措施;造成或者可能造成严重后果的,应当立即向准予其许可或者备案的电信管理机构报告,配合相关部门进行的调查处理。电信管理机构应当对报告或者发现的可能违反本规定的行为的影响进行评估;影响特别重大的,相关省、自治区、直辖市通信管理局应当向工业和信息化部报告。电信管理机构在依据本规定作出处理决定前,可以要求电信业务经营者和互联网信息服务提供者暂停有关行为,电信业务经营者和互联网信息服务提供者应当执行。"

《关于银行业金融机构做好个人金融信息保护工作的通知》第9条规定:"银行业金融机构发生个人金融信息泄露事件的,或银行业金融机构的上级机构发现下级机构有违反规定对外提供个人金融信息及其他违反本通知行为的,应当在事件发生之日或发现下级机构违规行为之日起7个工作日内将相关情况及初步处理意见报告中国人民银行当地分支机构。中国人民银行分支机构在收到银行业金融机构报告后,应视情况予以处理,并及时向中国人民银行报告。"

[2] 参见张楠:《个人信息泄露案件高发,这三个领域成"重灾区"》,北京晚报网,2019年11月18日,https://www.takefoto.cn/viewnews-1960997.html,2020年7月15日访问。

（如延迟履行且无正当充分理由）信息通知义务的法律责任等具体内容规定不明，均有待进一步探讨与完善。最后，缺乏对有关监管主体对信息泄露、盗窃事件不处理或怠于处理等行为的处罚措施，将会导致大量信息泄露事件无法得到及时处理。综上所述，信息通知制度适用范围、行为规制范围较窄，通知启动程序、通知时间、通知内容、相关法律责任规定上的不明确等，都在一定程度上降低了有关主体信息泄露、盗窃等的通知效率，可能导致有关主管部门错失调查、追责的最佳时间，信息主体因个人信息泄露、盗窃等遭受的损失进一步扩大。

第三，侵害个人信息的投诉处理机制与责任追究机制不够完善，投诉人个人信息权及相关权利难以得到有效保障。就投诉主体而言，在我国，对于个人信息非法处理等违法行为，任何组织与个人均可向互联网违法和不良信息举报中心（专门接受并处理互联网违法以及不良信息方面投诉）以及互联网管理部门、工商部门、消费者协会、行业管理部门和相关机构等多个机构投诉、举报。比如，《征信业管理条例》第 26 条赋予信息主体就征信机构或者信息提供者、信息使用者侵害其合法权益行为向所在地的国务院征信业监督管理部门派出机构投诉的权利。然而，个人信息非法处理等违法行为投诉举报受理权限比较分散，投诉人在投诉、举报时难以选择适当的投诉部门，可能放弃投诉或者向多个部门投诉，从而影响投诉处理的效率。就投诉处理机制而言，我国《网络安全法》（网络运营者，第 49 条）、《电子商务法》（电子商务经营者，第 59 条）、《电信和互联网用户个人信息保护规定》（电信业务经营者、互联网信息服务提供者，第 12 条）等多部法律法规、部门规章均要求相关主体建立用户投诉处理机制，以及时受理和处理相关投诉、举报，但对于如何建立该投诉处理机制、建立投诉处理机制的标准、机制建立主体的义务范围等，上述法律文件并未明确规定，对于相关主体违反上述义务的责任追究机制或行政责任也鲜有涉及。[1] 对于个人信息非法处理等违法行为缺乏明确有效的投诉处理机制与责任追究机制，可能造成有关机关在接受信息主体及其他相关主体的投诉时怠于处理，或是在处

---

〔1〕《网络安全法》《电子商务法》未规定相关行政责任。《电信和互联网用户个人信息保护规定》第 22 条规定："电信业务经营者、互联网信息服务提供者违反本规定第八条、第十二条规定的，由电信管理机构依据职权责令限期改正，予以警告，可以并处一万元以下的罚款。"

理之后不及时将处理结果与相关建议反馈给投诉人,导致投诉人主动进行投诉却又不得不面对投诉无果的困境,其个人信息权及其他相关权利难以得到有效保障。

3. 刑事责任规范的不足

当前,我国规制个人信息盗窃的刑法规范主要是《刑法》第253条之一规定的侵犯公民个人信息罪。该条总共四款,对所有单位和个体非法获取、出售、提供个人信息的行为进行了规定,但未将非法使用个人信息的行为纳入其中。从个人信息盗窃灰色产业链的运作机制来看,获取、出售、交换、提供都属于转移个人信息,而转移个人信息的终极目的是利用,以实现个人信息的财产价值,创造经济利益。而通过非法使用个人信息牟取不正当利益,毫无疑问是诱发当前个人信息盗窃行为日益猖獗的根源,也是个人信息盗窃灰色产业链的利益支点,是整个产业链的核心环节。因此,在大数据时代背景下,对个人信息盗窃进行刑法规制的重心应当转移至个人信息的使用环节。[1] 对此,我国立法者应当考虑将非法使用个人信息的行为纳入侵犯公民个人信息罪的范畴。

个人信息盗窃刑事法律责任的不足还体现在入罪标准的不明确上,具体表现为"情节严重""情节特别严重"认定在司法实践中的争议。在该标准不明确的情况下,法律责任的落实将面临较大阻碍。根据"两高"《关于办理侵犯公民个人信息刑事案件适用法律若干问题的解释》第5条对《刑法》第253条之一规定的"情节特别严重""情节严重"的说明,法院可以从四个维度进行衡量:(1)个人信息的类型及其所对应的数量(根据个人信息的重要程度分为50条、500条、5000条三个标准);(2)侵犯公民个人信息违法所得数额大小;(3)第三人犯罪的后果;(4)行为人侵犯公民个人信息的前科记录。[2] 然而,司法实践中适用上述衡量标准时仍存在一系列问题,主要包括:(1)"公民个人信息"是否包含外国公民个人信息;(2)收集已公开的个人信息,然后非法向他人提供的,是否构成犯罪;(3)哪些信息可以被纳入"与其他信息结合能够识别特定主体的信息"

---

[1] 参见李川:《个人信息犯罪的规制困境与对策完善——从大数据环境下滥用信息问题切入》,载《中国刑事法杂志》2019年第5期。

[2] 参见李静然、王肃之:《侵犯公民个人信息罪的情节要素与数量标准研究》,载《法律适用》2019年第9期。

的范畴;(4)敏感个人信息的认定;(5)认定违法所得时是否需要扣除成本;(6)公民个人信息数量认定的最小单位等细节性问题;(7)数量标准是否合适。[1] 因此,个人信息盗窃刑事法律责任的设置还有待进一步的优化。

4. 不同法律责任之间衔接不足

当前,个人信息盗窃规制中法律责任衔接不足主要分为实体与程序两个方面。

(1) 实体衔接的不足

第一,特定侵害个人信息行为的法律责任规定不明或立法缺失导致的实体衔接不足。比如,非法使用他人个人信息通常是不法分子非法窃取他人个人信息后进一步实施的违法犯罪行为,多发生于个人信息盗窃灰色产业链的下游,对该行为的规制有助于切断个人信息盗窃的利益链条。但是,目前对该行为的法律规制与非法使用他人个人信息的法律责任之间存在较为明显的衔接不足问题。在民法领域,《民法典》第 111 条要求任何组织或个人应当依法取得公民个人信息,禁止非法使用公民个人信息。根据一般侵权理论,任何组织或个人非法使用他人个人信息则应当依法承担侵权责任。在行政法领域,《网络安全法》第 64 条第 1 款规定了针对网络运营者违法、违规或违约使用公民个人信息的行政责任。《电信和互联网用户个人信息保护规定》第 23 条规定了电信业务经营者、互联网信息服务提供者未经用户同意非法使用其个人信息的行政责任,以及构成犯罪的刑事责任。[2] 另外,《征信业管理条例》《儿童个人信息网络保护规定》分别对征信机构、网络运营者使用他人个人信息、儿童个人信息的行为作出了规定,但未明确规定相应的法律责任。在刑法领域,《刑法》及相关司法解释并未将非法使用他人个人信息的行为入罪。以上法律责任的规定不明或规定缺失,导致民事、行政与刑事责任实体衔接上的不足,从而无法对非法使用个人信息的行为进行有效规制并从利益链条上打击个人信息盗窃行为。

第二,针对特定侵害个人信息行为,违法犯罪分子应承担的行政罚款与刑

---

[1] 参见王秀哲:《"侵犯公民个人信息罪"司法解释之局限性及其破解》,载《河南大学学报(社会科学版)》2018 年第 5 期。

[2]《电信和互联网用户个人信息保护规定》第 9 条第 1 款规定:"未经用户同意,电信业务经营者、互联网信息服务提供者不得收集、使用用户个人信息。"

事罚金的折抵可能导致行刑衔接不足。[1] 根据《网络安全法》第 64 条第 2 款的规定，非法出售、提供、窃取或者以其他非法方式获取他人个人信息的组织或个人，尚不构成犯罪的，由公安机关没收违法所得，并处违法所得一倍以上十倍以下罚款；没有违法所得的，处一百万元以下的罚款。而根据《刑法》第 253 条之一第 1 款的规定，不法分子实施上述行为达到"情节严重"时应受到并处或单处罚金的刑事处罚。根据"两高"《关于办理侵犯公民个人信息刑事案件适用法律若干问题的解释》第 12 条的规定，罚金数额"一般在违法所得的一倍以上五倍以下"。从《网络安全法》《刑法》规定的罚款（罚金）数额来看，对于非法出售、提供、窃取或以其他方法非法获取他人个人信息行为，可能发生《网络安全法》所处行政罚款超过《刑法》所判处罚金的情形。而根据《行政处罚法》第 35 条第 2 款，"违法行为构成犯罪，人民法院判处罚金时，行政机关已经给予当事人罚款的，应当折抵相应罚金"。也就是说，行政罚款的数额通常情况下要低于刑事罚金。当侵害个人信息行为的行政罚款低于构成侵犯个人信息罪所需承担的刑事罚金数额时，司法机关当然地适用《行政处罚法》第 35 条第 2 款的规定，以违法犯罪主体所承担的行政罚款折抵其应当承担的刑事罚金。当行政罚款高于刑事罚金时，如何适用《行政处罚法》规定的折抵规则存在一定争议：一种观点是违法主体已经承担了行政罚款，因此可以直接免除罚金刑。持有该观点的实务工作者、学者主要是基于一事不再罚原则进行考量，认为违法主体已承担行政罚款，若再要求违法主体承担刑事罚金，则违反一事不再罚原则。[2] 另一种

---

〔1〕 参见练育强：《行政执法与刑事司法衔接困境与出路》，载《政治与法律》2015 年第 11 期。

〔2〕 1993 年，吴祖谋、葛文珠在《试论一事不再罚原则》一文中指出："对于达到定罪标准的偷税、抗税行为不得实施行政处罚，由司法机关在实施人身罚的同时，并处罚金，虽然其处罚倍数与行政处罚相同，但构成犯罪的，一并由刑罚处罚，只有在免于刑事处罚的情况下，才能由税务机关在追缴税款的同时，处以行政罚款。从中可以看出立法者正在将一事不再罚原则规定于更广的领域，包括了所有的法律制裁。"2006 年，最高人民检察院、全国整顿和规范市场经济秩序领导小组办公室、公安部、监察部在制定《关于在行政执法中及时移送涉嫌犯罪案件的意见》的过程中也曾有意见指出："一事不能两罚，对涉嫌犯罪的案件经行政处罚后不应再移送司法机关处理。"参见吴祖谋、葛文珠：《试述一事不再罚原则》，载《法学评论》1993 年第 5 期；元明：《行政执法与刑事执法相衔接工作机制总结》，载《国家检察官学院学报》2006 年第 2 期。

观点是行为主体在承担行政罚款后仍然应当承担罚金刑，但在判罚时应当调整"两高"《关于办理侵犯公民个人信息刑事案件适用法律若干问题的解释》关于侵犯个人信息罪的刑事罚金计算标准。当存在违法所得时，刑事罚金的计算倍数应在行政罚款倍数基础上适当增加；不存在违法数额时，应适当参考行政罚款、案件事实情况、犯罪分子的认罪态度等酌情确定刑事罚金数额。[1] 持有该种观点的学者认为，行政罚款与刑事罚金属于不同性质的处罚，而且其功能、依据等均有所不同，两者之间无法相互代替或免除，故对司法解释中刑事罚金计算标准进行调整，使违法犯罪分子在承担行政罚款的同时亦承担刑事罚金，能够更好地起到打击犯罪的作用与效果。[2] 司法实践中多采用第一种观点，适用一事不再罚原则处理行政罚款与刑事罚金相冲突的情形，但该原则仅适用于涉案主体违法行为与犯罪行为系同一行为，且涉案主体所承受的行政处罚与刑事处罚种类相同的情形。[3] 对于侵害个人信息行政罚款高于刑事罚金情况的处理规定不明，可能导致其行政与刑事责任实体衔接不足，一定程度上给惩处打击侵害个人信息的违法犯罪行为造成阻碍。

（2）程序衔接的不足

第一，信息通报程序不完善。我国对于同时涉及刑、民事案件的处理通常遵循"先刑后民"的程序规则，以"先刑后民"的序位来协调刑事与民事规范之间的关系。侵害个人信息同时涉及刑事、民事责任的案件也应遵循上述程序规

---

[1] 参见章桦：《食品安全犯罪"从严"刑事政策检讨》，载《法商研究》2020年第3期。

[2] 有学者提出："一事不再理中所说的两次处分一般是指性质相同的两次处分，同时给予罪犯以刑罚处罚和行政处罚则是两种性质不同的处罚，对于行政犯罪实行双重处罚具有理论与法律上的根据，其中理论上的根据是指行政犯罪是构成犯罪的行政不法，具有行政违法与刑事违法的双重违法性，这种双重违法性决定了应受双重处罚，而法律上的根据既包括了直接的法律规定，又包括了间接的法律规定。"亦有学者提出："由于行政犯罪既违反了行政法，又违反了行政刑法规范，这就导致行政刑法规范中的法律后果部分具有自身的特点，即许多行政刑法规范在法律后果部分规定了法定刑以外，还同时规定按行政法的规定追究行政法律责任。从理论上讲，只有全面追究犯罪分子的法律责任，才能有效地打击犯罪。而行政犯罪的双重违法性决定了其责任的双重性，即'既要追究刑事责任，又要追究行政责任'。"参见陈兴良：《论行政处罚与刑罚处罚的关系》，载《中国法学》1992年第4期；张明楷：《行政刑法辨析》，载《中国社会科学》1995年第3期。

[3] 参见练育强：《行刑衔接视野下的一事不再罚原则反思》，载《政治与法律》2017年第3期。

则,但由于此类案件民事责任与刑事处罚之间缺乏有效的信息通报程序,案件经刑事审判后,法院不会及时通知刑事案件中个人信息遭盗窃的个人信息主体,导致其虽遭受侵害却毫不知情,无法及时就他人侵权行为或遭受的损失提起相应的民事诉讼以寻求民事救济。刑事司法与行政执法间相互衔接的信息通报程序也存在不完善之处。在以群体组织为盗窃主体的个人信息盗窃案件中,通常可能是单位与个人共同实施违法行为,案情较为复杂,有时会存在部分行为主体应当承担刑事责任而其他主体应当承担行政责任的情形。但是,在缺乏有效的信息通报程序的情况下,若个人信息盗窃案件直接进入司法程序,在刑事部分处理完毕后,可能因为法院未及时向有关行政机关通报情况而导致应当承担行政责任的主体未能得到有效惩治。例如,在浙江省诸暨市房地产、装修行业侵犯消费者个人信息公益诉讼案中,虽然有关责任人都受到相应的刑事处罚,但是,根据《消费者权益保护法》第29条和第56条,作为个人信息泄露源头的房地产和家装企业却并未受到有关行政机关的查处,直至检察机关向诸暨市市场监督管理局提出检察建议后,涉案企业才受到相应行政处罚。[1] 对此,我国应当确立在刑事案件审理完毕后由法院直接通报有关行政机关的案情通报制度,确保有关个人信息盗窃主体被及时追责。

第二,涉嫌犯罪的违法行为移送程序规定不明。就行刑程序衔接而言,基于审判效率的考量,通常先适用行政程序对案件进行处理,若在行政诉讼过程中发现该违法行为构成犯罪,根据《行政处罚法》第35条的规定,行政机关必须将案件移送司法机关以便依法追究刑事责任。但是,就案件相关材料的移送步骤、移送后的行政执法状态等问题,现行法律法规尚处于规定不明状态。以侵害个人信息案件移送步骤的相关规定为例,国务院法制办等部门2011年发布的《关于加强行政执法与刑事司法衔接工作的意见》第一部分第(三)项规定,"行政执法机关向公安机关移送涉嫌犯罪案件,应当移交案件的全部材料,同时将案件移送书及有关材料目录抄送人民检察院"。而国务院2020年修改的《行政执法机关移送涉嫌犯罪案件的规定》第6条与第12条规定,涉嫌犯罪的违法

---

[1] 参见蒋琳:《最高检将个人信息公益诉讼案列入典型 房产公司推销侵犯个人权益》,搜狐网,2019年10月10日,https://www.sohu.com/a/346046015_161795,2020年8月30日访问;浙江省诸暨市人民法院(2018)浙0681刑初1056号刑事判决书。

行为的移送采取两步走:第一步是行政执法机关将案件相关材料移送公安机关,第二步是待公安机关立案后,行政执法机关将涉案物品及其他相关材料全部移交公安机关。[1] 然而,上述移送步骤在操作实践中均存在一定的适用困境,具体体现在:第一,若采用两步移送的方法,公安机关根据行政执法机关先移送的案件有关材料较难判断是否构成犯罪,从而可能影响其作出是否立案的决定,进而可能导致侵犯个人信息犯罪行为无法得到及时立案;第二,无论是采用两步移送还是一并移送的方法,在行政执法机关未对涉案主体的违法行为作出处理,而案件要经历公安机关立案侦查、检察院审查起诉、法院审理裁判阶段的情形之下,如果涉案主体的行为同时违反行政相关法律法规的规定,尤其是涉及违法主体资格与能力方面的行政违法行为将无法得到及时查处(比如应处以责令停产停业、暂扣或者吊销许可证和营业执照、警告、通报批评等行政处罚的违法情形)。现行立法关于行政执法机关移送涉嫌犯罪案件的步骤规定不一与适用困境,是侵害个人信息行为的行政责任与刑事责任衔接不足的又一重要因素。为克服上述冲突与困境,维护客观法秩序和社会秩序的稳定,可以考虑采用一并移送的方法,同时不停止行政执法机关就涉案主体行政违法行为的调查与处罚。这样,一方面可以有效克服两步移送方法中公安机关因案件材料不足而无法判断案件是否涉及刑事犯罪,从而可能作出应立案却未立案这一错误决定;另一方面可以有效克服两种移送方法中均存在的困境,防止刑事司法程序结束而行政违法行为(尤其是资格罚或能力罚适用的情形)无法查处这一情况的出现。[2]

---

[1] 参见《行政执法机关移送涉嫌犯罪案件的规定》第 6 条:"行政执法机关向公安机关移送涉嫌犯罪案件,应当附有下列材料:(一)涉嫌犯罪案件移送书;(二)涉嫌犯罪案件情况的调查报告;(三)涉案物品清单;(四)有关检验报告或者鉴定结论;(五)其他有关涉嫌犯罪的材料。"第 12 条:"行政执法机关对公安机关决定立案的案件,应当自接到立案通知书之日起 3 日内将涉案物品以及与案件有关的其他材料移交公安机关,并办结交接手续;法律、行政法规另有规定的,依照其规定。"

[2] 参见练育强:《行政执法与刑事司法衔接困境与出路》,载《政治与法律》2015 年第 11 期。

## 二、个人信息盗窃法律规制配套机制问题分析

### (一) 个人信息行业自律规范建设有待加强

行业自律是个人信息盗窃法律规制的重要补充,行业自律的缺位是个人信息泄露事件频发的重要原因之一。

1. 行业自律组织

为应对大数据时代背景下个人信息泄露、盗窃行为泛滥的现实难题,应当建立个人信息保护工作委员会,专门负责个人信息保护方面的工作。目前,我国仅互联网行业设立了专门的个人信息保护委员会,负责行业自律公约的制定、行业内预警协作机制的建立、个人信息与个人隐私保护的宣传教育等工作。该委员会旨在通过对信息控制者、处理者等主体信息处理行为的事前、事中、事后全流程监管,防范本行业个人信息的非法泄露、滥用等行为。[1] 其他行业的个人信息保护相关工作主要由法律专业委员会、行业自律专业委员会等负责。随着个人信息安全问题的日益严峻,众多行业对个人信息保护工作给予重点关注。以保险行业为例,保险行业个人信息保护相关工作主要由中国保险行业协会(以下简称"中保协")法律专业委员会负责,近些年来,该委员会多次举办个人信息保护方面的研讨会、沙龙等,并多次就保险行业存在的个人信息泄露等风险向用户说明,以对此类风险进行预警防范。然而,随着大数据时代的发展与互联网技术的进步,金融、通信、医疗等重点行业领域的个人信息泄露、盗窃、滥用问题愈发严重,仍然依靠其他专业委员会兼管个人信息保护行业自律工作,已难以应对行业频发的信息泄露、盗窃等风险,金融、通信等重点领域亟须设立专门的个人信息保护委员会,专门负责个人信息保护相关工作,从而保障各行业领域信息主体的个人信息安全。

一般来说,个人信息保护委员会主要负责如下工作:根据相关法律法规、国家政策等制定本行业规范与标准,为行业内各主体的信息处理行为提供指引与

---

[1] 参见《中国互联网协会个人信息保护工作委员会成立大会成功召开》,中国互联网协会官网,2020年1月22日,18https://www.isc.org.cn/zxzx/xhdt/listinfo-35693.html,2020年7月14日访问。

方向;建立行业内部预警协作机制,在发现企业存在重大信息泄露、盗窃风险时,及时向相关企业发出预警通知,通过各企业的协同合作防止信息泄露、盗窃导致的损失;强化个人信息保护的公众监督机制,强化与企业的合作交流,建立长期稳定的举报处置机制与有关线索的移交程序,为及时处理有关信息泄露、盗窃的举报投诉提供程序基础;加强对个人信息防盗窃、防泄露等方面的宣传教育工作,邀请学界、行业内部、政府机关的专家学者作个人信息保护相关主题讲座,定期开展个人信息保护知识竞赛等。

2. 行业自律规范文件

我国个人信息保护相关行业自律规范文件目前主要存在适用范围有限、惩治措施不够完善等不足,具体而言:

第一,行业自律规范文件适用行业领域与行为规制范围较窄。2004年6月18日,为建立互联网行业的自律机制,规范互联网领域相关从业者的行为,中国互联网协会制定了《中国互联网行业自律公约》。该公约第13条规定,互联网所有从业人员负有"共同防范计算机恶意代码或破坏性程序在互联网上的传播,反对制作和传播对计算机网络及他人计算机信息系统具有恶意攻击能力的计算机程序,反对非法侵入或破坏他人计算机信息系统"的责任。该规定明确反对侵入他人计算机信息系统,为有关主体指明了运营过程中可能触碰的法律红线,能在一定程度上防范通过侵入他人计算机系统实施的个人信息盗窃行为。但是,该公约仅适用于互联网领域,无法约束仅开展线下业务的主体。2012年11月1日,百度、腾讯、新浪等12家企业共同签署《互联网搜索引擎服务自律公约》。该公约第10条明文规定"搜索引擎服务提供者有义务协助保护用户隐私和个人信息安全",在收到权利人符合法律规定的通知后,应及时采取删除、断开侵权内容链接等信息安全保障措施。[1] 但是,该公约约束的主体仅为12家签署企业,适用主体的数量、类型均有限,大数据时代背景下大量新兴的社交软件、电子商务交易平台、短视频软件等多类主体的信息处理行为仍难以规制。2019年1月8日,中国互联网协会发布了《网络数据和用户个人信息

---

[1] 参见李延舜:《大数据时代信息隐私的保护问题研究》,载《河南社会科学》2017年第4期。

收集、使用自律公约》，细化了《电信和互联网用户个人信息保护规定》的相关管理要求，对超范围收集、信息获取通知不到位、过度授权等问题作出回应，同时对信息收集使用的原则、要求等作出较为明确的规定，以较好地规范电信企业、互联网企业收集、使用用户个人信息的行为。[1] 但是，其适用的行业领域限于电信企业、互联网企业，同时其规范的仅为上述主体对用户个人信息的非法收集、使用行为，金融、医疗等重点领域的个人信息非法存储、传输、泄露等问题仍无有效的自律规范。

第二，对于违反行业自律规范的惩处措施力度不强且适用范围有限。例如，《中国互联网行业自律公约》第23条规定，本公约成员单位违反公约规定，造成不良影响，经查证属实的，则可能受到"公约成员单位内部通报"或者"取消公约成员资格"的惩处。《互联网终端软件服务行业自律公约》第28条规定，违反本公约并造成不良影响的，将受到"内部警告、公开谴责"等处罚，《互联网搜索引擎服务自律公约》第15条、《互联网终端安全服务自律公约》第21条也作出了类似规定。此外，《用户个人信息收集使用自律公约》第19条规定，公约执行机构可对签署单位违反公约的行为"必要时予以警告、通报或公开谴责，发现违法违规线索，交相关部门处理"等惩处措施。由上可知，相关自律公约的惩治力度较弱，对成员单位的约束力还有待提高；主要是互联网行业（包括互联网终端软件、搜索引擎、APP等）制定了行业自律公约，而金融、房屋租售、教育、医疗等领域并未制定个人信息保护有关的行业自律公约。因此，其他行业领域应当参照互联网行业相关自律公约，根据本行业领域的实际情况制定适宜的行业自律公约，保障信息主体的个人信息安全。

虽然现行大多法律法规对行业协会开展个人信息保护相关自律规范工作予以鼓励与倡导，但由于缺乏对违反行业自律规范的惩处规定，仅具有宣示性的规范难以对相关主体形成强有力的约束，致使有关行业自律规范难以得到有

---

[1] 参见《中国互联网协会发布〈网络数据和用户个人信息收集、使用自律公约〉》，中国互联网协会官网，2019年1月9日，https://www.isc.org.cn/zxzx/xhdt/listinfo~36376.html，2020年7月15日访问。2019年7月11日，中国互联网协会在第十八届中国互联网大会上举行了《用户个人信息收集使用自律公约》（第二批）签约仪式。中国电信、中国移动、中国联通、阿里巴巴、腾讯、百度等共28家企业签署了《公约》。

效实施与遵守。比如,《电信和互联网用户个人信息保护规定》第 7 条规定:"国家鼓励电信和互联网行业开展用户个人信息保护自律工作。"《儿童个人信息网络保护规定》第 6 条也作出类似规定:"鼓励互联网行业组织指导推动网络运营者制定儿童个人信息保护的行业规范、行为准则等,加强行业自律,履行社会责任。"上述规定虽然鼓励相关行业加强个人信息行业自律工作,但并未制定明确的惩处措施保障有关行业自律规范的实施。个人信息盗窃法律规制体系建设不仅需要从立法方面进行强化,更需要行业协会力量和民间力量的共同行动,各行业领域的自律公约和协议亟待制定或完善。

(二)个人信息保护氛围营造有待完善

我国公民个人信息保护意识和能力的不足表现为两个方面。第一,公民个人信息自我保护意识和能力较弱。在大数据时代下,个人信息泄露的方式多种多样,如在填写商家的调查问卷、办理消费场所会员卡时,商家会要求个人信息主体填写姓名、电话、职业、工作单位、家庭成员等各类信息,如果商家管理不善或发生个人信息盗窃者的恶意攻击,上述个人信息很容易泄露出去,流入个人信息盗窃灰色产业链中。根据中国社会科学院法学研究所的调查数据,仅有 4% 左右的公众对个人信息遭到滥用提出过投诉。[1] 第二,公民对侵害他人个人信息权的行为认识不足,其中最典型的是"人肉搜索"在网络社区中的泛滥。"人肉搜索"是指通过真实自然人的帮助,借助其在网络中提供的线索和数据确定网络事件参与者身份及其他个人信息的手段。[2] "人肉搜索"虽然满足了部分网民的好奇心理,部分情况下也会对恶劣社会事件当事人起到一定道德谴责作用,但是,该行为也侵犯了公民个人信息权,会对公民的人格利益造成损害。上述问题从深层次反映出当前我国公民对"人肉搜索"的危害性和个人信息权利的认识不足,对此,我国需要切实加强社会公众的个人信息保护意识,为个人信息盗窃法律规制体系的完善提供重要支撑。

---

〔1〕 参见刘小霞、陈秋月:《大数据时代的网络搜索与个人信息保护》,载《现代传播(中国传媒大学学报)》2014 年第 5 期。

〔2〕 参见邹蔚苓:《你与世界"媒"距离——新媒体技术与应用》,广东科技出版社 2017 年版,第 112—113 页。

### (三) 个人信息保护技术规范体系有待健全

虽然我国对个人信息安全十分重视,积极组建标准制定团队,并成功制定《个人信息安全规范》。但是,仅依靠该规范尚不足以形成健全的个人信息保护技术规范体系,同时现有个人信息保护技术规范体系存在以下三个方面的问题:第一,个人信息保护技术规范存在一定滞后性,有时候难以有效防范新型信息窃取技术。例如,高级持续性威胁(APT)[1]作为一种新兴的网络攻击技术,已成为个人信息盗窃的强力武器,但在防御APT的进攻方面,目前为止仍然缺少高效率的防御技术,[2]因此也难以在技术规范中对其设置有效的防御机制。第二,个人信息保护技术规范的落实存在一定阻碍。由于个人信息保护技术规范不是强制性规范,是否贯彻执行由经营者自行决定,加之贯彻技术规范需要投入大量成本,并且会对经营者利用个人信息造成影响,因此,个人信息保护技术规范在实践中可能难以得到全面落实。第三,网络安全硬件设施和技术自主化程度有所欠缺。当前,我国大部分企业和政府机关的网络服务硬件设备都依赖于国外公司提供,这为国外信息窃取者进行个人信息盗窃留下更多可乘之机,威胁我国公民个人信息安全。[3] 因此,即使制定了《个人信息安全规范》,在硬件设施自主化落后的情况下,仍然难以形成健全的个人信息保护技术规范体系。

综上,针对个人信息野蛮掘金的时代已经过去,数字经济的发展应该有法律制度的护航,从《个人信息保护法》到《数据安全法》,建构数据法律新秩序还需要各个部门法理顺关系、填补漏洞和完善具体责任。

---

[1] 详见本书第四章第一节第三部分。
[2] 参见陈瑞东等:《APT攻击检测与反制技术体系的研究》,载《电子科技大学学报》2019年第6期。
[3] 参见薛可:《亟待构建国家信息安全的防御屏障》,载《人民论坛》2017年第20期。

# 第七章 我国个人信息盗窃协同治理机制的构建

## 第一节 我国个人信息盗窃协同治理机制的基本框架

在全球掀起大力发展数字经济浪潮的今天,信息已经上升为重要的生产要素,并将扮演越来越重要的作用。鉴于个人信息突出的商业价值,围绕个人信息的盗窃行为必然层出不穷。个人信息盗窃治理机制的构建是个系统工程,应不断巩固、夯实协同治理机制的社会基础,构建由政府主导、企业内部监督与网民监督相配合的社会监督体系,大力培育网络安全法律意识与数据文明的社会氛围,从根源上减少与防范个人信息盗窃的发生。

**一、协同治理视野下的个人信息盗窃规制**

个人信息盗窃不仅仅是法律问题,更是社会问题,对其防治只有在社会协同治理理论的宏观视野下展开,才能找到系统化的解决方案。

(一)协同治理理论的内涵与外延

协同社会治理理论起源于西方,是指在处理复杂社会关系中实现相关参与主体的协调一致与共同行动,从而弥补政府、市场与单一社会主体治理的传统局限,力求实现社会公共利益的最大化。[1] 协同治理理论具有多元的价值目标:一是提升社会民众的参与意识与民主秩序。协同治理理论倡导公平、平等、民主的基本原则,鼓励各方主体充分参与并表达自身诉求,在相互理解与尊重的基础上实现各方的利益平衡。二是打造服务型政府。服务型政府倡导社会本位,而协同治理的广泛参与性能够促使政府不断加强与各方主体的交流与合作,在满足各方利益主体诉求的同时加速实现政府职能转型的进程。三是推动公共政策的落实与优化。协同治理强调政府、企业、行业组织与个人之间的协调分工,其中社会公共政策起着重要的指引作用,在处理社会问题过程中需要不同主体之间大量的沟通与对话,将推动社会公共政策的落地与不断优化。[2] 20世纪90年代末,我国学界开始开展相关治理理论研究,脱胎于西方的社会治理理论在中国本土化的基础上被赋予了新的含义。[3]

我国的社会治理是指在政府的主导下,以行政监管和司法规制手段为主,鼓励和支持社会各方面的积极参与,对社会公共事务进行的治理活动。协同治理能够促进多方主体共同防治个人信息盗窃,通过多主体之间的协同实现对个人信息盗窃多过程、多层面的规制。此外,社会治理理论还能对个人信息盗窃这一问题进行多方面的解构,从而正确认识其中不同主体的利益诉求和利益冲突,将不同主体的利益表达和利益实现融入个人信息盗窃防范协同机制之中,最终构建系统、长效的个人信息盗窃规制机制。党的十九届四中全会强调共治理念,提出"完善党委领导、政府负责、民主协商、社会协同、公众参与、法治保障、科技支撑的社会治理体系,建设人人有责、人人尽责、人人享有的社会治理共同体"。党的十九届五中全会又重申了这一要求,并进一步提出"推动社会治理重心向基层下移,向基层放权赋能",进一步丰富和完善了协同治理理论的内涵。

---

〔1〕 See Chris Ansell & Alison Gash, Collaborative Governance in Theory and Practice, *Journal of Public Administration Research and Theory*, Vol. 18, No. 4, 2008, pp. 543-571.

〔2〕 参见胡颖廉:《推进协同治理的挑战》,载《学习时报》2016年1月25日第5版。

〔3〕 参见王浦劬:《国家治理、政府治理和社会治理的含义及其相互关系》,载《国家行政学院学报》2014年第3期。

(二) 协同治理理论在个人信息盗窃规制中的具体适用

当前,学界对于协同治理理论在个人信息盗窃规制领域中的应用研究较少。笔者认为,只有从系统治理、依法治理、综合治理、源头治理四个方面出发改进社会治理,才能实现创新社会治理这一目标。

第一,系统治理是指在发挥行政机关主体作用的前提下,最大限度地鼓励和支持社会各方主体积极参与、分工协作。个人信息盗窃环节繁多,仅仅直接相关的主体就包括受害人、信息盗窃主体、信息交易主体、下游犯罪主体等。随着技术的发展,个人信息盗窃行为更多体现为组织犯罪,其内部成员分工明确、合作有度,造成的威胁也与日俱增。相应地,对个人信息盗窃行为的规制也需要从行政机关、司法机关到行业协会、数据主体、数据控制者等多方主体的共同参与。

第二,依法治理是指对社会治理活动加强立法的指导和支撑,并为具体的治理行为提供法律保障。依法治理是社会治理的核心内容,强调利用法治思维和法治方式解决社会矛盾,通过明晰权责,推动国家与社会、政府与公民之间在社会生活中的合作共治顺利进行。

第三,综合治理是指利用多种手段对个人信息盗窃进行治理,除了法治的保障作用以外,还应当加入技术手段和宣传手段。个人信息盗窃是信息社会的产物,在其治理过程中信息技术手段显然不能缺位。同时,社会宣传与舆论监督有助于营造遵纪守法的良好氛围,增强传统道德约束的力量,促使意欲实施盗窃行为的主体作出理性选择,正确规范自身的行为。

第四,源头治理是指进行社会治理时需要找到问题产生的源头,从而有针对性地进行决策。具体到个人信息盗窃,应首先找到其产生的根源问题,进而有针对性地制定措施进行防治。个人信息盗窃产生的原因多种多样,除了信息技术的发展、社会形态改变等原因外,最为突出的原因是个人信息的过度收集与滥用。在构建个人信息盗窃协同治理机制时,个人信息非法收集与滥用这一源头性问题的妥善解决应成为重中之重。

## 二、个人信息盗窃协同治理机制的基本框架与思路

党的十九届四中全会审议通过的《中共中央关于坚持和完善中国特色社

主义制度　推进国家治理体系和治理能力现代化若干重大问题的决定》指出："建立健全运用互联网、大数据、人工智能等技术手段进行行政管理的制度规则。推进数字政府建设,加强数据有序共享,依法保护个人信息。"该决定提出在行政管理中运用大数据等技术手段的同时,强调对个人信息的依法保护。据此,应当加快构建个人信息盗窃协同治理机制,强化个人信息保护力度。

(一) 个人信息盗窃协同治理机制的基本框架

1. 双重保障

双重保障是指从技术层面和法律层面为个人信息盗窃防治提供保障。个人信息盗窃既涉及法律问题也涉及技术问题,因此协调利用技术手段和法律手段实现个人信息盗窃的预防和惩治至关重要。一方面,法律要对技术的非法应用进行规制;另一方面,法律需要技术手段协助其实现规制目标。法律由于自身的稳定性要求,只能缓慢地进行变革和更新,以应对技术革新带来的新问题。当仅仅通过法律难以实现目标或实现目标的效果不理想时,配合利用灵活多样的技术手段解决问题就变得尤为重要。

2. 五方协同

五方协同是指政府机关、司法机关、行业协会、数据控制者、数据主体之间的协同。当前社会环境复杂,社会主体之间的利益边界犬牙交错,如何协调其中的利益关系是社会治理必须考虑的问题。在个人信息盗窃治理的五方主体中,政府机关拥有公权力,负有社会管理和保护公民合法权益的义务,在个人信息盗窃防治中应起到主导作用;司法机关的职责在于调整因违法行为被扰乱的正常社会关系,使其恢复到违法行为发生之前的状态,或者给受害人以国家强制力为保障的补偿,同时追究违法犯罪人员相应的法律责任;除了发挥公权力的职能之外,还应当充分激发市场主体的作用,行业协会作为行业自律组织,有义务向市场经营主体发布个人信息保护指引,积极引导企业制定规范的个人信息保护机制;数据控制者应当严格、全面履行法律法规设定的个人信息保护义务,采取多种措施避免和降低个人信息安全风险;数据主体应当不断提升个人信息保护意识,防范个人信息盗窃行为,在发生个人信息盗窃案件时应当及时向有关部门投诉和举报,并配合有关部门对违法案件的查处。在上述五方主体参与协同治理的过程中,各主体之间为了信息安全的共同价值目标协调配合,充分发挥各自的优势,通过建立短期、中期、长期的合作机制打造协同治理共同体,实现自律机制、他律机制和互律机制的有机统一,推动网络治理与社会治理的良性互动。[1]

### (二)个人信息盗窃协同治理机制构建的基本思路

"双重保障,五方协同"的根本目的在于构建有效的个人信息盗窃防范协同机制,通过多方的协同作用,加上技术与法律的保障,从而创新社会治理,实现对个人信息盗窃的根本防治。该防范协同机制可在个人信息盗窃犯罪行为的各个阶段起到积极作用。首先,在个人信息盗窃的预备阶段,数据主体、数据控制者与政府机关应共同保护个人信息安全。政府机关积极履行社会管理与行政监管职责;数据控制者需要采取技术措施确保数据安全,制定相应的数据安全保障机制,并定期对违法收集、利用个人信息的情况以及数据安全隐患进行排查;数据主体对信息盗窃的防范意识也不可或缺。其次,在个人信息盗窃的实施阶段,数据控制者应屏蔽数据盗窃通道,同时利用技术手段完成对个人信息盗窃行为的识别以及提醒受害人。再次,在个人信息盗窃的侦查阶段,同样需要各方主体的共同协作,被害人应当直接将相关情况向公安机关反映,数据控制者应为公安机关提供相关服务记录以协助破案。最后,在个人信息盗窃的救济阶段,司法机关提供法律救济以帮助受害人追回损失等,行业协会及其他社会组织可以设立专项基金向受害人提供物质性和非物质性的帮助。[2]

## 第二节 我国个人信息盗窃协同治理机制的构建路径

"双重保障,五方协同"的具体实现,需要通过立法机关、司法机关、行政机关不断完善立法、优化司法、加强监督管理以提供防范、震慑、惩戒个人信息盗

---

[1] 参见熊光清:《中国网络社会多中心协同治理模式探索》,载《哈尔滨工业大学学报(社会科学版)》2017年第6期。

[2] 参见何培育、林颖、张珂:《社会治理视野下电信诈骗防范协同机制研究》,载《重庆理工大学学报(社会科学版)》2018年第3期。

窃的法律保障,也需要以大数据行业龙头企业为主力,在政府的引导下推动个人信息安全保护技术的升级应用,为个人信息盗窃的治理提供技术保障。同时,个人信息主体、个人信息控制者等需要从强化个人信息保护意识、加强行业自律规范建设等方面为个人信息盗窃治理提供配套保障。[1]

## 一、完善规制个人信息盗窃相关立法

当前应加强我国个人信息保护立法的总体规划,完善个人信息保护的基本原则,丰富个人信息权的权利内容,强化政府个人信息盗窃行政监管职责,完善个人信息盗窃法律责任体系,保障信息主体权利的实现。

(一)加强我国个人信息保护立法的总体规划

公民个人信息保护具有现实紧迫性,一方面应当对现行立法进行完善,另一方面,应进一步优化《个人信息保护法》《数据安全法》,完善个人信息保护立法体系,实现对公民个人信息的全面保护。

1. 完善现行立法个人信息保护条款

(1)民事立法领域

在民事领域,正式实施的《民法典》《个人信息保护法》是个人信息保护的主要法律依据。但是,这两部法律关于个人信息保护的相关条款仍需进一步细化和明确。首先,应当对个人信息侵权责任制度作出更详细的规定,使个人信息主体权利救济具有更具体、合理的法律依据。例如,在侵权主体的界定上,可明确个人信息处理者与非个人信息处理者的界限,以降低信息主体举证难度;[2]在归责原则上,应明确规定精神损害赔偿责任适用过错责任原则,与《民法典》第1182条保持一致,避免产生法律适用冲突;[3]在举证责任上,应确定个人信息保护领域的侵权举证责任倒置原则,促使个人信息控制者及处理者积极控制

---

[1] 参见张新宝:《论个人信息权益的构造》,载《中外法学》2021年第5期。

[2] 参见杨显滨、王秉昌:《侵害个人信息权的民事责任——以〈个人信息保护法〉与〈民法典〉的解释为中心》,载《江苏社会科学》2022年第3期。

[3] 参见杨立新:《侵害个人信息权益损害赔偿的规则与适用——〈个人信息保护法〉第69条的关键词释评》,载《上海政法学院学报(法治论丛)》2022年第1期。

个人信息泄露风险,并尽其所能采取权限管理、风险提示等规则以及不可复制和不可批量下载等技术限制,不断加强匿名化技术、加密技术等技术保障,以确保个人信息处理活动的合法性与合规性。[1] 其次,进一步明确个人信息权的权利内容,如个人信息主体有权了解其个人信息的收集、使用与处理情况,可以选择拒绝不符合收集目的要求的个人信息处理,在个人信息受到侵犯时有权要求赔偿。[2] 最后,进一步明确个人信息分级分类标准,如建立健全个人信息分级分类保护目录或保护清单,对个人信息尤其是敏感个人信息进行分级分类。[3]

(2) 行政立法领域

《个人信息保护法》作为我国个人信息保护的一部基础法律,是个人信息盗窃行政规制的主要法律依据。此前,《网络安全法》是行政法领域中保护个人信息、规制个人信息盗窃的主要法律,但保护个人信息并非该法的主要目的,因而其个人信息保护行政监管的职权配置不合理,存在监管主体分散、监管措施不力、监管程序不清等问题。因此,在个人信息保护的行政法领域,应当明确个人信息保护行政监管的核心目标,逐步建立统一的监管机构,不断细化个人信息保护监管措施,协调行政监管与司法救济之间的衔接关系。[4] 同时,现行法律对个人信息盗窃的行政处罚手段仅包括罚款、警告、没收违法所得、责令停产停业等声誉罚、财产罚、行为罚,缺少相应的人身自由罚以处罚未达到刑事立案标准的个人信息盗窃行为,致使当前个人信息盗窃的行政处罚震慑效果不足。此外,部分地方政府尝试以失信惩戒等措施惩治个人信息盗窃行为,但缺乏明确的法律授权依据,可能导致下位法与上位法的冲突。因此,在完善个人信息保护的行政法方面,应当增加相应的行政处罚措施。例如,在《治安管理处罚法》中增加对个人信息盗窃行为的人身自由罚,还可考虑出台其他法律明确规定对个人信息盗窃者失信惩戒等措施,以加强个人信息盗窃行政法规制的力度并解

---

[1] 参见高志宏:《隐私、个人信息、数据三元分治的法理逻辑与优化路径》,载《法制与社会发展》2022年第2期。

[2] 参见任龙龙:《个人信息民法保护的理论基础》,载《河北法学》2017年第4期。

[3] 同上。

[4] 参见邓辉:《我国个人信息保护行政监管的立法选择》,载《交大法学》2020年第2期。

决部分地方性法律文件与法律、行政法规冲突的问题。

(3) 刑事立法领域

在刑事立法领域,需要从三个方面加强立法。一是进一步明确和扩大非法获取公民个人信息罪的范围。现行《刑法》规定,窃取或者以其他方法非法获取个人信息的行为构成非法获取公民个人信息罪。鉴于"以其他方法非法获取"这一措辞的含糊性,部分 APP 以合法形式掩盖非法行径的信息处理行为无法纳入本罪的范围,更无法对层出不穷的个人信息盗窃新方式进行有效规制。[1]因此,应当将没有通过合法途径获得大量个人隐私信息的行为纳入非法获取公民个人信息罪。二是进一步明确非法获取公民个人信息罪的判断标准,以回应司法实践中普遍存在的公民敏感个人信息范围、认定违法所得是否需要扣除成本、认定公民个人信息数量的最小单位等争议问题。[2] 三是扩大侵犯公民个人信息犯罪的范围,将非法利用公民个人信息的行为纳入刑法规制的范围,从利益源头打击个人信息盗窃行为。

2. 进一步完善《个人信息保护法》

我国《个人信息保护法》已于 2021 年 11 月 1 日正式实施,该法包括总则、个人信息处理规则、个人信息跨境提供的规则、个人在个人信息处理活动中的权利、个人信息处理者的义务、履行个人信息保护职责的部门、法律责任和附则八个部分,其亮点主要表现为:第一,以"告知—同意"为核心构建了覆盖个人信息收集、存储、使用、加工、传输、提供、公开等活动全过程的规则框架;第二,进一步明确了负责个人信息保护的政府部门及其职能;第三,构建了政府、个人信息主体、个人信息处理者等多方主体协同的个人信息保护机制;[3]第四,确立了长臂管辖原则,进一步加强个人信息盗窃的治理力度。但是,笔者认为,该法仍需要进行以下优化:第一,进一步优化个人信息盗窃案件的民事救济程序,建

---

[1] 参见张勇:《APP 个人信息的刑法保护:以知情同意为视角》,载《法学》2020 年第 8 期。

[2] 参见喻海松:《侵犯公民个人信息罪的司法适用态势与争议焦点探析》,载《法律适用》2018 年第 7 期。

[3] 参见王淼:《数字经济发展的法律规制——研讨会专家观点综述》,载《中国流通经济》2020 年第 12 期。

立集体诉讼制度;第二,加大敏感个人信息的保护力度,扩大现行规定中敏感个人信息的范围,将"可能导致个人受歧视"修改为"可能导致人格尊严受损";[1]第三,完善个人信息保护的救济措施。《个人信息保护法》应当规定个人信息主体可选择的救济途径,对严重泄露、窃取公民个人信息的组织、个人适用惩罚性赔偿,以切实维护公民个人信息权益。[2]

### (二) 个人信息盗窃民事规范的立法完善

民事救济可以实现弥补损害的功能,在三种救济手段中具有尤为重要的地位。当前形势下法律对进入网络的个人信息加强保护,确保网络用户的经济、尊严等诸方面的权益,已然成为发展数字经济的前提与基础,个人信息保护法应成为大数据产业的安全保障法。[3] 为了顺应大数据产业的发展要求,我国个人信息保护的民事立法完善可从以下方面入手。[4]

1. 完善个人信息保护法的基本原则

个人信息保护法的基本原则分为共有原则与特有原则。共有原则是指个人信息保护的直接上位法的基本原则,具体包括意思自治原则、公平原则、平等原则、诚实信用原则等。特有原则是指共有原则之外的仅适用于个人信息保护法的基本原则,体现个人信息保护法的核心价值与理念。详言之,个人信息保护法的特有原则如下:

(1) 目的明确原则。即数据控制者收集个人信息的目的必须在收集前确定,发生目的变更的,变更后的目的也必须及时予以明确。确立目的明确原则的目的在于确保信息主体和社会对个人信息处理的可预见性。

(2) 知情同意原则。即数据控制者在收集个人信息时应当充分告知信息主

---

[1] 参见石佳友:《个人信息保护法与民法典如何衔接协调》,载《人民论坛》2021年第2期。

[2] 参见何培育、王潇睿、林颖:《论大数据时代个人信息盗窃的技术手段与应对机制》,载《科技管理研究》2018年第7期。

[3] 参见齐爱民:《拯救信息社会中的人格:个人信息保护法总论》,北京大学出版社2009年版,第147页。

[4] 参见何培育:《电子商务环境下个人信息安全危机与法律保护对策探析》,载《河北法学》2014年第8期。

体有关个人信息收集、处理和利用的情况,并应征得信息主体的明确同意。

(3) 目的限制原则。即个人信息的收集利用均限于事先确立的目的,并与该目的保持一致;应采取公平合理的收集方式。目的限制原则是与目的明确原则紧密配合的一个原则:目的明确原则旨在要求数据控制者进行个人信息处理时应有明确目的,目的限制原则旨在确保数据控制者收集、处理个人信息应受"明确目的"之限制。[1]

(4) 信息品质原则。该原则也称"完整正确原则",是指数据控制者应保障个人信息在其处理目的范围内的完整、正确和时新。该原则的核心是完整和正确,是各国际组织和各国个人信息保护法普遍遵循的原则。

(5) 安全保护原则。即数据控制者对个人信息应采取合理的技术、制度等方面的安全保护措施,以防止个人信息的丢失、非法访问、毁损、非法利用、修改和泄露等风险的发生。

(6) 政策公开原则。该原则也称"公开原则",是指关于个人信息的收集、处理和利用以及相关政策应当公开。该原则的目的在于通过公开数据控制者的行为,使社会知悉个人信息的收集、处理等情况,以实现对个人信息处理的监督和控制,保障信息主体知情权的实现。

(7) 禁止泄露原则。该原则也称"保密原则",是指数据控制者及其工作人员负有对个人信息的保密义务,严禁非法泄露个人信息及其内容。对个人信息内容的披露,只有在法定或者约定条件下才属于合法行为。

(8) 保存时限原则。即为任何目的处理个人信息都不应超过该目的需要的时间而保存。

(9) 自由流通和合理限制原则。即应当在保障信息主体合法权利的基础上促进个人信息的流通,同时需要对个人信息流向缺乏实质性个人信息保护立法或者不能对个人信息给予合理保护的接收方进行限制。[2]

上述个人信息保护基本原则的重要意义在于构建了个人信息保护的义务框架,明确了个人信息收集、使用行为合法与非法的边界,设立了个人信息保护

---

[1] 参见王利明:《〈个人信息保护法〉的亮点与创新》,载《重庆邮电大学学报(社会科学版)》2021年第6期。

[2] 参见齐爱民:《私法视野下的信息》,重庆大学出版社2012年版,第259—300页。

的"防火墙"。[1] 同时，上述原则虽已大多体现在《个人信息保护法》中，但仍需根据数字经济时代的新模式、新业态进一步发展完善。例如，该法虽规定了目的限制原则，但基本沿用传统的概念内涵，无法有效应对当前社会发展变化。由于过度压缩信息利用空间，因此未能很好地达到信息保护与信息利用之间的平衡。在新的形势下，有必要对其内涵进行适度调整，对敏感个人信息和一般个人信息区分保护，即处理敏感信息时个人信息处理者应当恪守目的限制原则，对于一般个人信息，应允许信息处理者在不给信息主体造成不合理的风险前提下适度进行目的外利用，从而促进数字经济在健康的轨道上快速发展。[2]

2. 构建个人信息权利内容体系

构建科学、合理的个人信息权利内容体系是保障个人信息安全的前提与基础。个人信息权是一种新类型的具体人格权，其目的在于使个人信息权主体能够以自己的行为支配其个人信息，保护其精神人格利益。个人信息权具有非常丰富的内容，并且随着个人信息盗窃技术的发展、对象的增加而不断扩张。因此，一方面要加强保护被盗窃风险更大的个人信息，另一方面要防止个人信息权利体系过于臃肿而阻碍大数据产业的发展。[3] 具体而言，可以根据个人信息的敏感程度将个人信息权利内容划分为一般个人信息权利内容和敏感个人信息权利内容。[4]

（1）一般个人信息权利内容

一般个人信息是指包含敏感个人信息在内的所有个人信息，即《民法典》第1034条规定的"以电子或者其他方式记录的能够单独或者与其他信息结合识别特定自然人的各种信息"。其中，个人信息主体均享有的权利内容即为一般个人信息权利内容。

第一，信息决定权。即个人信息主体享有对信息收集、处理行为事先知情

---

[1] 参见何培育：《电子商务环境下个人信息安全危机与法律保护对策探析》，载《河北法学》2014年第8期。
[2] 参见朱荣荣：《个人信息保护"目的限制原则"的反思与重构——以〈个人信息保护法〉第6条为中心》，载《财经法学》2022年第1期。
[3] 参见谢琳：《大数据时代个人信息边界的界定》，载《学术研究》2019年第3期。
[4] 参见王利明、丁晓东：《论〈个人信息保护法〉的亮点、特色与适用》，载《法学家》2021年第6期。

并决定是否以及如何处理个人信息的权利。在网络环境下,大量的个人信息是在本人不知情的情况下被收集的,且被收集的个人信息将作何种用途本人也不得而知,这种行为侵犯了信息主体的知情权。信息主体不仅有权知道个人信息收集主体的准确信息,还应有权知道被收集的个人信息将用于何种用途,而且数据控制者应当明确个人信息收集的范围、表现形式。信息主体有权决定是否允许其收集其个人信息,有权事先知悉并决定是否同意其收集个人信息的范围以及信息被收集后的使用方式等。

第二,信息查询和复制权。个人信息主体有权查询个人信息收集、处理情况,并有权对违法或不当处理行为提出异议、主张救济。具体而言,对于网络经营者收集、处理个人信息的事由、方式以及期限等,信息主体有权访问、查阅,并有权要求其提供个人信息复制本。同时,作为个人信息的收集者,网络经营者负有保障网络用户个人信息安全的义务。经营者违法使用个人信息或者由于外部原因造成信息泄露的,信息主体有权要求经营者采取必要、合理措施保障其个人信息安全。经营者拒绝采取必要措施或技术手段保证个人信息安全的,信息主体有权提起诉讼主张损害赔偿。

第三,信息删除、封锁与更正权。即赋予个人信息主体请求信息处理者采取合理措施确保其个人信息的准确、完整状态的权利。个人信息主体虽然向信息处理者提供了个人信息,但并不丧失对个人信息的控制权,可以通过合理的方式要求经营者保存的个人信息准确、完整。其中,信息删除权是指"当出现了特定事由时(如信息存储的合同届满),信息主体可请求信息控制者、处理者删除其个人信息的权利"[1];信息封锁权是指"在法律明文规定或者当事人间约定事由出现时,通过特定技术手段防止信息被存储、处理与共享"[2];信息更正权是指个人发现其个人信息不准确或者不完整的,有权请求个人信息处理者更正、补充。《个人信息保护法》规定了个人行使个人信息删除权的五种具体情形,并规定了在这些情形中个人信息处理者负有主动删除的义务,还规定了不能删除时个人信息处理者应当停止除存储和采取必要的安全保护措施之外的

---

[1] 张才琴、齐爱民、李仪:《大数据时代个人信息开发利用法律制度研究》,法律出版社2015年版,第60—64页。

[2] 同上书,第62—63页。

处理。[1]

(2) 敏感个人信息权利内容

根据《个人信息保护法》第 28 条:"敏感个人信息是一旦泄露或者非法使用,容易导致自然人的人格尊严受到侵害或者人身、财产安全受到危害的个人信息,包括生物识别、宗教信仰、特定身份、医疗健康、金融账户、行踪轨迹等信息,以及不满十四周岁未成年人的个人信息。"敏感个人信息更容易遭到盗窃,且其泄露的危害后果更严重,因此需要更特殊的保护。敏感个人信息权利内容除了包括上述一般个人信息权利内容之外,还包括一些特殊的权利内容:

第一,被遗忘权。笔者认为,该项权利应当作为个人信息主体就其敏感个人信息享有的特殊权利而得到法律的承认。被遗忘权是信息删除权的"升级版",即信息主体就网络上存在的一些与其相关但具有误导性、不相关性、过时性甚至可能使其难以自处的个人信息,可请求信息控制者、处理者删除此类信息的相关链接、备份文件、复制文件等。[2] 欧盟《通用数据保护条例》第 17 条规定了此项权利,且适用客体为一般个人信息。该项权利在国外的司法判决中屡屡出现,比较典型的如 2014 年冈萨雷斯诉谷歌被遗忘权案。该案中,冈萨雷斯检索到谷歌搜索记录中保存了 1998 年《先锋报》刊登的其财产拍卖的公告信息,由于该信息已经失效,原告认为谷歌公司侵害其名誉权,要求谷歌公司删除相关信息。最终,欧盟法院判决谷歌公司败诉,要求谷歌公司在搜索结果中删除相关信息。在该案中,欧盟法院对 1995 年《个人数据保护指令》第 12 条、第 14 条进行了扩充解释,并提出了"被遗忘权",认为数据主体在其相关数据满足不准确、不充分、过度的情况下享有修改、删除、屏蔽的权利,这种包含被遗忘权权利在内的基本数据权利应当高于搜索引擎提供商的合法权益以及信息自由的一般权益,并应当严格受到法律保护。这一判决也标志着被遗忘权在欧洲司

---

[1] 参见程啸:《论〈民法典〉与〈个人信息保护法〉的关系》,载《法律科学(西北政法大学学报)》2022 年第 3 期。

[2] See M. J. Kely & D. Satola, The Right to Be Forgotten, *Illinois Law Review*, No. 3, 2017.

法实践中的正式确立。[1]

在我国的司法实践中,被遗忘权却没有得到法院的承认。例如,在我国首例被遗忘权案任某某诉百度案中,任某某从陶氏生物科技有限公司离职一段时间后,仍然能够在百度的链接中搜索到"陶氏教育任某某"等信息,因此任某某以百度侵犯其被遗忘权为由起诉至法院。该案一、二审法院均认为被遗忘权属于具体人格利益,却又自相矛盾地论证该权利没有受保护的必要性和正当性。[2] 产生这一矛盾的根本原因在于,我国尚未从法律上确认被遗忘权的地位,导致法院在审理此类案件时无法可依。对于《个人信息保护法》第 47 条规定的删除权与被遗忘权的关系,学界存在两种不同的观点。一种观点认为,删除权就是本土化的被遗忘权,没有另行规定被遗忘权的必要,更没有必要审慎考虑删除权与被遗忘权的异同。[3] 另一种观点主张,删除权是个人信息自主权的权能,被遗忘权属于个人信息自主权的范畴。[4] 因此,《个人信息保护法》规定的删除权与被遗忘权仍然存在区别,不能将两者完全等同。[5]

而如果采用欧盟《通用数据保护条例》的做法,将被遗忘权的适用对象规定为一般个人信息,则可能造成个人信息权与公众知情权、言论自由权的冲突加剧,个人信息权的过度行使会对大数据产业的发展造成不利影响,同时会对国家社会管理造成一定困扰。因此,笔者建议将被遗忘权的权利客体限制为敏感个人信息,因为此类信息若无法在网络空间中被抹除,将可能对个人信息主体的人格尊严造成严重损害,设置敏感个人信息被遗忘权具有必要性和正当性。同时,将权利客体限制为敏感个人信息,有利于协调个人信息权与大数据产业发展的冲突。

第二,特殊决定权。即个人信息主体在决定针对其敏感个人信息的处理行

---

[1] 参见周丽娜:《大数据背景下的网络隐私法律保护:搜索引擎、社交媒体与被遗忘权》,载《国际新闻界》2015 年第 8 期。

[2] 参见北京市第一中级人民法院(2015)一中民终字第 09558 号民事判决书。

[3] 参见杨立新、赵鑫:《〈个人信息保护法〉规定的本土被遗忘权及其保护》,载《河南财经政法大学学报》2022 年第 1 期。

[4] 参见李立丰:《本土化语境下的"被遗忘权":个人信息权的程序性建构》,载《武汉大学学报(哲学社会科学)》2019 年第 3 期。

[5] 参见王利明:《论个人信息删除权》,载《东方法学》2022 年第 1 期。

为时,享有比一般个人信息更主动、更充分的权利。(1)原则上敏感个人信息无法被收集、利用,个人信息处理者只有在以书面方式充分告知信息主体将被处理的敏感个人信息的内容、目的、潜在受众、可能后果和双方权利义务,并且得到其明确作出同意的意思表示之后,方可以处理其敏感个人信息。(2)个人信息主体享有随时撤销个人信息处理者处理其敏感信息的权利,即随时撤销权。该权利对个人信息主体就其敏感个人信息自主决定权的落实具有重要意义。[1]

(三)个人信息盗窃行政规范的立法完善

行政监管比民事救济、刑法规制更为主动,能够更好地起到事前预防的作用。在当前个人信息盗窃事件频发的背景下,从切实保障公民基本信息安全的角度出发,应当进一步明确行政监管主体、健全事前监管体制、加大行政处罚力度以及完善问责机制。

1. 明确行政监管主体

从发达国家或地区已经制定的个人信息保护法来看,行政监管主体设立主要有两种模式:第一类是以美国、欧盟国家为代表的松散制模式,主要由贸易委员会、消费者金融保护局、卫生和公共服务部以及通信委员会对相关领域的违法行为进行监管。第二类是以荷兰的注册办公室、韩国的个人信息保护委员会为代表的集中制模式,即设立一个专门机构行使行政监管权。上述两类行政监管主体的设立模式各有优劣,专门设立监管主体有利于统一标准,便于执法的同时也能提高解决问题的效率,但新的部门设立往往困难重重,监管环境的缺乏和监管自身的乏力将导致无序性风险。[2] 松散制模式下行政资源较为分散,能够在较广泛的范围内解决个人信息保护问题,但多个监管主体意味着整个行政监管体系的庞大,不利于现代化的行政管理。

在我国,《网络安全法》颁行以来,国家网信部门的作用愈来愈重要,但其专业性、独立性仍有待进一步加强。虽然《网络安全法》《个人信息保护法》都规定国家网信部门负责统筹协调网络安全工作和相关监督管理工作,但其职权范围

---

[1] 参见田野、张晨辉:《论敏感个人信息的法律保护》,载《河南社会科学》2019年第7期。

[2] 参见宋慧宇:《论行政监管权运行的法律控制》,载《长白学刊》2012年第3期。

过宽,对个人信息的保护稍显不力。具体而言,中央层面由国家网信部门负责统筹协调个人信息保护和相关监督管理工作,国务院有关部门在各自职权范围内负责个人信息保护和监督管理工作;地方层面则由县级以上地方人民政府有关部门履行个人信息保护和监督管理职责。根据《个人信息保护法》第 60 条第 3 款,上述部门虽统称"履行个人信息保护职责的部门",但在实践中如何厘清各部门之间的职责界限,仍有待进一步阐明。[1] 同时,在具体的执法实践中如何落地,也存在诸多变数。一是根据《个人信息保护法》第 66 条第 2 款,罚款可能高达"五千万元以下或者上一年度营业额百分之五以下",处罚主体是"履行个人信息保护职责的部门",既没有明确具体的部门,也没有明确级别管辖与地域管辖。也就是说,任何一个县级管理部门都有可能成为处罚主体,这对企业可能构成一定的营商环境法律风险。[2] 二是其他部门究竟包含哪些部门并无确切的依据,这就可能造成执法过程中出现互相推诿情形。鉴于当前个人信息保护的迫切性,我国应建立以国家网信部门和工信部为主、以其他行政监管部门为辅的行政监管体系,更加合理地分配行政资源,避免因权力边界模糊而导致的相互推诿、权力冲突现象,充分保障个人信息主体的合法权益。

2. 健全事前监管体制

事前监管是防范个人信息盗窃风险的有力举措,在未来的个人信息盗窃行政法的修订中,应当注重健全个人信息盗窃事前监管体制。目前,我国个人信息盗窃事前监管的措施主要是由监管部门对网络经营者进行抽查,该措施在一定程度上有利于防范个人信息盗窃行为的发生,但仍然可能存在漏检和错检的情形。此外,国家网信部门统筹协调机制明显存在诸多不足。有学者指出,个人信息被侵害的紧急性相比其他权利被侵害的程度更高,且个人信息受到侵害后,难以恢复至原状,现行统筹协调机制多启动于事件发生之后。当前的事后救济无法有效适应科技快速发展的需求,迫切需要事前的风险监管。各行政机关在处理个人信息时的事前监督机制,在现行机制中还未建立起来,导致各主

---

[1] 参见高秦伟:《论个人信息保护的专责机关》,载《法学评论》2021 年第 6 期。

[2] 参见周汉华:《〈个人信息保护法(草案)〉:立足国情与借鉴国际经验的有益探索》,载《探索与争鸣》2020 年第 11 期。

管部门对保障个人信息缺乏统合性与风险预防性。[1]

事前监管体制主要从两个方面着手：一是建立全面的个人信息处理行为相关事项登记制度。在明确个人信息盗窃行政监管部门的基础上，我国应当借鉴英国、德国等国家的做法，要求个人信息处理者将其处理个人信息的内容、目的、种类、手段以及内部个人信息保护制度等内容向监管部门登记，以便监管部门对个人信息处理风险进行事前评估，也方便其在个人信息安全风险发生之时快速响应。二是建立个人信息处理行为风险评估体系。在前述登记制度的基础上，应当通过行政法规、部门规章等确立针对个人信息处理者的风险评估体系，一方面针对其登记信息评估风险，另一方面根据个人信息处理者的实际情况变更进行动态评估，如其个人信息保护负责人的变动、经营范围的变动、受委托处理个人信息方的变动等情况。

3. 加大行政处罚力度

加大行政处罚力度主要从三个方面着手。一是增设矫正性行政处罚措施。根据我国《网络安全法》第64条的规定，警告、罚款等行政处罚措施只有在网络运营者等个人信息处理者违反该法有关规定并侵犯了个人信息权时才能够适用，而此时个人信息盗窃行为通常已经发生。对此，我国可以借鉴欧盟经验，增设"预先警告、申诫、暂时性或具有明确期限的禁令"等行政处罚措施，责令个人信息处理者限期作出整改。实际上，国家网信办针对APP违法收集、使用个人信息的抽检、评估和公告就类似于上述措施，但是这些措施并未得到法律的明文规定。因此，在今后完善个人信息盗窃行政规范时，应当将此类行政处罚措施纳入法律条文之中。二是提高个人信息处理者的违法成本。虽然《个人信息保护法》第66条大幅提高了严重违法行为的罚款上限，加大了对违法者的处罚力度，但却缺乏相应的裁量权的行使基准，这在具体案件中很容易造成同案不同罚，处罚显失公正等情形。因此，应明确具体的裁量标准。具体而言，应完善"情节严重"的要件解释，如违法者的主观状态、违法者的行为性质、违法后果等；明确选择适用"五千万元以下""上一年度营业额百分之五以下"标准的条件。此外，还应当在《治安管理处罚法》等法律中规定与刑法相衔接的行政处罚

---

[1] 参见高秦伟：《论个人信息保护的专责机关》，载《法学评论》2021年第6期。

措施,以规制未达到刑事立案标准的个人信息盗窃行为。三是结合《个人信息保护法》第 67 条建立违法信用档案记录制度的规定,增设失信惩戒、从业限制等行政处罚措施,以满足个人信息盗窃规制的现实需求,解决下位法制定具体措施时没有法律依据的问题。

4. 完善问责机制

行政机关代表社会公众利益,需要通过健全的行政监管责任追究机制规范行政监管行为。具体包括三个方面:第一,明确问责的具体标准。通过制定详细的实施办法明确不同情形下的责任主体、责任大小、责任方式等内容,同时适当引入第三方评价机制,提高责任认定的客观性与中立性。第二,区分领导责任与直接责任。相关政府部门主要负责人、部门负责人应承担重要领导责任,直接从事个人信息安全监管的工作人员承担直接责任。第三,规范责任官员的复出。细化个人信息安全监管问责的实质性要件,对于因存在主观故意、重大过失等而被追责的官员原则上禁止复出,对于因轻微过失而被问责官员复出应进行公开评议,对于因重大个人信息安全事故而被问责的官员五年内不得重新担任与原职务类似、级别相当的领导职务。

(四)个人信息盗窃刑事规范的立法完善

2015 年 11 月 1 日施行的《刑法修正案(九)》对个人信息盗窃的刑事规范进行过完善,主要扩大了该罪的犯罪主体、犯罪对象和犯罪行为的范围。同时,最高人民法院出台了司法解释,对该罪的适用作出详细规定。但是,随着时代的发展和技术的快速进步,法律条文也与现实产生脱节,亟须进一步完善,以更好地治理大数据时代个人信息盗窃泛滥的问题。大数据时代侵犯公民个人信息罪规定的不足,主要体现在"国家有关规定"的虚置、入罪标准的落后及不明确、规制对象的狭窄等方面。为解决上述问题,需要做到:

1. 扩大"国家有关规定"的范围

"国家有关规定"难以满足当前个人信息盗窃治理需要,可以将个人信息保护有关国家标准和技术规范纳入其中。根据现行法律规定,侵犯公民个人信息罪以违反"国家有关规定"为前提,该规定由《刑法修正案(七)》中的"国家规定"变迁为《刑法修正案(九)》中的"国家有关规定",已历经了一次扩张,即已从违反"法律、行政法规"扩充至"法律、行政法规和部门规章"。但是,部门规章中少有对个人信息法益作出规定的文件,在司法实践中,确认嫌疑人是否违反"国家有关规定",仍然主要依靠《民法典》《网络安全法》等法律的规定。问题是,此类上位法所作的大多为原则性规定,在适用时可能引起争议。[1] 同时,当今手机APP、电商经营者等利用提供服务的便利盗窃个人信息的行为极为普遍,但其行为往往具有合法的"外衣"。若仅以法律、行政法规和部门规章为前置法,将难以规制此类行为。因此,建议将专门规定个人信息处理者处理信息的原则、流程、范围的技术规范和国家标准纳入"国家有关规定"的范畴,以增强侵犯公民个人信息罪的可适用性。具体而言,一方面可以修改或出台司法解释,明文规定"国家有关规定"包括国家标准和技术规范;另一方面,可在未来完善《个人信息保护法》时,规定个人信息保护有关国家标准或技术规范具有强制性。

2. 调整和明确入罪标准

(1) 调整入罪标准

触犯侵犯公民个人信息罪的行为需要达到"情节严重"的标准,该标准包括非法获取、提供的个人信息的数量,并按照涉案信息性质、数量规定了三个等级:非法获取、提供直接影响信息主体人身财产安全的信息达 50 条即为情节严重;非法获取、提供可能影响信息主体人身财产安全的信息达 500 条即为情节严重;非法获取、提供对信息主体人身财产安全影响不大的信息达 5000 条即为情节严重。有学者认为该标准过低,与大数据时代的信息处理能力不符,可能阻碍信息的自由流通。[2] 笔者认为,基于协同理念的个人信息盗窃治理需要调动个人信息处理者的自主参与,若侵犯公民个人信息罪的入刑标准过低,则将引发"寒蝉效应",可能打击个人信息处理者规范处理行为的积极性。因此,有必要对侵犯个人信息罪中认定情节严重的数量标准作出适当调整。

(2) 进一步完善入罪标准的细节

当前侵犯公民个人信息罪的入罪标准存在模糊之处。第一,在不同层次个

---

[1] 参见冀洋:《法益自决权与侵犯公民个人信息罪的司法边界》,载《中国法学》2019年第4期。

[2] 参见王秀哲:《"侵犯公民个人信息罪"司法解释之局限性及其破解》,载《河南大学学报(社会科学版)》2018年第5期。

人信息的划分存在关系不明问题。例如，在直接影响信息主体人身财产安全的信息中包含行踪轨迹信息，而在可能影响信息主体人身财产安全的信息中则包含住宿信息，那么连续时间段内的住宿信息是否可以被视为行踪轨迹？第二，"特定信息"概念模糊问题。例如，司法实践中曾经出现过关于火车票上信息类型认定的争议，即仅提供在城市之间移动的信息是否应当被认定为行踪轨迹。第三，重复信息和已公开信息是否应当被纳入计算范围问题。[1] 出现上述问题的根本原因在于，立法者对"个人信息"基本概念的研究和理解存在一定不足，导致法律条文中出现模糊之处。对此，建议将来修改侵犯公民个人信息罪时，应当厘清关键性的基本概念，避免出现模糊性的概念。

3. 滥用个人信息行为入罪

滥用个人信息是个人信息盗窃产业链的下游，是治理个人信息盗窃不可忽视的一环，其危害性值得重视。滥用个人信息对个人信息主体法益造成的损害具有直接性和精准性。例如，滥用人脸信息制作不雅视频直接损害特定主体的人格尊严，利用他人身份信息开设银行账户、网络账号等直接影响特定主体的征信状况，顶替身份从事违法犯罪活动或剥夺他人受教育权利影响特定主体的正常生活。事实上，正是因为有着大量滥用个人信息的需求，个人信息盗窃者才会铤而走险。但是，滥用个人信息的行为却未被纳入侵犯公民个人信息罪的范畴，且也不属于刑法中其他罪行。[2] 这导致滥用个人信息行为无法被有效规制，使得刑法与民法、行政法脱节，无法构建全面的个人信息盗窃治理体系。为了对个人信息盗窃行为进行更为有效的治理，在《个人信息保护法》已经出台的时下，建议将来刑法修改时，将非法利用个人信息的行为纳入侵犯公民个人信息罪的范畴。

（五）完善个人信息盗窃法律责任制度

当前个人信息安全危机越发凸显的一个重要原因在于个人信息盗窃行为

---

[1] 参见喻海松：《侵犯公民个人信息罪的司法适用态势与争议焦点探析》，载《法律适用》2018 年第 7 期。

[2] 参见刘仁文：《论非法使用公民个人信息行为的入罪》，载《法学论坛》2019 年第 6 期。

法律责任制度不完善，部分盗窃行为的责任追究难，一定程度上纵容了个人信息盗窃现象的泛滥。与一般的个人信息侵权不同，个人信息盗窃的法律关系主体比较复杂，主要包括信息窃取者、信息主体、网络运营商、信息交易中间商及其信息需求者等。因此，需要对个人信息盗窃产业链实施全链条打击，不断完善我国个人信息侵权民事、行政、刑事法律责任制度，确保个人信息盗窃行为受到全方位、大力度的打击。

1. 信息盗窃者的法律责任

个人信息窃取者是指以窃取、盗取等技术手段非法获得公民个人信息的主体，通常处于个人信息盗窃产业链的上游。在目前的法律体系中，信息窃取者的法律责任以《刑法》第253条之一的规定为依据，即在情节严重的情况下承担拘役、有期徒刑和罚金等刑事责任。但是，该条文中的"情节严重"之判定主要以数量为标准，对于未达到立案标准的窃取行为我国却缺乏相应的行政处罚措施。而在民事法律责任方面，根据现有法律规定，个人信息窃取者通常只需要承担停止侵权、消除影响、赔礼道歉等责任，也难以对个人信息窃取行为形成足够的震慑效果。对此，应当主要在民事、行政责任方面优化信息窃取者的法律责任制度。例如，在民事法律中规定个人信息窃取者应当为个人信息主体因个人信息被泄露而受到的财产损失承担连带责任；在行政法尤其是《治安管理处罚法》中增加窃取个人信息的行政拘留、罚款、失信惩戒等行政处罚措施。

2. 网络运营商的法律责任

网络运营商根据与用户签订的个人信息处理协议可以在《民法典》第1035条和第1036条的范围内处理用户的个人信息，网络运营商因此掌握了大量的个人信息，常常成为个人信息窃取者的攻击对象，成为个人信息泄露的源头。此时，网络运营商本身超过法律规定和约定收集、使用个人信息，其工作人员利用职务便利非法窃取个人信息均可能导致用户个人信息流入盗窃产业链中。关于网络运营商的法律责任，在刑法方面主要为《刑法》第253条之一第4款规定的对单位处以罚金以及对有关责任人员处以罚金、拘役、有期徒刑等刑罚；在行政法方面主要为《网络安全法》第64条规定的警告、没收违法所得、罚款、责令停产停业、吊销营业执照等行政处罚；在民事法律方面主要为《民法典》第179条、第995条和《消费者权益保护法》第50条规定的停止侵害、恢复名誉、消除影响、赔礼道歉、赔偿损失。

在民事法律责任上,个人信息权属于人格权,个人信息主体只能根据《民法典》第1182条和第1183条规定请求损害赔偿,即主张因人身权被侵害而遭受财产损失以及受到严重精神损害。其中,个人信息主体因为信息泄露而遭受财产损失的情形在实践中往往为受到诈骗或者被盗刷银行卡等,与该损害事实具有直接因果关系的行为也相应地变成诈骗者或盗窃者的行为,而若诈骗者和盗窃者无法确定,则个人信息主体无法请求网络运营商赔偿损失,其损失将很难得到补偿。因此,对于因网络运营商过失导致用户个人信息泄露,且用户因此受到财产损失的,网络运营商应当承担连带责任。

3. 个人信息交易中间商的法律责任

个人信息交易中间商主要实施收购、出售、交换个人信息的行为,对其进行打击是阻断公民个人信息在个人信息盗窃灰色产业链中流通的关键一环。个人信息交易中间商的行为属于《刑法》第253条之一第3款规定的以其他方式非法获取、出售和提供个人信息的行为,情节严重的,应承担刑事法律责任。然而,与个人信息窃取相同的是,在未达到刑事立案标准的情况下,尚缺乏相应的行政处罚措施对其进行规制。对此,应当在行政法中规定相应的处罚措施,如罚金、行政拘留等。此外,部分个人信息交易中间商会以企业的形式实施倒卖个人信息等行为,如数据堂(北京)科技股份有限公司即专门以个人信息交易为业务,导致大量公民个人信息流入违法犯罪分子手中。[1] 对此,应当由法律明文规定对其主管人员和责任人员处以失信惩戒和从业限制,以加强对个人信息盗窃产业链的打击力度。

4. 个人信息非法利用者的法律责任

个人信息非法利用者是违反法律规定滥用公民个人信息的行为人,其信息来源渠道包括自己通过技术手段盗窃以及购买、收受、交换他人的个人信息等。个人信息利用者是个人信息盗窃灰色产业链中的需求端,是个人信息盗窃存在营利空间的根本原因。因此,打击个人信息非法利用者是治理个人信息盗窃的重要环节。常见的非法利用个人信息包括利用个人信息诈骗、盗窃、打击报复、

---

[1] 参见山东省临沂市中级人民法院(2018)鲁13刑终549号刑事判决书。

骚扰、顶替身份等明确的违法行为,也包括大数据"杀熟"、拨打推销电话、催收催债、网店刷单等处于灰色地带的行为。而后者的个人信息来源如果合法,则可以避开大多数行政、刑事法律责任。因为《网络安全法》对非法使用个人信息的行政处罚只适用于网络运营者、产品或服务提供商,《刑法》只对非法获取和提供个人信息的行为进行惩治。在民事法律方面,此类非法利用个人信息者通常仅需要承担停止侵害、赔礼道歉等法律责任。因此,我国应将一般主体非法利用个人信息的行为纳入行政法规制范围,规定警告、罚款、责令停产停业、失信惩戒、从业限制、行政拘留等处罚措施;在刑法领域,应将未经信息主体同意而使用他人个人信息的行为以及超过约定使用个人信息且情节严重的行为纳入侵犯公民个人信息罪的范畴。[1]

## 二、升级个人信息安全保障技术应用

全面系统的用户数据隐私的解决方案才能对用户个人信息的存储、传输、利用等过程所有可能面临的隐私风险进行有效预防。[2] 数据加密技术与数据匿名技术虽非用户隐私最终解决方案,但是可以作为最终解决方案中的一个重要环节,为保障用户的数据隐私权利提供技术支持。

### (一)信息匿名化技术的升级与迭代

匿名化技术和加密技术在个人信息隐私保护方面仍存在较大的不足,大数据时代需要更加稳定和有效的技术模型。新的匿名化技术模型应当解决数据处理、数据可追踪等问题,要能够在短时间内进行有效处理大规模、多种类型数据。这要求对不同类型的数据采取不同的加密手段,如对图像数据采取k-anonymity技术,对易被识别和替换的文本数据需要利用本体(ontology)和词典技术;就加密技术而言,需要提高对非结构化数据的处理能力和数据访问能力,如加大对公钥可搜索加密(public key searchable encryption)的开发,该加

---

[1] 参见李川:《个人信息犯罪的规制困境与对策完善——从大数据环境下滥用信息问题切入》,载《中国刑事法杂志》2019年第5期。
[2] 参见何培育、王潇睿、林颖:《论大数据时代个人信息盗窃的技术手段与应对机制》,载《科技管理研究》2018年第7期。

密技术允许所有的访问对象对加密数据进行关键字搜索,复杂搜索也同样适用,但由于效率原因而在实践中运用不足。

(二)信息安全新技术的开发与应用

密码技术的应用是信息系统的重要安全屏障,然而匿名化技术和加密技术的固有缺陷在短时间内难以克服,因此需要新技术手段的辅助以达到对个人信息隐私的充分保护。第一次世界大战后,密码技术得到飞速发展,先后经历了机械密码、机电密码、电子密码、微电子密码四个发展阶段。密码学属于数学、电子技术、生物技术与信息科学的交叉学科。目前,主流的密码采用计算机密码的对称性加密与非对称性加密,但由于计算机密码对密钥的管理有较高要求,同时计算机、网络和通信技术的不断发展也使计算机密码技术的安全性不断受到威胁。未来,密码技术的发展方向是生物特征与经典密码的结合以及量子密码技术的应用。其中,生物特征具有唯一性,便于身份识别,但一旦泄露则可能威胁信息安全,因此需要与传统加密技术结合应用,加强身份认证与数据保护。

量子密码基于无条件安全性和对拦截干扰的可检测性表现出对传统加密技术的显著优势。具体而言,量子密码能够实现在攻击者具有无限计算机资源的条件下仍无法破解其密码系统的理想安全效果;使用量子密码的两个用户如果同时受到信号干扰,通信者可以同步检测出该干扰的来源,这是量子效应的具体体现之一,也构成量子密码绝佳的安全性基础。鉴于量子密码相比传统密码所具有的明显优势,虽然目前仍存在一定的技术难点尚未突破,但它代表了密码技术的最新发展方向,应加大对其研发投入,以早日实现量子密码在网络安全中的广泛应用。[1]

此外,近年来还有一些新的技术方案逐渐被广泛应用。例如,自动安全策略实施机制(automated security policy enforcement mechanisms)能够实现对个人信息的隐私安全性要求,该机制下的可信计算利用防篡改的硬件存储,并采

---

[1] 参见马彰超:《量子时代的网络安全挑战及其应对研究》,载《信息通信技术与政策》2019年第10期。

取机器可读策略对数据进行二次加密。其外加密层只能由被信任硬件解密,而内加密层只能由符合策略要求的软件进行解密。又如,数据起源(data provenance)技术能够证明个人信息的来源、真实性、质量,能够较为准确地对用户隐私泄露情况进行分析。数据起源技术的作用在于构建一个便于数据主体追踪数据处理流程的机制,即使个人信息已经经过多次转换与流通,也能准确对其进行追踪。再如,针对内部人员的威胁建立行为时序画像,数据控制者能够通过该画像对可能存在窃取数据的员工进行严格监控,防止其对用户数据隐私实施非法窃取。另如,国内一些互联网安全公司开发了新一代漏洞网络安全系统以保障个人数据安全,如西安四叶草信息技术有限公司开发风险探测技术"感洞(Bugfeel)"产品,可通过较完备的漏洞插件库实时扫描检测漏洞,第一时间响应发现漏洞,先于黑客发现产品漏洞,使漏洞在被利用攻击前已经被修复,是主动实施安全防御的典型代表。

### 三、加强个人信息安全行政保护

针对当前普遍存在的围绕个人信息大数据"重商业应用、轻法律保护"的现象,行政保护相较于私力救济与司法救济而言,具有更强的常态化威慑力,对于防范个人信息盗窃,具有尤为突出的意义。

对相关违法行为进行竞争监管并给予适当的行政处罚是行政机关履行职权的重要内容之一。《个人信息保护法》第 1 条明确了将其定位为个人信息领域的专门法暨基本法。[1] 事实上,在该法出台前,《民法典》《电子商务法》《消费者权益保护法》等相关法律已规定公民个人信息私权利的民事保护,《网络安全法》《数据安全法》等原则性地规定了个人信息的行政保护,但对个人信息违法行为的行政监管仍存在诸多现实问题。

第一,监管目标定位不够清晰。当前,个人信息盗窃及其相关问题层出不穷,但是由于其手段多样,相关行政机关的职能定位仍主要围绕业务管理行为展开,对于行政监管部分的职能尚无法投入足够的资源,如网信办设立

---

〔1〕 参见龙卫球:《〈个人信息保护法〉的基本定位与保护功能——基于新法体系形成及其展开的分析》,载《现代法学》2021 年第 5 期。

的主要目的在于维护互联网安全，而个人信息保护只是互联网整体安全中的一个具体分支，不是最重要、最核心的工作内容。同时，由于个人信息盗窃行为主体往往会采取一定的反侦查措施，因而难以追踪；由于查办个人信息盗窃行为需要一定的技术支持，这也给相关行政机关的监管行为造成客观的障碍。

第二，监管机构职权较为分散。我国对于个人信息违法行为主要采取分散监管的模式，职能机构之间缺乏必要的沟通与协作，在一定程度上影响了监管的效果。依照我国现行立法，个人信息行政监管主要分为消费领域、电信与互联网领域、征信和邮政快递等领域。（1）在消费领域，根据《消费者权益保护法》，由工商行政部门和其他有关行政部门对个人信息违法行为实施监管，可对行为人处以警告、没收违法所得、罚款、责令停业整顿、吊销营业执照等处罚。（2）在电信与互联网领域，根据《电信和互联网用户个人信息保护规定》，由电信管理机构对电信经营者的违法行为实施监管，可对查证属实的违法行为主体处以限期改正、警告与罚款；根据《网络安全法》，由国家网信部门、电信主管部门、公安部门和其他有关机关对网络运营者、网络产品或者服务的提供者进行监管，其中国家网信部门主要负责对网络安全工作和相关监管工作进行统筹协调，电信主管部门、公安部门和其他有关机关主要在各自职责范围内负责网络安全保护和监督管理工作，存在违反《网络安全法》行为的主体，将会被处以警告、没收违法所得、罚款、责令暂停相关业务、停业整顿、关闭网站、吊销相关业务许可证或者吊销营业执照。（3）在征信领域，根据《征信业管理条例》与《个人信用信息基础数据库管理暂行办法》，由国务院征信业监督管理部门与中国人民银行征信服务中心对征信业和金融信用信息基础数据库运行机构、商业银行进行监管。国务院征信业监督管理部门及其派出机构对违反《征信业管理条例》的行为主体有权给予责令改正、没收违法所得与罚款等处罚，中国人民银行征信服务中心主要负责个人信用数据库的日常运营管理，保障个人信用信息安全，对违法行为有权给予责令改正、罚款等处罚。（4）在邮政快递领域，根据《快递暂行条例》与《寄递服务用户个人信息安全管理规定》，邮政管理部门对开展邮政快递业务的企业用户信息安全进行监管，对违法行为有权给予责令改正、没收违法所得、罚款、责令停业整顿、吊销快递业务许可证等处罚。上述领域有比较明确的法律依据,但是仍有诸如金融、医疗和旅游领域的相关立法并未明确对个人信息违法行为具体的监管主体,可能造成监管机关相互推诿,导致监管的空白地带。

第三,监管措施效果有待提升。当前,承担个人信息保护行政监管职能的行政机关,大部分职责仍主要聚焦在行政许可与业务管理领域,监管职能往往只是附属性职能,因而难以达到理想的监管效果。此外,监管机关对于实施个人信息违法行为的主体的罚款金额普遍偏低,难以达到有效地震慑与遏制违法行为的效果。[1]

为加强个人信息安全行政保护,我国可从以下三方面着手:

第一,协调监管部门的职权分配。如前所述,当前我国主要采取分散式的行政监管模式,其优点在于有助于形成更加专业化的监管执法队伍,但同时也会导致一定程度的监管空白以及交叉执法的混乱局面。《个人信息保护法》第60条在确立国家网信部门"统筹协调"地位的基础上,沿用了"有关部门依照本法和有关法律、行政法规的规定,在各自职责范围内负责个人信息保护和监督管理工作"的做法,同时在第62条规定了国家网信部门统筹协调的具体事项。虽然明确了国家网信部门"统筹协调"的地位,凸显其在个人信息保护执法中的特殊性,并在第62条规定了由国家网信部门统筹协调有关部门制定个人信息保护具体规则、标准,这有利于解决个人信息保护规则"政出多门"的问题。但是,该规定依然未能解决执法权归属的争议。为了解决该问题,从强化个人信息安全行政监管的角度出发,建议设立一个综合、专门、独立的个人信息监督管理机构,具有充分的独立性,能够单独决策,统一领导与协调各领域的行政监管部门,兼与国际个人信息保护机构进行沟通与合作;该机构归口工信部及地方网络安全管理局,实行垂直管理,杜绝个人信息监管的空白地带,切实提高我国个人信息保护水平。

第二,完善监管职权与处罚措施。要对违法行为产生震慑效果,就要为监管机关配置完善的监管职权与处罚措施,如监管机关具有安全评估权、定期检

---

[1] 参见邓辉:《我国个人信息保护行政监管的立法选择》,载《交大法学》2020年第2期。

查权、临时检查权、行政建议权与行政处罚权等。当前,我国立法对行政监管权的规定比较原则,对执法标准和执法流程缺乏必要的规范,造成实践中的执行难、监管难、处罚难问题,因此应当进一步明确监管职权的具体内容。在安全评估权方面,监管机构应当对重要信息控制者和信息处理关键基础设施的网络安全进行事先评估,明确其对个人信息安全可能造成的影响,进而对可能出现的风险隐患及时介入并排除。定期检查与临时检查措施应当结合使用,在确保日常监管的基础上加强抽检抽查,并通过现场检查、远程检查等多种方式,对数据控制者的数据收集、处理以及数据安全事件进行监督检查,特别是对监管对象备案登记、信息安全保障机制、信息泄露通知机制等内容进行重点检查。在行政处罚权方面,监管机构可以依职权或依申请对监管对象实施监管,对于违法行为有权根据具体情节采取警告、限期改正、行政罚款、责令停业整顿、没收违法所得、吊销营业执照或相关经营许可等处罚措施;在被监管人整改之后,对其进行定期检查,跟踪其整改情况,防止违法行为再次发生。

第三,优化救济途径的衔接机制。在遭遇个人信息盗窃时,公民有权向监管机构投诉,要求监管机构介入调查。监管机构调查的事实过程及相关证据,可以作为受害人提起民事诉讼的依据。但是,行政监管及行政处罚并非提起民事救济程序的前置程序,受害人在证据充分的情况下,亦可直接提起民事侵权之诉,主张赔偿。对于监管机构作出的行政裁决,提起申诉的信息主体或者被监管对象不服的,可以提起行政复议;对复议结果不服的,可以到人民法院提起行政诉讼。行政监管机构认为被监管主体实施个人信息违法行为达到《刑法》第253条之一侵犯公民个人信息罪入罪标准的,应将相关案件线索转移至公安机关处理;构成犯罪的,应追究相关责任人刑事责任。即使监管机构认为违法行为没有达到入罪标准的,受害人也有权对被监管主体的违法行为向公安机关进行检举和投诉。[1]

---

[1] 参见邓辉:《我国个人信息保护行政监管的立法选择》,载《交大法学》2020年第2期。

## 四、优化个人信息盗窃司法救济程序

### (一) 完善个人信息盗窃公益诉讼制度

虽然我国《民法典》《个人信息保护法》《消费者权益保护法》《网络安全法》等法律中均规定了个人信息的民事救济,但是由于个人证据收集能力极为有限,而且通常很难顺利找到侵权行为人,更难通过证据证明其实施了侵权行为。同时,在个人信息盗窃案件中,窃取和非法交易的个人信息数量通常较大,涉及的受害人范围也极为广泛。对单个个人来说,如果个人信息侵权仍在上游犯罪阶段,尚未发展到电信诈骗、金融诈骗、敲诈勒索、绑架等下游犯罪,受到的影响比较有限,受害人往往怠于通过诉讼方式主张救济。但是,由于涉及的受害人人数众多,违法行为给社会造成的不良影响无法估量,如果不追究民事责任,则会在客观上纵容违法行为。大数据时代,在传统民事诉讼、刑事诉讼、行政保护对个人信息保护局限性越发明显的情况下,公益诉讼制度的重要性日益突出。[1] 早在 2014 年,最高人民法院民一庭负责人曾指出,针对非法收集、利用个人信息的行为,如果不确立集体诉讼、公益诉讼等辅助制度,则受害者难以通过民事诉讼方式实现个人权益保护。[2] 近年来,各地区陆续开展个人信息公益诉讼方面的探索。例如,2019 年 9 月,上海市人民检察院在获悉宝山区公安机关破获一起重大贩卖公民个人信息案之后,主动指定宝山区人民检察院介入案件。宝山区人民检察院随后于 2019 年 10 月 11 日进行了诉前公告。同年 11 月 25 日,宝山区人民检察院向宝山区人民法院提起了刑事附带民事公益诉讼,要求被告人承担包括民事赔偿、关停网站、注销侵权使用账号并永久删除非法获取的公民个人信息数据,在国家级媒体对受害人赔礼道歉等法律责任。2020 年 3 月 27 日,宝山区人民法院作出一审判决,支持宝山区检察院的诉讼请求。鉴于此,我国学者此前纷纷呼吁在大规模的个人信息侵害事件中,通过个人信

---

[1] 参见蒋都都、杨解君:《大数据时代的个人信息公益诉讼探讨——以公众的个人信息保护为聚焦》,载《广西社会科学》2019 年第 5 期。

[2] 参见罗书臻:《最高人民法院民一庭负责人答记者问》,载《人民法院报》2014 年 10 月 12 日第 3 版。

息保护公益诉讼来解决实践中的难题。[1]

《民事诉讼法》第55条规定了针对污染环境、侵犯消费者合法权益等损害社会公共利益的行为提起公益诉讼的制度。但是,公益诉讼的案由并不局限前述两类案件,诸如侵害个人信息安全行为等也应纳入"损害社会公共利益的行为",而且采用列举加概括式的立法模式,也体现了支持司法机关在司法实践中根据社会需要不断拓展公益诉讼范围的立法意图。[2]《个人信息保护法》第70条规定:"个人信息处理者违反本法规定处理个人信息,侵害众多个人的权益的,人民检察院、法律规定的消费者组织和由国家网信部门确定的组织可以依法向人民法院提起诉讼。"这是我国法律第一次将个人信息保护公益诉讼作为一项专门制度进行明文规定,积极回应了现实需求。但是,该条规定比较笼统,相较于既有的污染环境、侵犯消费者合法权益公益诉讼制度规定稍显简略。同时,个人信息保护公益诉讼并未在《民事诉讼法》第55条的不完全列举中,是否属于该条"等"的拓展范围,还需作进一步解释。[3]因此,该条规定还需从公益诉讼的立案标准、起诉条件、诉讼请求等实体和程序上进行优化。

当前,我国公益诉讼包括民事公益诉讼与行政公益诉讼两种类型。结合个人信息盗窃案件的特点,民事公益诉讼与行政公益诉讼均有广阔的适用空间。针对一般主体的数据盗窃、非法获取、非法交易等行为,可以适用民事公益诉讼,针对行政机关的违法行使职权或者不作为,可以启动行政公益诉讼程序。关于公益诉讼的原告资格问题,根据《行政诉讼法》,行政公益诉讼只能由人民检察院提起,民事公益诉讼的原告可分为人民检察院、相关行政执法领域的执法机关以及专门的社会公益组织三种类别。同时,根据《个人信息保护法》第70条,具有民事公益诉讼特点的个人信息保护公益诉讼主体只能由人民检察院、法律规定的消费者组织和由国家网信部门确定的组织三种类别,与前述两类公

---

[1] 参见屠春含、马方飞:《检察公益诉讼保护公民个人信息若干问题探析》,载《中国检察官》2020年第8期;张新宝、赖成宇:《个人信息保护公益诉讼制度的理解与适用》,载《国家检察官学院学报》2021年第5期。

[2] 参见孙佑海:《对修改后的〈民事诉讼法〉中公益诉讼制度的理解》,载《法学杂志》2012年第12期。

[3] 参见张新宝、赖成宇:《个人信息保护公益诉讼制度的理解与适用》,载《国家监察官学院学报》2021年第5期。

益诉讼的原告主体存在一定的交叉。在司法实践中,该社会公益组织应当符合一定的标准,如其业务范围应当与公民个人信息保护相关,并且具备相应的专业法律人员,能够处理公益诉讼相关法律事宜。对于受害人损失的认定问题,由于按照传统的侵权责任构成要件,侵权责任的成立需要以受害人实际损失为要件。而在个人信息违法案件中,如果尚未发展到灰色产业链下游,受害者的财产及人身损害并不明显,此时应当适当放宽侵权责任认定标准,只要公民的个人信息自决权受到侵害,即认定加害行为与损害后果构成要件达成,这样才能更为有效地保护公民和社会公共利益。

(二) 举证责任倒置规则

由于个人信息盗窃案件往往涉及大量隐蔽的技术手段,存在显著的证据偏在性问题,受害者难以收集到加害人实施侵权行为的详细证据,导致传统民事诉讼中"谁主张,谁举证"的证明分配规则适用的局限。按照现行《民事诉讼法》,受害人可以向法院申请调查取证,但是由于法院的司法资源有限,难以满足大量的调查取证要求,并且个人信息盗窃案件的技术性特征也会给法院调查取证带来一定的障碍。为此,有必要通过引入举证责任倒置规则实现诉讼攻防的整体均衡。[1]

司法实践中已经率先在个人信息侵权案件中进行举证责任倒置规则的探索。在庞某某与北京趣拿信息技术有限公司等隐私权纠纷案二审[2]中,上诉人曾通过鲁某在去哪网订购东航机票一张。之后庞某某收到一条航班变动的诈骗短信,庞某某认为趣拿公司和东航非法泄露了其个人信息,个人隐私受到侵害,因此向法院提起诉讼,要求趣拿公司和东航承担侵权责任。一审法院经审理后认为,按照"谁主张、谁举证"的证明责任分配规则,原告庞某某应当就趣拿公司及东航泄露其个人信息的事实予以证明。但原告无法举示相关证据,因此一审判决庞某某败诉。庞某某不服,认为一审法院适用的举证责任分配规则明显超越了其个人的证明能力,缺乏合理性依据,因此提起上诉。二审法院认

---

[1] 参见蒋都都、杨解君:《大数据时代的个人信息公益诉讼探讨——以公众的个人信息保护为聚焦》,载《广西社会科学》2019年第5期。

[2] 参见北京市中级人民法院(2017)京01民终509号民事判决书。

为,本案争议的焦点在于,上诉人庞某某举示的证据能否证明趣拿公司与东航具有泄露其个人信息的高度盖然性。二审法院认为,上诉人作为普通公民,不具备对被上诉人趣拿公司、东航内部数据信息管理系统是否存在漏洞等问题进行证据采集的能力与权限,因而无法要求上诉人就趣拿公司、东航的信息泄露进行举证,进而采用了举证责任倒置的规则,即要求趣拿公司与东航证明其主观上不存在过错,且客观上不存在泄露上诉人个人信息的行为。两公司均无法举示相关证据。加之在本案之前,曾有报道宣称东航曾有泄露客户个人信息的事件发生,且东航被要求进行整改。二审法院综合本案的全部事实,认为东航与趣拿公司未能证明其不存在过错以及履行了客户个人信息安全保障义务,因此判决被上诉人败诉,向上诉人赔礼道歉。本案是近些年来在个人信息侵权案件中适用举证责任倒置规则的一个范例,具有重要的示范意义。

在法律依据方面,《民法典》《民事诉讼法》等对典型的举证责任倒置适用的情形进行了列举,如环境污染、高空坠物等。2001年最高人民法院《关于民事诉讼证据的若干规定》第7条规定,人民法院可以根据公平和诚实信用原则,在一些复杂的案件中综合当事人举证能力等因素确定举证责任的承担。但是,最高人民法院2019年12月26日发布的《关于修改〈关于民事诉讼证据的若干规定〉的决定》对上述规定进行了系统修订,删除了原第7条的内容。由此看出,最高人民法院对基层法院在具体案件审判中通过自由裁量确定举证责任的承担持更为谨慎的态度。因此,在个人信息侵权案件中,应当通过完善立法的方式,明确适用举证责任倒置规则。《个人信息保护法》第69条第1款规定:"处理个人信息侵害个人信息权益造成损害,个人信息处理者不能证明自己没有过错的,应当承担损害赔偿等侵权责任。"据此,个人信息盗窃案件应实行举证责任倒置。

值得注意的是,个人信息盗窃侵权责任的认定仍然需要以行为人的过错为要件,加害行为人对此负有证明责任。受害人则需要就存在加害行为的基础事实进行举证,通常表现为受害人的个人信息被侵权人掌握,同时受害人对其主张的损失承担举证责任。相应地,被控侵权人负有证明其数据来源合法以及自身不存在过错的责任。关于个人信息来源合法问题,如果被控侵权人是通过合法来源渠道获得,如征得受害人本人同意或者合法向第三方主体购买,则尽到相应的证明责任,不需要承担侵权责任;如果被控侵权人无法证明其数据来源合法,则推定其主观上存在过错,且其数据来源非法,应承担相应的侵权责任。此外,在认定被控侵权人主观过错时,还可以参照其以往的数据合规情况,如果被控侵权人以往曾经有过个人信息非法获取、非法处理等问题,则其理应当承担更加严格的注意义务,一旦再次发生侵害他人个人信息权的情形,其主观过错更加容易认定。[1]

## 五、健全个人信息安全相关配套机制

### (一)提升网络用户信息安全意识

当前个人信息盗窃案件多发的原因一方面是违法犯罪成本低、收益高,侦破困难,另一方面在于公民的网络安全意识仍有待加强。境外主要发达国家均高度重视网络用户信息安全意识的提升。例如,美国在 2003 年颁布的《保护网络安全国家战略》中即提出要"启动国家网络安全意识普及和培训计划",2009 年由时任总统小布什签署的《国家网络安全综合计划(CNCI)》第八项子计划明确提出要扩大网络安全教育,加强专业人才队伍建设;2016 年《国家安全行动计划》进一步明确要求提高公众网络安全意识,深入推进网络安全教育;2019 年,美国总统特朗普签署了《关于美国网络安全人才队伍的行政令》,提出要推动网络安全教育培训创新,通过多种举措加强网络安全人力资源的开发。欧盟在 2013 年发布的《欧盟网络安全战略》中明确要求各成员国每年组织网络安全教育活动以提升安全意识。欧洲自 2013 年开始每年 10 月开展"欧洲网络安全月(ECSM)"活动,组织全球数据安全方面的专家研判网络安全领域面临的新威胁,并向社会发布。2019 年,欧盟颁布《网络安全法案》,明确由欧盟网络和信息安全署(ENISA)帮助提高公众网络安全风险意识,通过加强宣传教育,整体提高公民、组织和企业层面的网络安全素养。此外,英国、新加坡、澳大利亚、日本、加拿大、新西兰等国家也会每年组织网络安全宣传周或宣传月活动。

近些年来,我国高度重视网络安全意识提升工作,《网络安全法》明确指出

---

[1] 参见袁翠微:《浅论信息时代背景下个人信息权侵权举证责任的分配——庞理鹏诉趣拿公司、东航公司案为例》,载《广西警察学院学报》2018 年第 2 期。

要采取多种措施提高社会整体网络安全意识和水平,形成全社会共同参与促进网络安全的良好环境。我国自2014年以来每年举办网络安全周活动,社会各界的网络安全意识得到明显提升。随着个人信息盗窃行为不断发展变化,网络安全意识提升工作也应当不断与时俱进。借鉴其他国家的先进经验,我国的网络安全意识提升工作应当注重以下几个方面:

第一,以网络安全宣传周为重要载体,不断丰富与完善网络安全教育内容。鉴于个人信息盗窃的技术手段花样繁多、层出不穷,网络安全宣传周的内容设计应当不断推陈出新,对最新的信息盗窃手段进行归纳、总结,特别是针对老年人、未成年人的信息盗窃及其引发的电信诈骗案件进行深入报道、宣传,通过中央与地方联动的方式,形成全国一盘棋的协同效应,同时还应当就社会各界关切的问题进行解答与回应,增加政府部门与社会民众的沟通与交流,切实解决实际问题,提升活动实效。

第二,通过对重大网络安全事件的全方位报道,提升社会公众对网络安全威胁的警惕性。针对社会各界高度关注的典型性重大网络安全事件,如盗窃数量极大、影响面极广的个人信息盗窃案件,应当全方位挖掘案件的细节,制作网络安全宣传教育片,通过广播电视、网络平台、纸媒等各类媒介平台进行全方位的报道,以引起社会各界的警觉,对违法犯罪分子形成震慑效果。

第三,引导相关政府部门与企业加强数据安全保障与社会责任,切实保障公民个人信息安全。公民的个人信息主要存储在政府部门与互联网平台企业,因此相关的政府部门与互联网平台企业应当积极参与网络安全意识提升的各项培训活动,可以针对具体的业务领域组织专项培训,或者面向社会公众组织"网络安全开放日",邀请社会公众参加,介绍本单位的网络安全措施,制定严格的信息安全制度保障与技术屏障,要求重要岗位、重要人员签署"网络安全责任书",努力营造"网络安全人人抓、网络安全为大家"的良好氛围。[1]

---

[1] 参见桂畅旎:《各国提高网络安全意识的主要做法、特点与借鉴》,载《中国信息安全》2018年第9期。

## （二）加强企业行业自律规范建设

行业自律在个人信息盗窃法律协同治理体系中起着重要的补充作用，我国《网络安全法》第 11 条就加强行业自律问题进行了明确规定。[1] 世界主要发达国家均高度重视并积极推进网络安全领域的行业自律规范。美国早在 1995 年就由政府网络隐私工作组（The Internet Privacy Working Group，IPWG）出台了《个人信息和国家信息基础设施：个人信息的使用和提供原则》，明确了企业开展与个人信息收集使用有关的基本标准。[2] 1997 年，美国政府发布了《全球电子商务框架》，明确要求"联邦政府应当鼓励行业自律"。[3] 此后，美国联邦贸易委员会进一步指出："行业自律规范是一种干涉性最低、效率最高的方式，以保护公平的信息商业行为。"[4] 自 1998 年开始，美国联邦贸易委员会要求从事互联网业务的企业制定自治规则以加强个人数据保护。为了响应联邦贸易委员会的要求，部分互联网公司共同发起成立了"在线隐私联盟"（the Online Privacy Alliance，OPA），起草并制定了《在线隐私权政策指南》（Guideline for Online Privacy Polices），要求所有联盟成员均结合本单位的业务情况制定"隐私政策"，赋予网络用户退出选择权以及错误信息更正权，并应采取必要措施保障个人信息。[5] 但由于 OPA 发布的指南并没有强制效力，加之互联网企业参与度有限，因而未能起到理想效果，OPA 的影响力也逐渐式微。除了行业自律组织之外，美国还通过网络隐私认证加强企业自律，其中最具有代表性的是 TRUSTe 与 BBBOnline。TRUSTe 成立于 1997 年，是美国首家民间网络隐私

---

〔1〕 《网络安全法》第 11 条规定："网络相关行业组织按照章程，加强行业自律，制定网络安全行为规范，指导会员加强网络安全保护，提高网络安全保护水平，促进行业健康发展。"

〔2〕 参见齐爱民：《个人信息保护法研究》，载《河北法学》2008 年第 4 期。

〔3〕 U. S. White House Office, A Framework for Global Electronic Commerce, Washington D. C. , 2 Pub. July 1, 1997.

〔4〕 U. S. Federal Trade Commission, Self-Regulation and Privacy Online: a Report to Congress, July 1999.

〔5〕 See Online Privacy Alliance, Guidelines for Online Privacy Policies, http://www.privacyalliance.org/resources/ppguidelines.html, last visited on June 26 2020.

认证机构。要取得TRUSTe的隐私认证,需要接受并通过TRUSTe的隐私政策评估与审查。获得认证的企业需要在其网站上说明其收集用户个人信息的详细情况,保护手机信息的目的、主要方式、手机内容、使用方式、用户的相关权利及救济措施等。如果获得认证的企业违反了相关的隐私政策,TRUSTe将视情况收回隐私认证,并要求被认证企业承担违约责任;情节严重的,还有权将其移送至相关的联邦政府机关。BBBOnline由美国贸易促进局(the Better Business Bureau,BBB)于1999年设立,主要为互联网企业提供线上隐私认证服务。获得认证的企业,应当严格遵守经过审查并向社会公布的隐私政策,如果有违反隐私政策的行为,将被要求承担违约责任并取消认证。虽然美国行业自律对个人信息保护起到了一定的积极作用,但是行业自律并非个人信息法律保护协调机制中最主要的组成部分,还应当与行政监管、司法救济相结合才能产生最佳的治理效果。[1]

我国个人信息保护行业自律仍然处于逐步探索阶段,中国互联网协会于2004年发布了《中国互联网行业自律公约》,于2007年发布了《博客服务自律公约》,这两份公约主要围绕网络信息合法合规以及保护知识产权内容展开,并未涉及个人信息保护问题。2012年,中国互联网协会发布的《互联网搜索引擎服务自律公约》第10条规定了搜索引擎服务提供者有义务协助保护用户隐私和个人信息安全。同时,一些特定领域行业协会制定了相应的行业自律规范,如中国互联网金融协会于2016年发布了《中国互联网金融协会会员自律公约》,要求会员金融机构主动履行消费者权益保护义务。总体来说,我国互联网企业在个人信息保护方面的行业自律尚不完善,相关规定以原则性内容为主,缺乏可操作性,与境外发达国家相比还有一定的差距,应当在借鉴境外经验教训的基础上逐步完善。具体而言,可重点围绕以下工作内容展开:

第一,明确行业自律组织的法律地位。行业自律组织是经政府批准设立的法人单位,对外独立开展相关业务,故可在章程中明确其对会员单位实施监管、纠纷解决及一定的处罚权。同时,加强行业自律组织与相关政府部门的沟通与

---

[1] 参见张继红:《大数据时代个人信息保护行业自律的困境与出路》,载《财经法学》2018年第6期。

合作，其章程应当向业务主管机构备案，以监督其依法履行职责。[1]

第二，制定完善的个人信息保护行业自律规则。行业自律组织可以充分吸收其成员的意见，结合现行法律法规要求制定示范性的信息安全保障规范。信息安全保障规范应当包括个人信息收集的权限、目的和方式；信息存储的方式与时间要求；信息处理、使用与删除的方式与流程；信息发布与第三方共享的要求；不同职级人员手机、传输、存储、保管个人信息的级别与权限；信息主体的相关权利；信息准确性、完整性要求；信息收集、存储与使用违规行为的法律责任以及信息主体的法律救济途径等内容。此外，行业协会可以探索互联网企业隐私政策分级认证制度，通过更新数据管理、数据存储技术，制定行业隐私保护标准，根据数据类别设定不同领域的安全保护等级，进而在每一级中设定不同的技术和管理要求。对于申请隐私保护认证的企业应当及时对其隐私政策制定情况进行评审，督促其调整更新，并对企业隐私保护水平进行审核与评级。此外，为了加强对信息主体的保护，行业自律组织可以联合相关企业成立个人信息安全基金，在部分受害人难以获得赔偿的情况下给予受害人适当补偿。[2]

第三，完善个人信息保护的国家标准。当前，我国信息安全领域的国家标准主要由全国信息安全标准化技术委员会制定，该委员会已经会同国家市场监督管理总局等部门发布了多个国家标准，其中包括2020年3月发布的《个人信息安全规范》，代替2017年版《个人信息安全规范》，于2020年10月1日生效。该委员会除了制定相关国家标准，还多次组织针对互联网企业的隐私条款专项工作，评估国家标准在互联网企业的落实情况，督促企业产品改进，取得了明显的效果。未来，可结合《网络安全法》《数据安全法》《个人信息保护法》等重要立法，围绕个人信息保护的主要风险点，制定和完善重点领域的信息保护国家标准，形成体系完善的国家标准体系框架。[3]

---

[1] 参见屠世超：《行业自治规范的法律效力及其效力审查机制》，载《政治与法律》2009年第3期。

[2] 参见赵培云：《国外个人信息行业自律保护及我们的改进设想》，载《图书馆学研究》2015年第8期。

[3] 参见胡影、上官晓丽、王佳敏：《个人信息保护国家标准的工作情况与思考》，载《中国信息安全》2019年第4期。

## （三）引入数据安全第三方认证制度

第三方认证是指由独立于被规制者的第三方机构通过调查、取证、检验等程序，对被规制者的合规情况进行评价，以促进合规遵从的活动。[1] 第三方认证可以有效克服市场与政府的"双重失灵"，实现数据安全保障和数字经济发展的平衡，对个人信息保护具有重要价值。《个人信息保护法》第38条将"按照国家网信部门的规定经专业机构进行个人信息保护认证"作为向境外提供个人信息的合法性条件之一，第62条规定了国家网信部门有权统筹协调有关部门"支持有关机构开展个人信息保护评估、认证服务"。《数据安全法》第18条第1款规定："国家促进数据安全检测评估、认证等服务的发展，支持数据安全检测评估、认证等专业机构依法开展服务活动。"欧盟《通用数据保护条例》专门规定了数据保护认证。经济合作与发展组织监管执法报告就曾指出，各国政府应当投入资源，通过信息披露、认证机制、评级机制等强化规制遵从，只要能够确保可信度，此类措施能够对经营者形成守法激励，推动市场整体合规程度的提高。[2] 可以预见，随着数字经济的不断发展壮大，数据安全认证必将在中国得到全面推行。具体而言，数据安全认证应科学引入并做到以下两个方面：

第一，确立合理的数据安全认证机构。第三方审核行为具有公共性，不仅直接关系到个人信息安全，而且会对整个数据要素市场的安全性与诚信度产生直接影响。[3] 要保证数据安全认证的客观性与公正性，更好地实现其第三方规制功能，就要科学合理确定认证机构的资质。首先，认证机构应具有独立性，与互联网企业间不应存在利益关联。其次，认证机构应具有可问责性，避免产生如逃避责任、官僚主义严重等消极结果。最后，认证机构应具有高度专业性，只有符合相应专业资质并得到政府认可的机构才能从事认证工作。但是，当前

---

[1] 参见孔祥稳：《论个人信息保护的行政规制路径》，载《行政法学研究》2022年第1期。

[2] See OECD, Best Practice Principles for Regulatory Policy, OECD Regulatory Enforcement and Inspections(2014), https://read.oecd-ilibrary.org/governance/regulatory-enforcement-and-inspections_9789264208117-en#page2, last visited on Aug. 13 2020, p. 25.

[3] 参见刘权：《数据安全认证：个人信息保护的第三方规制》，载《法学评论》2022年第1期。

我国对此尚无具体规定,《数据安全法》《个人信息保护法》中的相关条款尚待细化。

第二,设计有效的数据安全认证机制。通常来说,第三方认证通常可分为强制性认证和自愿性认证两种。[1] 我国数据安全认证宜实行自愿认证和强制认证相结合机制:在个人信息保护领域,应当以自愿认证为原则,由市场主体自愿申请,对其信息处理行为的合规性进行认证;由于我国目前个人信息盗窃现象还比较突出,数据安全法律体系并不健全,部分领域可实行强制性认证,从而为网络用户提供必要的辨明信息,减少重要数据的安全风险。[2] 同时,由于认证机构获取信息有限,而且数字科技变化极快,可尝试建立网络用户投诉举报机制,并赋予第三方认证机构一定的跟踪监督义务,以弥补跟踪监督信息的匮乏。例如,美国 TRUSTe 认证机构采取看门狗争端解决方法(Watchdog Dispute Resolution Process)解决消费者认为网站侵犯其隐私权却得不到恰当处理的问题,网站若不在 TRUSTe 作出最终决定后执行措施,将被取消其获得的认证标志,并被列入"不守规矩的网站"的名单。[3] 认证机构在收到用户举报信息后,有义务进行监控核实,以判断被认证网站信息收集行为是否符合该站点隐私声明,从而作出继续使用认证标志、暂停使用认证标志、撤销认证标志等决定,以更好地保证认证结果的准确性与公正性。

---

[1] 参见孔祥稳:《论个人信息保护的行政规制路径》,载《行政法学研究》2022 年第 1 期。

[2] 参见刘权:《数据安全认证:个人信息保护的第三方规制》,载《法学评论》2022 年第 1 期。

[3] 参见陈星:《大数据时代软件产品个人信息安全认证机制构建》,载《重庆邮电大学学报(社会科学版)》2016 年第 2 期。

# 作者简介及撰写分工

何培育,重庆理工大学重庆知识产权学院党委副书记、院长,教授,硕士生导师,主要从事知识产权法、网络法研究。撰写第三章、第七章。

李可书,法学博士,经济学博士后,北京市炜衡律师事务所合伙人、律师,山东大学、重庆理工大学校外导师,主要从事法学理论、民商法研究和实务。撰写第一章。

李仪,重庆理工大学重庆知识产权学院教授,硕士生导师,主要从事知识产权法、网络法研究。撰写第二章。

王鲁瑞,重庆理工大学信息中心助理研究员,主要从事大数据、深度学习研究。撰写第四章。

涂萌,重庆理工大学重庆知识产权学院讲师,主要从事网络法、个人信息保护法研究。撰写第五章。

杨海霞,广州商学院法学院讲师,主要从事纠纷解决及司法制度研究。撰写第六章。

(重庆理工大学知识产权学院研究生李源信、杨虹、谭星鑫、邹汶瑾、周煜以及本科生谭诗悦等参与了本书的资料收集与校对工作。)